삼암—
표영삼
저작선
——01

표영삼의 동학 이야기

삼암—
표영삼
저작선
——01

표영삼의
동학 이야기

표영삼 지음 **신영우** 감수

돌여
풀잎 모시는사람들

머리말

표영삼 선생과 동학 이야기

　장흥 석대들 전경을 찍은 표영삼 선생의 사진은 일품이었다. 우선 구도가 최고였다. 멀리 억불산의 기이한 봉우리가 그림같이 드러나고, 넓게 펼쳐진 석대들이 조각보처럼 이어졌다. 비가 온 다음날 아침 다리가 불편한 80 노객이 무거운 사진기와 삼각대를 들고 산 위로 힘겹게 올라가 찍은 사진이었다.

　전국의 동학 유적지와 갑오년 전적지를 이렇게 다니면서 사진을 찍었다. 모두 참신한 각도에서 선명하게 찍은 사진들이다. 누가 권유했거나, 또는 조금이라도 보수가 나와서 찍은 사진이 아니었다. 동학인으로 역사의 현장을 화면에 담아 내기 위한 열정이 불편한 다리를 이끌고 곳곳을 찾아가도록 하였다.

　삼암三菴 표영삼(表暎三, 1925~2008) 선생은 평북 구성군 출신이다. 본명은 표응삼이었으나 천도교에서 같은 이름으로 활동하는 분이 계셨기 까닭에 혼동을 피하기 위해 '영삼'이라는 이름을 썼다. 표영삼 선생은 동학사 연구자들이 만나려고 했던 유일한 천도교 인사였다. 동학 교리와 조직의 실체를 학계에 전해주는 연결 고리 역할을 했기 때문이었다.

　동학 유적지도 표영삼 선생을 통해 듣는 것이 위치가 정확했다. 간략한 기록과 전문 내용만 의지하여 혼자서 전국을 다니며 찾아낸 성과였다. 그 덕택으로 후학들이 지형이 급변하고 지명까지 달라진 지금도 동학 유적지를 쉽게 찾을 수 있게 되었다.

동학과 천도교의 역사 속 위상은 학문이 세워주었다. 동학 창도의 시대적 의미, 근대 사회를 지향하는 교리의 선진성, 전국을 연결한 조직망, 동학농민군의 봉기와 감투, 수많은 희생이 갖는 의의, 3·1운동의 시작과 전국 확산, 광복까지의 분투 노력 등 근대화와 새나라 건설에 기여를 한 중요한 사실을 밝혀냈다. 한국 근현대사 연구가 맺고 있는 매우 특별한 관계이다.

반면에 현대의 천도교는 그와 같은 연구를 당연한 결과처럼 보고 학문의 중요성을 그리 높게 평가하지 않았다. 천도교는 전문 연구자를 길러 내거나 후원하려는 의지를 갖지 못했다. 천도교 내부에서 동학과 천도교의 역사를 제대로 강의할 강사조차 찾을 수 없었다. 그 결과는 심각했으나 그런 사실을 아는 사람도 많지 않았다. 표영삼 선생은 이 같은 공백을 메우려고 스스로 결심하였다. 그래서 독학으로 관련 연구를 찾아보고, 사료를 조사하기 시작하였다.

표영삼 선생의 관심은 동학의 창도와 포교, 그리고 갑오년의 역사까지 넓은 범위에 걸쳐 있었다. 짧고 긴 여러 글을 속속 써서 발표하고, 강연을 통해 알려 왔다. 그것은 학계의 연구 성과를 천도교 안에 전달하면서 연구자들이 수행과 체험 등 동학의 관행을 모르고 사료만으로 서술한 허점을 보완하는 성격을 가졌다. 주요 사건들은 커다란 계획에 따라 순서대로 집필되었고, 마침내 갑오년 최후의 전투까지 서술하였다.

표영삼 선생의 글들은 『신인간』에 게재되어 널리 읽혀졌고, 또 천도교 중앙총부가 간행하는 『교사교리연구』에 실려서 소책자로 보급되었다. 쉽게 쓴 글이라서 독자들이 많았는데, 천도교가 연구자를 양성하지 못한 까닭에 비전문가가 공백을 채운 성과라고 자평하였다.

말년에 표영삼 선생은 마지막 글을 완성하는 과제를 사명처럼 말하곤 하였다. 이렇게 매듭을 지어 놓아야 다른 사람이 이어 연구를 계속한다면서 징검다리 역할로 표현하였다.

안타깝게도 삼암 표영삼 선생은 생전에 평생의 연구를 일목요연하게 정리할 기회를 갖기 못하였다. 늦게나마 후학들의 힘을 모아 '삼암아카이브'를 정리하기로 하고 이제 첫 책으로 『표영삼의 동학 이야기』를 펴낸다. 동학농민혁명, 청일전쟁, 갑오개혁 120주년 사업으로도 일정한 의미가 있는 사업이다.

경상도와 전라도 남단까지 가는 긴 답사여행에 여러 번 동행했던 기억이 아직도 생생하다. 서울과 홍천 가도의 쉼터 '여기가 좋겠네'를 지나 양평 용문산 아래의 댁으로 돌아가는 차 안에서 표영삼 선생은 평생을 간추려 이야기하였다. 동학인으로 신실하게 살아온 일생을 매듭짓는 또 하나의 결과가 이 저작집이기도 하다.

도서출판 〈모시는사람들〉의 박길수 대표가 자료 수집, 교정에 힘을 써서 단정하게 편집한 이 책을 보면 언제나 화안하게 빛나던 표영삼 선생의 얼굴을 떠올리게 될 것이다.

2014년 10월
신영우 씀

차례

표영삼의 동학 이야기

동학의 기본 사상

동학의 기본 사상[*]

1. 들어가는 말

동학은 경주 용담에서 포덕1(1860, '포덕'은 천도교의 年號, 이하 서기 연도로 표기)년 4월 5일(양 5월 25일)에 창시자 수운 최제우 대신사(水雲 崔濟愚 大神師, 이하 '수운 선생')에 의해 창도되었다. 그는 포덕전 36(1824, 포덕은 동학=천도교의 연호. 포덕1년은 동학을 창도한 1860년)년 10월 28일(양 12월 18일)에 경주시 현곡면見谷面 가정리柯亭里에서 몰락 양반인 근암 최옥(崔鋈, 1772~1840)의 아들로 태어났다. 21세부터 장사를 하면서 전국을 누비다가 1853년에 인류의 삶의 틀이 대전환기를 맞았음을 알게 되었다. 그리고 "십이제국 괴질운수 다시 개벽 아닐런가."라는 판단을 내리고 '다시 개벽'의 길을 스스로 찾아보려고 결심하기에 이르렀다.

수운 선생은 31세(1854)부터 새로운 삶의 틀을 창조할 수 있는 길을 찾기 위해 구도求道에 들어갔다. 6년간 고행하다 37세, 1860년(庚申) 4월 5일에 '다시 개벽'의 도를 얻어 냈다. 수운 선생은 자신이 얻어 낸 도를 무극대도(無極大道=天道)라 했고 2년 후에는 학學으로 말하면 동학東學이라 하였다. 득도得道 후 1년에 걸쳐 익히고 다듬은 끝에 다음해인 1861년(辛酉) 6월부터 비로소 포덕(布德=동학을 펴는 일)을 시작하였다. 성리학을 숭상하는 조선조는 처음부터 수운

---

* 이 글은 『천도교청년회팔십년사』(천도교청년회중앙본부, 2000, 45~69쪽)에 수록된 저자(삼암)의 논문입니다.

선생을 탄압하였고 2년 반 만인 1863년 12월에는 이단으로 몰아 체포하였다. 1864년 3월 10일(양 4월 15일) 수운 선생은 좌도난정죄左道亂正罪로 대구 장대에서 41세의 젊은 나이에 순도하였다.

짧은 기간에 종교(포덕) 활동을 하였던 수운 선생은 한문으로 된 『동경대전東經大全』과 한글로 된 가사 8편(龍潭遺詞)과 몇 편의 시문을 남겼다. 1862년 10월에 이 글들을 모아 출간하라고 후계자인 해월 최시형 신사(海月 崔時亨 神師, 1827~1898, 이하 '해월 선생')에게 당부하였으나, 12월 10일에 수운 선생이 관에 체포되자 수포로 돌아가고 말았다. 이로부터 18년이 지난 1880년에 이르러 교세가 자리잡게 되어, 이해 5월에는 『동경대전』을, 이듬해인 1881년 6월에는 『용담유사』를 간행하여 세상에 내놓게 되었다.

동학사상은 어떤 사상이며 어떤 신념 체계인가. 이 경전에는 도道와 학學의 틀이 담겨 있으며, 형이상적 역사관과 한울님 관념, 그리고 인간관과 가치관, 수행관이 밝혀지고, 이상사회가 그려져 있다. 또한 교단 조직의 원리인 연원조직의 정신까지 담겨 있다. 동학사상을 알려면 이 글들을 떠나서 찾아볼 길이 없다. 이 글에 담겨 있는 사실성을 바로 파악하고 재평가하여 오늘에 되살려서 계승해야 할 것이다. 이제 이러한 순서대로 자세히 풀이해 보고자 한다.

2. 종교냐, 도학이냐

수운 선생의 신념 체계(無極大道=東學)는 종교宗敎라고 해야 하는가, 도학道學이라 해야 하는가. 동학을 종교라 하려면 서구적인 종교 개념에 맞지 않는 점이 있다. 'religion'의 개념은 '신과 인간의 관계'가 이루어져야 한다. 중국의 진독수陳獨秀는 1916년에 유도를 국교로 만들자는 강유위康有爲의 주장에 반대하면서 "유도는 신과 사후세계와 종교적 의례가 없으므로 종교가 아니다."라고 하였다. 'religion'의 개념으로 보면 유도뿐만 아니라 원시 불교나 중국을 비롯한 동양의 여러 신념 체계들은 종교라고 할 수 없다. 동양의 신념 체계들은 신의 은총보다는 어떻게 살 것인가에 초점을 맞추고 있다.

종교학자 스미스(Wilfred Cantwell Smith)는 단일화 된 'religion' 개념은 폐기되어야 한다고 하였고 세계종교학회 로마회의(1990)에서도 단일한 의미의 종교 개념은 재검토되어야 한다고 하였다. 'religion'의 개념만을 고집하지 말고 여러 신념 체계들을 받아들일 수 있는 정의가 필요하다는 말이다. 이런 점을 고려하여 일본의 종교학자 키시모토(岸本英夫)는 종교의 정의를 "인간 생활의 구극적究極的인 의미를 밝혀서, 인간 문제의 구극적인 해결과 관련이 있다고 사람들에 의해 믿어지는 행위를 중심으로 한 문화현상이다. 단 종교의 영위와 관련하여 신 관념이나 신성성을 수반하는 경우가 많다."고 하였다.

동학의 경우는 한울님 신앙을 가지고 있으므로 'religion'의 개념에 어긋나지는 않으나 이원론적 세계를 부정하며, 영혼설이나 내세를 부정하며, 현세의 개벽을 목적으로 하기 때문에 'religion' 개념에 부합하는 것도 아니다. 그래서 "도는 천도라 하지만 학인즉 동학(道雖天道 學則東學, 論學文)"이라 하였고 그리스도마저 서도西道 또는 서학西學이라 하여 동양적인 도와 학의 개념으로 설명하려 하였다.

19세기 하반기에 서구적 종교 개념이 전해지기 이전에는 동양에서는 도道와 학學이 통용되었다. 우리나라에서도 유도·불도·선도·서도西道라고 하였고 신앙이나 수행에 대해서도 유학·동학·불법·유술·선술·선교라 하여 학(學)·법(法)·술(術)·교(敎)라고 하였다.

이러한 전통적인 도와 학(學·法·術·敎)의 개념은 일제 강점기를 거치면서 사라져 버렸으며 서구적인 종교 개념이 널리 통용되게 되었다.

동양에서 도道라면 사람이 다니는 길을 말하며, 우주가 움직이는 법칙이나 식물과 미생물, 동물이 스스로 조직하고 복제하며 생성 소멸하는 이치를 총칭하는 말이다. 이런 도에는 눈에 보이는 도도 있을 것이요, 눈에 보이지 않는 길도 도라고 한다. 도에는 천도天道와 인도人道를 구분하여 천체나 자연의 길을 천도라 하고, 사람이 다니는 길이나 인류의 길을 인도라고 한다. 천도는 온 천지의 근원적인 이치를 말하며, 인도는 사람으로서 마땅히 행해야 할 당위와 같은 것을 말한다.

수운 선생도 천도와 인도로 나누어 보면서 「논학문」에서는 "무릇 천도란 형상이 없는 듯하나 자취가 있다(夫天道者 如無形而有迹)."고 하였고, 「수덕문」에서는 "만물을 낳고(元) 키우고(亨) 이루고(利) 거두는(貞) 것은 변함없는 천도의 모습이다(元亨利貞 天道之常)."라고 천도를 설명하였다. 그리고 인도에 대해서는 「팔절」八節에서 "도가 있는 곳을 알지 못하거든 나의 신념이 한결같은가 헤아려 보라. 도가 있는 곳을 알지 못하거든 나를 나답게 하는 것이요 다름이 아니다(不知道之所在 度吾信之一如, 不知道之所在 我爲我而非他)."고 하였다.

이 도는 개인이 참되고 뜻 있고 바르게 사는 길인 동시에, 공동체가 지향해야 할 바른 길을 말한다. 개인을 살리고 세상을 살리는 신념 체계이면 모두 도라고 한 것이다. 수운 선생은 자신의 신념 체계를 천도 또는 무극대도라 하였다. 그러면 학(學, 法, 敎, 術)이란 무엇인가? 학이란 "도를 바로 알고 배워 몸에 익히고 실천하는 것"을 말한다. 즉 무극대도를 닦(修)고 익히(習)고 행行하는 수행과 한울님을 믿고 섬기는 종교 행위를 말한다. 결론적으로 동학을 바로 이해하려면 종교라는 개념으로 접근하는 것보다, 동양적인 도와 학의 개념으로 접근하는 것이 정상이라 여겨진다.

3. 창조적 순환사관

수운 선생은 21세 때부터 장사 길에 나서 전국을 누비다가 10년 만에 온 세상이 병들었음을 알게 되었다. 조선왕조의 종말상도 보았고("삼각산 한양도읍 4백년 지난 후에 하원가 이 세상에 남녀간 자식없어…", 몽중노소문답가) 1840년 대를 전후하여 영국이 도발한 아편전쟁에 관한 소식도 들었다. 그리하여 중국의 왕조가 해체기에 접어들었음을 알게 되었으며, 서양 문명도 한계에 이르렀음을 알게 되었다. 그리하여 10년간 돌아다니던 주유팔로를 청산하였다.

"이 세상은 요순지치라도 부족시오, 공맹지덕이라도 부족언이라. … 윤회시운 구경하소. 십이제국 괴질운수 다시 개벽 아닐런가. 태평성세 다시 정해 국태민안 할 것이니 개탄지심 두지 말고 차차차차 지냈어라(몽중노소문답가)." 라고 결론적으로 이야기했다. 그리하여 다시 개벽의 길을 찾고자 구도생활에 들어갔다. 경주 고향에서 시작하였으나 주위가 산만하여 울산 처가 인근인 여시바윗골에 들어가 초가 삼칸을 짓고 구도생활을 계속하였다.

모든 신념 집단들은 나름대로의 형이상적 역사관을 가지고 있다. 순환사관이거나 영원한 회귀사관이거나, 직선적인 발전사관이거나 어느 하나의 형이상적 역사관을 가지고 시간을 판단한다. 계절풍이 있고 농업을 주로 하는 동양에서는 대체로 순환사관의 입장이라면, 사막 지역인 중동 지역에는 천체의 운행에 더 많은 관심이 기울어져 천문학(점성술)의 발전과 더불어 영원한 회귀관을 가지게 되었다. 이에 비해 서구에서는 종교적인 신념과 과학 기술의 발전에 따라 직선적인 발전사관이 자리 잡게 되었다.

수운 선생은 이중에서 순환사관과 발전사관을 합친 '창조적 순환사관'을 자기 역사관으로 삼았다. 수운 선생의 창조적 순환사관은 '다시 개벽'이란 말에 그 윤곽이 들어 있다. '개벽 후 5만 년'이라는 말과 "십이제국 괴질운수 다시 개벽 아닐런가."라는 말을 연결시켜 보면 창조적 순환사관이 어떤 것인가를 짐작할 수 있다. 개벽이란 '열었다', '시작되었다'는 말이며 천지가 열리고 시작된 것을 천지개벽이라 한다.

그러나 대신사의 개벽론은 천지개벽을 말한 것은 아니다. 지구는 45억 년 전에 형성되었다 하는데 수운 선생의 개벽은 겨우 5만 년을 말하고 있다. 5만 년 전에 무엇이 나타났을까? 원초적인 농업사회를 생각해 볼 수 있다. 이로부터 규범의 틀과 경제적인 틀과 언어 표현의 틀과 생각하는 틀이 마련되었을 것이다. '개벽 후 5만 년'이라 하였으니 5만 년 전에 삶의 틀(人文)이 열렸다고 볼 수 있다.

우리의 삶의 틀은 유기체이므로 탄생→성장→융성→노쇠→해체라는 순환 과정을 거치게 마련이다. 이것을 순환사관이라 한다. 맹자는 왕조를 유기체로 보아 일치일란一治一亂한다고 보았다. 요순에서 공자에 이르기까지 5백 년마다 한 번씩 질서가 잡혔다가 무너지기를 반복하면서 여러 왕조들이 주기적으로 바뀌어 왔다는 것이다. 동양적인 역사관은 이처럼 왕조의 변동을 중심으로 역사를 순환사관으로 이해하여 왔다.

이에 비해 수운 선생 삶의 틀을 변동을 중심으로 한 순환사관이다. 특히 1860년 4월 5일을 기점으로 한 순환사관을 세운 것이다. '지난 시절, 오는 시절', '하원갑下元甲, 상원갑上元甲', '전만고 후만고', '전춘추前春秋, 후춘추後春秋' 등으로 온 시간을 과거와 미래, 전과 후, 하와 상으로 나누어 생각하여 '개벽 후 5만 년' '오만년지운수'라 하여 온 시간인 10을 절반으로 나누어 5라는 상징수로 표현하였다.

소옹(邵雍 邵康節)의 원회운세설元會運世說을 예로 들면 온 시간을 10만년으로 잡은 뜻을 짐작할 수 있다. 소옹은 일원一元을 129,600년으로 잡아 온 시간으로 보았다. 그리고 이 129,600년을 절반으로 나누어 하원과 상원으로 나누었다. 12(하루의 시간)와 30(한 달의 날짜)을 기본수로 하여 원회운세설을 만들었다. 그리하여 일원, 즉 온 시간을 129,600년으로 잡고 그 절반인 64,800년을 하원 갑, 상원갑이라 하였다.

수운 선생은 소옹과는 달리 온 시간을 10만 년으로 잡았다. 10을 '완전하고 부족함이 없는 수'라고 동양에서는 여겨왔기 때문이다. 10의 절반은 5이며 1860년 4월 5일을 기준으로 보면 지난 시절은 하원갑 5만 년이며, 오는 시절은 상원갑 5만 년이 된다. '다시 개벽'이라는 뜻에는 하원갑과 상원갑이라는 대전환에 대한 관념이 깔려 있다. '다시 개벽'의 대전환은 인류가 지금까지 경험해 보지 못한 전환인 것이다. 지난 시절의 삶의 틀이 완전히 해체되고 새로운 삶의 틀이 나타나는 대전환을 뜻하기 때문이다.

일반적으로 사회변동의 요인으로 다른 문화와의 접촉, 다른 집단에 의한 정복, 과학기술의 발전과 경제적 변화, 새로운 지식의 수용 등을 들고 있다. 이런 사회변동은 같은 삶의 틀 안에서 일어나는 변동이라 할 수 있다. 그러나 다시 개벽의 대전환은 낡은 삶의 틀이 해체되고 새로운 삶의 틀이 창조되는 대전환이므로 그 차원이 다르다. 수운 선생이 이러한 대전환을 예측한 것은 자신의 역사관인 창조적 순환사관에 의한 것이다.

4. 시천주의 신 관념

수운 선생은 31세(1854년) 때부터 6년간의 고행 끝에 1860년 4월 5일에 종전의 가치 체계들이 전도되고 생각하는 틀이 새롭게 바뀌는 종교체험을 하게 되었다. 1859년 10월에 용담을 찾아올 때는 "흐르나니 물소리요 높으나니 산이로세 … 오작은 날아들어 조롱을 하는 듯고 송백은 울울하여 청절을 지켜내니 불효한 이내 마음 비감회심 절로 난다(용담가)."는 좌절감에 빠져 있었다.

그러나 종교체험을 통해서 생각하는 틀이 바뀌자 온 세상이 환희로 변했고 천지도 의미가 가득한 세계로 바뀌었다. 생각하는 틀이 바뀌자 세상도 비뀐 것이다. 불교에서는 회심回心이라 하고, 기독교에서는 재생再生이라 한다. 종교체험은 세상을 보는 시점視點을 전도시켜 새로운 의미를 부여해 준다. 제임스(William James)는 종교체험이란 지금까지 과제로 삼았던 일들이 일시에 해결되는 체험이라고 하였다. 일본의 키시모토도 표현하기 어려운 독특한 직관성과 실체감을 느끼게 한다고 하였다. 바흐(Joachim Wach, 1989-1955)도 무한한 궁극적 실재를 대면하는 실체감이 생기며, 지知·정情·의意의 전인격에 걸친 변화를 나타내며 행동하게끔 강제하는 힘을 느낀다고 하였다.

생각하는 틀의 변화란 최고 가치 체계에 대한 시점의 변화를 의미하며 신神 관념이 전도를 의미한다. 수운 선생은 종교체험을 통해서 새로운 신 관념이 정립된 것이다. 일반적으로 신이란 전지전능하며 인격적이며 유일하며 초월해 있는 분이라고 알고 있다. 그러나 수운 선생의 신 관념은 저 높은 곳에 계시는 분이 아니라 모든 사람의 몸 안에 모셔져 있는 분이며, 완성자로서 초월해 있는 존재자로서의 신이 아니라 시간적인 생성 변화의 과정에 있는 분이라고 하였다.

인격적이고 유일하고 초월해 있다는 신 관념은 다른 종교의 신 관념과 다를 것이 없다. 그러나 다음 두 가지 신 관념, 즉 "네 몸에 모셨으니 사근취원捨近取遠 하단말가(교훈가)."라는 신 관념과 "노이무공勞而無功하다(용담가)."는 신 관념은 다른 종교에서 찾아볼 수 없는 신 관념이다. 이러한 신 관념을 외면하고 일각에서는 다른 종교의 좋은 점만 따다 종합한 것이 동학이라 비판한다. 다른 종교에서 무엇을 따다 종합했다는 말인지 납득이 가지 않는다. 시천주와 노이무공의 신 관념은 '지금도, 옛날에도 들어 보지 못한 일이요, 지금도, 옛날에도 비할 데 없는 새로운 도법(吾道今不聞古不聞之事 今不比古不比之法也 修

者如虛而有實 聞者如實而有虛也, 論學文)'인 것이다.

수운 선생의 신 관념 중 시천주의 참뜻을 먼저 알아보자. "네 몸에 모셨으니 사근취원 하지 말라."는 것이 시천주의 신 관념의 핵심이다. 시侍 자字는 한울님을 잘 모시라는 것이 아니라 "한울님이 네 몸 안에 모셔져 있다."는 말이다. 「논학문」에 보면 "모셨다는 것(侍者)은 신령이 몸 안에 있으며, 밖으로 기화氣化함이 있다는 것이며, 온 세상 사람들이 각기 변동시킬 수 없다(不移者)는 사실을 알고 있다(內有神靈 外有氣化 一世之人 各知不移者也)."고 하였다. 즉 "신령이 몸 안에 있어(內有神靈), 그 신령이 외유기화外有氣化한다."는 것이 시천주의 시侍 자 해석이다.

우리 몸 안에 한울님을 모시고 있다는 것은 신령이 몸 안에 있으며, 밖으로 기화하기 때문이라는 말이다. 신령이란 무엇이며 기화란 무엇인가. 내 몸 안에 있다고 한 것은 생명의 씨앗이다. 온 우주의 생명체계를 압축한 생명의 씨앗이 들어 있는 것이다. "내가 나 된 것은 부모가 이에 있고, 뒤의 뒤를 생각하면 자손이 저기에 있도다(我思我則 父母在玆 後思後則 子孫存彼, 不然其然)."라고 하였듯이 나의 존재는 부모로부터 생명의 씨앗을 이어 받아 내가 있게 된 것이다. 그리고 후세를 생각하면 생명의 씨앗이 나로부터 자손에게 이어진다는 말이다. 생명의 씨앗이 바로 신령인 것이다.

지구가 생겨난 지 45억 년이라 하며, 생물 세포가 탄생한 지 35억 년이 되었다 한다. 내가 지금 태어난 것은 아득한 태고로부터 생명의 씨앗을 이어왔기 때문이다. 35억 년 동안 내려오면서 많은 생명의 씨앗들은 도태되었다. 용케도 나의 생명의 씨앗은 살아남아 지금 여기에 살고 있는 것이다. 온 천지 생명체계를 압축한 신령스러운 한울님의 씨앗이 바로 내 몸 안에 모셔져 내가 있는 것이다. 이것이 바로 시천주인 것이다.

다음은 외유기화外有氣化란 무슨 뜻일까? 밖으로 기화하고 있다는 말은 몸 안에 모셔져 있는 한울님 생명의 씨앗이 기의 작용으로 드러나고 있다는 뜻이다. 기화란 생명의 씨앗에 담긴 신령한 요소들을 해석하며 지기조직력으로 전개한다는 말이다. 아무리 신령한 그 무엇이 몸 안에 모셔져 있다 해도 자기조직력인 기화작용이 없으면 나의 존재는 불가능할 것이다. 수운 선생은 기氣란 자기조직력自己組織力이라는 것을 다음과 같이 자세히 설명하였다.

> 지(至)는 지극한 경지에 이른다는 지이다. 기는 허령이 창창하여, 사물에 섭리하지 않음이 없고, 사물에 관여하여 명하지 않음이 없다. 마치 형상이 있는 듯하나 그 상태를 그려내기 어렵고(如形而難狀), 생동하는 소리가 들리는 듯하나 보기는 어렵다(如聞而難見). 이 또한 혼원의 한 기운이다(至者 極焉之爲至 氣者虛靈蒼蒼 無事不涉 無事不命 然而如形而難狀 如聞而難見 是亦渾元之一氣也, 論學文).

첫째로 지기의 지至라는 것은 갈 대로 다 간 구극이라는 뜻이며, 기氣라는 은 허령창창虛靈蒼蒼하다는 것이라 하였다. 허령이란 '기가 가득 차서 빈 틈이 없는 상태(塞充實無有空闕)'이며 '기가 가득 차서 빈 틈이 없는 상태(無一毫可容間也)'라고 하였다. 그리고 영이란 것은 명덕明德이 영묘함을 말하는 것이다. 그리고 창창은 초목이 무성한 상태를 이르는 말이며, 온 우주에 가득 차 있는 기가 초목이 싱싱하게 자라듯이 약동하고 있다는 뜻이다.

둘째로 기는 무사불섭無事不涉 무사불명無事不命하다고 하였다. 무사불섭은 모든 사물을 이루어지게 섭리하지 않음이 없으며, 사물을 그 사물답게 이루도록 명命하지 않음이 없다는 뜻이다. 중국의 철학자 진순陳順은 "기가 이 사물에 이르면 곧 이 사물이 생기고, 저 사물에 이르면 곧 저 사물이 생기니 마치 누구의 분부나 명령에 의한 것과 비슷하다(氣到這物 便生這物 氣到那物 又生那物 便是分付 命令他一般, 北溪字義)."고 하였다. 이러한 기의 작용은 타자의 힘에 의한 것이 아니라 기 스스로가 자기의 힘으로 자기를 조직하며 형성시키는 것을 말한다. 야뢰(夜雷 李敦化)는 이것을 자율적 창조력이라고 하였다.

셋째로 기는 여형이난상如形而難狀 여문이난견如聞而難見이라 하였다. 기는 분명히 생성하고 있으므로 형상이 있어 보이나 말로 그려내기 어려우며, 기의 생동하는 소리가 들리는 듯하나 보기는 어렵다고 하였다. 즉 기가 유행流行하는 것은 분명하지만 언어로 형용하기가 어려우며, 소리가 나는 것 같으나 보기는 어렵다는 뜻이다.

넷째로 기는 역시 만물의 본바탕을 이루어 혼원의 한 기운이라(是亦 渾元之一氣也) 하였다. 혼원渾元은 '천지의 바탕'을 말하며 일기一氣는 오직 하나의 기운(힘)이라는 뜻이다. 혼원지일기渾元之一氣는 생명체계의 본바탕을 이르는 말이다. 그리고 무수한 개체생명체계가 있으나 모두가 연결되어 있는 하나의 기운이라는 뜻도 들어 있다.

다음은 노이무공의 신 관념이란 어떤 것인가. 일반적으로 신이라면 '초인간적인 능력, 위력을 가지고 있으며 우리 인간의 삶이나 운명을 좌우하는 거룩한 존재로서 숭배되고 두려움을 받는 대상'이라고 생각한다. 그런데 수운 선생은 한울님의 말씀이라 하며 "내 또한 공이 없어 너를 세상에 내어 이 법을 가르치게 한다(余亦無功故 生汝世間 敎人此法 勿疑勿疑)."고 하였고 "나도 또한 개벽 이후 노이무공 하다가서 너를 만나 성공하니 나도 성공 너도 득의 너희 집안 운수로다(용담가)."라고 하였다. 해석하기가 어렵지만 한울님은 노이무공한 분이라고 표현한 것은 분명하다.

아득한 옛날에 인문이 개벽된 이후부터 지금까지 한울님은 무한히 애를 썼으나 공을 이루지 못했다는 것이다. 다행히 수운 선생을 내어 (또는 만나) 이 법을 가르치게 함으로써, '나(한울님)도 성공하고 너도 뜻을 얻었다.'는 것이다. 한울님이 기대했던 성공의 경지는 이 법(무극대도)을 사람들에게 가르치는 데 있었음을 알 수 있다. 노이무공이라 표현한 신 관념은 여러 의미를 내포하고 있음이 사실이나, 여기서는 노이무공이란 표현만을 따로 떼어서 살펴보기로 한다.

앞서 시(侍) 자 해석의 외유기화설을 살펴본 바와 같이 수운 선생은 한울님을 생명 그 자체로 본 것이 틀림이 없다. 이돈화(李敦化, 1888~1950)도 "만유는 한 가지로 대우주 대생명의 표현으로 … 부단히 창조하며 유속하는 지기의 생명력이 일체의 의식 현상과 생명현상의 근저가 되는 것이다(『新人哲學』, 至氣一元論)."라고 하였다. 그리고 백세명(白世明, 1899~1970)도 '대우주(무궁한 이 울)의 본체 생명(무궁한 나)'을 한울님의 실체로 규정하였다. "더욱이 대우주의 본체 생명이신 한울님과 지기 본체를 다른 것으로 볼 수 없는 이상 지기도 또한 생명체로 확신할 수밖에 없는 것이다(『東學經典解義』, 1963)."라고 하였다.

생명체계는 자유 에너지를 신진대사하며 자기조직력으로 자신을 복제·유지·향상시키려는 본성을 가지고 있다. 따라서 생명은 유지에 만족하지 않고 늘 향상을 지속시키려 한다. 개체생명은 종말이 있지만 온 천지 생명체계는 향상만이 있는 시간적인 과정에 있다. 따라서 어떤 시점에서도 과정이므로 완성은 없는 것이며, 따라서 노이무공일 수밖에 없다. 삶의 틀도 자기조직력으로 형성해 나가는 과정에 있기 때문에 성공이란 시점은 있을 수 없다. 이 노이무공의 신 관념은 한울님을 온 천지의 생명체계로 동일시하는 관점이며, 한울님도 되어 가는 시간적인 과정에 있는 분이라 할 수 있다.

이상으로 수운 선생의 한울님 관념을 살펴보면 첫째로 시천주 신 관념은 우리들의 이원론적 생각을 깨뜨려 버리고 피라미드형 사회구조를 수평적으로 바꾸어 놓게 하였다. 최고 가치 체계는 저세상인 성스러운 세계, 초감성적인 세계에 속해 있으며, 만물과 사람은 속된 세계인 감성계에 속해 있다고 믿어왔으나 이제 이원적인 생각을 깨뜨려 버리게 되었다. 개체 영혼설과 천당-지옥설을 깨뜨렸고, 귀족과 천민으로 갈라 놓은 신분 차별제를 깨뜨렸으며, 중앙집권제와 가부장제도를 깨뜨려 버리게 하였다.

둘째로 한울님을 존재자로 보지 않고 시간적인 분으로 봄으로써 신에 대한 결정론적 생각을 극복하게 하였다. 신을 완성된 분으로 보면 이 세계는 마련된 세계가 될 것이다. 역사도, 국가의 운명도, 사회변화도, 신이 만들어 놓았으며 결정한 대로 피동적으로 움직여 갈 뿐이다. 그러나 동학의 신 관념에 의하면 되어 가는 시간적인 한울님이므로, 인간의 선택에 의해 역사는 만들어지는 것이다. 즉, 벌은 육각형의 집만 짓게끔 한정되어 있으나 인간은 구조조건을 넘어서서 상황을 선택하는 자기조직력이 있다. 따라서 이 세계는 완성된 것이 아니라 되어 가는 시간적 과정에 있다고 보아야 할 것이다.

5. 선악의 기준

모든 종교는 선善과 악惡에 대한 나름대로의 잣대를 가지고 있다. 일반적으로 선이란 인간 생활을 완성시키며 보편화되도록 하는 것이며, 악이란 인간 생활을 불완전하게 만드는 것을 말한다. 그러나 이 기준은 시대에 따라 달라져, 과거에 선이었던 것이 지금에는 악이 되고, 과거에 악이었던 것이 지금에는 선으로 바뀌는 경우가 많다. 생각하는 틀이 바뀌거나 시대 상황이 달라지면 선악의 기준도 달라지게 마련이다. 그러면 수운 선생이 생각하는 선악의 기준은 무엇인가.

어느 날 제자가 "한울님 마음이 곧 사람의 마음이라면 어찌하여 선악이 있습니까?"라고 물었다. 수운 선생은 대답하기를 "사람의 품행(德)에는 귀천이 있게 마련이요 살아가는 데는 고락의 이치가 있게 마련이다. 그러나 군자의 품행에는 기운이 바르게 작용하여 마음이 정해져 있어 천지의 덕과 합하도록 행하고, 소인의 품행은 기운이 바르지 못하게 작용하여 마음이 늘 달라지게 되므로 천지의 뜻에 어긋나게 행한다. 이 어찌 성쇠를 가늠하는 이치가 아니겠는가?' 하였다.

사람의 품행에는 귀한 행동과 천한 행동이 있게 마련이요, 살다 보면 고되기도 하고 즐겁기도 한 것이 인생살이이다. 그러나 바람직한 것과 바람직하지 못한 것은 사람들의 품행에 달렸다. 수운 선생은 군자와 소인의 품행으로 나누어 그 기준을 말하였다. 즉 군자의 삶은 기운이 바르고 마음이 정해져 있어 천지의 덕과 합일하게끔 행동하고, 소인의 삶은 기운이 바르지 못하고 마음이 정해져 있지 못하여 천지의 뜻에 어긋나게끔 행동한다고 하였다. 군자와 소인의 구별은 기운의 정·부정正·不正과 마음의 유정有定과 유이有移에 달렸다고 하였다.

군자와 소인의 갈림길은 바로 기운이 바른가(맑은가), 바르지 못한가(흐린가)에 달렸으며, 마음이 한결같이 정립되었는가(定·正也), 아니면 이랬다 저랬다 변하느냐에 달렸다고 하였다. 이는 난해한 설명으로서, 마음의 유정有定과 유이有移 개념을 인식하기가 매우 어렵다. 「도덕가」에서는 "선악간 마음 용사用事 이는 역시 기운이라." 한다면 마음의 본바탕은 바르고 맑고 순수하다는 전제가 깔려 있다. 따라서 기운의 정·부정에 의해 심유정心有定과 심유이心有移가 갈리게 된다. 주희朱熹도 "태어날 때 받은 기는 모두 천지의 정기正氣였지만 그 기가 유행하면서 혼명후박昏明厚薄의 차이가 생겨 선악이 있게 된다."고 하였다. 수운 선생도 '흐린 기운을 말끔히 씻어 내고 맑은 기운을 잘 기르면' 착한 본바탕 마음이 맑은 유리알을 통해 보듯이 바르게 잘 드러난다고 하였다. 사람은 본래 한울님 마음을 가지고 태어났으나 기의 혼탁에 따라 마음의 유정有定과 유이有移가 드러나게 된다는 결론이다.

수운 선생은 '군자의 행실은 여천지합기덕與天地合其德한다.'고 하였으며 '소인의 행실은 여천지위기명與天地違其命한다.'고 하였다. 합기덕이란 나의 살림살이를 온 천지 생명체계에 합치하도록 하는 것을 말하며, 위기명은 나의 살림살이를 온 천지 생명체계에 어긋나게 하는 것을 말한다. 그래서 온 천지 생명체계를 "성하게 하고 쇠하게 하는 이치가 바로 여기에 있는 것이 아니겠는가(此非盛衰之理耶)."라고 한 것이다.

장회익張會翼은 "온 생명의 안위를 생각하지 않고 자신에게 주어진 개체생명의 가치만을 내세운다는 것은 마치 온몸의 건강을 생각하지 않고 손가락 하나의 안위만을 염려하는 것과 같은 상황이 되는 것이다."라고 하였다. 새로운 삶의 가치기준은 인간중심주의를 넘어서 온 천지 생명체계와 조화를 이루어 서로 살리는 데 두어야 한다는 것이다. 바람직하고 바람직하지 않은 기준을 여천지합기덕과 여천지위기명에 두고 평가하자는 것이다.

6. 수행과 신앙

종교 행위는 신념 체계에 따라 그 방법이 달라진다. 유대-기독교는 하느님의 은총을 바라는 신앙에 치중하게 되며, 동양 종교들은 어떤 경지에 도달하여 의미를 밝혀 내고 삶의 길을 찾는 수행에 치중하게 된다. 대체로 서양 종교가 신앙에 중심을 두는 것이라면, 동양은 수행에 중심을 둔다. 물론 기독교도 신앙과 수행을 병행하며, 불교 역시 수행과 신앙을 겸하고 있다. 동학은 처음부터 수행과 신앙을 겸하게 하였다. 수행 방법은 어디를 막론하고 대체로 간단 명료한 것을 반복하게끔 하는데 동학의 수행법도 성주문(聖呪文=3·7주문)을 반복하여 읽도록 하였다.

주문이라면 일반적으로 주술행위라고 믿으나 동학의 성주문은 한울님을 위하는 글이며 높은 수행 방법의 하나이다. 자신의 도덕성과 무관하게 초자연의 힘을 빌려 자기 욕구를 해결하려는 것이 주술(magic)이다. 성주문은 온 천지의 생명체계와 합일하는 것을 체험하기 위한 수행법의 하나이나. 주문에는 여덟 자로 된 강령주문과 열세 자로 된 본주문이 있으며, 강령주문이 기운을 맑고 바르게 하는 공부(수행법)라면, 본주문은 천인합일의 경지에 이르도록 자신을 단련시키는 공부 방법이다.

수운 선생은 주문을 지은 경위를 "(한울님이 수운 선생에게 이르기를)너는 무궁무궁한 도의 경지에 이르렀으니 스스로 닦고 익혀서 글(주문)을 지어 사람을 가르치고, 법(수행법)을 정해 포덕하면 너로 하여금 장생하여 세상에 빛나게 하리라."고 하므로, 그대로 닦아보니 스스로 그러하게 되는 이치가 없지 않아 드디어 주문을 지었다고 하였다. 그리하여 한 가지는 불망의 글을 지었고, 한 가지는 강령의 법을 지었다고 하였다. 주문의 내용에 대해 「논학문」에서 자세히 설명하고 있다.

강령주문인 '지기금지원위대강至氣今至願爲大降'의 해석을 보면 (지기는 이미 설명하였으니 생략) 금지今至는 '이제 입도하여 한울님 기운과 접했음을 알게 되었다.'는 뜻이라 하였고, 원위願爲는 '청축한다'는 뜻이요, 대강大降은 '내 기가 한울님의 기와 화하기를 청원한다.'는 뜻이라 하였다. 강령주문은 기를 바르고 맑고 깨끗하게 하기 위한 주문이요 수행 방법이다.

본주문은 '시천주조화정 영세불망만사지侍天主造化定 永世不忘萬事知'의 열세 자로 되어 있다. 시천주侍天主는 '내 몸 안에 모시고 있는 한울님'을 말하고, 조화造化는 '무위이화無爲而化'라 하였고, 정定은 '한울님의 덕과 합일하고 한울님의 마음으로 정한다(合其德定其心)'는 뜻이라 하였다. 영세永世는 '사람의 평생(人之平生也)'이요, 불망不忘은 '생각을 늘 간직한다(存想之意也)'는 뜻이다. 만사萬事는 '수가 많은 것(數之多也)'을 뜻하며, 지知는 '그 도를 알고 그 앎을 받는다(知其道而受其知也)'는 뜻이라고 하였다.

방 안 공기가 탁하면 창문을 열고 대기를 순환시켜야 하듯이 내 기를 맑게 하자면 한울님의 맑은 기운과 대류시켜야 한다. 이를 하는 것이 강령주문이며, 본주문은 "한울님의 덕과 합일하고 한울님의 마음으로 내 마음을 정하여 평생토록 모든 일에 바른 길을 알고 그것을 내 것으로 받아들이겠다."는 다짐이 글이라 할 수 있다. 그래서 강령주문은 기 공부라 하고, 본주문은 "열세자 지극하면 만권시서 무엇하며 심학心學이라 하였으니 불망기본不忘其本하였으라."라고 했듯이 마음공부를 하는 주문인 것이다.

동학의 종교 행위에는 수행과 겸하여 신앙 체제가 있다. 심고心告 드리는 방법이 바로 신앙 체제에 속한다고 할 수 있다. 「내수도문」內修道文에 "잘 때에 잡니다 고하고, 일어날 때에 일어납니다 고하고, 물 길러 갈 때에 물 길러 갑니다 고하고, 방아 찧으러 갈 때에 방아 찧으러 갑니다 고하라."고 하였다. 심고 드리는 방법은 마치 부모님에게 하듯이 한울님을 지극히 섬기는 신앙 행위로 되어 있다. 동학 당시에는 심고와 더불어 의례의 하나로 축문 읽는 법이 있었다.

그 요지는 "한울님의 은덕을 입었으나 아직 참된 길에 돌아가지 못하고 고해에 잠겨 오래도록 마음을 잃음이 많았습니다. 이 성세에 도를 선생으로부터 깨달아 종전의 허물을 참회하고 선에 따라 길이 모셔 마음공부를 하겠습니다다."라고 되어 있다. 「수덕문」에는 "한 번 치제致祭하는 것은 평생 한울님을 섬기겠다는 중한 맹세(一番致祭 永侍之重盟)"라고 하였다. 축문은 한울님을 평생 섬기겠다는 맹세의 상징 행위로 되어 있다.

동학의 제례 의식은 1887년을 전후하여 구성제九星祭, 인등제引燈祭가 행해지면서 본격하였다. 먼저 구성제가 행해졌고 1년 후인 1888년에는 인등제가 행해졌다. 음식 대신에 쌀과 과일과 천을 제수로 차리게 하였다. 1897년에 이르면 벽을 향해 차리던 향벽설위법向壁設位法은 향아설위법向我設位法으로 바뀌었다. 개체 영혼을 부정하고 저세상을 부인하는 동학의 제례 방식을 향아설위, 즉 나를 향해 제사를 올리는 제례 방식으로 바꾼 것이다.

「좌잠」에 "우리 도는 넓고도 간략하여 많은 말로 뜻을 풀이할 필요가 없다. 다른 도리가 따로 있는 것이 아니라 신경성信敬誠 세 글자에 있다."고 하였다. 이 부분은 동학을 학學하는 절차를 설명한 것이다. 먼저 신信하고 다음으로 경敬하고 끝으로 성誠하라는 것이다. 신信 자는 학구學究에 해당되고 경敬 자는 학습學習에 해당되고 성誠 자는 학행學行에 해당된다. 「수덕문」에는 "먼저 신하고 다음에 성하라."고 하였다.

> 무릇 이 도는 마음으로 신信하고 성誠을 다해야 되느니라. 신자를 파자(破字)하면 사람(人)의 말(言)이니 말에는 옳은 말과 그른 말이 있다. 말 가운데 옳은 말은 취하고 그른 말은 물리치되 거듭 생각한 다음 마음을 작정하라. 일단 작정한 뒤의 말은 신信하지 않는 것이 신信이니라. 이처럼 닦으면 성誠을 이루게 될 것이니 성과 신은 그 이치가 멀지 않다. 사람의 말(言)을 이루어지게(成) 하는 것이니 먼저 신하고 뒤에 성하라.

첫째로 신信 자는 믿을 신 자가 아니라 진야眞也 명야明也를 밝힌다는 뜻이 들어 있다. 왈가왈부曰可曰否하여 일단 참 길을 가리게 되면 다른 길을 신信하지 않는 것이 신이라 하였다. 「팔절」에는 '내가 나다워지도록 하는 것이 도'라고 하였다. 사람이 사람답게 살자면 바른 길을 가려내는 수행이 필요하다. 바른 길을 밝혀 내지 못하면 참된 수행을 할 수가 없다.

둘째는 일단 참을 가리면 경건한 자세로 닦고 단련하여 자신의 몸에 푹 배도록 익혀야 한다. 공부는 본래 머리로 하는 것이 아니라 몸으로 익혀야 한다. 경건한 자세로 가르침을 받아들이는 몸의 공부가 중요하다. 몸에 익힌다는 것은 매우 어려운 일이다. 그래서 수이연지修而煉之, 즉 닦고 단련한다고 하였다.

셋째로 성誠이란 거짓됨이 없게 마음을 다 기울여 행하는 것을 말한다. 말하자면 옳은 사람의 말(人言)을 거짓됨이 없게 마음을 다 기울여 행하는 것을 말한다. 그래서 수운 선생은 '사람의 참된 말(言)을 거짓 없이 이루는(成) 것'을 성이라 하였다. 신경성은 바로 무극대도를 바르게 규명하고(學究) 그것을 공경히 받아들여(敬) 내 몸에 익혀서(學習) 참되게 생활화하며 사회화하는 것을 말한다고 하였다.

끝으로 수심정기(修心正氣; 守心正氣-편집자)에 대해 살펴보기로 한다. 수심정기는 마음을 순수하게 닦고 기운을 바르게 세운다는 뜻이다. 그러나 이 수심정기는 글자와는 무관하게 종교체험의 경지를 표현한 말이기도 하다. 「논학문」에 "몸이 몹시 떨리고 선뜩해지면서 밖으로는 신령과 접하는 기운이 있고, 안으로는 가르치는 말씀이 내렸다. (금세 보았던 것을 다시) 보려 하니 보이지 않으며, (금세 들었던 말씀을 다시) 들어 보려 하니 들리지 아니하여 더욱 괴상하게 여겨졌다. 수심정기(修心正氣; 守心正氣-편집자)하고 어찌하여 이렇습니까 물으니 내 마음이 곧 네 마음이니라(吾心卽汝心)고 하였다."라고 했다.

수심정기는 종교체험의 경지를 이르는 말이며 의미의 세계가 열리는 경지이기도 하다. 앞서 "금세 보았던 것을 다시 들어 보려 하니 들리지 아니하여 더욱 괴상하게 여겼다."고 하였다. 종교체험의 경지는 비일상적인 세계와 일상적인 세계가 혼재하는 경지이다. 그런데 종교체험의 경지에 이르러 가르치는 말씀이 들려오자 깜짝 놀라 일상적인 상태로 되돌아오게 된 것이다. 즉 종교체험의 경지에서 벗어났으므로 결국 다시 들을 수 없게 된 것이다.

수운 선생은 수행에 있어서 각별하게 수심정기를 강조하였다. 「논학문」에서뿐만 아니라 「수덕문」에 "인의예지는 옛 성인의 가르침이지만 수심정기守心正氣는 내가 다시 정한 것이다."고 하였고 「도덕가」에는 "수심정기 하여내어 인의예지 지켜두고…."라 하였다. 전후 상황을 생각할 때 수심정기는 마음의 순수한 경지와 기의 맑은 경지를 이르는데 그치지 아니하고, 종교체험의 심오한 경지도 말하려 하였다. 즉 온 천지의 생명체계와 합일하는 종교체험의 경지를 수심정기라 한 것 같다.

7. 보국안민의 이상

동학의 신념 체계는 '어떻게 살아갈 것인가?'에 초점을 맞추고 있다. "억조창생 많은 사람 동귀일체 하는 줄을 사십평생 알았던가.", "요순성세 다시 와서 국태민안 되지마는 … 태평성세 다시 정해 국태민안 될 것이니…."라고 하였다. 동귀일체의 사회를 실현하는 것과 국태민안을 실현하자는 것이 동학의 이상이다. 물론 이런 세상을 실현한다는 것은 쉬운 일이 아니다. 모든 사람이 동귀일체하자는 것과 세계 모든 나라가 평화를 보장하고 최소한의 경제적 생활을 하도록 하여 국태민안을 이룬다는 것은 이상에 가까운 꿈같은 것이다.

수운 선생은 이런 꿈의 세상에 접근하기 위해서는 먼저 보국안민輔國安民을 이루어야 한다고 하였다. "함지사지 출생들아 보국안민 어찌할고….", "보국안민의 계책이 장차 어디서 나올 것인가?"라고 하였다. 보국은 나라를 돕자는 뜻이요, 안민은 인민의 생활을 평안하게 만들자는 뜻이다. 나라를 진정으로 돕자면 잘못된 나라를 바로 잡아 최소한 정의로운 국가를 만들어야 한다. 그리고 안민도 온 천지 생명체계가 감당해 낼 수 있는 범위 안에서 최소한의 물질적 생활을 보장하며 인간의 존엄성이 보장되도록 해야 한다.

동학 초기의 보국안민 운동을 보면 대외적으로는 반침략 운동으로 나타났고 대내적으로는 신분제 타파 운동 등 반봉건 운동으로 나타났다. 수운 선생이 종의 신분을 가진 두 여자를 양딸과 며느리로 삼았다는 것은 얼마나 신분제 타파에 시범을 보였는가를 말해 주는 것이다. 해월 선생 또한 1865년 10월 금등골(劒洞谷)에서 "인人은 곧 천天이라, 고로 인은 평등하여 차별이 없나니 인人이 인위로써 귀천을 분分함은 한울님 뜻에 맞지 않느니라. 우리 도인들은 일체로 귀천의 차별을 철폐하여 스승님의 본뜻에 따르도록 하라."고 하여 신분제 타파에 힘을 기울였던 것이다.

1894년 동학혁명 때에는 모든 동학군은 신분제 타파를 위해 구체적인 행동을 하였다. 『오하기문』에 "양반으로 노비와 함께 적(동학)을 따르는 자들은 서로를 접장이라 하며 동학의 규범에 따랐다. 백정이나 재인才人에 속한 자에게도 평민이나 양반과 같이 대등하게 대접해 주니 사람들은 더욱 분하게 여겼다."고 하였다. 특히 12개 폐정개혁안에는 "노비문서는 태워 버릴 것, 칠반七班 천역의 대우를 개선하고 백정의 머리에 씌우는 평양립을 벗게 할 것, 관리 채용은 지벌을 타파하고 인재 위주로 할 것"을 실천에 옮기도록 하였다.

1893년 3월 11일(양 4월)에 척왜양창의운동 때 내걸었던 괘서에는 "지금 왜놈과 양놈들이 이 나라 중심부에 들어와 난동을 피우고 있으니 … 오늘의 서울 형편은 오랑캐들의 소굴이 되었다.", "우리들은 죽기로 서약하고 왜양을 쓸어 버리고 보국의 의리를 다하고자 일어났다."고 하였다. 외세 침략을 심각한 위기로 받아들인 것도 동학뿐이었다.

1894년의 동학혁명 때인 9월에는 일본군을 물리치기 위해 죽창을 들고 일어섰다. 공주 우금티 전투를 비롯하여, 세성산 전투, 금산 전투, 당진 승전곡 전투, 홍성 전투, 청주 전투, 논산 황화대 전투, 원평 전투, 하동 고승당 전투, 해주 전투, 홍천 서석 전투, 장흥 전투, 보은 북실 전투, 대둔산 전투를 통해 얼마나 많은 동학농민군이 피를 흘리며 일본군과 싸웠던가. 일본 침략자와 정부군은 보국안민의 뜻을 펴기 위해 반외세의 기치를 내걸고 일어섰던 동학농민군을 무차별 학살하였다.

8. 접과 포의 교단 조직

1861년 6월부터 포덕布德을 시작하자 전도인傳道人과 수도인受道人 사이에 이루어진 인맥을 자연스럽게 조직한 것이 연원淵源 집단이다. 이것을 접接이라 하였으며 접 조직이 곧 연원 조직이었다. 접주가 연원주였고 연원주가 곧 접주였는데, 그의 성을 따서 아무개 접중接中 아무개 접내接內라고 불렀다. 이 접은 교단의 단위조직이며 대체로 50호 내외를 조직한 것으로 보인다. 관의 탄압이 심해지자 수운 선생은 1862년 12월 26일(양 1863년 2월 14일) 납일臘日에 접제를 제도화하고 접주接主를 정식으로 임명하였다.

당시 임명된 접주는 모두 몇 명이었는지 알 수 없으나 『최선생문집도원기서』에는 모두 16명이 나타나 있다. 즉, 부서 접주에는 백사길白士吉과 강원보姜元甫로 정하고, 영덕 접주에는 오명철吳明哲, 영해 접주에는 박하선朴夏善이 임명되었고, 대구·청도·기내畿內, 機內 접주에는 김주서金周瑞, 청하 접주에는 이민순李民淳, 영일 접주에는 김이서金伊瑞, 안동 접주에는 이무중李武仲, 단양 접주에는 민사엽閔士燁, 葉, 영양 접주에는 황재민黃在民이 임명되었다. 영천 접주에는 김선달金先達, 신령 접주에는 하치욱河致旭이 임명되었고, 고성 접주에는 성한서成漢瑞, 울산 접주에는 서군효徐群孝, 경주부중의 접주로는 이내겸李乃謙이 임명되고, 장기長鬐 접주에는 최중희崔仲羲가 임명되었다.

1880년대 중반에 이르러 포덕이 늘어나자 포조직包組織이 나타나게 되었다. 초기에는 접이 곧 연원 조직이었으나 1백호, 2백호로 도인 수가 늘어나자 50호 단위의 접도 늘어나 한 연원 조직에 많은 접주가 생겨났다. 그리하여 한 연원 내에, 즉 한 포 내에 여러 명의 접주가 속하게 되었다. 접이 곧 연원 조직이라는 등식이 이처럼 무너지자 접을 대신하여 포包라는 명칭이 등장하게 된다. 『시천교종역사』 1884년(갑신)조에 보면 "10월 28일 대신사(=수운 최제우) 탄신 기념 제례에 각 포 두령 82명이 참석했다."고 하였다.

초기에는 연원 대표자의 성을 따서 이 아무개포, 김 아무개포라고 불렀다가 1893년(계사) 3월 18일에 보은 척왜양창의운동斥倭洋倡義運動 때 포 이름을 공식으로 지어 주었고 포의 지도자를 대접주라 하였다. 포제가 이루어진 이후에도 도인 수가 계속 늘어나자 대접주 혼자서 포 내 사무를 처리하기가 어렵게 되어 1893년 가을부터 형편에 따라 수접주首接主와 사무를 처리하는 접사接司를 두게 되었다.

1887년에 이르러 육임제六壬制가 새로 생겨났는데 『천도교서』에 보면 1884년 10월 24일에 해월 선생은 공주 가섭사迦葉寺에서 강서降書를 받아 육임제를 구상하였으며, 1887년 6월 중순경에 보은 장내리에서 비로소 육임직을 임명하고 육임소를 설치하였다 한다. ① 알차고 덕망 있는 사람은 교장으로, ② 성심 수도하여 가르칠 사람은 교수로, ③ 위풍을 갖추고 기강을 세워 다스릴 사람은 도집으로, ④ 시비를 밝혀 기강을 잡을 사람은 집강으로, ⑤ 공평을 유지하며 근후한 사람은 대정으로, ⑥ 능히 직언할 수 있는 강직한 사람은 중정으로 삼는다고 하였다.

육임제는 직임을 크게 교教와 집執과 정正이라는 세 가지로 나누었으며 교는 가르치는 것을, 집은 기강을 세우는 것을, 정은 자문하고 직업하는 것으로 직분을 정하였다. 처음에는 대도소大都所에 두었다가 교세가 늘어나자 각 연원에서도 형편에 따라 육임직을 두게 되었다. 포 단위 육임직의 임명은 1893년 교조신원운동 이후라고 여겨지며 학식과 영향력이 큰 원로들은 교장과 교수에, 접주와 격이 같은 사람에게는 나머지 직분을 주었다고 보인다.

이밖에 동몽육임제童蒙六任制와 편의장제便義長制, 도찰제都察制, 교령제敎領制가 있었다. 1887년에는 대도소에다 봉교(奉敎=丈室의 비서)를 두었고 1890년경부터는 동몽육임직을 임명하였다. 봉도奉道·봉좌奉座·봉헌奉軒·봉규奉規·봉령奉令·봉교奉敎 등은 어린 사람에게 맡겨 육임직을 보좌하게 하였다. 편의장제는 1890년경에 마련하였으며 도별로 한 명 혹은 두 명(좌도·우도)을 임명하여 각 포의 분쟁을 바르게 조정하고 지도하게 하였다.

대접주·수접주·접주·접사 등 접 계통의 임직은 북접대도주北接大道主의 이름으로, 육임이나 기타 직은 북접법헌北接法軒의 이름으로 발행하였다. 해월 선생(海月 崔時亨)이 사용한 직명은 도주와 북접대도주, 북접법헌이었다. 일반 문서에는 도주로, 접주와 접사 등의 임첩任帖에는 북접대도주로, 육임직 임첩에는 북접법헌으로 사용하였다. 1894년 동학혁명 기간에도 동일한 명의로 임첩을 발행하였다.

수운 선생이 생존했을 때에는 용담을 중심으로 북쪽의 접들을 자연스럽게 북접(北道中)이라 칭하게 되었다. 교세가 엄청나게 늘어나던 1891년경에는 호서접, 영남접, 동협접(東峽接, 강원도), 호남접이라는 호칭이 생겨났다. 그러다가 1894년 6월부터 대립적인 남북접설이 나타나기 시작하였다가 8월 이후 재기포하는 과정에서 삼례參禮와 왕궁王宮 지역에서 기포하는 세력을 남접이라 하였고, 반대하는 세력을 북접이라 하게 되었다. 즉 감정 대립이 심화되면서 호 자를 빼고 남접이라 불렀으며 호서접과 동협접 등 비호남접은 모두 북접이라 하였다.

이때의 남북접 호칭은 정치적 세력을 구별하기 위한 것이요, 교문을 달리하는 것은 아니었다. 일부 학자들은 교문을 달리하는 것처럼 오해하고 있으나 교문을 달리하는 남접이 있었다면 남접대도주大道主가 있었을 것이요 발행된 임첩이 있었을 것이다. 『오하기문』에 서장옥(徐長玉, 仁周, 一海)이 남접 대표라 하였으나 혁명 기간 중 동학군을 이끌었다는 흔적이 전혀 없다. 그리고 그의 명의로 발행된 임첩과 통문은 한 장도 발견할 수 없다. 호남 지역에서 발견된 접주 및 육임직 임첩은 한결같이 북접대도주와 북접법헌의 명의로 발행한 것뿐이다. 그리고 1894년 10월 15일경 북접통령 의암 손병희가 대군을 이끌고 논산으로 가서 전봉준 장군과 연합하면서 남북접설도 사라지고 있었다.

동학의 접포 조직은 다른 종교의 교회나 사원과 다르다. 신앙 집단인 동시에 동학의 이념을 사회화하는 전위적 역할을 담당하는 단위조직이라 할 수 있다. 교조신원운동과 척왜양창의운동, 동학혁명 등에서 보듯이 운동을 전개하는데 접포라는 단위조직이 무장하고 일어났던 것이다. 개인적으로 혁명운동에 참여하려면 먼저 입도식을 거친 다음 접에 속해야 한다. 그리하여 연원조직인 포에 속한 다음 기포하여 혁명운동에 참여하는 것이다. 또한 접포 조직은 자치제自治制로 운영되며 독자적인 결의로 행동하게 된다. 중앙 도소가 있었으나 포 단위의 자치제는 잘 보장되었다. 끝으로, 접포 조직은 지역 단위 조직이 아니라 인맥 중심의 조직이라는 점을 간과해서는 안 된다.

9. 결론

동학의 신념 체계는 '다시 개벽'을 위한 해답의 체계이므로 신 관념이나 세계와 인간을 보는 시점이 독특하다. 한울님 관념은 시천주의 신 관념으로 나타났으며 이에 따라 인내천과 사인여천을 실천적인 덕목으로 삼았다. 그리고 이원론적 세계를 극복하고 현세를 중시하는 도학으로서 개체 영혼이나 내세를 부정하고 현실 세계의 삶만이 소중하다는 철저한 현세주의적 입장을 취했다.

그리고 바람직한 것과 바람직하지 못한 것은 여천지합기덕與天地合其德과 여천지위기명與天地違其命으로 그 기준을 삼았으며, 여천지합기덕은 높은 차원의 생명체계에 합일하는 삶이고 여천지위기명은 개체생명의 차원에 머무는 삶을 말한다. 결국 인간중심주의를 지양하고 온 천지의 생명공동체라는 차원에서 생각하게 하는 기준을 제시하고 있다. 따라서 신앙과 수행의 목표를 한 차원 높은 단계로 끌어올리는 데 두고 있다.

동학의 목표는 현숙한 군자가 역사의 주체이므로 자신을 한 차원 높이는 동시에 사회제도도 한 차원 높여서 모든 사람이 한울님처럼 대접받을 수 있는 이상적인 세상을 실현시키자는 데 있다. 이상사회의 꿈을 실현하기 위해서는 필요조건인 정의로운 국가와 정의로운 사회 구현을 위한 보국안민을 먼저 실현시켜야 한다. 이것이 동학의 목적이며 신념이라 할 수 있다.

— 제1부 —

동학의 창도

수운 선생 7대조 정무공 이야기

7대조 최진립 장군

대신사 수운 최제우(大神師 水雲 崔濟愚, 1824-1864, 이하 '수운 선생')의 가사체歌詞體 경전 모음인『용담유사龍潭遺詞』「안심가」에 보면 "우리 선조 험천 땅에 공덕비를 높이 세워 만고유전 하여 보세. 송백 같은 이내 절개 금석으로 세울 줄을 세상 사람 뉘가 알꼬."라 하였다. 그리고「수덕문」에 보면 "선조의 충의와 절개는 용산에 남아 있다(先祖之忠義 節有於龍山). 해마다 임진왜란과 병자호란 때의 우리 임금님 성덕을 다시 돌아보게 된다."고 하였다. 여기서 '우리 선조'는 수운 선생의 7대조인 정무공 잠와 최진립(崔震立, 1568~1637) 장군을 말한다. 정무공은 임진왜란(1592~1598) 때는 의병을 일으켜 왜병과 싸웠고, 병자호란(1836~1637) 때는 69세의 나이에도 불구하고 용인 수지면 험천(머우내, 遠汪川, 險川)에서 청나라 기병대를 맞아 싸우다 전사하였다. 그리고 관직을 맡아서도 너무도 마음이 바르고 깨끗하여『청백록』(淸白錄, 廉謹錄)에 올려 이 나라 공직자의 본보기가 되게 하였다.

『근암집』近庵集 가계보에 의하면 정무공은 1대조인 예沕로부터 7대에 해당되며, 정무공으로부터 수운 선생은 7대손에 해당된다. 즉 예沕 - 상정尙貞 - 우강祐江 - 득정得汀 - 삼빙三聘 - 신보臣輔 - 진립震立 - 동길東吉 - 국전國銓 - 수기壽基 - 경우慶雨 - 종하宗夏 - 옥蓥 - 제우(濟愚, 수운 선생)으로 이어져 왔다.

정무공의 이름은 최진립이며, 자는 사건士建이요 아호는 잠와이다. 1568년

(戊辰)에 구미산 남쪽 기슭인 경주시 현곡면 하구리 하구마을에서 최신보의
아들로 태어났다. 하구마을과 동산마을 사이에 언덕길이 있으며 왼쪽 논 소
나무 숲에 정무공의 작은 유허비가 서 있다. 비문은 치암(癡菴 南景羲)이 찬하
였다 한다. 여기서 10미터 정도 북쪽에 있는 논이 바로 정무공이 태어난 집
터였다고 한다.

정무공이 탄생할 때 구미산이 세 번 울었다(三鳴)고 한다. 『외와문집』畏窩文
集 행장에 최림(畏窩 崔琳)이 태어나던 "이날 밤에 구미산이 세 번 울어 마을 사
람들이 모두 이상하게 여겼다. 옛날 정무공이 태어날 때에도 이 산이 울었다
하는데 이번에 또 울었다."고 기록하고 있다. 이 구미산은 수운 선생 탄생할
때에도 3일간 울었다 하므로 「용담가」에서 "기장하다 기장하다 구미산기 기
장하다 거룩한 가암 최씨 복덕산 아닐런가."라고 한 것도 이런 유래를 표현
한 것으로 본다.

임진왜란 때 의병 활동

정무공은 불행하게도 3세 때에 어머니를 사별하였다. 9세 때인 1576년에 경
주 내남면 이조리伊助里로 이사하였으며 1년 후인 10세에 부친을 사별하였
다. 16세인 1583년에 서산 유씨와 결혼하였고 24세에 첫아들을 보았으며 25
세 때인 1592년 4월에 왜란倭亂을 당하였다. 동래부성을 단숨에 점령한 왜군
은 북상하여 며칠 후에 일부 병력이 경주 이조리 일대에 들어와 진을 쳤다.
이 왜병들은 현지에서 식량 등 군수품을 조달하느라 수시로 민가에 나타나
노략질을 하였다. 정무공은 아우 계종과 같이 칼을 뽑아 들고 의병 활동을
하기로 다짐하였다. 먼저 피신 중인 부윤 윤인함을 찾아가 뜻을 전하고 허락
을 받은 다음 마을 청년 수십 명을 모아 주둔하고 있는 왜군을 야간에 기습
하기로 하였다.

어느 날 저녁이었다. 왜병들은 지금의 이조리 가암마을 어느 큰집(40여 칸)에서 잠을 자고 있었다. 의병들은 우선 출입문을 봉쇄한 다음 기름을 뿌리고 불을 질렀다. 불길이 순식간에 온 집을 덮자 왜병들은 큰 혼란에 빠졌다. 일부는 타 죽고 일부는 뛰쳐 나왔다. 미리 활을 준비하고 있던 의병들은 정신없이 뛰쳐나오는 왜병들을 모조리 쏘아 죽였다. 살아남아 도망친 왜병은 얼마 되지 않았다. 여기서 노획한 조총과 창검은 모두 관에 바쳤다. 의병 활동은 이후에도 계속되었다.

1594년 27세에는 무과에 급제하였다. 30세 되던 1597년 봄에 정유재란을 맞았다. 왜군이 밀려서 남쪽으로 집결하게 되었을 때 왜병의 주력은 서생포(경남 양산군 서생포)에 성을 쌓고 진을 치고 있었다. 회야강 강구의 작은 포구를 끼고 쌓은 이 성곽의 넓이는 4만6천 평이나 된다.

이때 정무공은 수백 명의 결사대를 이끌고 서생포의 왜적을 괴롭혔다. 먼저 높은 고지를 차지하고 나서 적을 유인하여 많은 전과를 올렸다. 이 전투에서 정무공은 적탄에 맞아 부상을 입었다.

왜병들은 가을에 접어들자 서울을 점령하려고 계속 북상하다가 9월 5일 새벽 직산 북방 소사평에서 경리 양호가 이끄는 명군과 함께 대회전을 벌이게 되었다. 여기서 기세가 꺾인 왜군은 후퇴하기 시작하여 10월에는 양산까지 밀려 내려갔다. 대세가 불리해진 왜병들은 남해안 일대에 성을 쌓고 버티려 하였다. 울산 태화강 하류에 있는 도산(학성동)에도 성을 쌓고 버티고 있었다. 조명연합군은 12월 22일부터 이듬해인 1598년 1월 4일까지 공격을 거듭하였다. 이 전투에 경주부윤 박의장이 참전하게 되어 정무공도 따라가 전투에 참가하였다.

조명연합군은 성을 완전히 포위하고 포와 화공으로 공략하였다. 10여 일간 격전이 벌어졌다. 왜병은 식량과 식수가 떨어져 사경에 이르러 거의 괴멸 상태에 들어갔다. 그런데 한반도의 서남방과 서생포에 주둔하던 왜병들이 지원하여 오자 다시 격전이 벌어졌다. 때마침 겨울비가 내려 조명연합군도 타격을 받아 인마가 죽는 등 피해가 늘어났다. 결국 조명연합군은 경주로 물러서게 되었다. 이 전투에서 정무공은 몇 차례 적진으로 달려들어 갔다가 왜병의 총탄에 맞아 안면 턱에 부상을 당하였다.

9개월 후인 1598년 9월에도 조명연합군은 공격을 시도했으나 뜻을 이루지 못하였다. 그러나 왜의 수괴 풍신수길이 죽고 조명연합군의 공세가 맹렬해지자 11월 하순에 왜병들은 버티지 못하고 철수하게 되었다. 그리하여 7년간의 왜란은 막을 내렸다. 정부는 1598년 12월에 정무공의 전공에 따라 진위장군(振威將軍, 얼마 후에는 정3품인 禦侮將軍) 훈련원정에 임명하였다. 즉 서반(西班, 무관) 정3품으로 훈련원의 정의 자리를 맡게 되었다.

정무공의 중요 직책

임진왜란이 막을 내린 이후 약 10년 가까이 벼슬길에 나가지 않고 있다가 40세가 되던 1607년 12월에 오위도총부 도사로 제수되자 다시 벼슬길에 나아갔다.

41세 4월에는 마량진(충남 藍浦) 수군첨절제사에, 44세 1월에는 경상좌도 수군우후(병사)에, 47세 12월에는 경원(함경북도) 도호부사에, 48세 1월에 통정대부로 승진하였다. 50세에는 벼슬을 내놓고 집에 체류하던 중 53세에 찬획사 이시발의 부장으로 평양에서 복무, 54세 7월에는 고사리 첨절제사로 평북 용천군 양책관에서 복무하였다. 이때 후금(청나라)의 군사가 쳐들어와 조선에 피신 중이던 명나라 장수 모문룡의 부하를 소탕하였다.

정무공은 휘하 장졸에게 "그들이 우리를 공격하면 싸우지만 함부로 명나라 군대를 보호하려고 끼어들지 말라."고 명령하였다. 청나라 군사는 명나라 병사만 죽이고 물러갔다. 모문룡은 정무공의 이런 처사에 격분하여 자신에게 급히 알리지 않았다는 구실로 정부에 항의하였다. 친명 정책을 주장하는 정부는 정무공을 문책하였고 울산으로 귀양 보냈다.

1623년(癸亥) 56세 되던 3월에는 용양위 부호군에 임명되었고, 12월에는 가덕진(慶南 熊川) 수군첨절제사에, 1626년(丙寅) 59세 4월에는 함경도 경흥 도호부사로 갔으며, 1629년(己巳) 62세에는 가선대부(嘉善大夫, 종2품)로 승진, 1630년(庚午) 63세 4월에는 전라우도 수군절도사가 되어 해남 우수영에 부임했다. 7월에는 공조참판으로 특진하였고, 12월에는 경기수군절도사 겸 교동(喬桐, 강화도) 도호부사가 되었다. 1633년(癸酉) 66세 1월에 경기, 충청, 황해 수군통어사에 임명되었으며 이후 누차에 걸쳐 사임을 청했으나 허락되지 않았다. 여름에 이르러 병석에 눕자 비로소 허락하였다. 1634년(甲戌) 67세 6월에 전라우도수군절도사로 다시 제수되었고 1636년(丙子) 69세 가을에 공주영장으로 옮겨갔다.

청병과 싸우다 험천서 순국

인조 14년(丙子, 1636년) 4월에 후금은 국호를 청이라 하고 11월에 조선 정부에 왕자와 대신 그리고 척청론자를 볼모로 보내라는 무리한 요구를 해 왔다. 이를 묵살하자 청태종은 12월 9일에 청·몽·한淸蒙漢 혼성군 10만을 이끌고 압록강을 건너왔다. 기마병을 주력으로 한 청군은 너무도 빨리 쳐들어와 평안병사 남이흥은 제대로 싸워 보지도 못하고 전사하였다. 14일에는 개성까지 밀고 내려오자 다급해진 정부는 강화도로 몽진하려 하였다. 그러나 양천 길목이 막혀 남한산성으로 발길을 돌렸다. 12월 16일에 뒤쫓아 온 청군은 이중으로 남한산성 일대를 포위하였다.

전라도와 경상도·강원도에서 병력을 출동시켜 포위망을 뚫어 보려 하였으나 무위로 끝났다. 충청감사 정세규도 병력을 출동시켰다. 뒤따라 온 공주 영장 최진립 장군도 12월 26일에 용인 선바람고개(望客峴)에 당도하였다. 감사는 연로한 최진립 장군을 직산에 남도록 명령하였다. 그러나 공은 "임금님 이 위태로운데 늙었다고 처질 수 없다."며 선봉이 되기를 자원하였다. 12월 26일 오후 선바람고개에 진을 설치하고 선봉진은 5리 정도 전진하여 좌우 양쪽에 포진하였다.

저녁 무렵 청군 기마병이 공격해 왔으나 날이 저물자 돌아갔다. 27일 새벽 에는 수천 기의 청군이 다시 공격해 왔다. 정오부터 정무공이 이끄는 조선군 은 밀리기 시작하였고 얼마 못 가서 무너지고 말았다. 선봉에서 끝까지 전선 을 사수하려던 공은 패색이 짙어지자 부하 장졸들을 후퇴시키고 홀로 싸웠 다. 온몸에 엄청난 화살을 맞았다. 고슴도치처럼 된 정무공은 이렇게 장렬히 전사하였다. 시장諡狀에는 다음과 같이 기록하였다.

"공주영장으로 옮긴 지 두어 달 후에 병자호란이 일어나 인조 임금은 남한 산성으로 피신하게 되었다. … 충청감사 정세규는 군대를 이끌고 출동할 때 공이 나이 많음을 생각하여 뒤에 처지게 하고 다른 장수로 바꾸었다. 공은 격분하여 '임금이 적에게 포위되었는데 늙은 신하가 감히 살기를 도모하랴. 늙어서 장수의 직을 다할 수는 없어도 출진은 해야 한다.'며 뒤따라 왔다. … 남한산성에서 30리 지점인 용인 험천에 이르러 좌우군으로 편성 진격할 때 공은 전방을 맡았으며 감사는 후방을 맡았다. 적은 밤중에 후퇴했다가 후방 군의 증원을 받아 이튿날 새벽부터 기마병으로 공격하여 왔다. 전방이 무너 졌으나 공은 물러서지 않고 활을 쏘아 적을 막았다. 화살이 떨어져 어쩔 수 없게 되자 공은 휘하 군졸에게 '너희들은 나를 따라 죽지 않아도 된다. 나는 한 치도 물러서지 않을 것이니 그리 알라.'고 하며 버티다 수십 군데에 상처 가 났으며 몸에 꽂힌 화살은 마치 고슴도치 털처럼 되었다."

정무공으로 시호 내리다

조정은 정무공을 병조판서로 추서하였다. 효종 임금은 정무공이라는 시호를 내려주었다. 그리고 경주군 내남면 이조리 일대에 정무공을 기리는 여러 가지 건축물을 세워 주었다. 1637년 5월에 공의 공적을 보고받은 인조는 자헌대부, 병조판서 겸 지의금부사를 증직하였다. 12월에는 울주군 언양면 반연리 까막못(烏池淵) 뒷산에 장례하게 하였고 해마다 10월 13일에 제향하게 하였다.

그리고 1640년에는 경주 내남면 이조리 가암마을에 충의당(忠義堂, 正堂)과 흠흠당(欽欽堂, 東堂)을 짓게 하였으며, 또한 고택도 지어 주었고 개모둠에는 정려비각(旌閭碑閣 仁祖 17년)을 세웠다. 숙종 때인 1699년에는 이조리 천룡산 아래에 용산서원과 신도비각을 세웠다. 서원에 있는 사당인 숭열사우라는 현판은 1711년에 숙종이 사액한 것이다. 그리고 효종 2년(1651)에는 정무라는 시호를 내렸고 8월에는 청백리에 등록하였다.

경주 최씨 문중에서 충절을 남긴 분은 정무공 오직 한 분이었다. 그래서 경주 최씨 문중에서는 정무공을 가문의 영광으로 알고 받들어 왔다. 수운 선생은 학구적이고 도덕적인 기풍은 부친 근암공으로부터 물려받았다면 애국의 패기와 무골의 기질은 정무공으로부터 물려받았다.

수운 선생이 21세에 장삿길로 나갈 때 "활을 거두어 간직해 두고 장삿길로 나섰다(藏弓歸商)."는 기록은 무예 공부를 하다가 중단했음을 말해 주는 것이다. 아마도 활쏘기와 말달리기를 한 것은 정무공의 영향을 받아 무인이 되고자 공부한 것으로 보인다.

수운 선생의 아버지 근암공 최옥

소년기의 근암공

근암공 최옥은 수운 선생의 아버지이다. 1762년(영조 38) 3월 23일에 경주군 현곡면 가정리에서 태어났다. 이름은 옥이며, 자는 자성子成이요, 호는 근암近庵이다. 공의 아버지는 종하(宗夏, 字 時仲, 庚戌 1670.10.7.~辛亥 1791.8.4.) 어른이었고, 어머니는 벽진 이씨(李氏, 戊午 1638.3.3.~戊辰 1808.10.6.)로 처사 희진熙珍의 딸이다. 3남 1녀 중 맏이로 태어난 근암공은 「행장」에 의하면 "타고난 바탕이 뛰어나게 총명해서 7, 8세 무렵에는 중국 고대부터 명에 이르는 역사책(『十九史略』)을 얻어 한 번 훑어 보고 곧 그 대강의 뜻을 알았다."고 한다. 8세 때에 봉덕사의 종을 보고 「봉덕종부」鳳德鐘賦라는 한문시를 지었는데 사람들의 입에서 자주 읊어졌다고 한다.

총명한 아들의 학문의 소질을 길러 주기 위해 아버지는 공부에 전념하도록 해야겠다고 생각하였다. 일찍 13세(1774년) 때에 기와 이상원의 문하에서 수학케 하였다. 기와는 퇴계학파의 전통을 이어받은 분이었다. 즉 영남에서는 퇴계의 뒤를 이은 분이 학봉(鶴峯 金誠一), 경당(敬堂 張興孝), 존재(存齋 李徽逸), 갈암(葛庵 李玄逸), 밀암(密庵 李栽), 대산(大山 李象靖)이었는데 기와는 바로 밀암의 아들이며 대산의 문하에서 배운 사람이다. 그는 안동 쪽에서 중년에 가정리로 와서 자리 잡았다.

1년 후 근암이 14세(1775년) 때에 아버지는 용치골(용담) 절터와 몇 뙈기 밭을 샀다. 낡은 집을 보수하여 이곳에서 공부하도록 하였다. 기와 이상원은 이 집을 와룡암臥龍庵이라 이름하였다. 공은 17세 때인 무술년(1778년) 늦봄에 오천 정씨(1758~1797년 11월 7일)와 혼인을 하고 10월에 시집오게 하였다. "남녀 노복이 모두 기뻐하였다."는 것으로 보아 이 당시에는 가산이 있어 노복까지 두었던 것으로 보인다. 공은 18세에 처음으로 아들을 보았으나 일찍 죽고 말았다. 가족 상황은 할머니를 비롯하여 아버지와 어머니, 남동생 둘, 여동생 하나, 노복 둘 그리고 근암공 부부 등 모두 10명에 이르렀다.

불행한 생활의 연속

공은 아버지의 희망에 따라 과거시험 공부에 열중하였다. 당시 공부는 순수 학문을 익히는 공부와 과거시험에 대비하는 공부로 나뉘어 있었다. 원래 공은 순수학문 쪽에 관심이 많았으나 아버지가 가문을 세우기 위해 과거를 보아야 한다고 권하여 과시 공부에 전념하였다. 공은 20세(1781년) 때부터 과장에 출입하기 시작하였다. 근암공 「행장」에는 "겨우 20세 이후에 향시에는 여덟 번 나가서 다 합격했으며 그 위의 굉사시에도 한 번 합격하였다."고 하였다. 그러나 서울에서 보는 복시에는 여러 번 실패하였다. 재물을 바치거나 세도가에 줄을 대지 못하면 합격하기가 어려웠던 시기였다. 「행장」에는 "경주부사(임제원공)는 '공의 문장을 보고 과연 영남 제일'이라고 감탄하여 마지않았다."고 하였는데 향시에 으뜸으로 통과했던 공이 서울로 올라가면 번번이 떨어진 것은 사회가 부패하여 그렇게 될 수밖에 없었다.

갑진년(1784, 근암공 23세)에 할머니가 돌아가셨고 1791년(辛亥, 근암공 30세)에 부친상을 당하였다. 1797년(丁巳, 36세) 11월 7일에는 정씨 부인마저 젊은 나이에 사별하였다. 평소에 몸이 약했던 정씨 부인이 두 차례나 큰 병에 걸려 오랫동안 자리에서 고생하자 근암공은 온갖 정성을 기울였으나 백약이 무효였다. 후손이 없어 1년 후인 37세 때에 달성 서씨(徐氏, 1773~1811년 10월 4일)를 부인으로 맞아들였다.

공은 서씨 부인의 제문에서 "손 위아래 시누이 동서들과 우정이 두터웠고 노복들을 부리는데 욕설과 꾸짖는 소리가 없었다. 온 집안의 분위기는 온화하게 감돌았다. 술과 음식, 떡, 경단 같은 것들은 매우 정결하게 장만하였으므로 한 번 차리면 먹을 만하였다."고 회고하였다. 그런데 1808년(戊辰年 47세)에는 모친까지 세상을 뜨자 가세는 점점 기울기 시작하였고 여러 차례 집에 불까지 나서 더욱 기울어 갔다.

공은 늦게까지 학문에 온 힘을 기울이는 동시에 과거시험 준비도 게을리하지 않았다.

「행장」에 따르면 아버지가 임종할 때 공의 손을 잡고 눈물을 흘리면서 "내가 이 눈으로 네가 입신양명하는 것을 보고자 했으나 이제 끝났다. 너는 내가 없더라도 행여 게으르지 말라. 항상 근면하여 한결같이 늘 학문을 닦아서 꼭 나의 이 바람을 저버리지 말라."고 유언을 하였다. 그 뜻을 받드느라 부친이 돌아가신 이후에도 뻔히 합격하지 못할 것을 알면서도 두세 차례 과장에 출입하였다고 한다.

공의 과거 낙방에 대해 고향 가정리 사람들은 재미나는 이야기를 전한다. 조동일『동학 성립과 이야기』에 의하면 "최옥은 서울을 아홉 번 가도 과거를 못했어. 한강 강둑에 나와 울고 있으니, 빨래하는 늙은 할미가 '영남 최옥 씨는 과거를 아홉 번이나 낙방해도 아무 말도 하지 않고 가는데, 과거 (급제)하지 못했다고 대장부가 울 수 있느냐?'고 했다."는 것이다. 과거 보기를 완전히 단념한 것은 아마도 서씨 부인이 돌아간 50세 이후라고 여겨진다.

나이도 50세이거니와 서씨 부인의 유방암으로 돌아간 처절한 최후의 광경을 보고 인생의 허무함을 느꼈기 때문이다. 일 년상을 맞았을 때 공은 서씨 부인의 제문을 만들었다.

　여기서 공은 "어머니 삼년상을 마치고 나자 젖이 곪아 괴로워하기 시작하였다. 마침내 붓는 증세가 가슴과 배로 퍼져 고칠 수 없게 되었다. 진통은 보는 이를 몸서리치게 하였다. 하고 싶은 말을 하라 하니 '집안 핏줄을 끊어지게 하였으니 이것은 나의 죄입니다. 오직 두 딸 만 있는데 잘 가르치십시오.'라고 하였다. 이때 오라버니가 왔으나 진통하는 모습을 차마 볼 수 없어 곧 자리에서 일어나 돌아갔다. 그는 다시 돌아보고 '잘 가거라, 잘 가거라. 서모에게 알리겠다. 만약 올케와 이 세상에서 서로 만날 길이 없으면 저승에서 만나기로 하자꾸나. 이제는 조금도 걱정하지 말고 네가 갈 길을 순순히 받아들여라.'라고 하며 눈물을 흘리며 발길을 옮겼다. 오라비가 삼십 리도 못 갔을 무렵 솜같이 가냘픈 그 목숨은 갑자기 끊어지고 말았다. 아! 마음 아프구나. 임종할 때 그대는 말씨와 부드러운 모습과 정신이 조금도 흐트러지지 않았으니 현숙하지 않았다면 이와 같을 수 있었겠는가."라고 썼다.

　공은 복 없는 자신을 돌아보며 끝없는 괴로움을 벗어날 수가 없었다.

용담에서 사색의 마무리

서씨 부인을 사별한 후 재취를 단념한 공은 동생의 맏이인 제환(濟寏, 1773~1851)을 양자로 들였다. 제환에게 서씨 부인의 장례 절차 일체를 맡겼을 뿐만 아니라 살림 일체도 맡기고 사색에 전념하기로 하였다. 그 과정에서 많은 업적을 쌓았으나 몇 차례의 화재를 당하면서 거의 소실되고 말았다.

　화재를 면한 중요한 글은 54세에 지은 「자경사」自儆辭를 위시하여 「근암기」近庵記와 「가훈」家訓, 「치와기」恥窩記(58세)를, 「용담대학강의」龍潭大學講義(64세)를, 「심경강의」心經講義(65세) 등을 지었다. 특히 자계(紫溪 李彦)의 「무극변」無極辯과 퇴계(退溪 李槐)의 「사칠변」四七辯, 율곡(栗谷 李珥)의 「사칠이기변」四七理氣

辯에 대한 연구는 독특한 학문 세계를 구축했다.

이 밖에도 여러 제문과 사부, 시, 장, 서, 서序, 기, 발, 제문, 잠, 명 등이 약간씩 전해지고 있다. 이 글들은 모두 『근암집』近庵集이나 『근암유고』에 수록되어 있다. 용담서사龍潭書社에 들어와 처음 지은, 자신을 경계하는 글인 「자경사」自儆辭 전반부의 글을 보면 공의 몸과 마음가짐을 짐작할 수 있다.

"어째서 네 심성이 이토록 게으름에 떨어졌는가. 날로 엄하게 굳세져야 하는데, 어찌 나날이 구차해진 네 마음을 벗어나려 않는가. 닭과 개를 놓쳤다면 아직도 너는 찾을 마음이 없다 말하겠는가. 어떻게 조금이나마 남을 엉터리로 비난하랴. 바로 어질고 귀한 것은 내 안에 있으니 어찌 저 만호의 제후를 부러워하랴! 옛사람은 벼슬하기를 바라지 않고 오직 내 학문이 아직 넉넉하지 못함을 두려워했다."고 하였다.

또한 공이 어떤 분인가는 「근암기」近庵記에 잘 나타나 있다. 이 「근암기」는 삼갈 근謹 자를 써서 근암謹庵이라 했던 자신의 호를 가까울 근近 자를 써서 근암近庵이라 고친 이유를 설명한 글이다. 손님이 묻고 주인이 풀이하는 형식을 취한 글인데 그 요지를 보면 다음과 같다.

"현판에 근암謹庵이라고 써 있습니다. 이 삼갈 근謹 자는 말을 삼가고, 행실을 삼가고, 혼자일 때를 삼간다는 삼갈 근자입니다. 그런데 지금 이 글자를 고쳐 가까울 근 자로 쓴 것은 무슨 까닭입니까? 이 집이 푸른 산과 가깝다는 것입니까. … 백발이 되어 깊숙이 이 산속 서재에 들어와서 마음을 바꾸고 참으로 자기를 위하는, 절실히 가까운 학문에 뜻을 두게 된 것이 바로 삼갈 근謹 자를 가까울 근近 자로 고친 까닭입니까?"라고 물었다.

주인격인 공은 이에 대해 "흔히 세상 사람들은 먼 것에 힘쓰고 가까운 것을 소홀히 하며, 먼 것을 받아들이고 가까운 것을 버린다. 주자가 편찬한 『근사록』에는 가까운 데를 먼저하고 먼 것을 나중에 할 것과, 근본이 되는 것과 말단이 되는 것, 순수한 것과 조잡한 것, 본체와 작용이 아주 분명하게 밝혀져 있다. … 행실은 사물의 이치를 밝혀서 온전한 지식을 얻는 것보다 더 가까운 것이 없으므로 이치를 끝까지 알아내는 요령이 이 책에 가득 쌓여 있다. 도는 멀지 않고 사람이 도를 넓히는 것이다. 그러므로 그 본보기가 멀리 떨어져 있을 수가 없고 오직 가까울 근近 한 자에 있을 뿐이다. 앞에서 이른바 언행을 삼가고 홀로 있을 때를 삼가라는 삼갈 근謹은 사실상 '가까울 근'과는 다른 것이 아니다."라고 하였다. 근암공은 전통적인 주자학인 퇴계학파 후계자답게 모든 것을 유학儒學의 원리대로 생활하려고 힘썼음을 알 수 있다.

그런데 종교 행위에 대해서는 융통성을 보여주었다. 「가훈」家訓 11조에는 "요즘 좌도(무속)에 현혹되는 사람이 많다. 집안 부인들이 귀신을 섬기어 무당의 말에 따르니 이 어찌 선비와 군자의 집안 법도라 하겠는가. … 부형의 병세가 심하면 … 정성을 다해 성신과 산천의 영에 비는 것은 무방하다."고 하였다. 공은 사람의 요절하거나 수를 누리는 것은 하늘의 명에 있는 것이요 무속의 힘으로 좌우되는 것이 아니라는 신념을 내세웠다. 그렇지만 옛날 무왕이 병으로 눕자 주공이 단을 쌓아 축원하였고, 공자가 병들었을 때 자로가 기도한 것에 비추어 부형의 병을 낫게 하려는 산천 기도는 무방하다고 용납한 것이다.

근암공, 63세에 수운(복술)을 얻고 79세에 환원

공은 환갑을 지나고도 여전히 건강하여 그 제자들은 결혼하기를 권하였다. 결국 양자 제환 내외와 제자들의 강권에 못이겨 1824년 2월 상순에 63세의 나이로 결혼하였다. 일 점 혈육(아들)이 없어 한탄하는 모습을 본 제자들은 늘 안쓰럽게 여겼다. 어느 날 이들은 스승님을 재혼시키는 일에 대해 뜻을 같이 하였다. 금척리 사는 한모韓某라는 제자가 자신의 고모가 스승님을 모실 만

하다고 천거하여 시작된 것이다. 한모의 고모는 곡산 한씨(韓氏, 1793~1833)이며 경주군 건천면 금척리에 살았다. 일찍 부군이 별세하여 20세부터 홀몸이 되어 친정에 와서 살았으며 당시 나이는 30세였다. 1824년 2월 초에 30세인 한씨 부인은 63세의 공과 인연을 맺게 되었다.

공은 학덕이 높고 예의가 바른 선비인데다 나이 이미 63세에 이른 분이다. 공은 수절과부를 훼절시키는 것이 온당치 않다 하여 한때 완강히 거절하였다. 그러자 제자들과 양자 제환은 편법을 써서 어느 날 한씨 부인을 안방에 모셔다 놓고 공을 방안으로 모시었다. 이해 7월에 윤달이 들었는데 10월 28일에 한씨 부인은 아들을 출산하였다. 이분이 바로 수운이다. 공의 기쁨은 말할 수 없었으며 밤낮으로 금지옥엽같이 보살펴 주었다. 제환 내외 역시 알뜰히 보살펴 탈없이 유년기를 보냈다. 그런데 40세에 이른 한씨 어머니는 병으로 눕게 되었다. 결국 수운 선생은 10세에 어머니를 여의게 되었다. 그 통절함은 어린 가슴을 메웠다.

그 후 수운 선생 17세 되던 1840년에 근암공도 역시 노환으로 자리에 눕게 되었다. 얼마 되지 않은 이해 2월 20일에 79세를 일기로 세상을 뜨고 말았다. 공의 혈육은 정씨 부인의 소생인 딸 1명과 서씨 부인 소생인 딸 2명, 그리고 한씨 부인의 소생인 수운과 딸 1명을 남겼다. 묘소는 경주군 서면 도리에 있는 관산(冠山, 393미터)으로 정했다. 멀리서 보면 관처럼 생겨서 관산이라 하였다. 공의 묘소 옆에는 산림처사라는 자그마한 비석이 세워져 있다.

진성 이휘녕은 근암공의 묘갈명을 다음과 같이 지었다.

"공은 집안에서의 행실은 순박하여 부모를 섬기는 효와 동생들과의 우애를 갖추었다. 무릇 가정에서 집안을 다스리는 것은 비록 자상하며 대강대강 넘어가는 일이 없었으나 가슴속에 품은 마음은 너그러웠다. 다른 사람에 대해서는 옳고 그름을 그렇게 심하게 가리지는 않았으나 다른 사람에게 옳지 못한 의도가 있으면 곧 맞대 놓고 나무라서 조금도 너그럽지 않았다. 성품은 또 후배를 칭찬하고 격려하기를 좋아했다. 무릇 다른 사람과 글의 뜻을 여러 가지로 비교하여 밝힐 경우에 진실로 마음에 감동하는 것이 있으면 이렇게 말했다. '나는 아직도 거의 거기까지 미치지 못한 것 같다.' 못난 제가 공을 모시고 놀며 다니기를 삼십 년, 지금에 와서 생각해 보니 모두가 덕이 높고 그만큼 높았기 때문이었다. 지금의 사람들은 대체로 하나를 알고 그 반만 이해하면 곧 우쭐거리며 그만 어느덧 큰 장벽을 만들게 된다. 대개 그 깊은 속까지 알아보려 하지 않는다. 이런 점에서도 더욱 더 공을 믿고 어른으로 삼는 것이다."

수운 선생의 어머니 한씨 부인

근암공의 삼취와 말년

수운 선생의 어머님은 곡산 한씨 부인이시다. 한씨 부인은 부친 근암공의 셋째 부인이 된다. 즉 근암공은 세 번 결혼하였는데 첫 번째는 17세(1778년 10월)에 흥해 매곡梅谷에 사는 21세인 오천烏川 정씨(鄭氏, 1758~1797)와 결혼하였다. 정씨 부인은 원래 몸이 약해 여러 차례 병석에 누웠는데 근암공이 36세(1797년) 되던 해 여름에 다시 병을 얻어 자리에 눕게 되었다. 가산이 기울 정도로 병을 치료해 보았으나 11월 7일에 끝내 일어나지 못하고 말았다. 아들을 낳았지만 곧 사망하여 후사를 잇지 못하고 다만 딸 하나만 길렀다.

당시 관습에 후사가 없으면 일 년상을 치른 후 재혼할 수 있었다. 즉 사대부가 상처하면 삼년상을 치르고 나야 재취하는 것이 원칙이었다. 그러나 『경국대전』에는 예외 규정으로 "나이 40이 지나 자식이 없을 때엔 부모의 명이 있으면 만 1년 후에 재취할 수 있다."고 하였다. 근암공은 이런 관습에 따라 일 년상을 치르고 난 1798년 12월에 25세의 달성 서씨(徐氏, 1773~1811)와 재혼하였다. 그러나 이 서씨 부인 역시 장수하지 못하고 39세의 나이에 별세하고 말았다. 근암공이 50세가 되던 1811년 여름에 유방암에 걸려 참혹한 병고로 고생하다가 10월 4일에 불귀의 객이 되었다. 서씨 부인도 딸만 둘을 낳고 후사를 잇지 못하였다. 고통스럽게 돌아간 서씨 부인의 상을 당한 근암공은 나이 이미 50이 되어 조용히 여생을 마감하기로 작정하였다. 둘째 동생인 규(珪, 1770~1832)에게 이런 뜻을 전하고 23세에 이른 큰조카인 제환(濟寏, 1789~1851)을 양자로 들였다. 서씨 부인의 장례를 치르고 나자 살림살이도 모두 양자에게 맡겨 버렸다. 공은 세 형제 중 맏이였다. 그런데 둘째 규만 아들이 넷일 뿐 공과 막내인 섭(1777~1856)은 아들이 없었다. 그래서 둘째 동생인 규의 장자인 제환을 근암공의 양자로 입양시켰고, 셋째 제완濟完을 막내인 섭의 양자로 입적시켰다.

용담서사의 내력

근암공은 늘 서사를 마련하여 학문을 연수하고 제자를 양성하려는 꿈을 꾸어 왔다. 54세에 이르러 드디어 용담서사를 지어 이 꿈을 실현하였다. 즉『근암유고』의 「용담서사상량문」에는 을해년(乙亥, 1815)에 상량한 것으로 되어 있다. 그리고『근암집』「용담이십육영 병서」에는 용담정의 유래와 용담서사를 지은 경위를 간략하게 기술하였다.

"지난 무술년(戊戌, 1718)간에 복령이란 산승이 이곳 북쪽 벼랑 위에 처음으로 암자를 세우고 원적암이라 하였다. 그러나 얼마 지나지 않아 중은 흩어지고 암자는 폐사가 되었다. 선군(先君, 돌아간 부친)이 이 암자와 밭 수백 평을 사들이었다. 그리고 나에게 이르기를 '너희 젊은이들이 독서하며 학업에 힘쓰도록 하리라.' 하였다. 내 스승인 기와공(畸窩 李象遠)은 이 집을 와룡암臥龍庵이라 이름하였다. 경주부윤 김공 상집金公尙集에게 와룡암기를 청하였더니 김공은 '와룡암 석자는 천년 동안 사람의 눈을 뜨게 할 곳'이라고 하였다. 당시에는 사람의 출입을 막았으나 지금(30년 후인 지금)은 산골 백성의 농장이 되어 버렸다. … 조그마한 집이라도 지어 아버님과 스승님의 유지를 이루려는 군은 일념을 마음 속에 간직한 지 30년이 흘러갔다. 과장에 드나드느라 그 짐을 벗지 못하였으며 또한 이루어 낼 힘도 없었다. 몇 해 전에 두 동생과 의논하고 나서 나와 더불어 벗하던 한 두 동지와 힘을 합쳐 기획하여 먼저 연못 위에 집을 지으니 모두 다섯 칸이다. 두세 분의 중(衲子)을 불러 보살피게 하였고 그 뒤쪽을 개척하여 서사를 지으니 네 칸이었으며 주인 늙은이가 거처하였다. 매우 좁게 지었지만 무릎을 움직일 수 있으니 넓어야만 적합한 것은 아니다. 편액의 이름은 본시대로 와룡암이라 하려 했으나 최익지가 천룡산에 암자를 짓고 와룡암이라 하였으므로 겹치게 할 수 없어 용담서사라 이름하였다."

근암공은 이곳에서 엄동기를 빼고 거의 기거하다시피 하였다. 또한 짬을 내어 계곡 일대에 꽃나무를 모아다 심어 꽃동산을 만들었다. 초여름이면 경주부윤도 용담의 경치를 즐기려 찾아왔다 하며, 고결한 공의 인품을 대하고자 많은 선비들도 찾아왔다 한다. 한편 인근에서 공부하려는 20대 젊은이들도 찾아와 가르침을 청하기도 하였다. 공은 60세가 넘었으나 건강은 50대처럼 왕성하여 많은 제자를 가르칠 수 있었다. 학문도 깊어지고 인품도 고결해졌다. 그러나 공의 마음 한구석에는 일점 혈육이 없음을 아쉽게 생각하며 조상님들에게 죄송하게 여겼다.

한씨 부인과의 결혼

1823년 12월 어느 날 제자들은 스승님을 재혼시키는 일을 진지하게 논의하였다. 스승님은 건강하니 결혼을 시켜 주는 것이 도리라고 입을 모았다. 제환도 결혼시켜 드리는 것이 효도라며 제자들의 뜻에 따르기로 하였다. 가까운 친척들이나 벗들도 모두 찬동하였다. 이들 중에 건천면 금척리에 사는 한모라는 제자가 있었는데, 자신의 고모가 스승님을 모실 만하다고 추천하였다. 한모의 고모는 곡산 한씨(韓氏, 1793~1833)이며 경주군 건천면 금척리에 살고 있었다. 한 번 시집을 갔으며 20세에 부군과 사별하여 친정에 돌아와 있었다. 10년이 지났다 하므로 당시의 나이는 30세였다. 모두가 찬성이었으나 근암공에게 누가 이런 말을 드릴 것인가가 문제였다.

한모라는 제자가 이 일도 자신이 맡겠다고 나섰다. 어느 날 한모는 근암공을 찾아가 자신의 고모를 소개하고 결혼을 권해 보았다. 권병덕은 한모가 공에게 찾아갔던 일을 다음과 같이 기록하였다.

"문도 중에 한모가 산림공에게 고하여 왈 '제자의 고모가 상부喪夫하고 친가에 와 있으니 선생은 재취하심이 어떠하십니까?' 산림공이 이 말을 듣고 왈 '최씨 집안이 한씨 집과 혼인을 맺을 체모가 아니다.' 하며 거절 불응하였다. 한생이 또 정절을 지키는 자기 고모에게 최 선생의 도덕과 그 집 상황을 말하고 고모의 개절을 진실로 권하니 한씨 부인이 변색 대노하여 그 조카를 질퇴함에 조카는 황공 무안하여 가정리로 질주하였다."

근암공이 거절한 이유 중에 '최씨 집안이 한씨 집과 혼인을 맺을 체모가 아니라 하며 거절 불응하였다.'는 대목은 어색해 보인다. 가문의 귀천을 따져 거절했다면 끝까지 거절했어야 하나 결과는 그렇지는 않았다. 동학 초기 기록에는 두 분의 결혼에 관한 기사가 전혀 없다. 1920년에 편찬한 『천도교서』에서 처음으로 자세한 기록이 나타난다. 1920년대만 해도 해월 선생을 모시던 어른이 많아 수운 선생에 관한 이야기들을 구전으로 들은 이가 적지 않았다. 『천도교서』는 이들의 증언을 토대로 두 분의 결혼에 관한 이야기를 기록하였다. 이보다 10여 년 후에 간행된 『천도교회사초고』에도 같은 내용이 실려 있다.

즉 "문도 중 한모가 근암공에게 고하기를 '제자의 고모가 과거寡居하오니 선생은 재취하심이 여하오니까?' 한대 근암공이 거절하였더니 일일은 근암공이 내실에 입하여 보니 한 부인이 내정에 입좌入座어늘 심이 파이頗異하여 그 유래를 문한대 대답하기를 '첩이 금년 30에 금척리 친가에서 과거하더니 홀연히 정신이 혼미하여 사몽비몽 간에 태양이 회중에 입하여 또한 이기異氣가 신을 휴携하여 부지중 차처에 지至하였노라.' 근암공이 차언을 문하니 그 부인은 즉 한모의 고모라. 차는 천연天緣이라 하고 수遂히 동거하니 잉仍히 임신이 유하다."고 하였다.

권병덕은 결혼을 권했다가 거절당한 내용을 기록하였고, 『천도교서』는 결혼한 경위를 기록하였다. 그러나 두 기록에는 의문점이 없지 않다. 권병덕의 기록에는 가문에 차이가 있어 결혼을 거절했다 하였고, 『천도교서』에는 생면부지의 한씨 부인이 내실에 있었는데 몇 마디 말을 나누고 나서 하늘이 내려준 인연이라 하여 결혼했다고 하였다. 가문을 따지며 거절했다는 것도 석연치 않으며, 낯모르는 여자가 어떻게 안방에 들어와 있게 되었는지 합리적으로 설명할 수 없다는 점도 의문이다. 교중에 전해지는 또 다른 속설에는 한씨 부인이 이해 1월 15일에 정신이 혼미해져서 근암공의 집 대문 밖까지 와서 대추나무 아래 주저앉아 밤을 새웠다 한다. 밤에 눈이 내려 한씨 부인을 덮어 버렸으며 이튿날 아침에 마당을 쓸다가 눈 속에 어떤 여자가 파묻혀 있는 것을 발견하고 곧 안방으로 모셔갔다. 안정시킨 다음 근암공을 방으로 들게 하여 사연을 말하게 하였다. 한씨 부인은 『천도교회사초고』의 기록대로 경위를 말하자 이를 들은 근암공은 천연의 연분이라 하며 혼인을 맺게 되었다고 하였다.

이런 기록들을 모아 합리적으로 재해석해 보면 진실이 무엇인가를 엿볼 수 있다. 첫째로 공은 학덕이 높고 예의가 바른 선비인데다 나이가 이미 63세에 이른 분이다. 이런 분이 자기가 가르치는 제자 한모를 대하여 가문을 따져 가며 거절했다는 것은 있을 수 없는 일이다. 『근암유고』에는 「허개가사의」라는 글이 남아 있다. 경제적으로 어려운 환경에서 홀로 살아가는 미망인들은 정당한 이유가 있으면 개가하도록 허용해야 한다는 생각이었다.

이런 근암공이 거절한 진짜 이유는 가문의 차이 때문이 아니라 수절하는 부인을 훼절시키는 것이 선비로서 온당치 않았기 때문이었다.

다음은 초면부지의 부인이 정신이 혼미해지며 해와 달이 품안으로 들어왔다는 말과, 이상한 기운에 휩싸여 정신없이 이곳까지 오게 되었다는 말을 듣고 하늘이 내려준 인연으로 받아들였다는 것은 있을 수 없는 일이다. 이런 사실들을 재구성하여 보면 한씨 부인과 근암공의 결혼은 제자들과 제환이 뜻을 같이하여 강권함으로써 이루어졌음을 알 수 있다. 이들은 허락 받기가 어렵다고 판단하여 편법을 썼던 것이다. 1824년 2월 초 어느 날을 결혼 날로 정하고 은밀히 잔치를 준비하는 한편 금척리에서 한씨 부인을 안방에 모셔 왔다. 그리고 가족들이 나서서 근암공을 안방에 들라고 권하였다. 근암공도 일을 꾸미는 것을 짐작하였으나 제자들과 식구들이 권유를 뿌리칠 수가 없어 방에 들어갔다. 근암공은 30대인 한씨 부인과 몇 마디 말을 주고받고 보니 한모의 고모라는 사실을 알게 되었다. 근암공은 결국 이들이 강권하는 결혼을 받아들이게 되었다.

수운 선생 10세에 근암공 환원

결혼 후 10개월이 지나 1824년(純祖 24年) 10월이 되었다. 이해에는 7월에 윤달이 들어 10월 28일(양11.18)이 한씨 부인의 해산날이다. 새벽 먼동이 틀 무렵부터 온 집안사람들이 분주히 움직였다. 가정리 안쪽에서 드디어 아기의 힘찬 울음소리가 들려왔다. 63세인 근암공은 첫아들을 보게 되자 그 기쁨을 억제할 수 없어 마당에 나와 서운이 깃든 마을을 서성거렸다. 전하는 말에 의하면 이날부터 구미산이 3일간을 연달아 묘한 소리를 내며 울었다고 한다. 7대조인 정무공 잠와 최진립 장군이 탄생할 때에도, 부친과 가까웠던 하구리에 사는 외와 최림이 탄생할 때에도 구미산은 세 번 울었다(三鳴)고 전한다. 『경주시지』에는 구미산은 손씨 시조 대수촌장大樹村長 구마례具馬禮가 강림한 산이라고 전한다. 그러나 경주 최씨 가문에서는 자신들의 가문과 깊은 관계가 있는 산으로 알고 있다. "구미산기 기장하다 거룩한 가암 최씨 복덕산 아닐런가."라고 한 수운 선생의 글에서도 찾아볼 수 있다.

한씨 부인은 수운의 아명을 생각한 끝에 '북슬이'라 부르기로 하였다. 경주 지방에서는 무병장수를 기원하는 뜻에서 '북슬'이라고 아명을 짓는 습속이 전해온다고 한다. 김기전은 "북슬이라 함은 삽살개의 별명인데 그 지방에서 하인을 부를 때 대개 북슬이라고 부르며 또는 집안의 귀동자를 부를 때 역시 북슬이라 부른다. 한자로 대개 복술福述이라 쓰는데 수운 선생 역시 그 예의 하나로 최복술이란 이름을 얻게 되었다."고 하였다. 정운구의 장계와 경상감사 서헌순의 장계에도 복술이란 아명을 기록하였다. 당시 죄인에게는 성씨를 쓰지 않으며 폄하하기 위해 아명도 쓰는 예가 있다고 한다. 아명을 기록한 것은 수운 선생을 죄인으로 취급하였기 때문이다. 수운 선생의 본명은 원래 제선濟宣이었고, 자는 도언道彦이었으며, 호는 무엇이라 했는지 모른다. 1859년 10월에 울산에서 구미산으로 돌아온 그 달에 이름은 제우로, 자는 성묵性默으로, 호는 수운으로 고쳤음은 다 아는 사실이다.

수운 선생의 출신 신분에 대하여 일부 학자 중에는 서자라고 보는 이가 있다. 첩의 아들이라는 말인데 수운 선생은 첩의 아들이 아니다. 어머니가 한 번 출가했다가 재혼한 재가녀일 뿐이다. 성종(成宗, 1470~1494) 때에 『경국대전』을 만들고 그 후 수정을 가하면서 「예전」禮典에 재가녀 자손은 문과에 응시할 수 없도록 하였다. 재가한 여자의 오라비나 그 아들과 손자에게는 생원시와 진사시에 응시할 수 없게 하였다. 아무튼 수운 선생은 재가녀 자손에 해당되어 문과에 응시할 수 없는 신분이었다.

안타깝게도 근암공은 정씨 부인이나 서씨 부인의 제문은 남겼으나 한씨 부인에 대한 기록은 남기지 않았다. 1843년에 큰불이 났을 때 소실되었는지도 모른다. 후일 찬제한 「근암행장」에 아들 제선과 사위 김진구의 이름이 올라 있다. 한씨 부인은 두 남매, 즉 수운 선생과 누이동생을 낳았음을 알 수 있다. 필자는 한씨 부인의 내력을 알아보고자 금척리의 곡산 한씨 문중을 찾아갔던 일이 있다. 누구의 딸인지, 생일이 언제인지, 돌아간 날이 언제인지 알아보았으나 찾을 길이 없었다. 돌아간 연대는 『천도교회사초고』에 "대신사大神師 10세에 모부인母夫人이 졸하고…."라 한 기록에 따라 40세 때 환원했음을 짐작할 뿐이다. 묘소는 현재 수운 선생 태묘가 있는 산줄기 남쪽 양지바른 곳에 모셔져 있다.

수운 선생의 부인 박씨 이야기

17세에 수운 선생과 결혼

수운 선생의 부인 박씨에 대한 기록이 거의 없어 두 분은 언제 결혼했는지 분명치 않다. 1920년에 간행한 『천도교서』에 의하면 수운 선생은 "19세에 이르러 부인을 박씨의 문중에서 빙빙(聘)하시다."고 하였다. 이와는 달리 1920년 7월에 간행한 『시천교역사』에는 "병신(丙申, 13세)에 부친의 명으로 월성 박씨와 결혼식을 올렸다."고 하였다. 또한 1933년에 간행한 『천도교창건사』에는 "13세 때에 부친의 명에 의하여 부인 박씨를 울산에서 맞았다."고 하였다. 동학 초기 기록은 물론이요 1915년에 간행한 『시천교종역사』 등에는 수운 선생의 결혼 기사가 빠져 있다.

전하는 말에 따르면 『시천교역사』의 13세 결혼설은 「몽중노소문답가」에 있는 "내 나이 십사 세라 전정이 만리로다. … 처자 산업 다 버리고 팔도강산 다 밟아서 인심 풍속 살펴보니"라는 대목에 근거하였다고 한다. 즉 14세에 처자산업 다 버리고 팔도강산을 밟았다면 13세 이전에 결혼했어야 하고 자식도 낳아서야 한다는 논리이다. 『천도교창건사』의 13세 결혼설은 『시천교역사』를 참고한 것이다. 이 '내 나이 십사 세'라는 대목에 대해 이설을 펴는 분도 있었다. 묵암(默菴, 申鏞九)은 수운 선생이 쓴 원문에는 '내 나이 이십 사세'라고 되어 있었는데 필사하면서 이二 자를 빠뜨려 '십 사세'로 잘못 전해지게 되었다는 것이다.

1920년 이전의 기록들에는 박씨 부인과의 결혼 기사가 거의 빠져 있었다. 이런 사실을 안타깝게 여겨 오던 원로들의 뜻과 증언을 토대로 하여 『천도교서』를 간행할 때 비로소 '19세에 결혼했으며', '울산에서 맞아들였다'고 수정하게 된 것이다. 당시의 풍습에 비추어 19세 결혼은 늦은 결혼으로 보인다. 그러나 수운 선생의 경우에는 그럴 만한 이유가 있었다. 조부님(崔宗夏)과 부친(최옥) 두 분은 17세에 결혼하였으므로, 정상적이라면 수운 선생도 17세에 결혼했을 것이다. 그런데 이 해(1840년) 2월 20일에 아버님이 세상을 뜨시게 되어 상제의 몸이 되었다. 결국 삼년상을 마친 다음인 19세(1842년) 가을에 가서 박씨 부인과 결혼하게 되었다.

또한 근암공이 지은 가훈 중 제11조를 보면 15세 이전에는 결혼하기가 어려웠을 것이다. 즉 "지금 사람들은 자식을 가르침에 입학 후에도 마소를 먹이게 하거나, 들에 물대기를 시키는 등 글공부에 힘쓰지 못하게 하니 이래서야 어찌 훌륭히 되기를 바라겠는가. 여덟 살부터 열다섯 살까지 공부시켜 보면 재간이 있는지 없는지, 성공할지 못할지 알게 된다. 머리가 둔하여 잘될 가망이 없으면 그때 가서(15세) 농사일을 배우게 해도 늦지 않다."고 하였다. 15세 이전에는 마소 먹이기나, 물대기 일조차 금한 것으로 보아 『시천교역사』의 13세 결혼설은 다시 생각해야 된다.

결혼 후의 박씨 부인

박씨 부인에 대한 기록이 없어 생년도, 부모도 누구인지 모른다. 본관도 역시 두 가지로 기록되어 있다. 동학 초기 기록인 『대선생주문집』이나 『수운문집』에는 아예 빠져 있고, 1906년에 필사한 『대선생사적』에는 본관만 밀양 박씨로 기록되었을 뿐이다. 안타까운 것은 1873년 12월 9일(음)에 정선 동면 미천(米川, 싸내)에서 박씨 부인이 환원한 사실을 자세히 기록한 『대선생문집도원기서』에서조차 몇 살에 돌아갔는지 빠뜨렸다. 본관도『대선생주문집』에는 밀양 박씨로,『시천교역사』에는 월성 박씨로 되어 있다.『대선생주문집』에 밀양 박씨로 기록한 것은 동학 당시 전해진 사실을 기록한 것이고,『시천교역사』에 월성 박씨로 기록한 것은 수운 선생의 둘째 딸 최완(1857.4.27~1926.12.19.)의 증언에 의한 것으로 보인다.

둘째 딸 최완은 1916년 이후 한때 종로 사직동에 와서 살았으며, 김연국과 왕래하기도 하였다. 그러나 증언에 의한 것일 뿐 확실한 기록이 없어 믿을 수 없다. 오히려 동학 초기 기록인 밀양 박씨를 본관으로 보는 것이 옳을 것 같다. 다음은 박씨 부인의 고향이 울산 어디였느냐 하는 점이다.『천도교창건사』에서 처음으로 박씨 부인이 울산 사람이라는 것을 밝혔다. 즉 "부인 박씨는 생계에 할 길이 없어 울산 박문(朴門)인 친정에 유숙하던 때이었다. 수운 선생 울산에 와서 부인에게 위로의 말을 주고 그 길로 울산읍에 들어가…." 라고 하였다. 울산읍에서 좀 떨어진 곳에 박씨 부인 친정이 있었음을 암시해 준다. 이『천도교창건사』를 집필한 이돈화는 경상도 두목인 신용구와 같이 1928년에 울산을 찾아가 교인과 고로들의 안내를 받아 여시바윗골 등을 돌아본 일이 있었다. 이때 전해오는 말을 듣고 이렇게 기록한 것으로 보인다. 1854년에 수운 선생이 여시바윗골에 초가집을 짓고 이사갔다. 이 마을이 바로 유곡동이다. 그래서 유곡동의 큰 마을에서 박씨 부인이 자라지 않았을까 추측될 뿐이다. 박씨 부인이 시집갔을 때의 나이는 수운 선생보다 두 살 아래인 17세쯤이었다고 추측한다.

이해 2월에 부친의 삼년상을 마치고 가을에 결혼한 후 근암공의 양자 제환 형님 가족과 같이 살았다. 달콤한 새살림을 차린 지 1년이 못 지난 18세 되던 가을에 화재가 나서 집 전체가 불타 버렸다. 집을 잃은 식구들은 천민들이 많이 산다는 지동(芝洞;志谷)으로 내려갔다. 제환 형님의 가족 5명(제환형 내외, 조카와 질녀 2명)과 수운 선생 내외 등 7명이 비좁은 방에서 고생하며 달포를 지내야 했다.

10월경 어느 날 수운 선생 내외는 용치골(용담골) 담상潭上에 있는 낡은 집을 수리하고 들어갔다. 부친 근암공이 돌아가신 후 이 집은 돌보지 않아 거의 쓰러져 가고 있었다. 집 자리는 현재의 성화문聖化門을 지나 200미터쯤 올라가면 왼쪽 개울에 무너진 둑 자리가 있다. 이 둑이 용담둑이며 그 오른쪽 위에 다섯 칸짜리 집이 있었다. 한때 논밭으로 곡식을 심었으며 지금은 풀밭으로 변해 수운 선생이 이곳에서 살았다는 사실을 잊어버리게 되었다.

용담으로 들어온 수운 선생의 큰 걱정은 살아갈 방도였다. 「수덕문」修德文에 보면 "마음은 가정지업(농사짓는 일)에 있었으나 심고 거두는 일을 모르며, 글공부도 독실하지 못했으니 벼슬에 나갈 꿈도 무너져 버렸다. 가산은 점점 기울어져 말로가 어찌 될지 알 수 없는 처지가 되었다."고 하였다. 여러 모로 생각한 끝에 장사 일을 하기로 결단하였다. 『대선생사적』에 "부친상으로 3년간을 지나자 가산은 점점 쇠퇴해졌으며 글공부도 이루지 못하였다. 다시 무예 공부로 돌아간 지 2년 만에 활을 거두고 장삿길로 나섰다."고 하였다. 즉 19세부터 무예를 수련한 지 2년 만인 21세(1844년)에 활을 거두어 들이고 장삿길로 나섰다고 하였다. 선전관 정운구의 장계에도 "백목(白木, 무명) 장사를 했다."하였다. 아마도 포목이나 약재(漢藥材) 등 가볍고 값나가는 물건을 취급하는 장사를 한 것으로 보인다.

한 번 장삿길에 나가면 10여 일 이상 걸리는 것이 보통이었다. 한 달에 두 행보를 하면 적어도 20여 일이 걸린다. 박씨 부인은 혼자서 살림을 꾸려 나가야 했다. 앞에서 본 바와 같이 『천도교창건사』에는 "수년을 두고 가산을 돌보지 않았으므로 부모로부터 물린 유산은 적패赤敗하여 영락하기 짝이 없고 부인 박씨는 생계를 할 길이 없어 울산 박문朴門인 친정에 유숙"하는 신세가 되었다고 하였다. 박씨 부인은 조실부모하여 울산에 친정식구가 없었다. 이 기록은 상식에 벗어나며 수운 선생을 무책임한 분으로 만들어 버렸다. 수운 선생은 돌아다니기만 한 분이 아니었다. 물건을 다 팔면 집으로 돌아와 살림비용을 건네줄 뿐만 아니라 집안 일도 돌보고 장사할 상품도 새로 마련하는 등 생활에 부지런한 분이었다.

여시바윗골에서의 생활

박씨 부인은 몸은 비록 고단했지만 마음고생은 없었다. 다만 슬하에 자식이 없어 마음 한구석이 빈 것 같았다. 24세 되던 1849년에 세 살짜리 주씨 성을 가진 양녀를 들였다. 『신인간』 1927년 9월호에 김기전은 1927년 7월에 경주 가정리로 가서 당시 81세인 주씨 수양녀를 만난 기사를 남겼다. 언제 수양녀가 되었는지 묻자 "세 살 때에 수양녀가 되어 되었다. 그러나 어떻게 해서 수운 선생의 양녀가 되었는지 그것은 모른다."고 하였다. 오지영의 『동학사』 제2장에는 "수운 선생은 두 여비女婢를 해방하여 한 사람은 양녀를 삼고 한 사람은 자부를 삼았다."고 하였다. 수운 선생은 여자 노비를 거느리고 산 것으로 되어 있다. 부친 근암공 때는 노비를 거느리고 살았다는 기록이 있으나 수운 선생이 노비를 거느리고 살았다는 기록은 보이지 않는다. 만일 근암공이 거느렸던 노비를 물려받았다면 양자로 들어온 제환이 거느렸을 것이다. 주씨 수양녀의 신분이 노비 출신이었는지도 모르겠다.

박씨 부인이 낳은 첫 아이는 세정(名 世貞, 字 仁得, 土衡)이다. 1857년 4월 27일에 둘째 딸을 낳았으므로 2년 간격으로 출산하였다면 26세에 첫아들을 낳은 셈이다. 『해월선생문집』에는 딸이 모두 넷이라고 하였다. 박씨 부인은 두 아들과 딸 넷을 낳았다. 두 아들은 용담에서 낳았고 딸 셋은 울산 여시바윗골에서 낳았다. 그리고 막내딸은 수운 선생이 순도한 후 정선군 남면 광평리

문두재에서 유복녀로 낳았다.

수운 선생은 21세부터 10년간에 걸쳐 경영하던 장사를 그만두고 31세(1853 년) 6월경부터 용담에 들어앉아 새로운 개벽의 길을 찾아내는 구도에 들어갔다. 인근 사람들은 수운 선생의 높은 뜻을 이해하지 못하고 이상한 사람이 되었다느니, 조화를 부리는 공부를 한다느니 수군거렸다. 이런 말을 전해 들은 수운 선생은 사색하기에 방해가 된다 하여 조용한 곳을 찾아보게 되었다. 결국 1854년 10월에 박씨 부인의 출생지인 울산으로 이사하였다. 그곳은 유곡동 여시바윗골이라는 곳이며 울산시 서쪽 야산 속에 있다. 세 칸 초가를 짓고 6두락의 논도 사서 농사를 지으며 편안한 마음으로 사색을 할 수 있었다.

필자는 1977년 9월에 여시바윗골 입구에 사는 이순덕(李順德, 1916년생) 부인의 안내를 받아 50평 정도의 밭에 있는 집 자리를 찾아보았다. 그는 15세 (1930년)에 시집 와서 감나무 옆에 있는 초가집을 오갔다고 하였다. 넘어가는 고갯길에 소나무 숲이 우거져 대낮에도 지나가기가 무서웠다고 하였다. 1928년 1월 16일에 이곳을 답사한 이돈화가 『신인간』(1928년 3월호)에 기록을 남겼다. "집 자리에서 내다보면 앞에 주먹 같은 소산이 있다. … 살던 집은 재작년(1926)까지 남아 있었으나 어떤 부호가 묘를 쓰면 부귀공명이 자손만대에 가리라 하여 그 집을 사서 헐었으나 집 자리에는 감히 묘를 못 쓰고 옆에다 묘를 썼다. 비석에는 처사문모지묘라 하였다. … 집터는 가고叮考할 것이 없었으며, 들에 섰던 살구나무는 언젠가 말라 죽어 버리고 그 뿌리에서 새로 움이 나 회초리가 되어 있다. … 집 뒤에는 두어 그루 감나무가 서 있었다."고 하였다. 이순덕 부인은 해방 후 김모라는 사람이 집을 다시 짓고 살다가 좌익에 몰려 달아나자 불질러 버렸다고 한다.

울산으로 이사한 이듬해인 1855년(乙卯) 3월 수운 선생은 화창한 어느 봄날 이상한 분이 찾아와 책을 주고 가는 신기한 경험을 하였다. 이 책에 기도하라는 내용이 들어 있어 이로부터 한울님에게 다시 개벽의 해답을 내려달라는 기도의 구도로 전환하였다.

1856년(丙辰) 봄과 1857년(丁巳) 여름에 양산 천성산(千聖山, 811.5미터)에 들어가 두 차례에 걸쳐 49일간의 입산기도를 하였다. 이 무렵 수운 선생은 농사만으로 생활을 꾸려 나가기가 어려워 땅을 저당잡히고 소자본을 마련하여 철점(鐵店)을 경영하였다. 첫해는 겨우 적자를 면했으나 2년째부터 계속 손해를 보아 다시 빚을 내다 투자했으나 끝내 문을 닫고 말았다. 그러자 돈을 빌려 주었던 7명이 모여들어 빚을 갚으라고 독촉이 심했다. 결국 관가의 판결로 땅은 빚쟁이에게 넘어가고 초가 삼간도 빼앗겼다. 박씨 부인은 땅을 치며 통곡했으나 살아갈 대책이 없었다.

용담으로 돌아온 박씨 부인

1859년(己未) 10월 어느 날 수운 선생과 박씨 부인은 경주 용담 옛집으로 돌아가기로 하였다. 천지가 광대하나 몸 하나를 간수할 수 있는 곳은 용담 옛집뿐이었기 때문이다. 아침 일찍 울산을 떠난 가족 일행은 70리를 걸어 저녁 늦게 용담에 도착하였다. 「용담가」에 "구미 용담 찾아오니 흐르나니 물소리요 높으나니 산이로세. 좌우 산천 돌아보니 산수는 의구하고 초목은 함정하니 불효한 이 내 마음 그 아니 슬플소냐. 오작은 날아들어 조롱을 하는 듯고 송백은 울울하여 청절을 지켜내니 불효한 이내 마음 비감회심 절로 난다."고 하였다.

올망졸망한 아들 딸들은 용담 입구에 들어서자 아직도 얼마나 가야 하냐며 짜증을 부렸다. 날이 어두워서 겨우 당도하자 어린 것들은 방에 누워 버렸다. 1927년 8월호 『신인간』에 김기전이 수양녀의 증언을 토대로 기사를 쓴 것을 보면 "안방이 네 칸, 주방이 한 칸, 사랑이 두 칸, 마루가 한 칸, 고방庫房이 한

칸에 모두 와가瓦家로서 정후이라기보다 훌륭한 주택이었었다."고 하였다. 그러나 집터 주위를 여러 번 뒤졌으나 기와 조각 하나도 발견하지 못했다.

저녁을 짓기 위해 수운 선생과 박씨 부인, 그리고 13세인 수양녀는 분주하게 움직였다. 이윽고 부엌에는 박씨 부인만 남아 불을 지피게 되었다. 가끔씩 골짜기에서 불어내리는 바람으로 아궁이에서 매운 연기가 뿜어 나와 박씨 부인은 연신 눈물을 닦기에 바빴다. 며칠 후였다. 수운 선생은 '자호 이름 다시 지어 불출산외 맹세하고' 구도를 위한 기도에 다시 들어갔다. 박씨 부인은 생활고 때문에 수운 선생의 구도 수행을 탐탁지 않게 여겼다. 수양녀의 증언에 의하면 경신 4월 5일에 득도한 다음에도 박씨 부인은 못마땅하게 여겼다고 했다.

"경신 사월 도를 받은 후 한참 동안은 과연 야단이었다. 그 부인은 남편이 하는 일이라 달리 할 수는 없고 마지막에는 당신이 정말 그렇게 하시면 자기는 물에라도 빠져 죽는다고 하면서 아닌 밤중에 달아나곤 하였다. 그러면 수운 선생께서는 곧 쫓아 나서서 그를 붙들어 오곤 하였으며, 붙들어 놓고는 무슨 말씀인지 자세히 설명을 하시는 모양이었다."고 하였다. 박씨 부인의 불편한 심기는 생활고 때문이었고 경전에도 잘 드러나 있다.

득도 후의 박씨 부인

수운 선생이 4월 5일 종교체험을 하자 박씨 부인은 절망하였다. 「안심가」에 "경황실색 우는 자식 구석마다 끼어 있고 댁의 거동 볼작시면 자방머리 행주치마 엎어지며 자빠지며 종종걸음 한창 할 때…"라고 했다. 그리고 "아버님 거동 보소 저런 말씀 어디 있노. 모자가 마주앉아 수파통곡 한창 할 때…"라는 구절도 있다. 이것으로 보아 종교체험을 이해하지 못하여 부인과 자식들은 수운 선생이 미친 것으로 알았던 모양이다. 양녀 주씨도 득도 후에 박씨 부인은 "밤중에 나가 물에 빠져 죽는다고 한 일이 있다."고 증언하였다. 수운 선생의 종교체험 당시의 모습을 박씨 부인은 절망으로 받아들였던 모양이다.

1년이 지난 1861년 6월 이후 도를 펴기 시작하자 사정은 달라졌다. 양녀의 증언에 의하면 "아침에도 오고 낮에도 오고 밤에도 오고 … 그래서 왔다 가는 사람, 하룻밤 자는 사람, 여러 날 머무는 사람 … 모친과 나는 손님 밥쌀 일기에 손목이 떨어져 왔다. 낮에 생각할 때 저 사람들이 어디서 다 잘까 했으나 밤이 되자 어떻게든지 모두들 끼어 잤다."고 하였다. 박씨 부인은 많은 사람들이 찾아오는 것을 보고 나서 수운 선생의 큰 뜻을 이해하였고 손님 대접에 정성을 다했다.

그러나 이런 생활도 잠시였다. 10월에 이르자 관이 수운 선생을 불러서 활동을 못하게 엄령을 내렸고, 수운 선생도 계속 도를 펴는 것은 관장을 능멸하는 일이 되므로 11월에 전라도 남원으로 가 머물렀다. 박씨 부인은 9개월 후인 1862년 7월에 수운 선생이 경주로 돌아올 때까지 고적하게 나날을 보냈다. 그러다가 서면 관산 아래 박대여의 집에 머무르던 수운 선생을 9월 29일(양11.10) 경주진영에서 체포해 갔다는 소식을 듣고 가슴이 내려 앉았다.

도인 6백여 명이 관아에 몰려가 항의하여 5일 후에 석방되었으나 용담에 머물러 있을 형편이 못 되었다. 수운 선생은 10월 6일에 용담에 왔다가 11월 9일에 흥해 매곡동 손봉조의 집으로 옮겨갔다. 이곳은 큰어머님(정씨 모친)의 친정이 있던 곳이며, 해월 선생의 처가가 있던 곳이다. 수운 선생이 있을 만한 곳을 알아보도록 하라 하여 해월 선생이 정한 곳이다. 이듬해(1863년) 3월 9일까지 박씨 부인은 용담에서 아이들과 같이 어려운 살림을 꾸려 나갔다.

박씨 부인의 피신생활

조선왕조는 동학을 뿌리뽑기 위해 1863년 11월 20일에 정운구를 선전관으로 임명하여 무예별감 양유풍, 장한익, 좌변포도군관 이은식, 종자 고영준 등을 거느리고 경주에 가서 수운 선생을 체포하여 오라고 명령을 내렸다. 이들은 탐문을 마치고 12월 9일 밤에 경주진영에서 30명의 교졸을 동원하여 10일 새벽 1시경 잠자리에 들어 있던 수운 선생과 제자 및 박씨 부인과 아들 세정 등 23명을 체포하였다. 수운 선생은 서울로 압상되고 박씨 부인 등 많은 제자들은 경주진영에 수감되었다.

철종의 국상으로 정부가 직접 다루지 못하고 1864년 1월 6일(양2.13)에 수운 선생을 대구 경상감영으로 되돌려보내 심문하여 올리게 하였다. 경상감영은 1월 20일부터 심문을 시작하기 위해 경주진영에 수감 중인 박씨 부인 등 제자들을 대구로 압상하였다. 1개월간 혹독한 심문을 마친 후 3월 10일(양4.15)에 관덕정 뜰에서 참형을 집행하였다. 3일이 지나자 관은 박씨 부인과 아들을 방면하면서 수운 선생의 시신을 수습해 가라고 인도해 주었다. 이날 시신을 수습하여 대구를 떠나 자인에 도착하였으나 비가 내려 3일간 체류했다가 17일(양4.22) 새벽에야 가정리에 도착하였다. 구미산 줄기 끝자락에 있는 대릿골 밭머리에 시신을 매장하고 박씨 부인은 지동 세조의 집에 가서 머물게 되었다.

한 달 후 관은 두 형제를 지목하기 시작하였다. 단양 접주 민사엽은 이 소식을 듣고 4월 하순경 도인 김경숙과 김경필을 보내 사가 식구들을 정선 문두재로 피신시켰다. 정선군 남면 광덕리에 있는 이 곳은 정선으로 넘어가는 높은 고갯길 마루 아래에 있다. 그러나 뒷바라지를 하던 민사엽이 1년 후 병을 얻어 사망하니 사가는 끼니를 해결할 길이 막히게 되었다. 예천 도인 황성백 등은 이 소식을 듣고 사가 식구들을 1865년 4월에 상주군 화서면 동관음 남육생의 집으로 모셔왔다. 백방으로 지원책을 마련해 보았으나 생활이 모두 어려운 처지라 뜻대로 되지 않았다.

어느 날 영양군 일월산 동쪽 용화동에 해월 선생이 있다는 소식을 들을 수 있었다. 이리저리 돌아 걸식하며 1865년 7월에 찾아갔다. 해월 선생은 살던 집을 내주고 힘써 생활을 안정시켜 주었다. 이듬해인 1866년 10월 28일, 수운 선생 탄신 기념 제례에 많은 도인이 모이게 되었고, 여기서 사가를 돕는 계도 조직하였다. 다행스럽게도 그 이후 약 4년간 사가는 안정된 생활을 계속할 수 있었다. 그런데 1870년 10월에 양양 도인 공생孔生이 찾아와 더 잘 모시겠다며 영월 소미원으로 모셔 갔다. 이후부터 여러 사건이 겹치면서 다시 사가의 고난은 시작되었다.

1871년 3월에 영해교조신원운동이 일어났고 8월 2일에는 이필제가 주도한 문경변란이 일어났다. 박씨 부인은 영해교조신원운동 때에는 정선 동면 건천 홍석범의 집에 가서 3개월 동안 피신하였고 아들들은 양양 쪽으로 가서 한동안 피신하기도 하였다.

영해교조신원운동이 일어났다가 겨우 잠잠해질 무렵 8월 2일에 문경변란이 일어나 또다시 조마조마한 나날을 보내야 했다. 이때 산중에 피신했던 해월 선생과 강사원은 춥고 굶주려 행여 살 길이 있을까 하여 소미원 사가로 찾아왔다. 약초꾼으로 변장한 이들을 본 박씨 부인은 깜짝 놀랐다. 해월 선생은 우리가 저지른 일은 아니지만 이필제가 또다시 문경 초곡에서 변란을 일으켜 이리 되었다고 하였다.

큰아들 세정과 작은아들 세청은 얼굴빛을 바꾸었다. "우리 형제는 내일 양양에 초행을 가니 남자가 없는 집에 어떻게 머무르려 하는가." 하고 내치었다. 강수(사원)는 잘된 일이라며 "한 사람은 하인이 되고 한 사람은 말고삐를 잡고 가면 누가 수상한 사람으로 보겠는가." 하였다. 세정은 동정의 빛을 보였으나 세청은 노기가 등등하여 토달거리며 응해 주지 않았다. 이날 밤 잠자리에 든 지 얼마 안 되어 조반상이 들어왔다. 강수는 "아직 첫닭도 울지 않았는데 어찌 조반을 들라 하는가." 하였다. 세청은 "우리는 장기서에 얹혀 사는 형편이라 그가 남의 눈에 띄기 전에 빨리 보내지 아니하면 화를 당한다 하여 이리 되었다."고 하였다.

해월 선생은 강수를 붙들고 만류하면서 "우리의 신세 탓(身命)을 어찌 다른 사람에 돌리려 하는가. 곤궁에 빠진 것도 하늘의 명이니 누구를 원망하며 누구를 허물하겠는가. 내 보따리에 돈 일곱 냥이 들어 있다. 이것이면 한 달 노자는 된다. 두 형제에게 바라건대 초행 가는 길에 우리를 잠시만 이끌어주면 잡히는 일은 면할 것이다. 깊이 생각하여 보라."고 하였다. 세청은 끝내 불응하고 해뜰 무렵 떠나갔다. 해월 선생과 강수도 행장을 꾸려 사모님에게 작별 인사를 고하고 산으로 올랐다.

큰아들 세정, 인제서 체포되다

산중에서 14일 만에 박용걸의 집에 내려와 자리 잡은 해월 선생과 강수는 1872년 1월 6일(양2.14)에 소미원 사가를 찾아갔다. 박씨 부인은 병석에 누워 있었으며 지난번 아들들이 괄시한 일은 미안하다고 하였다. 해월 선생은 "그때의 일을 마음에 두었다면 이렇게 찾아왔겠습니까." 하며 쾌유를 빌었다. 사가에 식량이 떨어진 것을 안 해월 선생은 순흥에 사람을 보내 박용걸의 형 박봉한으로부터 쌀을 져다가 박씨 사모님에게 드렸다. 그리고 순흥으로 가서 머물러 있었다.

1월 25일에 소미원에서 임생林生이 찾아와 "세정이 방금 관에 체포되어 양양옥에 수감되었다."고 하였다. 세정은 소말랭이 장춘보 집에 있다가 김덕중을 앞세우고 달려온 양양 교졸에게 체포되었다. 같이 있던 둘째딸 최완과 며느리 강릉 김씨는 인제 교졸에 체포되어 인제옥으로 끌려갔다. 사건의 발단은 양양도인 김덕중이 관에 체포되어 엄한 심문에 못이겨 드러나게 되었다. 『해월선생문집』에는 "1871년 9월에 사형(士衡; 世貞)은 양양의 김덕중의 집에 살다가 10월 그믐에 인제 귀둔리로 옮겨갔다."고 하였다. 쇠말랭이는 인제면 귀둔리에 있다.

임생의 말을 들은 해월 선생과 강수는 이튿날 소미원으로 달려갔다. 마침 전성문이 와 있어 같이 대책을 의논하였다. 우선 사모님을 직동 막골 박용걸의 집으로 피신시켜 놓고 사후 조치를 생각해 보기로 하였다. 1월 28일(양3.7) 저녁에 어둠이 깔린 다음 여자들은 남장을 하고 해월 선생과 강수, 전성문, 임생 등은 아이들을 업고 끌고 산길을 더듬어 박용걸의 집에 이르렀다. 여기서 약 1개월간 머물다가 3월 10일 수운 선생 순도기념 제례를 마친 후 영춘으로 옮겼다. 정선 도인들과 박용걸의 성금을 합쳐 영춘 의풍 장곡현이라는 깊은 산중에 집과 텃밭을 사서 사가를 이사하게 하였다. 그동안 박용걸의 뒤를 돌봐 주던 영월관아 지달준이 삼척 영장으로 옮겨가 사가를 옮긴 것이다. 그리고 박용걸 자신도 영춘으로 이사갔다. 당시 강원도에 있던 둘째아들 세청의 처가 쪽인 김연순, 김병내 등 많은 도인들이 이곳으로 와 모여 살았다.

한편 양양옥에 수감되어 있던 세정은 5월 12일에 장형을 받다가 숨을 거두었다. 같이 체포되었던 김덕중, 이일여, 최희경 등 3인은 원지에 정배되었으며 3년 후 이들은 풀려났다 한다.

장간지에 있던 사가와 인척들은 소문이 퍼지자 관원들의 지목을 받게 되었다. 해월 선생은 정선 도인들과 의논하여 이번에는 정선으로 피신시키기로 하였다. 정선 무은담까지는 60리 거리이며 소미원을 거쳐 석항, 예미, 수리재, 자미원, 무은담으로 이어진다. 중간에 800미터의 수리재를 넘어야 하는데 『최선생문집도원기서』에는 다음과 같이 기록하였다.

"해월 선생과 강사원은 급히 영월로 가서 수운 선생의 가권을 데리고 왔다. 강수는 사모님을 모시고 아이들을 업고 앞서 갔으며, 세청과 해월 선생은 살림을 거두어 뒤에서 따라 갔다. 아! 사모님의 측은한 신세가 어찌 이리 불쌍한가. 사모님의 심정은 마음이 급하지만 걸음은 더디었다. 돌아보면 앉았다가 일어나기를 수없이 거듭하면서 골짜기를 올라갔다. 정상에 다다르자 고갯길이 가팔라 숨은 막히고 걸음은 더디어 차마 볼 수 없었다. 그런데 해는 이미 기울어 걸음을 재촉했으나 발이 부르터 억지로 걸었다. 사모는 하늘을 우러러 소리내어 통곡하였다. '하늘은 진실로 무심하구나. 어찌 나로 하여금 괴롭고 고통스럽게 하는가.' 강수에게 '무은담(霧隱潭, 유인상이 사는 곳)은 얼마나 더 가야 하느냐.'고 짜증을 부렸다. 저 산과 물을 따라 가면 된다고 하며 억지로 끌어 모시고 유인상의 집에 이르렀다."

싸내서 49세에 환원

3일 후 몸을 추스른 다음 박씨 부인과 둘째아들 내외, 딸 셋은 정선군 동면 화암리 싸내(米川)로 넘어와 자리를 잡았다. 박씨 부인의 생계는 두끼를 때우기조차 어려웠다. "농사를 지었으나 키질할 일감도 없었고 남산서 거둔 콩으로 조석 양식을 삼으려 했으나 북쪽 이웃이 곡식을 보살펴 주어야 솥을 씻을 수가 있었다." 도인 최진섭 형제는 자루를 둘러메고 군내 도인 집을 이곳저곳 다니며 한줌씩의 양곡을 거두어다 겨우 연명하게 하였다.

결국 박씨 부인은 영양실조에 걸렸고 1873년 12월 9일(양1874.1.26)에 49세를 일기로 생애를 마쳤다. 세청이 임종시에 손가락을 잘라 피를 드리워 보았으나 효험이 없었다. 김계악이 해월 선생에게 부고하였고 해월 선생은 싸내로 달려가 수습하였다. 땅도 얼고 도인들에게 부음도 제대로 전할 수 없어 장례를 치르지 못한 채 매장만 하였다. 겨울을 넘긴 2월 19일(양4.5)에 장례일을 정하고 정선 도인들이 많이 참여한 가운데 치르기로 하였다. 장례에 참여한 사람들은 홍순일·전성문·유인상·최진섭·홍석현·신봉환·홍석범·

김두원·홍석도·김택진 등이었다.

이듬해 1875년(乙亥) 1월 22일에는 수운 선생의 둘째아들 세청이 불행을 당하였다. 강원도 양구 처가로 가는 길에 소미원 장기서의 집에 들렀다가 병을 얻어 급사했다 한다. 큰아들은 관에서 장살 당하고 박씨 부인은 영양실조로 별세하고, 둘째아들마저 병으로 세상을 뜨게 되니 사가의 가문은 대가 끊기고 말았다. 남은 가족은 세 딸(큰딸과 둘째는 시집을 갔다)과 세청의 처 등 여자뿐이었다. 제일 먼저 전성문이 달려가 시신을 수습하였다.

『해월선생문집』에 "을해년(1875) 정월 22일에 세청이 장기서의 집에 갔다가 병을 얻어 회복하지 못했으므로 성문이 시신을 수습하여 출상을 하였으니 아, 슬프도다. 상기(박씨 부인의 상기)가 마치지 않았는데 형제가 다 돌아갔으니 스승의 가문의 액운이 어찌 이같이 지극함에 이르렀는가? 세월이 흘러 사모님의 대상을 마치고 나서 장녀는 윤씨 가문에 출가하였으며, 차녀는 역시 윤씨 가문에 출가하였고, 3녀는 허씨 가문에, 4녀는 한씨 가문에 출가하였다."고 했다. 허씨 가문에 출가한 이는 셋째가 아니라 둘째이며 이름은 최완이다. 남편은 인제군 아전이던 허찬이었으며 지금도 그 후손이 있다. 다행히 둘째딸 최완의 사진이 남아 전해지고 있으며 수운 선생의 초상화를 닮았다.

박씨 부인과 둘째아들 세청의 묘는 1876년 봄에 허찬을 위시하여 사위들이 힘을 모아 영춘 의풍으로 일단 이장하였다. 그 후 둘째딸인 최완의 큰아들(허찬의 큰아들) 허균이 성력을 다하여 1943년 봄(아마도 한식날)에 두 분의 묘를 용담, 즉 수운 선생의 태묘가 있는 능선 왼쪽 뒤편에 이장하였다.

세정의 부인 강릉 김씨(1920년경에 환원)는 수운 선생 태묘로 가는 바른쪽 산 능선에 모셨으나 세월이 흐르면서 평지가 되어 지난 1984년에 박씨 부인의 묘소 아래쪽에 모셨다. 그 후 세정이 처형된 장소인 양양군청 뒤에서 흙을 파다 합쳐 모셨다.

을묘천서와 적멸굴 이야기

행상길에 나서다

20세 때인 1843년 늦가을에 집은 화재로 잿더미가 되었다. 수운 선생 내외는 양형 제환의 식구와 같이 지동에 있는 낡은 집을 수리하고 내려갔다. 제환형 내외와 조카와 질녀 2명과 같이 7명의 식구는 비좁은 방에서 살았다. 달포가 지난 후 수운 선생은 부친이 쓰던 용치골 담상의 집으로 올라갔다. 1778년에 복령이란 산승이 절간으로 지은 곳인데 몇 해 후 떠나 버렸다. 할아버지 최종하 어른은 12세에 이른 근암공을 공부시키기 위해 낡은 절간을 사들었다. 『근암집』「천편」天編에는 다음과 같이 기록되어 있다.

> 무술년에 산승 복령이 담潭 뒤에 암자를 세우고 원적암이라 했다. 얼마 되지 않아 중은 떠나고 암자는 폐쇄되었다. 부친(宗夏 어른)께서 집과 밭 수 묘畝를 사들여 소자(근암)에게 글공부를 하게 하였다. 기와공(畸窩公, 李象遠)이 와룡암이라 이름 지었고, 부백 김공 상집尙集에게 기문記文을 청했더니 와룡암은 천년에 걸쳐 사람들을 깨우치게 할 곳이라 하였다. … 30년이 지났으나 과장에 드나드느라 쉴 짬도 없었고 또한 변통할 힘도 없어 손을 못 대고 있다가 연전에 두 동생과 상의하고 나와 같이 벗하던 한 두 동지들과 뜻을 모아 경영하기로 하여 비로소 담상에 모두 다섯 칸을 지었다. 서너 명의 중으로 간수하게 하고 그 뒤쪽에 터를 개척하여 서사書社 네 칸을 또 지어 늙은 주인이 거처하

게 하였다.

수운 선생은 20세에 용담으로 들어왔으나 살림을 꾸려 나갈 방도가 보이지 않았다. 「수덕문」에 "마음은 가정지업(農事)을 하려 했으나 심고 거두는 일을 제대로 알지 못하고, 글공부도 독실치 못했으니 벼슬할 생각도 가질 수 없었다."고 했다. 『본교역사』에는 "삼년상을 마치니 가산은 점점 쇠퇴하고 글공부도 이루지 못하였다. 다시 무예공부로 돌아간 지 2년 만에 활을 거두고 장삿길로 나섰다."고 하였다. 즉 부친의 삼년상을 마친 19세부터 무예를 수련하기 시작한 지 2년 후인 21세에 활을 거두어 들이고 장삿길에 나섰던 것이다.

생활비를 마련하고, 세상을 살펴보기 위해서는 장사가 제격이었다. 선전관 정운구의 장계에도 "백목 장사를 했다." 하였으므로 가볍고 값 나가는 물건인 백목이나 약재 등을 취급한 것으로 보인다. 이 장삿길은 1844년(21세)부터 1854년(31세)까지 10년간 계속하였다. 한 달에 두 행보를 하여도 20여 일은 밖에 나가 돌아다녀야 했다. 집안 살림은 박씨 부인이 혼자 남아 고생하며 꾸려 나갔다.

『천도교창건사』에는 "수 년을 두고 가산을 돌보지 않았으므로 부모로부터 물린 유산은 적패하여 영락하기 짝이 없었고, 부인 박씨는 생계를 할 길이 없어 울산 박문인 친정에 유숙하는 신세가 되었다."고 하였다. 이 기사 중 수년을 두고 가산을 돌보지 않았다거나, 부인 박씨가 울산 친정에 가 있었다는 것은 추측한 것에 지나지 않다. 수운 선생은 그렇게 무책임한 분이 아니었다. 박씨 부인은 고향이 울산이었으나 조실부모하여 친정식구가 없었다. 그리고 수운 선생은 물건을 다 팔면 집으로 돌아와 생활비를 건네주곤 하였다.

수운 선생 글에 '방방곡곡행행진 수수산산개개지'라는 글귀가 있고 "팔도 강산 다 밟았다."는 글귀가 있다. 그리고 「몽중노소문답가」에는 삼각산과 금강산이 언급되어 있다. 그러나 장사하며 다닌 지역은 경상도, 강원도, 경기도, 충청도, 전라도 일부로 추측된다. 황해도와 평안도, 함경도는 가 보지 못한 것이 아닌가 싶다. 전라도의 경우 득도 후인 1861년에 남원까지 갔다가 북으로는 전주, 동쪽으로는 금산 지역까지 들른 것으로 전해진다.

병든 세상을 한탄

수운 선생이 주유천하를 한 1844년부터 1854년까지 우리 사회는 한마디로 해체기에 있었다. 권세를 가진 고관들은 지방 수령들과 짜고 온갖 수탈 행위를 저지르는 데 혈안이 되어 있었다.

정약용의 『목민심서』에는 "향청과 이청에서의 태질은 셀 수가 없었으며 군관 장관을 시켜 뿌리를 뽑으니 백성들이 어떻게 감당하겠는가."라고 하였다. 재상과 감사와 군수, 아전 등 네 부류는 한통속이 되어 백성의 전재를 빼앗는 데 혈안이 되어 있었다. 밑에선 아전과 수령이 먹어치우고, 위에선 감사나 재상들이 강제로 상납한 재물을 나누어 먹는 데 여념이 없었다고 하였다.

수운 선생은 인심풍속을 돌아보고 "평생에 하는 근심 효박한 이 세상에 군불군 신불신과 부불부 자부자를 주소간 탄식하니 울울한 그 회포는 흉중에 가득하되 아는 사람 전혀 없어 처자산업 다 버리고 팔도 강산 다 밟아서 인심풍속 살펴보니 … 삼각산 한양도읍 사백년 지난 후에 하원갑 이 세상에 남녀간 자식 없어 … 매관매작 세도자도 일심은 궁궁이요 전곡 쌓인 부첨지도 일심은 궁궁이요 유리걸식 패가자도 일심은 궁궁이라. 풍편에 뜨인 자도 혹은 궁궁촌 찾아가고 혹은 서학에 입도해서 각자위심 하는 말이 내 옳고 네 그르지 … 유도불도 누천년에 운이 역시 다했던가 … 아서라 이 세상은 요순지치라도 부족시요 공맹지덕이라도 부족언이라."고 한탄하였다.

나라 안만 병든 것이 아니라 나라 밖도 마찬가지였다. 서양 세력이 무력을 휘두르며 약소국을 위협하고 있었다. 수운 선생은 「포덕문」에서 "그러므로 우리나라는 몹쓸병이 가득하여 백성들은 연중 평안할 때가 없다. 이 또한 상해의 운이로다. 서양인은 싸워서 이기고 쳐서 빼앗으니 이루지 못하는 일이 없다. 온 세상(천하, 중국)이 다 망해 버리면 우리나라도 순망지탄이 없지 않으리라. 장차 보국안민할 계책은 어디서 나올 것인가." 하고 통탄하였다.

18세기부터 서양 침략자들은 새로운 상품시장을 찾아 침범해 들어오고 있었다. 대표적인 사례는 1840년에 영국이 저지른 아편전쟁을 들 수 있다. 영국은 중국 광동에 들어와 통상을 하다 무역역조가 생기자 아편 밀매를 시작하였다. 즉 마약장사를 하기 시작하여 1729년에는 2백 상자였던 것이 1837년에는 3만 4천 상자로 늘어났다.

중국은 마약 중독자가 해마다 늘어나고 아편 대금으로 은전이 이들 손에 의해 빠져나갔다. 중국은 부득이 자위 수단을 발동하여 1838년에 임칙서를 흠차대신으로 임명하여 광동의 영국 공행을 폐쇄하고 아편을 몰수하여 소각해 버렸다. 너무도 당연한 자위 수단에 대해 영국은 막강한 함대를 동원하여 전쟁을 도발해 왔다. 이것이 영국이 저지른 천인공노할 아편전쟁이다. 즉 1840년 7월에 영국 함대는 신식 무기로 광동을 공격하였던 것이다. 중국 해군은 손도 제대로 써 보지 못하고 무너지고, 1842년에 중국 정부는 영국의 요구대로 굴욕적인 남경조약을 체결하기에 이르렀다. 여러 항구를 열어 주고 몰수한 아편 대금 6백만 불과 공행 영업 손실액 3백만 불, 영국군함 출동비 1천2백만 불을 지불하여 주었고 홍콩을 99년간 조차하여 주게 되었다.

다시 개벽의 과제

수운 선생은 이 소식을 전해 듣고 온 세상이 병들었음을 통탄하였다. 그리고 「안심가」와 「몽중노소문답가」에서 "십이제국 괴질운수 다시 개벽 아닐런가."라고 하여 이 시대는 다시 개벽해야 살 길을 찾는다고 선언하였다. 그리하여 1854년(31세) 봄에는 10년간 계속하던 행상 생활을 그만두고 다시 개벽의 길을 찾아 나섰다. "팔도구경 다 던지고 고향에나 돌아가서 백가 시서 외워 보세."라며 용담 집으로 돌아와 구도의 사색에 들어갔다.

수운 선생이 구도 과제로 삼은 것은 '다시 개벽'의 길이었다. 석가모니는 생로병사의 인간 조건을 극복하는 길을 찾아내려 하였고, 공자는 춘추 후기의 난세를 수신제가하고 치국평천하는 길을 찾아내려 하였다. 마르크스의 경우도 자본주의 사회가 등장하자 노동 계급을 해방시키는 길을 찾으려 하였다. 수운 선생은 병든 세상을 '다시 개벽'하여 새 세상의 새로운 삶의 틀을 이루는 것을 구도의 과제로 삼았다. 즉 이미 개벽되었던 세상을 다시 한번 개벽하여 새로운 세상을 열자는 것이다.

용담에서 1854년 이른 봄부터 사색에 들어갔으나 1854년 가을이 되도록 아무런 반응이 없었다. 도리어 마을 사람들이 엉뚱한 짓을 한다고 수군거렸다. 처음에는 신경 쓰지 않으려 했으나 날이 갈수록 부담스러워 처가가 있던 울산으로 이사하기로 하였다. 울산시 유곡동 여시바윗골을 둘러본 수운 선생은 여기에 초가 세 칸짜리를 지었으며 집 앞의 6두락 논도 사들이고 1854년 가을에 이사갔다.

수운 선생은 어느덧 겨울을 보내고 32세인 1855년(乙卯年) 3월을 맞았다. 어느 날 이상한 사람이 찾아와 책 한 권을 주고 갔다. 『최선생문집도원기서』에는 "때는 을묘년(1855) 봄 3월, 선생은 봄철의 노곤함에 낮잠을 주무시던 차 꿈결에 어떤 선사가 밖에 이르러 주인을 찾았다. 선생은 문을 열고 어디서 온 노선사인지 용모가 청아하고 차림새와 풍채가 정중하여 선생이 나아가 맞았다. … 중이 말하기를 '주인께서 경주의 최 생원이십니까?' 하매, 선생은 '그러하다'고 대답하였다. 선사는 … 소승은 금강산 유점사에서 … 기도가 끝나는 날, 탑 아래에서 잠깐 잠들었다가 깨어 보니 탑 위에 책 한 권이 있어서 거두어 읽어 보니 세상에 희귀한 책이었습니다. … 선생께서 '책상에 놓으라' 하시니 노승은 예를 차려 바쳤다. … 중이 말하기를 '3일 동안 머물다가 다시 올 것이니 그동안에 자세히 살펴 알아보는 것이 어떻겠습니까?' 하고 물러갔다. 그날에 이르러 중이 오자 … '내가 이미 알아 냈다.' 하니 중이 백배 사례하며 기뻐서 말하기를 '이 책은 진정 하늘이 생원께 내려주신 책입니다. 소승은 단지 이 책을 전할 뿐입니다. 바라건대 이 책의 뜻을 세상에 행하옵소서.' 하였다. … 계단을 내려가 몇 발자국 안 되어 노승은 홀연히 보이지 않았다. 선생께서는 … 그 뒤에 깊이 이치를 살펴보니 책 속에는 기도에 관한 가르침이 들어 있었다."고 하였다.

천성산 적멸굴 기도

책 속에 기도에 관해 쓰여 있으므로 수운 선생은 사색의 방법을 버리고 한울님에게 기도하는 방법으로 바꾸었다. 이듬해인 1856년(丙辰年) 봄에는 스님으로부터 양산 천성산(千聖山, 811.5미터)에 기도할 만한 곳으로 내원암이 있다 하여 소개를 받았다. 4월(음)에 폐백을 갖추어 납자의 안내로 내원암에 들어갔다. 49일간을 작정하고 기도를 시작하였으나 2일을 채우지 못한 47일 만에 80세에 이른 숙부 섭(1777~1856)이 별세했다는 부음을 받게 되었다. 곧 하산하여 장례를 치른 후 1년간 복을 입고 나서 1857년(丁巳年) 7월에 다시 천성산에 들어갔다. 이번에는 자연동굴인 적멸굴에서 49일간의 기도를 마쳤다.

의암 선생(義菴 孫秉熙)은 1909년 말에 임명수, 최준모, 김상규, 조기간 등 4명의 젊은이를 대동하고 양산 내원암에 들어가 49일간의 독공을 하였다. 이듬해인 1910년 1월 어느 날 주지 스님인 손석암이 의암에게 수운이 도 닦던 동굴 이야기를 하였다. 그리하여 성사는 적멸굴을 찾게 되었고 조기간은

『신인간』에 다음과 같이 기록하였다.

"손석암이라는 근 70된 노승이 … 우연히 성사(聖師, 의암 손병희)에게 … 저 산봉우리 바로 밑에 큰 굴이 있는데 적멸굴이올시다. 10여 살 때 저의 스님께서 경주 최복술이 굴에 와서 도통하여 수리가 되어 날아갔다는 말씀을 들었다고 하였다. … 성사께서 다음날 점심 후 오늘은 멀리 운동 가 보자 하면서 젊은 중의 인도를 받아 적멸굴로 갔다. … 날씨는 차지만 모두 땀으로 목욕을 했다. … 앞서 올라간 성사께서는 '옛날에도 이곳을 와 보았는데 오늘 다시 와서 보는구나(昔時此地見 今日又看看)'라는 시 한 수를 읊었다. … 수운 선생께서 양산군 천성산 내원암 적멸굴에서 공부한 것은 알았으나 직접 찾았으니 얼마나 인연 깊은 일인가."

적멸굴은 암벽이 부식되어 자연스럽게 생긴 석굴이다. 입구의 높이는 약 4미터 정도이고 안쪽 높이는 약 1미터 정도이다. 길이는 6미터 정도이고 굴 안쪽에는 2~3명이 사용할 수 있는 식수가 나온다. 잠자리로 썼던 온돌도 입구 왼쪽에 아직 남아 있다. 굴 아래 언덕 밑에는 옛날에 쓰던 그릇 조각들이 흩어져 있다. 아마도 신라 때에 지은 암자 자리라 여겨진다. 동굴 입구는 남쪽을 향해 있고 맞은편 멀리 원효봉(元曉峰, 988미터)이 장엄하게 솟아 있다. 위치는 천성산에서 서남으로 뻗어 내린 능선 중간 지점이다.

이곳 사람들은 지금도 '경주 최 선생'이 적멸굴에 와서 도를 닦다가 도통하여 독수리가 되어 날아갔다는 설화를 전하고 있다.

수운 선생의 입산 기도는 이 적멸굴 기도가 마지막이었다. 이후에는 한 번도 입산 기도를 하지 않았으며 경주로 돌아와서는 줄곧 용담에 들어앉아 기도하였다. 1980년대에 울산 교인들이 입구 암벽에 오석으로 표지석을 새겨 붙였으나 누군가 쪼아 버려 지금은 글자가 뭉개져 있다.

수운 선생의 종교체험

용담으로 돌아오다

울산에서 경영하던 철점이 빚으로 문을 닫게 되자 집과 땅도 빼앗겨 갈 곳이 없어진 수운 선생은 고향 용담으로 돌아가야 했다. 용담에는 초가집이 있고 의지할 친척도 있었다. 1859년(己未) 10월 초(양11월 중순) 어느 날 이사짐을 짊어지고 가족들과 같이 70리나 되는 구미산 용담으로 향했다. 5년간 고생하던 울산 여시바윗골을 뒤로 한 수운 선생의 발걸음은 무거웠다.

해가 진 뒤 구미산 골짜기에 들어서니 까막까치가 날아들고 있었다. 「용담가」에는 "구미용담 찾아오니 흐르나니 물소리요 높으나니 산이로세. 좌우 산천 둘러보니 산수는 의구하고 초목은 함정하니 불효한 이내 마음 그 아니 슬플소냐. 오작은 날아들어 조롱을 하는 듯고 송백은 울울하여 청절을 지켜내니 불효한 이내 마음 비감회심 절로 난다."고 하였다. 당시의 심경이 너무도 잘 그려져 있다.

귀향 직후 수운 선생이 살았던 집은 현재의 성화문에서 200미터 정도 올라가 있었다. 『근암집』에는 "담상에 모두 다섯 간을 지었다."고 하였다. 아직도 왼쪽 계곡에는 담潭 둑이 남아 있으니 담상이라면 이곳에서 바른쪽 일대가 될 것이다. 양녀 주씨의 증언에 의하면 '안방이 네 칸, 부엌이 한 칸, 마루가 한 칸, 곳간이 한 칸으로 모두 다섯 칸이었다'고 한다.

용담정 현판이 걸려 있는 지금의 건물은 근암공이 제자를 가르치고 시를 지으면서 머물던 용담서사龍潭書社 자리다. 오른쪽 끝에 있는 석벽의 댕댕이 덩굴을 헤치면 '용담정'龍潭亭이라 새긴 각자가 보인다. 1911년에 시천교에서 태묘를 이장하고 나서 새긴 각자이다. 이 각자 때문에 이곳이 용담정이라 잘 못 알려지게 되었다. 1916년경 해주 오응선도 수운 선생의 유적을 살리기 위 해 용담정 자리로 잘못 알고 세 간짜리 집을 지은 적이 있다. 1922년경에는 구암龜菴 역시 이곳을 용담정 자리로 알고 집을 보수했다.

불출산외의 맹세

이사 온 지 얼마 후인 10월 중순 어느 날 수운 선생은 구도의 결의를 다시 한 번 다졌다. "구미용담 찾아들어 중한 맹세 다시 하고 … 자호 이름 다시 지어 불출산외 맹세하니 기의 심장 아닐런가."라고 하였다. 도언이란 자를 성묵 으로, 제선이란 이름을 제우로, 호는 수운으로 고쳤다.

이로부터 다시 개벽의 새로운 길을 찾기 위해 수행에 몰두하였다. 이듬해 1월 13일(양2.4) 입춘일을 맞아서도 중한 맹세를 다시 한 번 하였다.

아침 일찍 붓을 든 수운 선생은 "도기장존사불입 세간중인부동귀(道氣長存 邪不入 世間衆人不同歸)"라는 시를 써서 벽상에 붙였다. "도의 기운을 길이 보존 하면 삿된 기운이 침입하지 못하며, 도를 얻지 못하면 나는 세상 사람들과 돌아가 어울리지 않으리라."는 결의를 다졌다.

양녀 주씨는 1927년에 김기전에게 수운 선생의 구도 생활을 증언하였다. "언제 보아도 책을 펴고 있었다. 자다가 일어나 이제는 주무시는가 하면 오 히려 책을 보고 계셨고, 아침에 일어나 아직 주무시겠지 하고 그 앞을 지나 면 벌써 책을 보고 계셨다. … 밤에 나가서 한울님께 절을 하시되 수없이 많 이 하시더라. 새로 지으신 버선이 하룻밤을 지내고 나면 버선 앞 코가 다 이 지러지고 상하도록 되었다."고 하였다.

수운 선생의 기도 방법은 하늘에 무수히 절을 하며 정성드렸음을 알 수 있다. 그리고 "아서시라 아서시라 팔도구경 다 던지고 고향이나 돌아가서 백가시서 외워 보자."라고 하였듯이 밤낮을 가리지 않고 수많은 책을 살펴보았다는 사실도 알 수 있다. 즉 고금의 책을 살피는 동시에 깊은 사색에 들어가기도 하고 한편 매일 밤에는 한울님에게 절을 하는 기도를 행한 것으로 보인다.

4월 5일의 종교체험

1860년(庚申) 3월에 윤달이 들어 음력 4월 5일은 양력 5월 25일이었다. 화창한 초여름인 이날 아침 조카 맹륜(世祚·孟胤, 1827~1882)이 생일이라며 사람을 보냈다. 잔치상을 들고 나자 이상하게도 몸과 마음이 불편해졌다. 급히 집으로 돌아와 대청에 오르자 몸도 떨리고 정신도 혼미해졌다. 간신히 부축을 받아 자리에 눕자 기가 솟구치더니 한울님의 말씀이 들려왔다.

『대선생주문집』에는 "경신 4월 5일은 큰조카 맹륜의 생일이었다. 의관을 보내어 오라고 청하므로 선생은 그 정의를 거절할 수 없어 억지로 잔치에 참석하였다. 얼마 안 있자 몸이 선뜩해지고 떨리는 기운이 생기면서 마음을 다잡을 수가 없었다. 바로 일어나 집으로 돌아왔으나 미친 듯 취한 듯(如狂如醉)이 정신이 휘둘려 엎어지며 자빠지며 몸을 가누기가 어려웠다. 간신히 마루에 오르자 기운이 솟구쳐 올라 무슨 병인지 집중이 어려웠다. 이때 공중에서 또렷한 목소리가 귀에 들려 왔다."고 하였다.

1854년부터 '다시 개벽'의 해답 체계를 얻어 내고자 구도에 들어갔던 수운 선생은 6년 만인 37세 되던 1860년 4월 5일에 한울님을 만나서 도를 받는 종교체험을 하게 되었다. 수운 선생은 순간적으로 새로운 의미의 세계를 열게 되었다. 그리고 과제로 삼았던 '다시 개벽'의 길도 환하게 열리었다. 드디어 무극대도를 받아 내는 기쁨을 맛보게 되었다. "구미 산수 좋은 승지 무극대도 닦아내니 오만년지 운수로다."라는 환희가 저절로 나왔다.

종교체험의 현상들

수운 선생의 종교체험은 여러 현상으로 나타났다. 추려 보면 여덟 가지로 나누어 볼 수 있다.

첫째로 마음이 선뜩해지고 몸이 떨리는 현상이 나타났으며, 동시에 밖으로부터 접해 오는 신령한 기운을 체감할 수 있었다.

둘째로 지엄한 상제의 목소리를 들었으며 문답까지 하였다.

셋째로 한울님은 "개벽 후 오만년에 노이무공 하다가서 너를 만나 성공하니….'라고 하였으며, "너를 세상에 내어 사람들에게 이 도법을 가르치려 하니 의심하지 말라."고 하였다. 그리고 "내가 주는 영부와 주문을 받아 제인질병하고 사람들을 가르쳐 한울님을 위하도록 하라." 하였다.

넷째로 "너는 이미 무궁무궁한 도의 경지에 이르렀으니 닦고 익혀서 글을 지어 사람을 가르치고 법을 만들어 덕을 펴면 너로 하여금 장생케 하여 세상에 빛나게 하리라." 하였다.

다섯째로 종교체험의 경지는 꿈꾸는 상태도 아니요 깨어 있는 상태도 아닌(如夢如覺) 수심정기의 상태라고 하였다. 순수한 마음과 바르고 맑은 기의 경지에 이르면 한울님 마음과 내 마음은 오심즉여심의 상태가 된다고 하였다.

여섯째로 새로운 의미의 세계가 열리면서 세계를 보는 시점이 전도되었다고 하였다. 「논학문」에서 "내 마음이 곧 네 마음이 되었다. 너는 무궁무궁한 도의 경지에 이르렀다."고 하였다. 「용담가」에서는 "구미 산수 좋은 풍경 아무리 좋다 해도 내 아니면 이러하며 내 아니면 이런 산수 아동방 있을소냐."라고 하였다. 이 대목은 종교체험을 통해서 새로운 의미의 세계가 열렸으며 자연을 보는 시점도 전도되었음을 말해 주는 것이다.

일곱째로 피할 수 없는 사명감을 갖게 되었다고 하였다. "…무가내라 할 길 없네. 사양지심 있지마는 어디 가서 사양하며 문의지심 있지마는 어디 가서 문의하며…."라고 하여 자신의 사명감을 절감하였다.

끝으로 너무도 생생한 체험이었으나 말과 글로 표현할 수 없다고 하였다. "천은이 망극하여 경신 사월 초오일에 글로 어찌 기록하며 말로 어찌 성언할까."라고 하였다. 그리고 '좋을시고 좋을시고'라는 환희가 절로 나왔다.

이상의 종교체험을 요약해 보면 ① 마음이 선뜩해지고 몸이 몹시 떨렸으며 ② 세상 사람들이 말하는 상제를 만날 수 있었으며 ③ 선약인 영부와 한울님을 위하는 주문을 받았으며 ④ 종교체험의 경지는 수심정기의 상태이며 여몽여각의 상태이다. ⑤ 새로운 의미의 세계가 열려 가치 전도가 이루어져 과제로 삼았던 '다시 개벽'의 길이 환하게 열렸으며 ⑥ 피할 수 없는 사명감을 절감했으며 ⑦ 종교체험의 경지는 말과 글로 표현할 수 없었다.

심리학자 제임스는 『종교경험의 제상』에서 신비체험 상태를 네 가지로 설명하였다. 첫째로 아무리 선명한 체험이라도 논리적으로 표현하기 어렵다고 하였다. 이를 개념화하여 말로 표현하면 본래의 내용이 변질될 수 있다는 것이다.

둘째로 지성으로 계측할 수 없는 깊은 진리의 세계를 통찰하게 되며, 과제로 삼았던 것들이 일시에 해결되는 느낌을 주며, 가치 체계들이 차원 높게 뒤바뀌게 된다고 하였다.

셋째로 한 번의 신비 상태는 1~2시간 정도이고 그 이상 지나면 일상 상태로 돌아간다고 하였다. 신비체험을 거듭하면 내면세계가 풍요로워지고 증대되어 간다고 하였다.

넷째로 신비체험을 하면 의지의 활동은 중지되고 어떤 높은 힘에 감싸이거나 실리는 느낌을 받는다고 하였다. 수운 선생이 표현한 종교체험의 내용은 이러한 맥락에 있으나 훨씬 구체적이다.

새로운 의미의 가치 전도

4월 5일의 종교체험은 수운 선생에게 새로운 길(道)을 열어 주었다는 것이 핵심이다. 수운 선생은 이를 일러 "무극대도를 받아 냈다, 얻어 냈다, 닦아 냈다.(得道, 覺道)"고 하였다. 받아 냈다는 말은 한울님이 주는 것을 받았다는 뜻이요, 얻어 냈다, 닦아 냈다는 것은 수행을 통해서 깨달았다는 뜻이다. 받아 냈다는 말은 계시성이 강한 반면에 얻어 냈다, 닦아 냈다는 말은 수행에 무게를 둔 표현으로 보인다.

계시는 신(神)이 일방적으로 진리나 비의를 가르쳐 주고 보여주는 것을 말한다. 그러나 수운 선생이 받아 냈다고 표현한 것은 다른 종교에서 말하는 계시와는 다르다. 또한 얻어 냈다, 닦아 냈다는 표현도 수행으로 각득했다는 뜻이 아니다. 수운 선생의 종교체험은 이 두 측면, 즉 계시와 각득의 측면을 합쳐서 표현한 것이다.

수행을 계속하여 일정한 수준까지 공력을 쌓아 올라갔을 때 계시를 기대할 수 있다는 뜻이고, 수행만으로 의미의 세계가 각득되는 것이 아니라 계시성이 나타나 암호를 해독하는 것처럼 일시에 열린다는 것이다. 수행을 하는 것은 일차적인 요건이고 어느 수준의 경지에 이르면 한울님의 가르침을 받을 때 의미의 세계가 열린다는 말이다.

수운 선생의 종교체험에서 중요한 대목은 역시 보는 시점의 전도라고 할 수 있다. 지금까지 지녀 왔던 가치 체계들이 순간에 무너지고 새로운 가치 체계로 뒤바뀌게 되는 시점의 전도가 핵심이 된다. 이것을 가치 전도 현상이라 하며 새로운 의미의 세계가 열려서 세계를 보는 시점이 바뀌게 된다는 뜻이다.

새로운 신관념

가치 전도의 결과는 새로운 한울님 관념으로 집약되어 나타난다. 그러면 수운 선생의 한울님 관념은 어떻게 달라졌을까. 먼저 신의 호칭을 보면 상제, 천주, 한울님 등으로 표현하였다. 이중 상제는 세상 사람들이 이르는 호칭이라 하였으므로 수운 선생의 신 호칭은 한울님과 천주가 된다.

'한울님' 호칭은 포덕1(1860)년 5월에 쓴 「용담가」에서 처음으로 사용하였다. 천주라는 호칭은 포덕2년(1861) 4월에 본주문을 지을 때 처음 사용하였다. 시간적으로 보면 한울님이 먼저이고 천주가 나중이다. 이 천주라는 호칭은 한울님을 한문으로 번역한 호칭이다.

다음으로 『동경대전』과 『용담유사』에 나타난 신 관념의 내용을 추려보면 ① 인격적인 분, ② 유일하신 분, ③ 시간적인 분, ④ 내 몸에 모셔져 있는 분이라는 네 가지이다. 인격적이며 유일하다는 신 관념은 다른 종교에서도 흔히 찾아볼 수 있다. 그러나 시간적이고 내 몸 안에 모셔져 있다는 내재신 관념은 수운 선생이 처음 밝힌 것이다.

첫째, 시간적인 신 관념이란 무엇인가. 신은 전지전능한 분이라야 한다고 여겨 왔다. 그런데 수운 선생은 노이무공한 신이라고 하였다. 노이무공이라는 것은 무척 노력했으나 이루지 못했다는 말이다. 이 노이무공은 무능한 신을 말하려는 것이 아니라 신은 언제나 생성 과정에 있음을 말하고자 한 것이다. 수운 선생이 본 신은 세계를 다 완성해 놓고 저 높은 천상에 초월해 있는 존재자로서의 신이 아니다. 신은 이루어 가며 되어 가는 과정에 있는 신, 즉 생성 과정에 있는 시간적인 신임을 말하고자 한 것이다.

둘째, 신의 소재는 바로 내 몸 안에 모셔져 있다는 것이다. "나는 도시 믿지 말고 님만 믿었어라. 네 몸에 모셨으니 사근취원 하단말가."라고 하였다. 또한 "천상에 상제님이 옥경대 계시다고 보는 듯이 말을 하니 음양 이치 고

사하고 허무지설 아닐런가."라고 하였다. 신은 천상이라는 초감성계에 있는 분이 아니라 살아 있는 내 몸 안에 모셔져 있다는 것이다.

이런 시천주의 신 관념은 이중세계를 부정하는 동시에 삶의 현실만을 인정하게 된다. 저세상이라는 초감성계와 이 세상이라는 감성계로 이루어졌다고 믿어 온 이중구조의 세계를 허물어 버린 것이다. 따라서 초감성계니 감성계니 하는 구분 자체가 필요없게 만들었다. 그리고 한울님을 내 몸에 모셨다고 하는 것은 최고 가치 체계가 저세상인 초감성계에 있는 것이 아니라 살아 있는 내 몸에 내재하여 있음을 말하는 것이다.

1860년(포덕1년) 4월 5일의 종교체험을 바탕으로 하여 수운 선생은 새로운 신념 체계를 확립하였다고 할 수 있다.

동학의 수행과 주문

수운 선생이 제시한 수행의 틀의 핵심은 새로운 삶의 틀을 다시 개벽하기 위한 인간 개조에 있음을 잊어서는 안 된다. 수운 선생의 수행법은 신비적 세계를 열어 주는 편법도 아니요, 건강을 도와주는 수단도 아니다. 다시 말하면 다시 개벽의 역사적 주체가 되는 인간으로 거듭 태어나는 것이 수행의 목적이다.

주문의 형식과 내용

수운 선생은 1860년 4월 5일에 종교체험을 한 다음 1년여 기간 동안 용담 집에 칩거하면서 새롭게 열린 자신의 신념 체계를 정리하고 나서 수행법을 만든 후 1861년 6월부터 포덕에 나섰다. 신념의 체계화란 새로운 삶의 틀을 이루기 위한 신 관념을 비롯하여 역사관, 인간관, 가치관 그리고 지향하려는 이상사회와 인간 개조를 위한 수행관 등을 논리적으로 하나의 틀을 만들었다는 뜻이다.

「논학문」에서 "서인西人은 말에 차제가 없고 글에는 조백이 없다."고 하였다. 이 말에는 수운 선생 자신의 신념 체계(道)는 논리적임을 자부하는 의미가 들어 있다. 수운 선생의 글을 접할 때 유념할 것은 논리적으로 접근해야 한다는 것이다.

수운 선생은 수행법을 논리적으로 짜임새 있게 만들기 위해 고심하였다.

낡은 삶의 틀을 다시 개벽하여 새로운 삶의 틀을 창조하려면 수행법도 새로워야 했기 때문이다. 특별히 고려한 것은 첫째로 일상생활 속에서 쉽게 수행할 수 있는 방법이었고, 둘째로 평생에 걸쳐 바른 길이 무엇인가를 늘 생각하게 하는 수행법이 되도록 하는 것이었다. 그러면 어떤 형식을 취할 것인가를 고민하게 되었고 그 내용을 어떻게 담아 넣을까 하는 것도 고민이었다. 결국 전통적인 주문의 형식을 원용키로 하였고 짧고 정형화된 글 속에 한울님을 위하는 뜻을 담아 내기로 하였다.

보통 주문이라면 비는 글 또는 저주하는 글이라 하여 주술 행위로 취급한다. 주술이란 초자연의 힘을 빌려 자신의 소원을 이루려는 행위이다. 즉 무조건 주문만 외우면 병도 낫고 재앙도 면하고 소원도 이루어진다는 것이 주술 행위의 주문이다. 이런 전래의 주문 형식을 취한다는 것은 오해를 할 위험이 있었으나 민중들 속에 주문에 대한 신비 관념이 깃들어 있다는 점과 손쉽게 외울 수 있다는 점을 고려하여 주문 형식을 취한 것이다. 그 대신 글의 내용을 다듬어 넣는 데 애를 쓰셨다. 결국 주문의 글은 '한울님을 지극히 위하는 글'로 만들었다.

「논학문」에서 "주문이란 어떤 뜻입니까."라고 묻자 "지극히 한울님을 위하는 글이므로 주문이라 하며 지금 글에도 있고, 옛 글에도 있다."고 하였다. 그리고 「교훈가」에서는 "열세 자 지극하면 만권시서 무엇하며 심학이라 하였으니 불망기의하였어라."라고 하였다. 주술적인 요소를 완전히 털어 버리고 심학이 되도록 하는 주문을 만들어 냈다.

주문의 종류

『동경대전』에 보면 주문의 종류는 선생주문과 제자주문으로 되어 있다. 선생주문에는 강령주문과 본주문이 있고, 제자주문에는 초학주문과 강령주문,

본주문이 있다. 우리 수행에 직접 관련된 주문은 제자주문이다. 초학주문은 입도 후 3개월간 읽고 나면 그만이므로 평생 읽어야 하는 주문은 '지기금지 원위대강'이란 강령주문과 '시천주 조화정 영세불망 만사지'이라는 본주문이다. 「논학문」에서 '일단 주문을 지었는데 그중 하나는 강령의 법(강령주문)을 지었고, 하나는 불망의 글(본주문)을 지었다. 도 닦는 절차는 바로 이십일 자로 될 뿐이라'고 하였다.

그런데 "일이작주문 일이작강령지법 일이작불망지사"(一以作呪文 一以作降靈 之法 一以作不忘之詞)라는 구절에서 '일이작'이 세 번 나온다 하여 세 가지로 보려는 이가 있다. '일이작주문'을 어떻게 해석하느냐에 따라 이런 의견이 나오게 된다. 일一 자는 여러 가지로 풀이한다. '한 번, 하나, 한편'으로 풀이할 수도 있고, '일단, 비로소, 마침내, 드디어'라고 풀이할 수도 있다. 『맹자』의 이루편離婁編에 "일정군이국정의"一正君而國定矣라는 구절이 있다. 일정一正의 일一을 한 번이라 해석하면 "한 번 임금을 바로잡아야 나라가 안정된다."고 풀이한다. 그러나 일一자를 '일단, 비로소, 마침내, 드디어'로 해석하면 "일단 임금이 바로서야 나라가 안정된다."고 해석된다.

'일이작주문'도 이와 마찬가지이다. 한 가지 주문을 지었다고 해석하면 세 가지를 지은 것으로 되고 '일단 주문을 지으니'라고 해석하면 두 가지 주문을 지은 것으로 된다. 필자는 후자를 택하여 「논학문」을 해석하려고 한다. 즉 "1년간 닦고 헤아려 보니 스스로 그러한 이치가 없지 않으므로 일단(드디어, 비로소, 마침내) 주문을 지으니…."라고 해석하는 것이다. 그다음의 일이작은 전자를 택하여 '한 가지, 또는 한편으로'의 뜻이라고 보아 "한편으로 강령지법을 지었고, 한편으로 불망지사를 지었다."고 이해한다. 강령주문과 본주문 두 가지가 모두 주문이며, 주문이란 별개의 글이 있는 것은 아니라고 본다.

주문의 의미

수운 선생은 짧은 주문 속에 한울님을 지극히 위하는 글이 들어가도록 하기 위해 고심하였다. 그래서 수운 선생은 먼저 수도는 첫째, 바르게 살아가는 길을 찾아서, 둘째, 그것을 내 몸에 배게 만들어, 셋째, 실생활에 실천하게끔 해야 한다고 생각하였다.

지구상에 생명이 탄생한 지 약 40억 년이 지났다고 한다. 우리도 40억 년 전에 나타난 생명체의 후손으로 이 시대에 태어났다. 오랜 세월 동안 다행히 끊어지지 않고 자자손손 씨앗의 줄기를 이어받아 오늘의 내가 생겨났다. 영광스러운 이 삶을 아무렇게나 살아갈 수는 없는 것이다.

무엇이 바르고 무엇이 참되고 무엇이 뜻있는 삶인지 아무도 모른다. 그러나 모처럼 태어난 우리는 어떤 길이 옳은 길인가 추구하며 살아갈 수밖에 없다. 고민 끝에 수운 선생은 이런 수도법을 담아낼 수 있는 틀을 마련하였다. 「좌잠」에 "우리 도는 넓으나 요약하면 많은 말로 뜻을 풀이할 필요가 없다. 별다른 도리가 아니라 성경신誠敬信 석 자에 있다."고 하였다.

『최선생문집도원기서』에는 글자의 순서를 바꾸어 "신경성信敬誠 석자에 있다."고 하였다. 「수덕문」에서 '선신후성'先信後誠이라 하였으므로 신경성이 맞는 것 같다. 수운 선생은 주문의 구성을 이 신경성 석자의 틀에 맞추어 지었다.

「수덕문」에서 신경성을 매우 독특하게 해석하였다. "신信 자를 파자하면 사람(亻)의 말(言)이니 말에는 옳은 말과 그른 말이 있다. 그 말 중에서 옳은 말은 취하고 그른 말은 물리치되 거듭 생각하여 마음을 정하라. 정한 뒤에는 다른 말은 믿지 않는 것이 믿음(信)이다. 이같이 닦으면 그 성誠을 이루게 될 것이니 성과 신은 그 이치가 멀지 않다. 사람의 말(言)로써 이루어지는(成) 것이니 먼저 믿고 뒤에 정성 들이라."고 하였다. 일반적으로 신 자(信字)는 믿을 신 자로 해석한다. 그러나 수운 선생은 참을 가리는 신 자로 해석하였다. 이 길이 옳은가, 저 길이 옳은가를 가려내어 판단하는 것이 신이라고 하였다. 사전에도 신 자는 참이며(眞也) 밝음이라(明也)고 하였다.

성誠 자 역시 정성 들이는 성 자가 아니다. 거짓됨이 없이 마음을 다하여 실행하는 것이 성이라고 하였다. 즉 성 자誠字를 파자하면 "사람의 말(言)을 이루는(成) 것"이므로 옳은 길(人言, 信)이라 판단하여 받아들이면 마음을 다하여 실천하는 것이 성이라 하였다. 「수덕문」에 경 자는 언급되지 않았으나 문맥 속에 신과 성을 연결시키면 경敬 자의 뜻이 들어 있다. 경 자도 공경 경 자로 해석하지 않고 옳은 길이라 판단되면 내 것으로 받아들여 몸에 배도록 하는 것을 말한다.

따라서 신경성이란 첫째, 먼저 바른 길이 어떤 길인가를 판단하고, 둘째, 일단 판단하면 그것을 내 것으로 만들기 위해 몸에 배도록 힘써야 하며, 셋째, 몸에 익히면 곧 실생활에 옮기는 것이 신경성의 수도라고 하였다.

강령주문의 뜻

한울님을 지극히 위한다는 말은 「논학문」에서 천주天主의 주主 자를 해석하면서 간접적으로 언급하였다. 즉 '주主라는 것은 존칭이며 부모와 같이 섬긴다는 뜻'이라고 하였다. 한울님을 위한다는 말은 부모를 섬기듯이 하는 것을 말이다. 부모를 잘 섬긴다는 것은 부모의 뜻에 거슬림이 없게 모시는 것을 말한다. 한울님을 위한다는 것도 부모의 뜻을 거스르지 않고 잘 모시는 것처럼 천리에 따르고 천명에 순종하여 한울님의 뜻을 어기지 않고 잘 섬기는 것을 뜻한다.

이와 반대되는 것은 '안으로 불량하고 겉으로 꾸며 내면 이는 역시 한울님을 속이는 자(欺天者)'라 하였다. 그리고 한울님의 뜻인 천리와 천명이란 온 천지 생명체계(한울님)의 흐름에 부합되고 일치하게 사는 것을 말한다. 이런 삶이 바로 한울님을 지극히 위하는 길이 될 것이다.

주문의 내용을 보면 한울님(온 천지생명체계)의 뜻(흐름)에 따르겠다는 다짐의 글로 되어 있다. 강령주문은 '지기금지 원위대강'이라 하여 한울님의 기와 기화(일치)하기를 소원(氣化之願)하는 글로 되어 있다. 그리고 본주문은 '시천주 조화정 영세불망 만사지'라 하여 내 몸에 모셔져 있는 한울님의 그 덕과 한울님의 그 마음에 합일(合其德定其心)하여 평생토록 지기도知其道하고 수기지受其知하여 한울님(온 천지생명체계)의 섭리에 일치하게끔 살아가겠다는 다짐의 글로 되어 있다.

주문을 해석할 때 유념할 것은 수운 선생이 설명한 테두리를 벗어나지는 말아야 한다는 것이다. 지기금지 원위대강을 간혹 "한울님 기운이 지금 크게 강림하옵소서."라고 해석하는 이가 있다. 대강大降을 크게 강림하는 것으로 풀이한 것이다. 수운 선생은 "지기至氣란 한울님의 기이며 금지今至는 이제 입도하여 지기와 접해 있음을 안다는 뜻이요, 원위願爲는 청하여 빈다는 뜻이요, 대강大降은 기화되기를 원하는 것(氣化之願)이라."고 하였다. 대강이란 한울님의 기가 크게 강림한다는 뜻이 아니라 한울님의 기와 내 기가 기화되기를 원(氣化之願)한다는 뜻이다.

기화의 기란 무엇인가. 수운 선생은 「논학문」에서 "지至란 사물이 극점을 이르는(極焉之爲至) 표현이고 기氣란 허령이 창창하며 사물에 섭리하지 않음이 없고 관여하지 않음이 없으나 그 형상은 있는 듯하지만 상태는 그려내기 어려우며 생동의 소리가 들리는 듯 하나 보기는 어렵고 이 또한 혼원의 한 기운이다."라고 하였다.

요약하면 기란 첫째, 온 천지에 충만하며, 둘째, 무사불섭 무사불명하며, 셋째, 존재하지만 형상을 그려내기가 어려우나, 넷째, 만물의 본바탕이 되는 한 기운이라 하였다.

이 설명 중 주목되는 것은 '무사불섭 무사불명'이다. 무사불섭이란 모든 생명체에 기가 내재해 있으면서 생물의 제 모습을 갖추도록 섭리하는 것을 말한다. 그리고 '무사불명'이란 내재해 있는 기가 그 생물을 자기답게 규정하는 것을 말한다. 송나라 진순은 "기가 이 사물에 이르면 곧 이 사물이 생기고, 저 사물에 이르면 저 사물이 생기니 마치 누구의 분부나 명령에 의한 것과 비슷하다."고 하였다. 기가 그 생물답게 이루어지게끔 섭리하고 규정하는 것을 '무사불섭 무사불명'이라 하였다. 이 무사불섭 무사불명은 바로 기화라 할 수 있으며 생명체에 내재하는 기가 스스로 개체를 조직해 나가는 자기조직력이라고 할 수 있다.

동시에 기화란 생명체와 생명체 사이에 이루어지는 대류 같은 것이기도 하다. 생명체가 생존을 유지하고 확대하려면 다른 생명체와의 대류가 필요하고 신진대사가 필요하다. 개체생명체계는 태양을 중심으로 하는 상위 생명체계 내에서 자유 에너지를 대류하고 신진대사할 때 생존과 확대가 가능하다. 이것이 끊어지면 곧 그 생명체는 해체되고 만다. '지기금지 원위대강'이란 강령주문은 온 천지 생명체계의 기와 대류하며 신진대사하기를 소원하는 글이라 할 수 있다. 마치 방안 공기가 탁해지면 창문을 열고 외부의 맑은 공기를 받아들이듯이 개체생명체계는 항상 온 천지 생명체계와의 기화를 통해 자기조직력을 바르고 건전하게 유지해야 할 것이다. 이것이 강령주문의 본 뜻이며 핵심이라 할 수 있다.

본주문의 뜻

다음으로 본주문의 이해도 수운 선생의 해석에 충실해야 한다. 어떤 이는 '시천주 조화정 영세불망 만사지'를 "한울님을 잘 모시면 조화가 정해지고,

한울님을 평생 잊지 않고 모시면 만사지가 된다.”고 해석한다. 마치 주문을 외우면 다른 노력은 하지 않아도 신비한 조화가 저절로 생기며 만사지가 되는 것처럼 이해하는 것이다.

수운 선생의 해석에 따르면 “시천주란 몸에 모셔진 한울님을 이르는 것이며, 조화란 무위이화요, 정이란 한울님의 덕에 합하고 한울님 마음으로 정한다는 뜻이다. 그리고 영세는 평생이고, 불망은 생각을 늘 간직한다는 뜻이요, 만사는 모든 일이며, 지는 그 도를 알고 그 앎을 받아들여 자기 것으로 익힌다는 뜻이다.”라고 하였다.

시侍 자와 정定 자와 지知 자의 해석에 주목해야 한다. 첫째로 “모신다(侍者)는 것은 몸에 신령이 (모셔져) 있고, 밖으로 기화함이 있음(內有神靈 外有氣化)을 온 세상 사람들이(一世之人) 움직일 수 없는 것으로 알고 있다(各知不移者也).”고 풀이하였다. 한울님이 내 몸에 모셔져 있다는 것을 입증하는 설명이다. 그래서 「교훈가」에는 “나(수운)는 도시 믿지 말고 한울님만 믿었어라. 네 몸에 모셨으니 사근취원 하단말가.”라고 하였다. 시천주란 우리 몸에 한울님이 모셔져 있음을 이르는 것으로 경전 어디에도 한울님을 잘 모시라는 글귀는 없다. 모셨다는 말은 손님을 안방에 모셨다, 사랑방에 모셨다는 뜻과 같이 한울님이 몸이란 장소에 계시다는 것을 이르는 말이다.

다음으로 조화정의 정定 자와 만사지의 지知 자이다. 정定 자는 합기덕정기심合其德定其心이라 하였고, 지知 자는 지기도이수기지知其道而受其知라 하였다. 조화정이란 조화가 정해진다는 뜻이 아니요, 만사지는 만사를 저절로 알게 된다는 뜻이 아니다. ‘합기덕정기심’이란 내 몸에 모셔져 있는 한울님의 그 덕과 합일하고 그 마음과 같이 내 마음을 정한다는 뜻이다. 그리고 ‘지기도이수기지’는 바른 길을 평생토록 추구하며 일단 지각되면 그것을 내 몸에 익혀 내 것으로 받아들인다는 뜻이다. 예컨대 자전거 타기를 배우듯이 바른 길을 지각하면 수련을 통해 몸에 익혀 내 것으로 만든다는 말이다.

주문의 틀은 앞서 언급한 대로 신경성信敬誠으로 되어 있다. 불교에서는 화두법을 이용하여 수행한다. 수운 선생은 '바르고 참되고 뜻 있는 길'을 판단하기 위해 평생에 걸쳐 왈가왈부하라고 하였다. 이것이 수도의 핵심이며 일상적인 과제로서 화두와 다를 것이 없다. 일단 참된 길이라고 결단하게 되면 경건히 받아들여 내 몸에 배도록 익히라는 것이다. 그리하여 내 것으로 익힐 때 실천이 가능하다는 것이다.

끝으로 수운 선생이 제시한 수행의 틀의 핵심은 새로운 삶의 틀을 다시 개벽하기 위한 인간 개조에 있음을 잊어서는 안 된다. 수운 선생의 수행법은 신비적 세계를 열어 주는 편법도 아니요, 건강을 도와 주는 수단도 아니다. 다시 말하면 다시 개벽의 역사적 주체가 되는 인간으로 거듭 태어나게 하자는 것이 수행의 목적이다.

남원 은적암 이야기

머리말

필자는 1977년(포덕128) 12월 16일에 남원 교룡산성(백제 후기에 쌓은 성)에 들어가 백설이 뒤덮인 복덕봉에 올라가 본 적이 있다. 엄청나게 높고 큰 지리산 줄기가 동쪽 일대에 하늘과 맞닿은 듯이 펼쳐져 있었다. 날씨가 청명하여 저 멀리 하얀 노고단(1,507미터) 봉우리도 눈에 들어왔다. 평지에서 바라보면 그저 높다는 느낌뿐인 지리산을 높은 산 위에서 바라보니 너무나 넓고 높았다.

수운 선생도 은적암이나 이 산상에서 이런 광경을 보았을 것이다. 은적암에서 지은 「권학가」와 「검가」에 '호호망망 넓은 천지'라는 표현이 들어 있다. 호호浩浩란 광대한 모양이고 망망茫茫이란 넓고도 아득한 상태를 이르는 말이다. 적절한 표현이며 실감나는 표현이다. 수운 선생은 1861년 12월 그믐날에 이 남원 교룡산성 안 은적암(隱蹟庵, 원명 德密庵)에 올라와 7개월간이나 있었다. 은적암을 찾게 된 동기와 남긴 행적들을 살펴보기로 한다.

포덕과 관의 탄압

수운 선생은 「통유」通諭에서 이곳에 오게 된 동기를 밝혔다. "지난 해 중동(11월) 때 떠난 것은 본시 강산 청풍을 노닐어 보기 위한 것도 아니요, 산간 명월이나 감상하기 위한 것도 아니었다. 빗나가는 세상 도리를 살피는 것과, 한편 관의 지목이 있었기 때문이다."라고 하였다.

수운 선생이 포덕을 시작하자 엄청난 수의 선비들이 용담으로 찾아왔다. 이들을 상대로 순조롭게 포덕하였다. 그런데 8월에 이르면서 문제가 생겼다. 수운 선생의 포덕에 대해 관이나 유생들이 이단 행위로 몰아갔다. "알도 못한 흉언괴설 남보다가 배나하며 육친이 무삼 일고 원수같이 대접하며 살부지수 있었던가."라는 글귀에서 보듯이 문중에서까지 비난하고 나왔다. 두 달 후인 10월에는 관장官長까지 나서서 포덕을 금지하라며 탄압하였다.

다른 종교가는 민중을 찾아다니며 전도하였으므로 찾아다니는 일을 중지하면 그만이다. 하지만 수운 선생은 용담으로 찾아오는 선비들을 상대로 하여 포덕하였기 때문에 수운 선생이 용담을 떠나야 중지할 수 있었다. 「교훈가」에 "아서라 이내신명 운수도 믿지마는 감당도 어려우되 남의 이목 살펴두고 이같이 아니말면 세상을 능멸한듯 관장官長을 능멸한 듯 무가내라 할길 없네. 행장을 차려 내어 수천리를 경영하니…."라고 하였다. 결국 수운 선생은 하는 수 없이 용담을 떠나야 했다.

정처 없이 발정

11월(양12월 초) 초순에 장기에 사는 제자 최중희(崔仲羲, 후에 접주가 됨)를 대동하고 길을 나섰다. 무조건 발길 닿는 대로 향하였다. 「권학가」에 보면 "어진친구 좋은 벗을 일로(조)이별 하단말가. 산수풍경 다 던지고 동지섣달 설한풍에 촌촌전진 하다가서…."라고 하였다. 「도수사」에서는 '광대한 이 천지에 정처 없이 발정하니 울울한 이내 회포 부칠 곳 바이없어 청려(靑藜杖)를 벗을 삼아' 길을 나섰다고 하였다. 처음 찾은 곳은 울산이었다. 서군효(徐群孝, 후에 접주가됨) 등 가까운 도인들을 만났다. 며칠 후에는 누이동생(남편, 金振九)이 사는 부산으로 갔다. 부산 대신동 뒷산에는 누이동생이 순도한 수운의 혼령을 달래기 위해 지은 산당山堂이 아직까지 남아 있다 한다. 『대선생주문집』에는 남원으로 가다 성주星州에 들러 충무공묘忠武公廟를 참배하였다고 하였다. 두 차례나 성주에 가 보았으나 충무공 묘당은 없었다. 혹시 승주昇州를 성주星州로 잘못 기록한 것은 아닐지?

며칠 후 수운 선생은 부산에서 배편으로 웅천(熊川, 鎭海市)으로 갔다. 『천도교창건사』에는 '낙동강 좌편 웅천이라는 촌중에서 유숙'하였다는 기록이 있다. 전하기를 웅천에는 서씨 어머니 오빠(외삼촌)가 살고 있었다 한다.

다음은 고성으로 가서 성한서의 집에 머물다가 역시 배편으로 여수로 간 것 같다. 여기서 이순신 장군의 고적들을 살펴보고 승주昇州로 올라와 구례를 거쳐 남원에 이른 것으로 보인다. 남원에 당도한 것은 약 2개월 만인 1861년 12월 15일경이다. 광한루 오작교 밑에 사는 서형칠의 집에 10여 일간 머물러 있었다. 『남원군동학사』에 의하면 서형칠은 한약방을 경영하였다. 하필 한약방을 찾아간 이유는 무엇일까?

수운 선생이 경주를 떠날 때 남문 밖에서 약종상을 경영하는 수제자격인 최자원이 노자로 쓰라고 귀한 약재를 주었던 모양이다. 돈으로 바꾸려면 약방을 찾아가야 했다. 서형칠은 수운 선생과 대화를 나누다 보니 범상한 사람이 아님을 알게 되었다. 그리하여 수운 선생과 사제의 의를 맺었다. 약방은 손님 출입이 잦아 번거로우므로 그의 생질인 공윤창의 집으로 옮겨 모셨다.

『남원군종리원약사』에 의하면 서형칠과 공윤창이 먼저 입도하였다. 뒤이어 양형숙, 양국삼, 서공서, 이경구, 양득삼 등이 차례로 입도하였다. 이때 전주에 사는 신모申某도 찾아와 입도하였다 한다. 이들은 수운 선생이 은적암으로부터 귀향하신 후에도 서형칠, 양형숙, 공윤창 등이 용담정에 내왕하며 도맥을 통하였다고 한다. 전라도에는 수운 선생의 포덕으로 이때부터 동학이 발을 붙인 것이다.

은적암에 은신

10여 일 후인 12월 그믐께 서형칠은 수운 선생을 다시 교룡산성 덕밀암으로 옮겨 모셨다. 『대선생주문집』에는 "때는 섣달 그믐이라, 한 해는 이미 저물고 절에서 때마침 종을 치자 여러 중들이 모두 모여서 법경을 외우고 소원을 축원하며 새벽 불공을 드렸다. 송구영신의 회포와 감회를 금치 못하면서 외로운 등잔불 아래서 한밤을 지샜다."고 하였다. 이 두 칸짜리 덕밀암에서 최중희와 같이 6개월간 머물러 있었다. 수운 선생은 얼마 후 이 덕밀암을 은적암隱蹟庵이라 고쳐 불렀다.

현파(玄坡 朴來弘)는 『천도교회월보』에 '전라행'이란 기행문을 실었다. "은적암(隱蹟庵: 蹟字는 그때 모시고 있던 梁國三 씨의 증언에 의함)은 읍의 서방 10리허의 지地에 교룡산성이 유하고, 성의 북우에 밀덕 · 복덕 양봉이 돌올탱천突兀撑天하고 복덕봉의 동록 돌기한 소봉이 유하며 층암첩석層岩疊石이 향양向陽한 간에 좌우석면에는 '산신지위 경인(山神之位 庚寅)' 등 무엇무엇의 각자가 유하고, 여기저기에 산재한 고색창연의 석조석구石槽石臼, 부러진 주초, 깨어진 와편은 누가 보든지 고사古寺 유허가 분명하니 이곳이 덕밀암 고지이라. 수운 선생께서 차암 일 실을 청소하시고 은적암이라 하셨나니 암은 갑오동란 시 접주 심노환의 도소였던 죄로 후일 관병에게 분소焚燒를 당하고 그 유허만 있을 뿐이다."라고 하였다.

이 기록에 근거하여 필자는 1977년(포덕126) 12월부터 1981년(포덕132) 12월까지 세 차례에 걸쳐 현지를 답사한 적이 있다. 첫 번째는 선국사 주지를 만났으나 모른다 하여 그냥 돌아왔고, 두 번째는 절간 밑에 사는 이윤기(李允基: 1887년생, 당시 94세)를 만났으나 뒤로 올라가면 된다고 하여 헤매다 찾지 못하고 돌아왔다. 세 번째는 이윤기를 다시 만나 뒤로 올라가면 된다는 말만 듣고 다시 올라갔었다.

지난번에는 절간 뒤에 나 있는 길을 따라 곧바로 올라갔으나 이번에는 절간 뒷길을 가다가 희미하게 나 있는 바른쪽 길을 따라 올라갔다. 능선까지 이르자 바로 왼쪽 아래에 70평 정도의 절터가 나왔다. 기왓장도 보였고 절터 왼쪽에는 대나무와 습기찬 샘터도 있었다. 여기서 다시 왼쪽 5미터 지점에는 '산신지위'山神之位라고 음각된 큰 암벽이 있었다. 지금은 주변을 잘 다듬어 놓아 누구든지 쉽게 찾을 수 있다. 절터 자리는 잡목을 쳐내 시원하게 가꾸었고 큰 장승과 큰 돌탑(채화대)도 세워 놓아 한눈에 알아볼 수 있다. 1990년에 일본 도예가 심수관이 이곳에서 채화해 갈 때 이처럼 잘 정리하였다 한다.

은적암에서 「논학문」 지어

이 은적암에서 수운 선생은 글을 지었다. 1862년 1월 초에는 「권학가」를 지었다. 첫머리에 "전라도 은적암에 환세차로 소일하니 … 말로 하며 글을지어 송구영신 하여보세."라고 하였다. 그리고 뒤이어 「논학문」을 지어 반포하였다. 보통 경신 4월 5일에 동학을 창시한 것으로 알고 있다. 그러나 이 글을 통해 동학이란 이름이 처음으로 세상에 반포된 것이다. 「논학문」에 의하면 도道와 학學을 구분하여 "도는 천도라 하지만 학인즉 동학이다(道雖天道 學則東學)."라고 하였다. 언뜻 보면 도와 학은 같은 것 같지만 따지고 보면 도와 학은 다르다. 도는 신념 체계를 이르는 것이고 학은 수행체계를 이르는 것이다.

수운 선생은 은적암에만 머물러 있지 않았다. 전주와 심지어 진산 및 금산까지 왕래하며 포덕에 힘썼다. 『전주종리원연혁』에는 "포덕2년 신유(辛酉, 1861년)에 대신사(大神師, 수운 선생)께서 포덕차로 최중희 씨를 솔하시고 자自 남원으로 본군(全州郡)에 오시어(駕) 물태풍속物態風俗을 주람周覽하신 후 포교를 위시하시다."라고 하였다. 그리고 『오하기문』에는 "최제우는 … 지례와 김산(金山=金陵)과 호남의 진산과 금산 산골짜기를 오가면서 양민을 속여 하늘에 제사 지내고 계를 받게 하였다."고 했다.

6월에는 「수덕문」과 「몽중노소문답가」를 지었다. 「수덕문」은 학의 체계, 즉 수행의 틀을 설명한 글이다. 주목되는 것은 선신후성先信後誠의 수행 체계에 대한 설명이다. 「좌잠」에서 언급된 신경성信敬誠의 본뜻을 이 「수덕문」에서 정확히 풀이하였다. 대개 신信 자는 믿을 신 자라고 한다. 그러나 수운 선생은 참을 가리는 신 자라고 하였다. 이 길이 옳은가 저 길이 옳은가를 가려내는 신 자라고 하였다. 그리고 성誠 자 역시 정성 들이는 성 자가 아니라 거짓됨이 없이 마음을 다하여 실행하는 것이 성이라고 하였다. 경敬 자는 언급되지 않았으나 문맥 속에 그 뜻이 들어 있다. 공경 경 자로 해석하지 않고 옳은 길이라 판단하면 곧 그것을 내 것으로 몸에 배게 하는 것이 경이라 할 수 있다. 먼저 바른 길을 판단하고 그것을 내 몸에 배도록 닦고 단련하여 실생활에 옮기는 것이 신경성이다. 이것이 바로 동학의 수행 체제라고 하였다.

뒤이어 지은 「몽중노소문답가」는 참위설을 원용하여 역사의 대전환기를 일깨워 주는 데 주력한 글이다. "십이제국 괴질운수 다시 개벽 아닐런가.", "하원갑 지내거든 상원갑 호시절에 만고 없는 무극대도 이 세상에 날 것이니 너도 또한 연천해서 억조창생 많은 백성 태평곡 격양가를 불구에 볼 것이니 이 세상 무극대도 전지무궁 아닐런가."라고 하여 수운 선생이 펼치는 무극대도가 바로 새 역사를 만드는 도(道, 길)라는 것을 일깨워 주고 있다. 수운 선생이 지은 『동경대전』과 『용담유사』는 모두 열두 가지 글로 되어 있다. 그중 여섯 편의 글을 여기서 지었다. 「검가」까지 합치면 일곱 가지의 글을 지은 셈이다.

7월에 경주로 귀환

수운 선생이 남원에서 경주로 돌아온 시기는 1862년(포덕3) 3월이라고 한다. 그러나 수운 선생의 글을 보면 7월에 돌아온 것이 분명하다. 1862년(포덕3) 6월(양7월) 상순께 발표된 「통유」通諭는 남원에서 지은 글이다. "이제 막 장맛비가 내리는 계절이라 바람이 일고 비가 뿌려 길게 자란 풀이 옷을 적시니 족히 애처롭지 아니한가."라는 구절이 들어 있다. 장맛비가 내리는 계절과 길게 자란 풀이 옷을 적시는 계절은 바로 6월 중순경이다. 따라서 수운 선생은 6월 중순까지 이 은적암에 머물러 있었음이 확실하다.

6월(음)에 지었다는 「수덕문」도 은적암에서 지은 것이다. "멀리 떨어져서 소식을 주고받으니 역시 서로간에 그리운 회포를 견디기 어렵구나. 가까이 만나 서로 정을 드러내고자 하나 필시 혐의를 두고 지목하는 일이 없지 않을 것이다. 고로 이 글을 지어 펴 보이니…."라고 하였다. 경주에서 멀리 떨어진 곳에서 지었다면 어디서 지었을까? 6월에 「통유」를 지은 것으로 보아 「수덕문」도 은적암에서 지은 것이 분명하다. 결국 6월까지 수운 선생은 남원에 머물고 있었던 것이다. 또 하나 수운 선생은 경주로 돌아와 박대여의 집에 있다가 7월 어느 날 처음으로 용담 집에 갔다고 하였다. 즉 "7월에 집으로 가던 날 말을 타고 오다가 회곡에 이르렀다…."고 하였다. 수운 선생이 3월에 경주로 왔다면 무엇 때문에 4개월씩이나 미루다가 7월에야 집으로 갔을까? 공백이 너무 길어 3월 귀환설은 설득력이 없으니 잘못된 기록이다. 수운 선생은 7월에 경주로 와서 박대여의 집에 며칠간 머물렀다가 7월 어느 날 용담 집으로 간 것이다.

경전 저술의 성지 은적암

은적암은 초기 동학 창도 과정에서 수운 선생이 중요한 행적을 남긴 곳이다. 오던 도중 구례쯤에서 「교훈가」를 지었고 남원에 와서 「도수사」를 지었다. 그리고 암자에 들어가 새해를 맞으면서 「권학가」와 「논학문」을 지었다. 그리고 6월 중순에는 「통유」를, 하순부터는 「몽중노소문답가」와 「수덕문」을 지었다. 여기서 경전의 반을 지었는데, 더욱이 「교훈가」, 「논학문」, 「수덕문」 등 중요한 글을 지었다. 어찌 보면 경상도에서 득도한 수운 선생은 전라도 은적암에 와서 무극대도를 다듬었다고 할 수 있다.

우리 도인들은 이 은적암을 무심히 여기고 있지는 않는지? 한 번쯤 은적암을 찾아가 수운 선생이 남긴 발자취를 더듬어 보는 것도 수행에 큰 도움이 될 것이다.

수운 선생 처음 잡혀 간 이야기

머리말

7월에 경주로 돌아온 수운 선생은 용담으로 바로 가지 않고 경주 서쪽 산천리에 사는 백사길의 집과 경주 인근에 사는 강원보의 집을 오가며 며칠간 관의 동정을 살피었다. 그리고도 용담 집으로 가기에는 때가 이르다고 판단하여 경주 서면 관산 박대여의 집으로 갔다. 다시 용담에 자리를 잡은 다음 8월부터는 제자들에게 포덕을 권유하게 되었고 이후 많은 신입 도인들이 찾아드는 발길이 연달았다. 이런 사실을 탐지한 경주 관아는 크게 놀라 1862년(포덕3) 9월 29일에 수운 선생을 잡아 가두게 되었다.

인근의 도인 3백여 명(초기 교중 기록에는 5~6백 명이라 했다)은 격분한 나머지 관아로 몰려가 항의하기에 이르렀다. 상상치 못할 일이 벌어지자 당황한 관은 혹시 민란으로 발전할까 두려워 6일 만인 10월 5일에 석방하였다.

이번 사태를 경험한 수운 선생은 동학의 장래를 위해서는 조직의 체계화가 시급하다는 것을 절감하고 그 방법을 모색하게 되었다. 12월 그믐날 홍해 매곡동에서 각 지역별로 접주를 임명하여 단위조직인 접제를 강화하기에 이른다. 이번 사건은 초기 교단의 고난사 중 하나에 지나지 않는다. 그 경위를 살펴보면 다음과 같다.

박대여의 집에 머물다

수운 선생이 용담 집으로 가지 않고 박대여의 집으로 간 이유는 간단하다. 관에서 여전히 동학을 지목했기 때문이다. 용담 집에 나타나면 도인들이 다시 모여 들 것이고 관에서는 다시 탄압할 것이 분명했다. 수운 선생은 어딘가 외진 곳에 들어 앉아 당분간 은밀히 활동하려 하였다. 이런 때에 마침 박대여가 나타나 자기 집에 머물기를 청하였다. 박대여의 선친은 관산에 모신 수운 선생의 할아버지(崔宗夏) 묘소를 관리하고 있었다. 그래서 수운 선생과 박대여는 가까운 사이였다. 일설에는 수운 선생의 부인 울산 박씨와의 중매도 박대여의 부친이 했다고 한다.

박대여의 집은 서면 도리 윗골 깊은 산중 골짜기에 있었으나 동쪽으로는 고경과 안강으로 통하고 서남쪽으로는 아화와 통하여 교통은 그리 불편하지 않았다. 우선 넓은 방이 있어 많은 사람이 모일 수 있었다. 수운 선생은 용담 집에 한 번 다녀온 이후 이곳에서 계속 머물러 있었다. 각지 지도자들은 얼마 후 수운 선생이 돌아왔다는 소식을 듣고 은밀히 오갔으며, 이때 최경상(해월 선생-주)은 스스로 영감을 얻어 찾아왔다고 한다. 용담 집에 가고 올 때 기적 같은 일이 있었다고 『대선생주문집』은 기록하고 있다.

"7월에 집으로 가던 날 말을 타고 회곡에 이르렀다. 길 위에는 논이 있고 길 아래는 6~7장 언덕이 있는 곳에 이르자 갑자기 말이 멈추었다. 5~6인이 채찍질을 하였으나 움직이지 않았다. 이때 6~7장 언덕이 우레 소리를 내며 무너져 내렸다." 미물인 말이 위험을 예감했던 것이다. 며칠 후 돌아올 때에도 기적 같은 일이 있었다고 했다. "간밤에 큰비가 내려 강물이 넘쳐 흘렀다. 위험하다며 건너기를 말렸으나 수운 선생은 '나는 건널 수 있다'며 말을 끌고 깊은 물에 들어갔다. 말고삐를 잡고 급류를 헤치고 건너가는 것을 본 사람들은 장하게 여겼다."고 하였다.

앞의 이야기는 말의 감지 능력이 뛰어나다는 이야기이고 뒤의 것은 수운 선생이 대담했다는 이야기이다.

제자들에게 포덕하라 권유

8월 어느 날 최경상이 찾아와 포덕을 하겠다고 자청하였다. 수운 선생은 이를 허락하면서 여러 제자들에게 포덕에 나서라고 권하였다. 그동안 수운 선생은 찾아오는 이들에게 포덕하여 왔다. 이번 조치로 포덕의 방침을 바꾼 셈이다. 도인이면 누구나 포덕할 수 있도록 길을 열어준 것이다. 당시 수운 선생의 측근에는 쟁쟁한 제자들이 많았다. 그중 경주읍의 최자원과 경주 북산중 최경상이 주목받는 인물이었다.

최자원은 경주 남문 밖에서 큰 약종상을 경영하여 생활 형편이 넉넉하였다. 이에 비하면 최경상은 금등골 산골에서 화전민으로 가난하게 살았다. 그러나 이 두 사람 중 대인관계는 남다른 친화력을 갖고 있는 최경상이 월등했다. 젊어서 제지소 일로 종이 장수들과 거래할 때 사귀었던 사람이 많았으며, 마북동 집강으로 있을 때에도 관원이나 다양한 사람들을 사귀었다. 평소 성실하고 헌신적인 최경상은 여러 사람들에게 호감을 심어 주었다.

최경상은 집으로 돌아오는 길에 흥해에 사는 김이서를 만났다. 수운 선생으로부터 포덕하라는 승낙을 받았다는 이야기와, 누구누구를 만나 설득하면 포덕할 수 있다는 자신감을 털어 놓았다. 그리고 포덕에 쓸 비용으로 벼 100석만 빌려달라고 하였다. 최경상의 사람됨을 잘 아는 그는 선뜻 벼 100석을 내주었다. 이로부터 최경상은 동해안 일대를 누비면서 많은 포덕을 하였다. 영덕의 오명철 · 유성운 · 박춘서, 상주의 김문여, 흥해의 박춘언, 예천의 황성백, 청도의 김경화, 울진의 김욱생 등 쟁쟁한 인물들은 이때 최경상의 포덕으로 입도하였다.

도처에서 민란

9월부터 박대여의 집으로 찾아오는 사람들의 발길이 늘어났다. 도인들도 많 았지만 최경상에게 도를 받은 이들이 적지 않았다. 떼를 지어 오가자 경주 관아에도 이런 사실이 알려지게 되었다. 한동안 자취를 감추어 조용했는데 다시 나타나 사람을 모은다 하니 걱정이 앞섰다. 농민의 고혈을 빨아먹던 관 원들은 혹시 동학도들이 민란을 일으키지 않을까 걱정이 앞섰다.

1862년(壬戌年)은 삼남 일대에 여러 형태의 민란이 일어났던 해였다. 2월에 는 진주 민란이, 4월에는 익산·개령·함평 민란이, 5월에는 충청도를 비 롯하여 전라·경상 각지에서 여러 형태의 민란이 일어났다. 농민들은 봄부 터 28개 군·현에서 봉기하여 악덕 관장들을 몰아 냈다. 탐관오리들이 농민 을 수탈하는 방법은 전세田稅를 무겁게 매겨 여분을 떼어먹기도 하고 춘궁기 에 나누어 주었던 환곡을 가을에 받아들일 때 원곡가의 배나 붙여서 수탈하 기도 하였다. 농민들은 피땀 흘려 농사를 지었으나 모두 빼앗기고 나니 들고 일어나지 않을 수 없었다.

추수기를 맞은 8월(음)에 이르자 민란은 수그러들었다. 그러나 언제 다시 폭발할지 마음을 놓을 수는 없었다. 이런 시기에 수운 선생이 사람을 모은 다고 하자 영장을 시켜 수운 선생을 체포하도록 하였다. 『대선생주문집』에 는 "영장이 차사를 보내어 최선생을 잡아들이니 때는 가을 9월 29일(음)이 었다."고 하였다. 교단의 초기 기록에는 "영장과 친한 윤선달이 수운 선생 을 잡아들여 한 푼씩만 거두어도 천여 냥이 된다고 꾀어 체포하게 되었다." 고 하였다. 그러나 앞뒤의 정황으로 보아 민란을 염려한 나머지 체포한 것 으로 보인다.

수운 선생을 체포하다

『대선생주문집』에는 다음과 같이 기록하였다. "선생은 차사差使가 온다는 말을 듣고 마음으로 격분하였으나 관과 민의 직분이 다르므로 제자 10여 인을 거느리고 말을 타고 길을 재촉하였다. 고을 서쪽에 이르러 물을 건널 때 동쪽 강가에서 빨래하던 백여 명 여인들이 일시에 일어나 선생을 우러러보았다. 선생은 의아스럽게 여겼다. … 여인들에게 우러러본 이유를 물으니 웃으며 '서쪽하늘에 상서로운 기운이 서려 있기 때문'이라고 하였다." 한다.

관아에 이르자 영장이 나서서 심문을 하였다. "그대는 일개 가난한 선비인데 어떤 도의 가르침을 가졌기에 수천의 많은 선비를 모아 세상을 농락하고 이름을 얻었는가. 술가도 아니요, 의원도 아니요, 점쟁이도 아니요, 무당도 아닌데 생계는 무엇으로 하는가?' 하고 물었다. 선생은 노하여 "사람을 가르치는 것을 업으로 삼고 있는데 이치에 맞지 않는 일이라도 있는가?' 하고 꾸짖듯이 말했다. 그리고 눈을 부릅떠 영장을 쏘아보자 영장은 그 위의威儀에 놀라 대꾸도 못하고 석방하였다고 했다. 그 사이에 사방에서 6~7백 명에 이르는 도인들이 모였다. 영장은 김 아무개라고 하였다.

『최선생문집도원기서』에는 "선생이 경주부에 들어가자 어느 사이에 사방에서 모여든 이가 근 6~7백인이나 되었다. 관아로 돌입하여 윤선달을 찾았다. 윤선달은 도망쳐 영장이 있는 방 안 벽장 속에 숨었다. 무리들이 꾸짖으며 윤가를 내 놓으라고 하였다. 영장이 여러 가지로 빌자 무리들은 영장이 선대善待하는 것을 보고 나와 버렸다."고 하였다. 이와는 달리 관변기록인 정운구鄭雲龜의 계서啓書에는 "작년에 최한(수운 선생-주)이 진영에 잡혀 갔을 때 며칠 안 되어 제자 수백 명이 진영에 와서 호소하기를 그들의 학은 본래 백성을 해치고 풍속을 어지럽히는 것이 아닌즉 빨리 석방하라 하여 진영으로부터 곧 백방되었다."고 하였다.

종합해 보면 수운 선생이 체포되자 인근 도인 3백여 명이 달려와 항의하였던 것이다. 교중 기록처럼 눈을 부릅뜨자 영장이 그 위의에 눌려 석방한 것은 아니다. 이들이 경주 거리를 누볐다면 관은 크게 놀랐을 것이요, 그 위압에 눌려 돌발사태를 염려해서 풀어준 것으로 보인다. 수운 선생은 결국 6일 만인 10월 5일경에 풀려났다. 정운구의 장계처럼 풍속을 해친 바 없고, 수백 명이 몰려왔으므로 만일 민란으로 발전하면 큰일이기 때문에 석방한 것이다.

도를 버리라 통문

관에서는 수운 선생을 방면할 때 이후 동학 활동을 하지 않겠다는 다짐을 받았던 모양이다. 용담으로 돌아온 수운은 10월 14일에 '도를 버리라'는 「통문」을 발송하였다. 이 글에서 서학으로 몰려 참기 어려운 수모와 고통을 당했다고 지적하고 "이후 비록 친척의 병이라도 교인(教人)하지 말 것이며 도를 전한 사람을 은밀히 찾아내서 이 뜻을 알리고 모두 도를 버리게(棄道) 하여 다시는 이번 같은 수모를 당하는 폐단이 없게 하라."고 하였다.

「통문」의 요지는 다음과 같다.

당초 사람을 가르치자는 뜻에서 병자에게 물약자효(勿藥自效)를, 어린아이에게 글씨를 잘 쓰게 하여 총명을 도와 착하게 되도록 하였다. 이미 수 년이 지난지라 내게 화가 일어나리라 의심하지는 않았다. 그런데 뜻밖에 도둑으로 취급되는 모욕을 받았다. 이 무슨 화액(禍厄)이랴. 바른 도가 서양 오랑캐의 학과 같이 취급된다면 진실로 수치스러운 일이다. 이래서야 어떻게 예의지향(鄕)에 참여할 수 있으며 우리 가문이 이어온 가업에 참여할 수 있으랴. 이제부터 비록 친척의 병이라도 교인하지 말 것이며 전도한 사람들도 은밀히 찾아내어

이 뜻을 알려주어 모두 도를 버리게(棄道) 하여 다시는 모욕당하는 폐단이 없게 하라.

손봉조의 집으로 가다

풀려난 수운 선생은 용담 집에 돌아왔으나 이곳에 오래 머물러 있을 처지가 못 되었다. 도인들이 찾아오면 다시 지목을 받게 되므로 어디론가 떠나야 했다. 우선 도인들에게 말을 조심하라는 시를 지어 돌렸다. '수구여차병'守口如此甁으로 시작되는 이 시는 "근거 없는 이야기는 화가 어떤 지경에 이를지 알지 못하리라."는 「통문」의 취지와 비슷하였다. "병 속에 신선주神仙酒가 담겨 있다. 이 술은 가히 백만 인을 살릴 수 있는 술이다. 요긴하게 쓰려고 천년 전에 빚어서 간직하여 왔다. 부질없이 단 한 번이라도 마개를 열면 냄새는 날아가고 맛은 엷어진다. 이제 도 닦는 우리는 이 술병 간수하듯 입 조심하라."는 내용이다.

수운 선생은 갈 곳을 물색하였으나 마땅한 곳이 떠오르지 않았다. 어느덧 10월 하순이 되었다. 때마침 최경상이 찾아오자 있을 만 한 곳을 물색해 보라고 부탁하였다. 최경상은 금등골 자기 집으로 모시고자 하였다. 선생은 웃으며 "군의 집은 비좁으니 다른 곳을 찾아 보라." 하였다. 금등골은 깊은 산중으로 은신하기는 그만이었으나 골짜기가 막혀 버려 왕래하기가 불편하였다.

최경상은 곧 돌아와 흥해 매산리 매곡에 사는 손봉조를 찾아가 의논하였다. 매곡은 흥해읍에서 서쪽 3킬로미터 떨어진 곳으로 교통도 편리하고 들판을 끼고 있어 소출도 궁색치 않았다. 수운 선생의 큰어머니(부친 近庵의 첫째 부인)인 오천 정씨의 친정이 있는 곳이기도 하다. 수운 선생이 어려서 외삼촌이 있을 때 여러 번 왕래했으므로 낯익은 곳이다. 손봉조의 허락을 받은 최경상은 11월 9일에 수운 선생을 이곳으로 모셨다.

결론

끊임없는 관의 탄압으로 수운 선생의 활동 기간은 너무나 짧았다. 1860년(포덕1) 4월 이후 1864년(포덕5) 3월에 순도할 때까지의 기간은 만 4년이다. 그러나 처음 1년은 신념 체계를 정리하느라 시간을 보냈다. 1861년(포덕2) 6월부터 포덕에 나섰지만 처음부터 관의 탄압을 받아 용담을 떠나 피신했던 기간이 무려 18개월이나 된다. 이 기간을 빼면 제대로 활동한 기간은 겨우 1년 반에 지나지 않는다. 『동경대전』과 『용담유사』의 양이 많지 않은 것은 이처럼 활동 기간이 너무 짧았기 때문이다.

1862년(포덕3) 10월 5일에 경주 관아에서 풀려 난 후 4개월간이나 용담을 비웠다가 이듬해인 1863년(포덕4) 3월에 용담으로 돌아와 본격적으로 활동했다. 그러나 조선왕조는 수운 선생을 이단자로 몰아 8개월 만인 1863년 12월 10일에 체포했다. 석가나 공자는 수십 년에 걸쳐 여러 가르침을 남겼다. 이에 비해 수운 선생은 활동 기간이 너무나 짧아 뼈대가 되는 가르침만 남기었으니 후학들은 경전의 글귀나 발자취를 더듬어 볼 때 이 점을 명심하고 말의 여백을 읽어 내고 생략된 행간을 메울 수 있는 노력과 슬기를 가져야 할 것이다.

동학의 조직화와 최초의 접주 임명

머리말

수운 선생은 해월의 안내를 받아 11월 9일에 손봉조의 집으로 옮기게 되었다. 12월에 접어들자 여러 지방 도인들이 매곡동으로 찾아왔다. 북쪽 보은에서도, 남서쪽 남원과 고성 등지에서도 도인들이 찾아왔다. 이때 수운 선생은 교단 조직을 어떻게 만들까 하는 생각을 하고 있었다. 그동안 동학의 신념을 체계화하였고 수행 방법과 의례 절차도 만들어 놓아 어느 정도 도道의 기본 틀을 갖출 수 있었다. 끝으로 교단 조직을 꾸미는 데 대한 생각을 다듬어 가고 있었다. 결국 거듭 생각한 끝에 접接이라는 단위조직을 구상하게 되었다. 그리하여 1862년(포덕3)년 12월 29일(양1863.2.17)인 그믐날(晦日)에 최초로 접주를 임명하여 동학 교단의 틀을 세우기에 이르렀다. 교敎 내외를 막론하고 이 접조직에 대해 제대로 이해하는 사람이 드물다. 접 조직의 특성을 연구하는 데 많은 이가 힘 써주기를 바라며 필자의 접관接觀을 밝혀 본다.

흥해서 접주 임명

현재 전해지는 접주의 수는 16명이다. 『최선생문집도원기서』에도 16인만 기록되어 있다. 즉 "부서 접주는 백사길과 강원보, 영덕 접주 오명철, 영해 접주 박하선, 대구ㆍ청도ㆍ경기도 접주 김주서, 청하 접주 이민순, 영일 접주 김이서, 안동 접주 이무중, 단양 접주 민사엽, 영양 접주 황재민, 영천 접주 김선달, 신령 접주 하치욱, 고성 접주 성한서, 울산 접주 서군효, 경주 부내 접주 이내겸, 장기 접주 최중회."라고 하였다.

수운 선생이 직접 가르칠 때 도인 수는 줄잡아 2천 호는 넘었다고 본다. 정운구의 장계에 "(새재를 넘어 경상도에 접어들자~주) 거의 날마다 동학 이야기가 들려오지 않은 날이 없었다. 경주를 둘러싼 인근 고을에서는 더욱 심했다. 주막의 아낙네와 산골의 초동들까지 글(동학의 주문)을 외며 전하지 않는 사람이 없었다. … 사람마다 그 학(동학)을 하니 이들이 물든 지 오래여서 극성스러움을 알겠다."고 하였다. 문경 새재에서 경주까지 4백 리 거리인데 날마다 동학도인의 극성스러운 모습을 보았다는 것이다. 또한 경주영장이 1862년(포덕 3) 9월에 수운 선생을 체포하자 원근 도인이 무려 6~7백 명이나 모여들었다고 하였다. 이런 표현으로 미루어 충청도 일부와 경상도에 퍼져 있는 동학도인 수는 어림잡아 2천 호는 넘었다고 보아야 한다. 당시 한 접의 도인 수는 50호 내외였다. 도인 수가 1천 호라 해도 접주는 20명이 넘어야 한다. 도인 수가 2천 호였다면 적어도 접주는 40인 이상이 되어야 한다.

교중 기록에는 접 단위의 호수가 전해지지 않는다. 1880년대 후반에 몇몇 인사가 기록한 것을 보면 한 접은 50호 내지 70호 정도였다. 황현의 『오하기문』에는 "1만인 1접, 혹은 1천인 1접, 또는 1백인, 혹 수십 인 1접(或 萬人一接 或 千人一接 或百 或數十亦一接)."이라고 하였다. 그리고 박주대의 『나암수록』에는 '대접은 수 삼백, 소접은 60~70인(大接數三百人 小接六七十人)' 정도라고 하였다. 그들이 말하는 대접과 소접은 접接과 포包를 구별하지 못하고 기록한 것이다. 대접이란 포를 말하고, 소접이란 접을 말한 것이다.

접은 인맥 조직

동학의 접·포 조직을 기독교의 교구나 교회와 같이 이해하는 분이 많다.

교구나 교회는 일정한 지역 내에 거주하는 신자들을 대상으로 하는 조직이다. 천도교에도 교구와 전도실이 있는데 이런 조직은 지역 조직이다. 그러나 동학의 접과 포 조직은 지역을 떠나서 인맥을 중심으로 한 연원 조직이다. 즉 전도인과 수도인의 인맥 관계 흐름을 하나의 조직으로 만든 것인데 이것을 연원 조직이라 한다. 충청도에 살든지 경상도에 살든지 거주지와는 상관없이 전도인과 수도인의 인맥만 통하면 한 접에 소속된다. 초기 동학 때는 접 조직이 곧 연원이고 연원이 곧 접이었다.

인맥을 바탕으로 한 이 접 조직은 동학 초기에 자연스럽게 나타났다. 수운 선생이 1861년(포덕2) 6월부터 포덕하자 전도인과 수도인의 인맥에 따른 연원 조직이 형성되면서 이를 접이라고 불렀던 것이다. 시간이 지나면서 위계질서도 생기고 자연스럽게 대표자도 선정하게 되었다. 그러다 언제부터인가 이 연원 집단을 접接이라 부르게 되었다. 대표자의 성을 따서 김 아무개 접, 이 아무개 접이라고 부르게 된 것이다.

기록에 의하면 접중 또는 접내라는 말이 생겨난 것은 1862년(포덕3) 12월 29일에 접주를 임명하기 전부터이다. 1862년(포덕3) 11월 9일에 수운 선생이 흥해 손봉조의 집으로 옮겼을 때 해월 선생이 이불 한 채와 상하의 옷 한 벌을 지어 바치자 수운 선생은 "접내가 빈한한데 어찌 이처럼 힘을 기울였는가?" 하였다. 그리고 용담 본가에 "부서 접중에서 미육과 돈을 마련해 보냈다."는 기록도 보인다.

한 가지 궁금한 것은 왜 하필 접이라는 글자를 택했을까 하는 점이다. 접接자는 여러 가지 뜻을 가지고 있다. 사귀다, 모이다, 모은다, 잇는다, 가까이하다, 대접하다, 접붙이다 등 여러 가지 뜻이 있다. 그리고 떼거리라는 뜻도 포함되어 있다. 한글학회 『큰사전』에 보면 '과거 보러 온 선비들의 큰 떼'를 거접트接이라 하였다는 것이다. 수도자와 전도자의 인맥을 통한 접붙임을 통해서 동학에 들어와 유무상자有無相資하는 떼거리(집단)를 접이라고 한 것은 아닐까. 물론 이 접이라는 말은 수운 선생으로부터 나왔다.

접주接主의 뜻

접의 대표자(연원 대표자)를 접주라 한다. 동학에서는 초기부터 대표자 혹은 책임자를 주主 자로 나타내었다. 북도중주인北道中主人을 비롯하여 도주道主, 도차주道次主, 도접주道接主, 수접주首接主, 접주接主 등 거의 주主 자가 들어갔다. 이러한 용례로 보아 주主라는 글자에는 조직체를 대표하고 책임지는 주장자主掌者의 뜻이 있다. 나라의 주인을 군주君主라 하듯 접을 대표하고 책임지는 이를 접주라고 하였다. 강사원의 『최선생문집도원기서』에서는 해월 선생을 주인主人이라고 칭하였다. 즉 북도중주인이라는 것은 북쪽 도중의 책임자라는 뜻이다. 이 밖에 도의 주인(道主人), 교의 주인(敎主)이라는 호칭도 사용하였다.

접주와 비슷한 호칭으로는 보부상 조직의 접장接長과 유도儒道의 접장이 있다. 보부상의 접장은 지역별 두목을 이르는 말이고 8도에는 도접장都接長을 두었다 한다. 정조 연간에 화성(華城, 水原)을 축조할 때 보부상의 삼남도접장三南都接長이란 호칭도 보인다. 유도에서는 유생들의 모임을 주관하는 설두設頭를 접장이라 하고, 서당의 훈장을 접장이라 한다. 수운 선생은 보부상이나 유도의 접장과 차별을 두기 위해 주主 자를 택해 접주接主라 한 것 같다. 어감상 장長보다는 주主라는 호칭이 격에 맞는다고 생각했던 것이다.

접接과 포包의 관계

일부 학자 중에는 접과 포를 혼동하는 경우가 있다. 동학에는 남접南接과 북접北接이 있다 하여 접은 포의 상위 조직으로 보려고 한다. 남·북접이란 1894년(포덕35)에 일어난 동학혁명 당시 편의상 호서지역을 북접 관내라 하였고 호남지역을 남접 관내라 한 데서 유래한 것이다. 당시 동학은 해월 선생에 의해 하나의 조직체로 움직였고 모든 인사권은 법헌(法軒, 해월 선생)이 가지고 접주와 대접주, 접사를 비롯하여 육임직의 임첩까지 발행하였다. 따라서 남·북접의 실체가 각각 있었던 것이 아니다. 이처럼 접을 포의 상위조직으로 보려는 것은 크게 잘못된 생각이다.

포包란 말은 어떻게 생겨났을까. 1884년(포덕25, 甲申)년 교중 기록에 보면 "10월 28일 수운 선생 탄신 기념 제례에 각各 포包 두령 82명이 참석했다."고 되어 있다. 그리고 1890년(포덕31) 11월 조에는 내칙과 내수도문을 찬撰하여 "각 포에 반시頒示했다."는 기록이 보인다. 1880년(포덕21) 경진판 『동경대전』을 간행할 때나 1883년(포덕24) 경주판 『동경대전』을 간행할 때는 포의 호칭이 보이지 않았다.

1892년(포덕33)에 발송한 해월 선생의 통유문에 "이쪽 포包 연원이 저쪽 포 연원으로 옮기고, 저쪽 포 연원이 이쪽 포 연원으로 옮긴다."고 지적했다. 여기서 포라는 호칭이 무엇을 뜻하는지 알 수 있다. "이쪽 포 연원이 저쪽 포 연원으로 옮긴다."는 말에는 포와 연원은 하나라는 뜻이 담겨 있다. 1884년 이전에는 접이 곧 연원이었으나 이때부터 접 대신에 포라는 호칭으로 연원을 뜻하게 되었다. 유의할 것은 접을 철폐하고 포를 새로 만든 것은 아니라 접은 종전대로 두고 연원 전체를 포라고 호칭하게 된 것이다.

한 연원에 접이 하나만 있으면 접이 곧 연원을 뜻하는 호칭이 될 수 있으나 도인 수가 늘어나 접도 자연히 늘어났다. 그리하여 한 연원에 10개, 20개 접이 생겨나면서 어느 접이 그 연원을 대표하기가 어렵게 되었다. 한 연원 내에 여러 접이 생기자 연원을 대표하는 호칭을 만들지 않을 수 없게 되었다. 그래서 등장한 것이 포라는 호칭이다. 연원은 곧 포이며 포는 곧 연원이라는 등식을 이루게 된 셈이다. 포는 곧 접들을 모두 싸안는 조직이 되고 말았다. 초기에는 큰 접주의 이름을 따서 이아무개 포, 김아무개 포라고 불렀다. 그러다 1893년 3월에 보은에서 척왜양창의운동을 벌이던 중 포명을 지어 주게 되었다. 『천도교서』 1893년(포덕34) 3월 조에 "순旬을 도度하여 … 대접주大接主와 포명包名을 명했다."는 기사가 보인다. 순은 20일이고 순망旬望은 15일을 뜻하므로 3월 15일부터 20일 사이에 대접주를 임명하고 포명을 지어 주었다는 뜻이다. 『취어』에는 동학도들이 3월 18일에는 석성石城을 쌓았고 20일에는 포명을 쓴 깃발을 내걸었다고 했다. 18일에 포명을 정해 주자 19일에 포명을 나타내는 깃발을 만들어 20일에 내건 것으로 추측할 수 있다.

결론

접·포는 인맥 중심의 조직이어서 인정이 통하는 조직되었다. 동학 당시 혈족과 처남 매부 관계, 동문 관계를 따라 포교하다 보니 접 조직은 대부분 혈연적인 관계로 이루어지게 되었다. 그러므로 애경사가 있으면 서로 돕는 습속이 자리잡게 되었고 유무상자有無相資의 전통을 세우게 되었다. 1863년(포덕4) 12월에 상주 도남서원에서 동학을 배척하는 통문을 만들어 각 서원에 돌렸다. 이 통문에서 "재물이 있든 없든 서로 돕기를 좋아하니 가난한 자들이 기뻐한다."고 지적하였다. 동학을 배척하는 그들의 눈에도 동학의 유무상자는 기특하게 보였던 모양이다.

　동학은 인간의 존엄성을 살리는 새 질서를 실현하여 보려는 꿈을 가지고 있다. 그리고 이 꿈을 우리의 노력으로 실현시켜 보려는 종단이다. 그래서 기득권층으로부터 언제나 탄압을 받아 왔으며 입도하는 것조차 위험을 각오한 결단이 있어야 했다. 따라서 생사를 같이하는 공동체의식이 매우 강했으며 서로 아끼고 존경하며 힘을 합하는 응집력이 강한 공동체가 되었다. 동학의 접·포 조직은 손발이 되고 몸체가 되어 역사의 앞장에 서서 전위적 역할을 다하여 왔다.

　영해 교조신원운동과 동학혁명운동을 비롯하여 3·1운동 등에서 접과 포가 일어나 미래의 역사를 개척해 왔다. 도인 한 사람 한 사람의 결단도 중요하지만 접이나 포라는 유기체가 움직일 때 동학의 꿈(신념 체계)의 실현 가능성이 더 크다고 보았던 것이다. 시대에 따라 부족한 점을 보완하고 장점을 살리는 노력이 중요하나 꼭 유념할 것은 수운 선생이 정해 준, 정이 통하는 조직의 특징은 계승되어야 한다는 것이다.

해월 선생의 도통 전수

머리말

동학 탄압이 심해지자 수운 선생은 1863년(포덕4) 7월 어느 날, 접 모임을 7월 23일(양9.5)에 파罷한다는 통문을 발송하였다. 각지 도인 40~50명이 이날 용담으로 모이게 되었다. 수운 선생은 최경상(崔慶翔, 時亨, 海月)이 당도하자 오랫동안 의논한 끝에 북도중주인北道中主人이란 새로운 직책을 만들어서 맡기었다. 20여 일 후인 8월 14일에는 해월 선생을 동학의 후계자로 정하고 도통까지 전수하였다.

해월 선생의 나이는 37세였고 수운 선생의 나이는 40세였다. 한참 활동할 나이인 40세의 수운 선생이 서둘러 도통을 물려준 것은 상식으로서는 이해하기가 어렵다. 그러나 실은 그럴 만한 이유가 있었으니 조선왕조가 동학 탄압을 점점 강화해 가고 있었기 때문이다. 주자학(유교)을 정교로 하는 조선왕조 지배 체제는 동학의 포덕이 늘어가자 바로 이단으로 규정하고 탄압하기 시작하였다. 이미 토착화된 불교를 탄압하는가 하면 천주교에 대해서는 많은 순교자를 내게 하는 탄압을 하였다. 주자학에 반하는 어떤 가르침도 이단으로 몰아 배척한 것이다.

외고집인 유생들이 사인여천을 이념으로 한, 새로운 삶의 틀을 다시 개벽하자는 동학을 내버려 둘 리가 없었다. 그동안은 분산적으로 탄압하여 버틸 수 있었으나 이 무렵에는 탄압의 조짐이 달랐다. 수운 선생은 대도의 장래를 걱정하게 되었고 설령 자신이 희생되더라도 동학을 살릴 수 있는 제2의 지도자를 내세워야 했다. 그래서 해월 선생에게 도통 전수를 서두르게 되었다. 전후 상황을 간추려 보기로 한다.

유생들의 동학 배척

1861년 6월 포덕을 시작하자 그해 8월부터 경주 유생들과 관아는 수운 선생의 활동을 방해하기 시작하였다. 몇 차례의 고비를 용케 넘겼으나 1863년(포덕4) 9월부터의 탄압은 종전의 양상과 달랐다. 처음에는 상주 지역 유생들이 조직적으로 동학 배척 운동에 나섰다. 상주 외서면 우산리에 있는 우산서원은 1863년 9월 13일자로 동학 배척 통문을 만들어 상급 서원인 도남서원道南書院으로 보냈다. 도남서원은 경상도 일대의 서원에 통문을 보내 일제히 들고 일어나라고 호소하였다.

그들은 동학을 가리켜 '요망한 마귀와 같은 흉칙한 무리들'이라 하였고 "분명 서학을 개두환명改頭幻名한 것이 틀림없다."고 단정하였다. 말하자면 동학을 천주교라고 몰아쳤던 것이다. 그리고 "옛날에는 감히 이 지역(경상도)에 들어오지 못하였는데 소위 동학이 들어와 선악을 어지럽히는 강아지풀처럼 자란다."고 하면서 "그러므로 글 읽는 우리는 그들을 햇빛을 못 보게 넝쿨째 뽑아 버려야 한다."고 하였다.

유생들이 이처럼 들고 일어난 것은 동학 세력이 점점 늘어나 장차 자신들을 위협할 것이라고 판단했기 때문이다. 당시 동학에는 주로 농민이 많이 들어왔고 종이장사, 약종상, 퇴리, 그리고 지식인들도 적지 않았다. 동학에서는 양반, 상놈 차별이 없었고 먹을 것을 나누어 먹고 세상 돌아가는 정보도 남보다 먼저 나눌 수 있었다. 도남서원은 위기를 느끼고 동학 배척 운동에 나섰던 것이다. 결국 이들은 정부를 움직여 동학 탄압에 나서게 하였다. 여러 도인들이 알려온 정부의 정보를 종합해 보면 유생들의 동학 배척 운동은 정부의 동학 탄압으로 이어질 것이 분명하였다. 수운 선생은 탄압의 손길이 용담에 이르기 전에 장래를 위한 후계자를 선정하여 자리 잡도록 해야 한다고 생각했다.

북도중주인 임명

해월 선생은 35세 때인 1861년 6월에 용담으로 찾아가 입도하였다. 이때 해월 선생은 친구로부터 용담에 훌륭한 도인이 나타났다는 말을 듣고 찾아갔다. 수운 선생은 득도 후 1년을 두고 신념 체계의 틀을 다듬은 다음 1861년(포덕2) 6월부터 포덕하기 시작하였다. 수운 선생을 찾아갔던 해월 선생은 첫눈에 인격적인 감동을 받았다. 이분이야말로 나의 스승님이라고 다짐하고 가르침을 받았다. 해월 선생은 그날부터 남다른 수행에 몰두하였다.

2년 만에 해월 선생은 동해안 지역에 많은 포덕을 하였다. 청년 시절 제지소에 몸담고 있을 때 상인들에게 한지를 공급하면서 많은 장사치를 사귀었다. 또한 마을의 집강 일을 맡아 볼 때 관리나 여러 계층의 사람들을 사귀었다. 해월 선생의 대인관계는 남달랐다. 성실한 자세로 사람들을 이끄는 힘을 가지고 있었다. 지도자의 품성을 발휘하여 많은 포덕을 하기에 이르렀다.

남다르게 눈여겨 보았던 수운 선생은 결국 해월 선생의 나이 37세 되던 1863년(포덕4) 7월에 그를 북도중주인으로 임명하였다. 우선 북도중주인의 직책을 맡겨 뛰어난 지도력을 발휘하게 하였다. 해월 선생은 자격이 모자란다고 사양하였으나 간절한 수운 선생의 타이름을 거절할 수 없었다.

『최선생문집도원기서』에는 "다시 기색을 가라앉히고 부드러운 말로 진정 성공자成功者는 가는 것(去)이다. 이 운수(運數, 대세의 추이)는 필시 그대 때문에 나타난 것이라 생각한다. 이후 도중道中 일을 신중하게 참견해서 내 가르침에 어김이 없도록 하라고 당부하였다."고 했다. 성공자거成功者去란 할 일을 다한 사람은 떠나가게 마련이라는 뜻이다. 수운 선생은 자신의 임무를 새로운 신념 체계의 틀을 다듬어 놓는 동학 창도에 있다고 여겼다. 그 일을 이제 다 마치고 후계할 것을 정했으니 천명임을 의심치 말고 의심치 말라." 하였다. 해월 선생은 뜻밖에 북도중주인이란 중책을 맡게 되자 "저에게는 과분하다."고 사양하였다. 수운 선생은 웃으시며 "걱정 말고 의심하지 말라."고 하였다. 해월 선생은 학식이 많은 분도 아니요 생활이 넉넉한 분도 아니었다. 당시 도중道中에는 경주의 최자원과 같은 학식도 많고 재산도 넉넉한 이가 있었다. 정운구의 장계에 "최복술이 말하기를 '최자원은 나의 수제자라.' 했다."는 대목이 있다. 이 밖에 이내겸, 강원보, 백사길, 박하선 등등 학식 있는 제자가 여러 명 있었다. 그런데 화전민인 37세의 자신에게 북도중주인의 중책을 맡기니 당황할 수밖에 없었다.

이후 경주 남쪽(南道中)은 수운 선생이 직접 관할하고 북쪽(北道中)은 해월 선생이 분담하여 동학을 이끌어 갔다. 북도중의 지역은 경주 북산중(北山中, 검곡 일대), 영일, 청하, 영덕, 영해, 평해, 울진, 진보, 안동, 영양, 단양, 신녕, 예천, 상주, 보은 등지이다. 『해월선생문집』에는 수운 선생이 여러 제자들에게 "지금부터 해월을 북접주인北接主人으로 정하니 용담의 나를 찾아오려거든 먼저 검곡을 거쳐 오라."고 하였다 한다.

37세에 도통 전수

수운 선생은 해월 선생이 북도중주인의 일을 맡아 지도력을 충분히 발휘하자 대도의 장래도 맡기기로 하였다. 1863년(포덕4) 8월 14일에 해월 선생은 동학의 후계자로 선정되었다. 「도수사」에 "십 년을 공부해서 도성입덕道成立德 되게 되면 속성이라 하지마는 무극한 이내 도는 삼년불성三年不成 되게 되면 그 아니 헛말인가."라고 하였다. 아마도 이 구절은 해월 선생을 두고 한 말처럼 여겨진다. 도통 전수 과정을 보면 다음과 같다.

해월 선생은 1863년(포덕4) 8월 13일 저녁 무렵 용담을 찾아갔다. 『최선생문집도원기서』에는 수운 선생이 "추석이 멀지 않았는데 그대는 어찌하여 급히 왔는가." 하고 물었다. 경상은 "선생께서 홀로 추석 명절을 보내시게 되어 모시고 같이 지내려고 왔다."고 하였다. 다음 날인 14일 밤에 수운 선생은 해월 선생을 불렀다. 그리고 "무릎을 단정히 하고 내 앞에 앉아 보라."고 하였다. 잠시 후 "손발을 굽혔다 폈다 해 보라."고 하였다. 어찌 된 일인지 수족을 움직일 수가 없었다. 이것이 도통을 전수하는 상징적 의례儀禮였던 것이다. 『최선생문집도원기서』에는 다음과 같이 기록하였다.

> 14일 삼경에 좌우를 물리치고 선생은 묵묵히 오랫동안 생각하더니 경상을 불렀다. "그대는 단정하게 평좌平坐하라." 하였다. 경상은 이 말씀에 따라 앉았다. 선생은 이르기를 "그대는 수족을 임의로 굴신屈伸하여 보라." 하였다. 경상은 갑자기 대답을 하지 못했으며 정신이 있는 듯 없는 듯 하여 몸을 굴신할 수가 없었다. 선생은 웃으시며 이르기를 "그대는 어찌하여 이러 하는가?" 물었다. 이 말을 듣자 곧 굴신이 되었다. … 선생은 이르기를 "이것이 바로 조화造化이다. 후세에 난을 당한들 무엇을 걱정하랴. 신중하고 신중하라." 하였다.

해월 선생은 수운 선생의 깊은 도의 세계에 융합되었다가 일상으로 돌아오는 경험을 하였다. 어딘가 모르게 새로운 의미의 세계가 열리는 느낌을 받았다. "이것이 바로 조화이다. 후세에 난을 당한들 무엇을 걱정하랴. 신중하고 신중하라."는 말씀이 가슴 깊숙한 곳에 새겨졌다. 도통 전수 방법이 매우 특이하다.

해월 선생만 37세에 도통을 전수받은 것은 아니다. 이상하리만치 세 분 스승님은 모두 37세에 득도하거나 도통을 물려받았다. 수운 선생은 37세 되던 1860년 4월에 득도했으며, 해월 선생은 37세 되던 1863년 8월에 도통을 전수받았고, 의암 선생도 역시 37세 되던 1898년(포덕39) 12월에 해월 선생으로부터 도통을 전수받았다. 세 분이 모두 37세에 대도의 중책을 맡은 것이다. 한 분은 4월에, 한 분은 8월에, 한 분은 12월에 중책을 맡게 되었다. 또한 그 날짜를 보면 5일과 14일과 24일이다. 나이도 같고 달 수도 4개월의 간격을 두었으며 날짜도 10일의 간격을 두었다. 우연 치고는 너무도 기이한 일이다. 어떤 이는 세 분이 도통한 날짜와 날짜 사이를 계산해 보니 수운 선생은 인일기념일로부터 129일이고, 해월 선생은 천일기념일로부터 128일이고, 의암 선생은 지일기념일로부터 127일이 되더라고 했다. 이런 식으로 접근하면 결정론으로 빠지기 쉬우므로 우연한 일로 돌리는 것이 당연하다.

『수운문집』의 문제점

그런데 『수운문집』에는 "박하선과 해월 등 6~7인이 같이 갔다."고 하였다. 이처럼 여러 명이 갔다면 해월 선생이 혼자 갔다는 기록은 어떻게 되는 것일까. 한마디로 『수운문집』의 기록은 조작된 것이다. 1879년에 편찬한 『대선생주문집』이 있다. 원래는 『최선생문집도원기서』를 간행하여 보급하려했으나, 1871년(포덕12)의 영해교조신원운동이 자세하게 기록되어 있어 일반인이 역적 집단으로 오해할 염려가 있으므로 견봉날인堅封捺印해 버렸다. 그 대신 수운 선생 부분만 따로 정리하여 『대선생주문집』을 편찬하였다.

이 『대선생주문집』과 『수운문집』은 비록 이름은 다르나 내용은 글자 하나도 다르지 않은 동일한 문건이다. 예컨대 해월 선생의 도통 전수에서도 날짜와 장소가 같으며 두 분의 대담 내용도 같다. 다만 해월 선생이 혼자갔다는 부분을 바꾸어 박하선 등 여러 명이 간 것으로 고쳐놓았다. 이 『수운문집』은 최수정崔守正이 1960년에 영주군 단산면丹山面 단곡리丹谷里에서 발굴하였다.

동학혁명 후인 1898년에 공주 계룡면 경천리敬天里에 살던 김옥희金玉熙는 영주군으로 피신 와 있다가 『대선생주문집』을 필사하였다. 이 필사본이 『수운문집』으로 바뀐 것이다. 이 밖에 계룡본鷄龍本과 도곡본道谷本이 있으나 계룡본은 단곡본과 내용이 같지만 오자가 많았고, 도곡본은 『대선생주문집』을 그대로 필사한 것이다.

『수운문집』은 따지고 보면 따로 편찬한 문건이 아니다. 『대선생주문집』을 필사한 필사본에 지나지 않는다. 그런데 동학혁명 이후 교단이 무너질 지경에 이르자 일부 도인들이 종단을 따로 만들어 자신들은 남접의 전통을 이어왔다고 내세웠다. 그러니까 남접을 내세우려면 북접주인인 해월 선생의 정통성을 부정하고 자신들의 정통성을 내세울 수밖에 없었다. 그래서 『대선생주문집』에 있는 해월 선생의 도통 전수 내용을 고칠 수밖에 없었다. 즉 박하선이나 다른 사람과 같이 받았다고 조작하게 된 것이다. 이것이 바로 『수운문집』이다.

『수운문집』을 살펴보면 수정한 흔적이 분명하게 드러난다. 『대선생주문집』 중 해월 선생의 도통 전수 대목을 보면, 수운 선생은 경상慶翔을 지칭할 때 군君이라는 1인칭을 사용하였다. 이것을 고쳐서 『수운문집』에는 군등君等, 군제群弟, 제인諸人으로 바꾸어 놓았다. 그런데 몇 군데에 단인칭인 군君이라는 표현이 남아 있다. 이것이 바로 수정한 흔적을 말해주는 것이다.

해월 선생의 도통 전수 사실은 『동경대전』 말미에 기록되어 있다. "계해년 8월에 선생님이 도를 전하는 날, 나에게 '이 도는 유불선 삼도의 가르침이 겸兼하여 있다.'고 하였다."라는 대목이다. 한편 수운 선생은 "용담 물이 흘러흘러 네 바다의 근원 되고 검악에 사람 있어 일편단심이로다(龍潭水流四

海源 劒岳人在一片心)."라는 결시를 지어 주었다. 검악인이란 해월 선생이며, 그 검악 사람인 해월 선생이 일편단심으로 동학의 도통을 지켜 나가게 된다는 뜻이다.

결론

40세인 수운 선생이 37세의 해월 선생에게 동학의 도통을 전해준 것은 평범한 결단이 아니었다. 결과론이지만 해월 선생이 아니었다면 36년간에 걸쳐 동학을 제도화하고 동학의 신념을 사회화하지 못했을 것이다. 해월 선생이야말로 많은 사람들에게 미래의 꿈을 심어주었고 교조신원운동과 동학혁명을 통하여 이 사회에 새로운 변화를 촉진시켰다. 이만한 위대한 지도자가 어디에 있으랴.

와룡암과 용담서사 이야기

머리말

경주 구미산 아래 용담성지 일대는 원래 원적암圓寂庵 산사 터였다. 폐사되자 수운 선생의 조부 산림처사 최종하崔宗夏 어른이 집과 땅과 산을 사 들였다. 근암공의 스승인 이상원李象遠은 와룡암臥龍庵이라 이름지었다. 몇 해 후 흉년 이 들어 돌보지 못해 퇴락했다가 30년이 지난 1815년에 다시 세웠다. 그리고 뒤쪽 골짜기 안에 새 터를 닦아 네 칸짜리 집을 짓고 '용담서사'龍潭書社라 하 였다. 『근암집』「용담이십육영 병서」幷序 내용을 추려 와룡암과 용담서사의 유래를 살펴보기로 한다.

와룡암이라 지어

"저 무술년(1778년) 무렵에 산사 스님 복령福齡이 담潭 위에 암자를 짓고 원적 암圓寂庵이라 하였다."는 기록이 있다.

원적암은 1778년에 복령 스님이 지었다. 초가집이었으나 절간으로 지었 기 때문에 일반집보다 컸다. 부처님을 모시는 마루방과 사람들이 머무를 수 있는 큰 방과 스님들이 거처하는 방이 있었으며 부엌과 곳간도 있었다. 그 러나 "얼마 되지 않아(未幾) 폐사되었다."고 했다. 불공 드리러 오는 이가 적 자 생활이 어려운 스님들은 2년 후쯤 떠나 버렸고 절간은 폐사되었다. 1780 년 봄에 처사공(崔宗夏)은 "암자와 그에 딸린 몇 묘의 산과 밭을 사들였다." 근암공의 나이는 19세였고, 이미 오천 정씨와 결혼생활하고 있었으며, 과시科試 준비에 여념이 없었다. 처사공은 근암공이 공부에 전념할 환경을 만들어 주기 위해 이 절간을 사들였다. 그리고 반듯하게 수리하여 근암공과 그 친구들이 들어가 공부하게 하였다. 하루는 근암공의 스승인 이상원을 초청하였다. 산세를 둘러본 그는 와룡암臥龍庵이라 이름 지었다. 얼마 후 경주부사 김공 상집尚集에게 기문記文을 부탁하자 "와룡암 석자는 천년을 내리 사람들의 눈을 깨우치게 하리라."고 하였다.

근암공은 8세(1769년)에 「봉덕종부」鳳德鐘賦를 지었고, 13세(1774년)에 이상원李象遠 문하에서 수학하였다. 공은 14세(1775년)에 향시에 합격할 정도로 영특하였다. 「묘지명병서」에는 "향시를 마치고 지나던 길에 호상湖上에 사는 대산 선생님을 배알한 일이 있었다."고 하였다. 호상은 흥해 지역이고 대산은 영남학파의 거두 이상정李象靖을 말한다. 향시에 합격한 14세의 어린 근암공을 칭찬했던 모양이다. 또한 "스무 살쯤(1781년)에 이미 과장(향시)에서 뛰어난 명성을 얻었으며 과거 보는 곳에 이르면 늘 윗자리를 차지하였다. 모두 향시에 여덟 번 합격했고 굉사시宏詞試에 한 번 합격했다. 그러나 복시覆試에서는 뜻을 이루지 못했다."고 하였다.

21세부터 본격적으로 과시에 응시하였다. 가을에 향시에 합격하자 22세(1783년) 봄에는 3년마다 치르는 식년복시式年覆試에 응시했다. 그러나 뜻을 이루지 못했다. 24세 때 흉년이 들어 와룡암에서 내려오게 되었다. 이후 돌보지 않자 퇴락하다가 풍해까지 겹쳐 대들보가 부러져 농막으로 사용하였다. 30세 되던 해 8월 4일에 부친인 처사공이 62세로 세상을 떴다. 임종 때 근암공의 손을 잡고 "내가 없더라도 게으르지 말라. 늘 학문을 닦아서 내 바람을 저버리지 말라."는 유언을 남겼다. 이후 두어 번 응시했으나 합격자를 정해놓고 치르는 당시의 과시에서 재주가 뛰어난 근암공인들 뜻을 이룰 수는 없었다.

유방암으로 고생하던 서씨 부인은 근암공이 50세 되던 해(1811년) 10월 4일에 환원하였다. 재취할 생각을 버리고 둘째 동생 규琟의 장자인 23세의 제환(濟寏, 1789~1851)을 양자로 맞았다. 「제고실유인서씨」의 제문에는 "동생의 아들 제환이 상례를 치르고 제사를 받들게 하였다. 이것으로 집안의 모든 일은 결정되었다."고 하였다. 살림살이를 제환에게 맡기고 여생을 책과 벗하며 살기로 했다는 뜻이다.

와룡암 복원, 용담서사도 짓다

근암공은 53세 되던 해(1814)에 부친과 스승님의 뜻을 기리는 마음이 간절하여 와룡암을 복원하려 하였다. 두 동생에게 의논하자 선선히 찬동해 주었다. 동문수학하던 한두 벗과도 의논하니 힘을 합쳐 뜻을 이루자고 하였다. 54세 되던 해(1815) 가을에 와룡암을 중건하고 뒤쪽 골짜기 안에 터를 새로 닦아 네 칸짜리 기와집을 지었다.

"못 위쪽에 모두 다섯 칸짜리 집을 지었다. 몇 명의 납자(衲子, 중)를 데려다 관리하게 하고 네 칸짜리 집에는 근암공이 거처하였다."고 했다. 이 네 칸짜리 집은 "무릎을 움직이기에 족하다." 하였으므로 작은 단칸방임을 알 수 있다. 부엌은 함실 아궁이로 만들었다. 「용담이십육영병서」에는 와룡암 현판을 달고자 했으나 최익지崔翊之가 천룡산 밑에 암자를 짓고 와룡암이라 하여 겹치는 것을 피하기 위해 '용담서사'龍潭書社라 이름을 바꾸었다.

용담서사는 전면이 5미터 미만이고 폭은 3미터 정도였다고 짐작되며 지금 용담정 현판을 단 건물이 있는 그곳이다. 근암공이 25년간 거처하던 용담서사는 79세(1840년)에 세상을 뜨시자 돌보는 이가 없어 얼마 안 가서 무너져 버렸다. 20세에 수운 선생이 용담으로 들어가 살 때는 이미 용담서사는 사라지고 빈터만 남아 있었다. 그래서 와룡암 자리를 보수하고 여기서 살았다.

수운 선생과 와룡암

처음 수운 선생이 와룡암에 들어가 산 것은 20세(1843년) 때였다. 이해에 가정리 집에 불이 나서 전소되었다. 제환 형님 가족 다섯 명과 같이 지동芝洞으로 내려가 비좁은 방에서 보름쯤 지내다가 수운 선생 내외는 용담의 낡은 집(와룡암)을 수리하고 들어가 살았다. 팔도강산을 주유하며 31세 되던 해(1854) 가을에 울산 여시바윗골로 이사가기 전까지 11년간을 살았다.

두 번째는 36세 되던 1859년 10월초에 울산에서 돌아와 다시 들어왔다. 철점 경영을 실패하게 되어 땅과 집은 채권자들에게 넘어가 빈손이 되었다. 갈곳이 없었던 수운 선생은 용담으로 돌아왔다. 10월 어느 날 저녁에 구미산 골짜기로 들어섰다. "구미 용담 찾아오니 흐르나니 물소리요 높으나니 산이로세. 좌우산천 둘러보니 산수는 의구하고 초목은 함정含情하니 불효한 이내 마음 그 아니 슬플소냐. 오작은 날아들어 조롱을 하는 듯고 송백은 울울하여 청절을 지켜 내니 불효한 이내 마음 비감회심 절로 난다."고 하여 당시의 정경을 그려 냈다.

10월 중순에 다시 구도의 결의를 다졌다. 자字와 이름(名)과 호號까지 고쳤다. 도언道彦이란 자를 성묵性默으로, 제선濟宣이란 이름을 제우濟愚로, 그때까지 어떤 호를 사용했는지 알 수 없으나 이때 수운水雲이란 호로 고쳤다. 이로부터 다시 개벽의 새 길을 찾는 수행에 들어갔다. 결국 경신년(1860) 4월 5일에 와룡암 자리 집에서 수운 선생은 한울님으로부터 무극대도를 받아 냈다.

흔히 수운 선생이 득도한 곳을 용담서사(현 용담정) 자리로 잘못 알고 있다. 수운 선생이 구도할 당시 용담정이라는 정호는 없었다. 아마도 「수덕문」에 '정호용담'亭號龍潭이라 하였고 「용담가」에 "구미산하 일정각을 용담이라." 했다는 글을 보고 그리 아는 것 같다. 하지만 '정호용담'이나, '일정각을 용담이라 이름' 했다는 것은 용담서사를 생략해 표현한 것에 지나지 않는다. 제대로 표현하자면 정호는 용담서사라 해야 한다. 용담정이라는 호칭은 잘못된 표현이며 비약이다.

근암공은 시종 용담서사라 하였을 뿐이다. 용담이란 못 이름도 원래는 '와룡담'臥龍潭이라 했던 것을 용담서사를 짓고 나서 '용담'龍潭이라 고쳤다. 용담서사를 용담정으로 착각하게 만든 것은 시천교 사람들이다. 1911년에 용담서사 자리 뒤쪽 바위에 용담정이라 새겨 이를 본 이들이 무심코 용담정으로 받아들이게 되었던 것이다.

와룡암 집터의 위치

와룡암 터는 고증이 필요하다. "담(못) 위쪽에 암자를 지었다."고 했으므로 먼저 못의 위치를 알아야 한다. 현재는 둑만 남아 있다. 성화문에서 백 보쯤 올라가면 왼쪽에 둑이 보인다. 이 둑에서부터 위로 약 8미터쯤 담수가 차 있었다. 둑에서 10미터쯤 올라간 지점 바른쪽 위가 될 것이다. 다행히 1930년대까지도 집터 흔적을 볼 수 있었다고 한다. 하구리에 사는 최영관(崔泳寬, 1935, 교구장)은 현장 증언에서 둑에서 40미터쯤 올라가 바른쪽 길 위였다고 한다.

실측한 결과 둑에서 위로 40미터 올라가면 마당 아래 끝자락에 이른다. 여기서 다시 위로 13.3미터 지점까지가 와룡암 마당(垈地) 앞면 윗자락이 된다. 안쪽의 깊이는 길가 돌담에서 산기슭 쪽으로 14미터 가량 들어간다. 대지의 앞면은 13미터가 약간 넘고 폭은 14미터 정도인 셈이다. 여기에 와룡암이 세워졌었다. 집의 크기는 5칸이라 하였다. 방은 다섯 칸이지만 규모는 알 수 없다. 수운 선생의 수양녀인 주씨朱氏의 증언에 따르면 칸 수는 안방과 사랑방, 부엌, 마루, 곳간 등 다섯 칸이다. 그리고 안방은 네 칸 방, 사랑방은 두 칸 방이었다고 했다. 절간이라 살림집보다는 넓었을 것이다. 집의 폭을 두 칸으로 보면 너비는 약 4미터 정도였고 앞면은 곳간, 부엌, 안방, 마루, 사랑방을 합하면 약 9~10미터는 되었을 것이다(전문가 견해가 필요함). 이 와룡암은 수운 선생이 체포된 1863년 12월 이후 퇴락하여 무너져 버리고 집터만 남았다. 일제 때 집터에 민가를 짓고 살았다 하는데 다시 폐허가 되자 밭이 되어 버렸다.

용담서사 복원 시도

용담서사 복원을 처음 시도했던 분은 해주 오응선吳膺善 동덕이다. 그는 1914년 10월에 이계하李啓夏와 같이 기와를 올리고 방 세 개(칸)짜리 집을 지었다. 김기전은 1928년에 "오랫동안 빈터로 있었는데 … 해주 오응선 씨가 … 3칸 정자를 세워 스승님의 옛일을 사모하는 지정至情을 표했다. 그러나 … 돌보는 이 없으매 거의 쓰러지게 되었던 것을 몇 해 전에 김구암金龜菴 어른이 이 집을 약간 바로 잡고 그 북쪽에 다시 두 칸의 함석집을 지어서 오늘에 이르렀다. 방 수효로는 온돌이 세 칸이나 온전히 사람 거처할 방은 하나도 없다. 1922년(임술년) 7월에 시천교에서 마루 두 칸, 온돌 한 칸 합계 세 칸의 기와집을 지었으나 1927년경에 이미 기울어지기 시작했다. … 해월신사(최시형)의 따님 되시는 금년 64세(1879년생)의 수도부인(崔潤氏) 한 분이 외로이 이 쓰러져 가는 집을 지키고 계시다."고 하였다.

그 후 폐허가 되었던 용담서사 자리에다 월남한 권태화權泰嬅·양이제梁利濟 두 분과 천도교여성회가 주동이 되어 1960년에 세 칸짜리 집을 짓고 수도원이라 하였다. 1974년에 국립공원으로 편입시킨 후 교인 성금으로 1975년 10월에 현재의 건물을 지었다. 당시 대통령의 휘호를 받아 '용담수도원'이라는 편호를 달았다. 그 후 1978년에 관리사무소를 짓고 용담수도원장에 이군오李君五를 임명하였다. 그는 용담수도원이라는 편호를 떼어내고 사각정에 걸었던 용담정 현판으로 바꿔 달았다. 당시 김명진金明珍 종법사가 부당하다고 지적했으나 아직 그대로다. 이제라도 근암공의 숨결이 배어 있는 원래의 용담서사 편호를 달아야 한다. 근암공이 남긴 와룡암과 용담서사의 유래를 보면 다음과 같다.

근암공 기록 번역문

저 1778년(무술년) 무렵에 산사 스님 복령福齡이 담潭 위쪽에 암자를 짓고 원적암圓寂庵이라 하였다. 얼마간 지나다 스님들은 흩어지고 암자는 못쓰게 되었다. 우리 아버지(崔宗夏)는 집과 그 밖에 몇 묘畝의 밭과 일대의 산을 사 들였다. 나에게 이르기를 '젊은 사람들이 글 읽는 데 힘쓰는 곳으로 마련하리라.'하였다. 우리 스승인 기와공(李象源)은 와룡암이라 이름을 지었고 부사 김공 상집(金尙集)에게 와룡암에 관한 글(記文)을 부탁하니 김공은 '와룡암 석자는 사람들의 눈을 천년이나 내리 깨우치게 하리라.'고 하였다. 어느 해 이 고장에 큰 흉년이 들어 사람의 손길이 끊긴 후 바람을 만나 들보도 꺾이어, 지금껏 산골 백성의 농막이 되어 왔다. 늘 자그마한 집 한 채를 지어 아버지와 스승님의 남겨준 뜻을 이어 보려는 생각을 잊지 않고 가슴에 간직한 지 벌써 30년이란 긴 세월이 흘렀다. 과장科場에 드나드느라 쉴 짬도 없었고 또한 비용도 마련할 힘이 없었다. 연전에 두 아우와 의논하고 나와 같이 벗하던 한두 동지와 더불어 계획을 짜서 못 위쪽에다 비로소 모두 다섯 칸 집을 지었다. 몇 명의 납자(衲子)를 데려다 관리하게 하였고 그 뒤쪽에 터를 닦아 네 칸짜리 서사書社를 지어 주인이 거처하였다. 매우 좁게 지었으나 무릎을 움직이기에는 족했다. 어찌 꼭 번듯하게 지어야만 하랴. 곧 구호(舊戶, 臥龍庵)의 현판을 달려 했으나 최익지崔翊之가 천룡산 밑에 암자를 짓고 또한 와룡암이라 이름하였으니 겹쳐 쓸 수 없어 용담서사로 고쳤다.

수운 선생 체포 당하신 이야기

동학을 이단으로 규정하고 그 뿌리를 뽑기 위해 조선왕조는 1863년 10월에 수운 선생과 그 제자들을 체포하기로 하였다. 11월 20일에는 선전관宣傳官에 정운구鄭雲龜를 임명하여 경주로 내려보냈다. 20여 일간 탐색을 마친 정운구는 12월 10일 자시(1시)경에 용담을 기습하여 수운 선생을 비롯하여 23명을 포박하였다. 『승정원일기』 등에 기록된 체포 경위와 대구로 되돌아온 경위를 살펴보기로 한다.

선전관 정운구에 체포령

정운구는 수운 선생을 체포하여 서울까지 압상한 전후 경위를 「서계」書啓에서 자세히 밝혔다. "신이 11월 20일 오시경에 전교傳敎를 받게 되었다. 육천선전표신六天宣傳標信 일부와 육여이六餘二 마패 일척一隻을 받은 다음 무예별감 양유풍梁有豊・장한익張漢翼, 좌변포도군관 이은식李殷植, 종자 고영준高英晙을 거느리고 동학 괴수를 잡아 올리기 위해 성외로 나갔다."고 한다.

일행은 11월 25일경에 문경새재를 넘자 여기서부터 매일같이 동학을 탐문하였다. 경주까지는 4백여 리가 되며 그 사이에 십수 개의 고을이 있다. "날마다 동학에 관한 이야기를 들었으며 경주를 둘러싼 인근 고을에 이르자 더욱 극성스러웠다. 조금도 계면쩍게 여기지 않고 위천주爲天主와 시천지侍天地(侍天主의 誤記)의 글을 읽고 있었다."고 하였다. 주막집 아낙네도 외웠고 산간 초동까지 외웠다고 하였다.

스승이 누구냐고 물어보니 경주에 사는 최 선생이라 하였다. "많은 사람들 대답이 한 사람이 대답하는 것과 같았다."고 하였다.

경주에 도착한 이후에는 저자거리와 절간까지 드나들며 여러 사람을 접촉하였다. "어떤 이는 묻지도 않았는데 말을 먼저 꺼내는 이도 있었고 어떤 이는 자진해서 상세히 전해주기도 하였다." 한다. 일단 윤곽을 파악한 정운구는 수운 선생이 거처하는 용담龍潭을 직접 탐색하기로 하였다. 입도자로 위장하여 주변의 지형과 모인 사람들의 동향, 그리고 측근에는 어떤 사람들이 있는가를 살펴보자는 것이었다.

입도자로 위장해 침투

12월 9일 오전에 양유풍과 종자인 고영준을 보내 살펴오도록 하였다. 이들은 오후에 돌아와 자세히 보고하였다. 이들은 용담 입구 근처에 사는 장가를 찾아가 안내를 받았다. 용담에 이르러 허락을 받고 사랑으로 들어가 수운 선생에게 인사를 올리고 입학(入學=入道)하기를 청하였다. "복술은 조금도 꺼리거나 숨김없이 흔연히 허락하면서 낮에는 번거로우니 점심 저녁을 드시고 유숙하면 오늘밤에 가르침을 전해주리라."고 하였다.

두 칸인 사랑방에는 30~40명에 이르는 제자들이 가득히 뒤섞여 있었다. 혹은 담론도 하고 혹은 주문도 읽고 있었다. 그중에는 입학을 청하는 이도 있었다. 어떤 이는 소매에서 건시 세 꼬지를 꺼내 바치고, 어떤 이는 요대를 풀어 전문錢文 3~5냥을 꺼내 예물로 바쳤다. 점심을 먹고난 양유풍과 고영준은 어느 정도 알아본 다음 수운 선생에게 돌아가야겠다고 했다. "유숙하고 가라는 뜻은 고맙지만 여러 날 오느라 피곤하여 몸이 깨끗지 못하다. 입도자는 몸을 청결히 해야 한다 하니 경주에 내려가 몸을 깨끗이 하고 나서 모레

쯤 돌아와 입학을 청하겠다."고 하였다.

수운 선생은 이들에게 사관舍館을 정했느냐고 물었다. 초행이라 아직 정하지 못했다고 하자 수운 선생은 읍으로 가서 남문 밖 최자원이나 이내겸을 찾아가 내 말을 전하면 잠자리를 마련해 줄 것이라고 하였다. 그리고 최자원은 나의 수제자이고 이내겸은 친숙한 사이이니 차례로 찾아가 보라고 하였다. 그러자 이들은 소개하는 필적을 하나 얻어 가면 좋겠다고 하였다. 수운 선생은 말만 전하면 되는 일인데 필적이 무슨 소용이 있겠느냐 하며 끝내 써주지 않았다. 이번에는 하루 이틀 사이에 익힐 수 있는 문자를 얻어 가면 좋겠다고 하였다. 역시 수운 선생은 최자원을 찾아가서 물으면 익힐 수 있다며 문자도 주지 않았다.

이들은 용담에서 빠져나와 장가의 집을 다시 찾아갔다. 여기서 장가는 세 글귀를 불러주었고 그들은 이것을 받아써서 가지고 갔다. "신은 받아쓴 글을 보니 13자로 된 두 글귀와 8자로 된 한 글귀였다."고 하였다. 즉 13자로 된 두 글은 초학주문(爲天主顧我情永世不忘萬事宜)과 본주문(侍天主造化定永世不忘萬事知)이고 8자로 된 글은 강령주문(至氣今至願爲大降)이다.

밤중에 기습해 23명 체포

정운구는 자세한 보고를 받고 나서 밤중에 체포하기로 결단을 내렸다. 12월 9일 하오 10시경에 경주진영慶州鎭營으로 찾아가서 어사출도를 선포하고 30명의 교졸을 동원해 달라고 요청하였다. 부민들이 잠든 야반에 출동 준비를 마치자 20여 리의 밤길을 달려 용담으로 향했다. 정운구는 용담에 이르러 모두 잠들어 있는 것을 확인한 다음 물 샐 틈 없이 포위망을 구축하였다. 12월 10일 새벽 1시경에 기습 명령을 내렸다. 무예별감 양유풍과 장한익, 좌변포도군관 이은식, 종자 고영준 등이 앞장서서 교졸들과 같이 육모방망이를 휘두르며 쳐들어갔다. 잠자던 방안은 순식간에 아수라장으로 변했다. 비명을 지르는 소리와 함께 피를 흘리며 끌려나오고 있었다.

수운 선생과 제자 23명은 차례로 오라에 묶여 땅바닥에 굴렀다. 박씨 부인과 맏아들 세정世貞도 끼어 있었다. 『정운구서계』에는 "최자원과 이내겸은 어사출도 전에 본부本府에 비밀리에 글을 띄워 잡아 가두라 했으며 동구에서 길을 안내해 준 장가도 같이 잡아 들이라 하였다. 최자원과 장가는 먼저 눈치채고 도망쳤으나 본부 진영에 엄히 명하여 기어이 체포했다."고 하였다. 체포된 인원은 모두 합쳐 30명이나 되었으며 수운 선생을 제외한 나머지는 일단 경주 감영에 수감하였다.

훗날에 경주 김정설金鼎卨로부터, 수운 선생이 피투성이가 되어 포졸들에게 끌려온 광경에 대해 전해 들은 이야기를 소춘 김기전은 『천도교회월보』 162호(1924. 3)에 다음과 같이 실었다.

"경주… 형산강변兄山江邊의 어떤 나무 밑에 얽매어 놓아 두었는데 얼굴은 전면이 피가 되어서 그 모양을 알 수 없으며… 체포된 수운 선생은 사다리의 한복판에 얽어 매어 두 다리는 사다리 양편 대목에 갈라 얽고, 두 팔은 뒷짐을 지웠고, 상투는 뒤로 풀어 사다리 간목間木에 칭칭 감고 얼굴은 하늘을 향하게 했다."고 하였다.

동학혁명운동 때 주역으로 활동했던 금구 원평 대접주 김덕명도 1895년 1월 1일에 태인 수성군에 체포될 때 수운 선생과 같은 모습으로 묶여 갔다고 한다. 손자 김병일의 증언에 의하면 "굵은 몽둥이를 어깨에 가로 대고 양팔을 벌려 십자형으로 묶고 상투는 풀어 뒤로 제쳐 하늘을 보게 하고 끌고갔다."고 한다. 중죄인은 이런 식으로 포박하여 가는 격식이 있었던 모양이다. 이 기록이 사실이라면 수운 선생을 길가에 묶어 놓고 사람들에게 처참한 광경을 구경시켰던 것이다.

대구로 압송하기 위해 수운 선생과 이내겸 서울로 압상

『정운구서계』에는 "생김새와 흉터를 기록한 후 격식에 따라 발목에 쇠사슬을 채워서 이내겸은 복술과 함께 압송하였다. … 집에서 들추어 낸 문건과 서찰과 서책 등 물건은 일일이 봉하여 서첩으로 만들어 이은식에게 봉정하도록 조치했다."고 하였다. 그리고 문서 중 '논학'論學이란 책에는 수운 선생이 동학 괴수가 된 근본 이치가 실려 있다고도 하였다.

11일 아침 정운구는 서둘러 수운 선생과 이내겸을 손발에 형쇄刑鎖를 채우고 말에 태워 서울로 향하였다. 양력 1월 19일은 소한과 대한 사이의 계절이므로 매우 추웠다. 첫 번째 기착지는 영천이었다. 『최선생문집도원기서』에는 "다음 날 길을 떠나 영천에 이르려 하자 하졸들의 언사가 불경스럽고 멸시함이 말할 수 없었다. 그러자 선생을 태운 말이 발굽을 땅에 붙인 채 요지부동이었다. 수십 명 하졸들은 크게 놀라 황망히 '소인들이 과연 선생을 몰라 뵈었습니다. 오직 선생께서 편안히 행차하기를 바랄 뿐입니다.'라고 고했다. 그러자 말발굽이 떨어져 숙소인 영천까지 줄달음쳤다."고 하였다.

수운 선생은 기적을 행하는 분이 아니다. 하졸들이 행패 부린 것은 죄인의 친척으로부터 뇌물을 바치게 하려는 수단이었다. 이런 관행을 미리 아는 죄인의 인척들은 뇌물을 가지고 따라가다가 행패를 부리면 곧 뇌물을 바쳤다고 한다. 수운 선생의 경우도 마찬가지다. 이런 자리에 도인이 나설 수는 없었다. 혹시 조카 세조가 뇌물을 바쳤는지는 알 수 없다.

12일에는 대구에 이르러 일박하고 금호琴湖를 거쳐 하루 60~70리씩 북상하였다. 압상길을 추정해 보면 11일에 경주를 출발하여 영천(11일)-대구(12일)-선상-상림(上林 13일)-상주 낙동(14일)-상주 화령(15일)-보은(16일)-청안(淸安 17일)-직산(18일)-오산(19일)-과천(29일)에 이르렀다고 보여진다.

당초 정운구는 낙동역에서 영남로를 따라 새재를 넘어갈 작정이었으나 노선을 바꾸어 화령쪽으로 갔다. 『최선생문집도원기서』에는 "구룡(鄭龜龍, 鄭雲龜의 誤記)은 당초 새재를 넘어가려 했으나 도인 수천 인이 모였다는 말을 듣고 겁이 나서 화령 길로 바꾸어 보은에 이르렀다."고 하였다. 16일 저녁에 보은 역참에 도착하니 뜻밖에도 도인을 만나 도움을 받았다. 『수운선생사적』에 "고을의 이방은 양계희라는 도인으로 성심껏 조석을 받들었고 노비(盤纏)로 돈 5민(緡)까지 주었다"고 하였다.

경상감영에 되돌려 보내

조선왕조는 12월 8일(양1864.1.16)에 철종이 사망하고 나이 겨우 12세인 고종이 등극하였다. 그러자 흥선군 이하응이 대원군이 되어 정사를 총괄하는 정변을 맞았다. 그래서 수운 선생을 심문할 여유가 없었다. 결국 "최복술 등 두 죄수에 대해 포청은 경상감영으로 돌려보내고 경주에 수감된 죄인들도 아울러 그 본말과 종적을 일일이 조사하여 죄질의 경중을 가려서 묘당(廟堂)에 품해 처리하라."는 명령을 내렸다.

『비변사등록』 계해 12월 21일자에는 "비변사에서 제의하기를, 최가가 비록 두목이라 하나 도당이 이미 번성하였으므로 응당 속속들이 밝혀내야 할 것이다. 그러나 거의 천 리나 되는 지역에서 염탐하고 체포하는 일을 계속한다면 연도가 소란스럽게 될 것이니 딱하다. 최복술 등 두 놈은 포청에서 본도(慶尙道)의 감영으로 내려보내 경주 죄인들과 함께 일일이 내력과 소행을 따져서 경중을 가려 품하도록 함이 어떠하겠는가 여쭙자 대왕 대비는 이를 승인하였다."고 하였다.

12월 26일경에 수운 선생과 이내겸은 포청 관졸들에 의해 과천을 떠나 대구로 향했다. 용인 양지역陽智驛에서 일박하고 27일에는 충주 달천역達川驛에, 28일에는 문경 요성역堯城驛에, 음력 그믐날인 29일에는 유곡역幽谷驛에 이르렀다. 수운 선생이 되돌아온다는 소식을 들은 동학도 백여 명이 28일에 새재 첫 관문인 주흘관主屹關 상초곡上草谷 마을에 모였다. 충주(忠州 達川)에서 일찍 떠났으나 눈길 때문에 저녁 7시경에야 상초곡에 당도하였다. 일부 도인들은 관솔불을 켜 들고 수운 선생의 뒤를 따르며 눈물을 흘렸다. 『최선생문집도원기서』에는 "과천에서 떠나 새재를 넘어 문경 초곡에 이르렀다. 수백 명 도인들이 여러 주막에서 엿보는가 하면 혹은 관솔불을 켜 들고 따르기도 하고 혹은 눈물을 흘리며 바라보기도 했다. 이렇게 애절한 정경이 벌어지니 어린 아이 마음을 보는 것 같다."고 기록하였다.

문경읍에서 동쪽으로 2킬로미터 떨어진 요성역에 도착한 것은 캄캄한 하오 8시경이었다. 이튿날은 섣달 그믐(29일)이므로 일찍 서둘러 점촌店村 쪽에 있는 유곡역으로 향하였다. 점촌에서 북쪽으로 4킬로미터 지점에 있는 유곡역에 당도한 것은 점심때쯤이다. 이 역은 영남대로嶺南大路의 18개 역참을 관할하는 찰방역察訪驛이다. 설맞이로 3일간을 체류했다가 1864년 1월 4일(음)에 다시 대구로 향하였다. 상주 낙동역洛東驛에 이르러 일박하고 5일에는 선산군 상림上林을 거쳐 6일(1864.2.13)에는 대구 감영에 도착하였다.

수운 선생은 1864년 1월 20일부터 혹독한 심문을 네 차례나 받았다. 2월 20일에는 다리뼈가 부러지는 고문을 당했다. 결국 조선왕조는 다시 개벽의 새로운 길을 연 위대한 수운 선생을 사학邪學으로 몰아 좌도난정죄左道亂正罪를 억지로 적용하여 3월 10일에 대구 남문 밖 관덕당觀德堂 뜰에서 참형하였다.

수운 선생 순도 이야기

조선 조정으로부터 1864년 1월 6일에 수운 선생과 이내겸을 인계 받은 경상감사 서헌순徐憲淳은 1월 20일부터 심문에 들어갔다. 상주목사 조영화, 지례현감 정기화, 산청현감 이기재 등 3명을 명사관明査官으로 선임하였다. 상주목사 조영화는 상주 도남서원道南書院에서 동학 배척 운동을 시작할 때 관여한 관원이고 지례현감 정기화도 동학도들이 많은 지역의 관장이다. 산청현감 이기재도 역시 동학과 직간접으로 관련이 있던 관원이다.

2월 20일까지 1개월간에 걸쳐 전후 4차의 혹독한 신문이 있었다. 이들은 없는 사실도 꾸며서 수운 선생을 이단으로 몰아 갔다. 결국 수운 선생을 사형에 처하였고, 나머지는 유배형에 처했다. 수운 선생의 순도 경위를 간추려 살펴보기로 한다.

곽덕원이 옥바라지

수운 선생이 대구 감영에 수감됐다는 소식을 들은 해월 선생은 영덕 유상호를 찾아가 옥바라지를 의논했다. 그는 백여 금을 선뜻 내놓았다. 대구 성내로 숨어든 해월 선생은 옥바라지를 담당할 분을 물색한 끝에 현풍玄風 곽덕원郭德元으로 정했다. 『최선생문집도원기서』에는 "곽덕원은 … 굵은 새끼 띠를 두르고 망건을 벗고 얼굴에 검정 칠을 하고 매일같이 세 때에 맛있는 음식을 차려 바쳤다. … 미진함이 없어야 집으로 돌아갔다."고 하였다. 수운 선생의 옥바라지를 위해 대구로 올라온 사람이 적지 않았으며 성금도 줄을 이었다. 『최선생문집도원기서』에는 "(조카) 맹륜孟倫을 비롯하여 하치욱, 박하선, 이경여, 최규언, 성한서, 하처일, 김주서, 서군효, 박여인, 강선달, 임익서, 임근조, 전덕원, 전석문, 오명철, 곽덕원 등이 대구에 왔다."고 하였다.

그리고 자금도 "북도중 관내의 영덕·영해 접에서 6백여 금, 흥해·연일 접에서 3백 금, 평해·울진 접에서 3백 50금, 안동·영양 접에서 5백 금을 내어 대구로 보냈다."고 한다. 이 밖에 상주접주 황문규도 많은 비용을 냈으며 "그 나머지 사람들도 각기 비용을 썼으며 그 액수는 셀 수 없이 많았다."고 하였다.

1월 20일에 첫 신문

감영은 1월 보름 명절을 지나면 곧 신문하려 했다. 그러나 비가 여러 날 내려 20일에야 첫 신문에 들어갔다. 경주에 수감됐던 20여 명 도인들도 대구 감영으로 이수移囚하여 같이 신문하였다. 신문 횟수를 보면 수운 선생이 네 차례, 이내겸이 세 차례, 이정화가 세 차례, 강원보가 두 차례 받았고 나머지는 한 차례씩 받았다. 판결문에 따르면 최자원이 절해고도에 종신 정배되었으나 경상감사의 장계에는 신문 기록이 보이지 않는다. 뇌물을 바치고 비밀리에 풀려났다는 소문도 전해진다.

신문이 시작되자 수운 선생은 큰칼을 쓴 채 끌려나와 뜰아래에 꿇려 앉혀졌다. 동학의 신념 체계에 대한 신문은 일언반구도 비치지 않았다. 오로지 인심을 현혹시킨 이단으로 몰아가기 위한 신문만 되풀이하였다. 주문과 영부, 그리고 검무劍舞를 들어가며 민심을 현혹시키는 사술邪術이라고 몰아 갔다. 서헌순의 「서계」에는 "복술은 본시 요망하게 주문을 지어 요언지설을 퍼뜨려 사람들을 부추겼으며, 서양을 배척한다며 오히려 서학을 도습하여 포덕의 글을 꾸며 음으로 불순한 생각을 꾀하였다. 궁약弓藥을 비방이라 하고 칼춤과 검가를 퍼뜨려 태평한 세상에 흉악한 노래로 난리를 걱정토록 하였으며 몰래 무리를 지었다."고 하였다.

그러나 신문 내용을 보면 죄목이 될 만한 것이 없었다. 수운 선생은 "의관 지류(선비)로서 양학이 세력을 떨치는 것을 차마 볼 수 없어 하늘을 공경하고 천리를 순종하는 마음으로 13자 주문을 지어 동학을 가르쳤다. … 사람들이 혹 글씨를 써달라면 귀龜 자와 용龍 자를 써 주었다. 원근 사람이 부득이 머물게 되어 도당이란 이름이 생겼다. … 돈과 쌀을 토색하는 일은 애초부터 없었다. 선생과 제자라는 설도 자칭한 것이 아니다. 삿된 가르침과 다르므로 처음부터 숨기거나 꺼리지 않았다."고 하였다.

이내겸도 "복술은 본래 글씨에 이름이 났으며 구, 룡, 상, 운 등의 글자를 써서 여러 사람에게 주었으며 학부형들은 수고하였다고 약간의 돈과 양식을 주었을 뿐이며 토색하는 일은 없었다."고 하였으며, 검가의 전문을 소개하면서 흉악한 노래가 아님을 밝혔다. 박용한도 "병이 있어 찾아갔더니 성심으로 하늘을 공경하고 사람이 지켜야 할 도리를 늘 돈독히 행하게 되면 병도 곧 나을 것이라고 하더라."는 증언을 하였다. 결국 요언지설이라 할 단서를 찾아내지 못했다.

그러나 경상감영은 이단으로 만들기 위해 없는 사실을 꾸며댔다. 장계의 후단 부분에서 "조상빈은 복술을 만났더니 천신이 강림하여 금년 2월과 5월 사이에 서양 사람이 용만으로부터 나오는데 나의 통문을 기다렸다가 일제히 뒤따라가서 검무를 익힌 이들이 보국안민의 공훈을 세우면 나는 고관이 되고 너희도 각기 다음 자리를 맡게 되리라 하였다."고 꾸며놓았다. 또한 수운 선생의 진술이라며 "귀마(鬼魔, 天神)가 이르기를 계해년(1863) 12월 19일에 서양인이 나오므로 갑자년 정월이면 소문이 있을 것이라 일러주었다." 하고,

"계해년(1863) 10월에 너는 하양河陽 현감이 될 것이며 12월에는 이조판서가 될 것이라."고 했다는 엉터리 기록을 집어 넣었다.

동학을 뿌리뽑기 위해 엄형

감영의 신문은 2월 20일경에 종결되었다. 이날 신문에서 수운 선생은 다리 뼈가 부러지는 혹독한 고문을 당했다. 우레와 같은 소리에 깜짝 놀란 서헌순은 "무슨 소리가 그리 요란한가?" 물었다. 죄인의 다리뼈가 부러지는 소리라고 하자 신문을 중지시키고 하옥시켰다. 마지막날에 이런 혹독한 신문을 한 것은 수제자인 해월 선생의 소재를 추궁하기 위해서였다.

날이 저물자 곽덕원은 밥상을 들고 옥에 들어갔다. 간신히 몸을 일으킨 수운 선생은 곽덕원에게 두 가지를 부탁하였다. 하나는 해월에게 멀리 도망치도록 하라는 부탁이었고, 하나는 시 한 수를 전하라는 것이었다. 『최선생문집도원기서』에 "경상(慶翔=해월)이 지금 성중에 있는가. 머지않아 잡으러 나갈 터이니 내 말을 전하여 고비원주高飛遠走하게 하라. 만일 잡히면 일이 매우 위태롭게 될 것이다. 번거롭다 하지 말고 꼭 내 말을 전하라."고 하였다. 이 말을 들은 곽덕원은 "경상은 이미 떠났다."고 하였다.

그리고 곽덕원에게 시 한 수를 전했다. "물 위에 등불을 밝혀 혐의를 찾으려 하나 혐의할 틈새가 없으며, 기둥은 마른 모습을 하고 있으나 그 힘은 여전히 남아 있다(燈明水上無嫌隙 柱似枯形力有餘)."는 두 줄의 시였다. 이 최후의 유시遺詩는 수운 선생의 의지가 잘 나타나 있다. 낡은 조선왕조는 나를 처형하려고 갖은 혐의를 잡으려 하지만 물 위에 등불을 비춰 찾아보아도 나에게는 혐의할 틈새가 없다는 것이다. 그리고 나는 처형되겠지만 내 가르침인 무극대도의 힘은 여전히 남아 있을 것이라는 뜻이다.

『일성록』에 의하면 대왕 대비는 2월 29일에 묘당으로 하여금 서헌순의 장계를 품하여 처리하도록 하교했다. 즉 조선왕조는 수운 선생을 서학으로 몰아 사형을 내리고, 그 제자들에게는 무거운 정배형을 내려야 한다는 안을 승인한 것이다. 내용을 보면 "동학이란 서양의 요사한 가르침을 그대로 옮겨 이름만 바꾼 것이다. 세상을 헛갈리게 하고 어지럽혔으니 최복술은 효수경중梟首警衆하고, 강원보 · 최자원은 엄형 2차 후 절도絶島에 정배 보내 종신케 하고, 이내겸 · 이정화 · 박창욱 · 박응환 · 조상빈 · 조상식 · 정생 · 백원수는 엄형 2차 후 원지에 정배 보내고, 신덕훈 · 성일규는 엄형 1차 후 정배 보내고, 나머지 죄수들은 도신道臣이 처리하라." 하였다. 다행히도 박씨 사모와 장자 세청은 무죄 방면되었다.

전하기를 백사길은 황해도 문화군에, 강원보는 함경도 이원에 정배 보냈으며 이경화는 영월 소미원에 정배 보냈다고 한다. 관변기록(12명)과 교중기록(11명)을 비교해 추리해 보면 백원수는 백사길白士吉이고, 최병철은 최자원崔子元이 분명하다. 박창욱은 박명중朴命仲이고 정생은 정석교丁錫敎로 여겨진다.

대구장대에서 순도

수운 선생은 1864년 3월 10일(양4.15) 하오 2시경에 대구 남문 앞 개울가에 있는 관덕당 뜰에서 41세의 나이로 참형 당하였다. 죄목은 좌도난정률左道亂正律이었다. 즉 조선왕조의 신념의 틀인 주자의 가르침에 반했다는 죄목이다. 형장에는 기다란 판자가 준비되어 있었다. 수운 선생을 이 판자에 엎어 놓고 줄로 머리칼을 동여맨 다음 턱밑에 나무토막을 바쳐 놓았다. 그리고 칼로 내려쳐 참수하였다.

조선조 후기의 「역적참경도」逆賊斬頃圖에 의하면 먼저 사형수를 형틀에 묶고 머리를 풀어 줄에 매었다. 이 줄은 앞에 세워 놓은 장대 끝 고리를 통해

두 명의 관원이 잡고 있다. 사형수가 참수되어 머리가 떨어지면 관원은 이 줄을 잡아 당겨 머리를 장대 끝에 매달리게 한다.

참수된 후 수운 선생의 머리 부분은 남문 밖 길가에 사흘간 효수했다. 3월 13일에 박씨 사모님과 아들 최세정을 방면하면서 시신을 가져가라 하였다. 『최선생문집도원기서』에는 "선생께서 처형된 후 사흘이 지나자 경상감사는 선생의 처자를 불러다 이유 없이 방면하면서 수습해 가라고 시신을 인도해 주었다."고 하였다.

수운 선생은 37세에 동학을 창도하여 38세부터 포덕에 나섰다가 겨우 3년 반 활동하다 순도한 것이다.

이날 정오경에 많은 제자들은 시신을 염습하여 하오 2시경에 대구를 떠났다. 염습에는 김경숙, 김경필, 정용서, 곽덕원, 임익서, 김덕원 등이 참여하였다. 서둘러 길을 재촉하여 약 40리 길을 걸어 저녁 무렵에야 비둘기재를 넘어 자인현 서쪽 10리 지점인 '짐못' 주막에 당도하였다.

『대선생주문집』에는 "자인현 서쪽 뒤에 못이 있는 주막(後淵店)에 당도하니 날이 저물었다."고 하였다. '후연점'이란 집 뒤에 연못이 있는 주점이란 뜻이다. 기록대로 압량면押梁面 신천동信川洞에 짐못이 있고 그 앞에는 선돌배기 주막 터가 있었다. 지금은 논으로 바뀌었으나 동리 고로들에 의하면 50년 전만 해도 큰길 양쪽에 주막집이 세 곳이나 있었으며, 길 아래 주막집은 짐못 앞 길가에 있었다고 증언한다. 연못이 크며 못 가에는 아름드리 고목들도 남아 있었다. 여기서 사흘간을 머물러 있었다.

3일이 지나자 비도 그치고 날씨가 회복되어 길을 떠났다. 자인현 서쪽으로 나 있는 샛길로 걸음을 재촉했다. 여기서 니고개까지는 50리요, 니고개에서 건천까지는 20리이며, 건천에서 가정리까지가 20리가 된다. 16일 아침 일찍 서둘러 길을 떠났으나 시신을 모시고 90리 길을 오다 보니 16일(양4.21) 밤에야 겨우 가정리에 당도하였다. 주막에서 막걸리로 목을 축인 다음 수운 선생의 양사위 정울산의 집에 이르렀다.

3월 17일 2시경 밤을 타서 구미산 아래 대릿골 밭머리 위에 임시로 매장하였다. 현재 모셔져 있는 수운 선생 태묘로 올라가다 우측 아래 숲 속 후미진 곳이 있는데 여기가 대릿골 밭머리 위가 된다.

결론

수운 선생은 1860년 4월에 새로운 신념 체계를 득도한 후 1년간 다듬은 다음 1861년 6월부터 민중들에게 공감대를 형성해 갔다. 용담 골짜기로는 각처 어진 선비들이 풍운같이 모여들었다. 그러나 2개월 후인 8월부터 지배층(유생)의 모략을 받아 관의 탄압을 받게 되었다. 한때 전라도 남원으로 피신하기도 하였다. 8개월 만에 경주로 돌아와 박대여의 집에 은신했으나 관원에 체포되어 갖은 모욕을 당하였다. 풀려난 후에도 탄압은 계속되었고 수운 선생은 용담을 떠나 전전하였다. 비장한 결심 끝에 1863년 3월에 용담으로 돌아와 본격적으로 가르침을 폈다.

결국 유생들의 압력으로 정부는 12월에 수운 선생을 체포하기에 이르렀고 이듬해인 1864년 3월 10일에 대구에서 순도하였다.

수운 선생의 활동 기간은 피신 기간을 빼면 겨우 2년간이었다. 다행히 『동경대전』과 『용담유사』라는 글을 남겼다. 여기에는 새로운 삶의 틀을 열어갈 길이 담겨져 있다. 비록 수운 선생은 순도하였으나 새로운 삶의 틀을 만들어 가는 역사의 씨앗이란 생명은 자라 가고 있다.

교리 해석 시론

머리말

수운 선생이 창도한 동학의 교리와 사상을 담고 있는 경전이나 교사(敎史)에는 어려운 글과 낱말이 많다. 지금까지 연구가 미흡하여 제대로 풀이를 못하였다. 훌륭한 후학이 나오길 기다리며, 그중 필법에 나오는 '삼절'三絶과 『최선생문집도원기서』에 나오는 '천황씨'와 '재일부재이'在一不在二, 득난구난으로 시작되는 「제서」題書의 뜻을 나름대로 생각해 보기로 한다.

삼절三絶의 뜻은?

『최선생문집도원기서』에 "3월 하순 비로소 필법筆法을 지었으며 액자額字 쓰기를 익히고 혹은 진체를 익히어 불과 수일 만에 필적이 왕희지와 같아졌다."고 하였다. 이때 「필법」을 지었다고 보는데 이 글은 글씨 쓰는 법을 설명한 글이지만 도 닦는 자세에 원용할 수 있는 글이기도 하다. 글은 매우 상징적으로 표현하여 이해하기가 어렵다.

참고할 자료로는 수운 선생의 글씨로 거북 구龜 자 하나가 전해진다. 필법을 이해하는 데 큰 도움이 된다. 그런데 이 필법 중에 "상오국지목국 수불실어삼절"(象吾國之木局 數不失於三絶)이라는 구절을 해석하기가 어렵다. 직역하면 "서체는 우리 나라의 기국(木局)을 그려내야 하고 삼절三絶의 이치를 잘 헤아려야 한다."는 뜻이다. 난해한 대목은 삼절이란 표현이다. 필법을 설명하는 글이므로 필법의 하나로 삼절이란 법이 있다고 이해할 수 있다.

그러나 필법에 과연 삼절법이 있느냐 물을 때 확실한 대답을 하기가 어렵다. 어떤 이는 참위설讖緯說로 접근하여 삼절운수설三絶運數說이라고 이해하는 이도 있다. 감결鑑訣을 숭상하는 이들의 삼절운수설로 보아야 할지 의문이다. 조선왕조의 운세는 세 번의 큰 변란을 당하여 절운切運의 위기를 맞게 된다는 것이 삼절운세설이다. 조선왕조가 5백년을 내려가는데 그 사이에 운수가 끊길 만한 세 번의 변란이 있다는 것이다.

수운 선생이 이 필법을 쓴 1862년까지 조선왕조가 겪은 큰 변란으로는 임진왜란과 병자호란(또는 홍경래의 의거) 등 두 병란을 꼽는다. 감결은 임진왜란 이후에 유행되었으므로 그 이전의 변란은 언급하지 않았다. 세 번의 변란 중 두 개의 변란을 겪었다는 말이다. 따라서 앞으로 한 고비가 남아 있다고 하는데 어떤 형태로 나타날지는 아무도 모른다.

감론에서는 이 변란이 예언되어 있다 한다. 누구에 의해서 이루어지게 되며, 살아남을 길도 분명하게 예언되어 있다고 한다.

예컨대 첫 번째인 변란은 '화인유녀'(殺我者誰 禾人有女)라는 것에 의해 나타난다고 하였다. '화인유녀'禾人有女란 파자를 해석하면 왜倭가 된다고 한다. 즉 왜에 의해 일어난다는 것이다. 그리고 나를 살리는 것은 '십팔공'(活我者誰 十八公)으로, 파자를 해석하면 송松이 된다는 것이다.

두 번째의 재난에서 나를 해칠 주체는 '우하횡산'(殺我者誰 雨下橫山)이라 하여 눈(雪)이라고 하며, 나를 살릴 주체는 '시착관'(活我者誰 豕着冠)라 하여 집안(家)이라고 한다. 결국 파자를 해석하면 임진왜란은 왜에 의해 일어나고 이재송 송利在松松에 의해 살아날 수 있다고 하였다. 병자호란 또는 홍경래 의거 때는 '우하횡산'雨下橫山이라 하여 나를 해치는 것은 눈(雪)이고, 나를 살리는 것은 집(家)이라고 하였다. 그래서 '이재가가'利在家家라고 하였다는 것이다.

그러나 변란이 일어나기 전에는 송松자나 가家자가 무엇을 뜻하는지 전혀 몰랐다. 즉 미리 알지 못했던 것을 변란을 겪고 나서 비로소 해석을 붙인 것이다. 임진왜란 때는 중국의 장수 이여송李如松이 우리를 살렸다고 해석했으며, 병자호란과 홍경래 의거를 겪고 나서 추운 겨울에 피난갔던 이들은 눈속에서 얼어 죽었으니 설雪이 맞다고 하고, 집에 있던 사람들은 살아남게 되었으니 가家 자가 맞다고 하였다. 이재송송利在松松이니 이재가가利在家家니 하는 뜻풀이는 모두 전란이 지난 다음에 그 뜻을 알게 되었다는 말이다.

수운 선생이 "망진자亡秦者는 호야胡也라고 허축방호虛築防胡하였다가 이세 망국 하온 후에 세상 사람 알았으니…."라고 한 대목이 있다. 진나라 때 시황은 『녹도서』錄圖書에 "진나라를 망하게 할 자는 호라."고 한 것을 보고 군사 30만을 동원하여 북쪽의 흉노를 치고 만리장성을 쌓았다. 그러나 정작 진나라는 흉노인 호가 아니라 2세인 아들 호해胡亥에 의해 망해 버렸다. 망한 다음 세상 사람들은 호胡는 흉노의 호가 아니라 둘째인 호해胡亥였음을 알았다는 말이다. 수운 선생은 이런 참위설을 어떻게 믿을 수 있냐고 반문한 것이다. 문제는 앞으로 다가올 나머지 변란에 사람들은 신경을 곤두세우고 있다는 점이다는 점이다. 감결에는 마지막 변란 때에 나를 해칠 주체는 '소두무족'小頭無足이라 하였고 나를 살리는 주체는 '신입혈'身入穴이라 하였다. 파자한 '소두무족'小頭無足은 당黨 자라 하고 '신입혈'은 궁窮 자라고 풀이했다. 궁窮자는 있는 '힘을 다 들인다'는 뜻이다. 그러나 감결 숭상자들은 음을 따서 궁궁弓弓이라고 한다. 궁궁이 무엇인지 그들도 설명하지 못한다.

19세기 당시 사람들은 수운 선생이 지적했듯이 궁궁을 '궁궁촌'으로 해석하여 사회가 조금만 불안해도 궁궁촌 찾아가려고 야단들이었다. "매관매작 세도자도 일심은 궁궁이오 전곡쌓인 부첨지도 일심은 궁궁이오 유리걸식 패가자도 일심은 궁궁이라. 풍편에 뜨인자도 혹은 궁궁촌 찾아가고 혹은 만

첩산중 들어가고 혹은 서학에 입도해서….”와 같이 자신만 살아남으려고 하는 패배주의적이며 도피주의적인 행위를 통박하였다.

수운 선생이 사용한 궁궁과 궁을이란 말은 참위설과는 전혀 관련이 없다. 생명체의 상징적 도형을 표현한 말이다. 「포덕문」에 우형궁궁又形弓弓이라 한 것도 선약의 형태를 그려내면 태극과도 같고 또한 궁궁의 형태와도 같다고 하였다. 「수덕문」에서 흉장불사지약胸藏不死之藥은 궁을의 형태를 나타낸다고 한 것도 마찬가지이다. 우리 몸 안에는 온 천지 생명체계의 씨앗이 간직되어 있다. 그 형태를 궁궁 또는 궁을이라는 상징적 도형으로 설명한 것이다.

수운 선생은 이중세계가 있다는 것을 부정하고 살아가는 생명의 현실세계 이외의 어떠한 별세계도 인정하지 않았다. 그리고 온 천지 생명체계는 시간적인 과정에 있으므로 다만 창조가 지속될 뿐 예정되어 있거나 마련되어 있는 세계는 없다는 주장이다. 일체의 결정론을 부정하고 있으므로 정감록과 같은 예정설이 동학사상에 끼어들 틈새는 없는 것이다.

나를 천황씨라 하리라

1863년 10월 28일(양12.8)은 수운이 40세에 이르는 생일날이다. 수운은 생일 잔치를 마련하는 것을 거북스럽게 여겼다. 스승의 이런 뜻을 아는 해월 선생은 영덕접에다 조용히 준비하도록 부탁하였다.

『대선생주문집』에는 “선생은 앞서부터 잔치 베푸는 일에 대해 미안하게 여기었다. 주인(해월 선생)은 영덕접에 은밀히 기별하여 각기 예를 갖추어 크게 잔치를 마련하게 하니 가지 수가 그럴 듯하여 말할 수 없었다.”고 하였다. 이날의 생일잔치는 마지막 잔치였다. 음식을 드신 후 좌우를 돌아보고 “세상에서 나를 천황씨라 하리라.”고 하였다. 좌중은 무슨 뜻인지 몰라 조용해졌다. 『사기』史記에는 이 세상을 처음 연 이를 천황씨라 하였다. 즉 「삼황기」三

皇記에 "삼황이란 천황, 지황, 인황의 삼황을 말한다. 이 천지는 삼황이 처음 세웠다."고 하였다. 천지를 세웠다는 말은 세상을 열었다는 말이며 삶의 틀을 열었다는 말이다. 바꾸어 말하면 인류의 문화를 처음 열었다는 말이다. 천황씨는 바로 이 천지(문화)를 처음 연 분이다.

수운 선생은 지금까지 전해오는 문화가 낡아 버려 모순과 갈등으로 온 세상이 병들어 버렸다 하고 다시 개벽의 새로운 문화를 창조하는 길을 열었다. 따라서 수운 선생은 다시 개벽으로 새로운 문화를 연 천황씨와 같으므로 후세 사람들은 나를 일러 천황씨라 부르게 되리라 한 것이다. 수운 선생은 40회의 생일잔치 상을 받고 나서 이 세상에 태어나 무슨 보람이 있었는가 되돌아 보았던 것 같다. 생각하고 다시 생각해 보아도 '내가 다시 개벽의 길을 연 것은 최초의 천황씨와 다를 것이 없다.'는 자부심이 가지게 되었다. 그래서 훗날 "세상에서 나를 천황씨라 하리라."고 하였다고 여겨진다.

위법자 재일부재이

수운은 또한 이 자리에서 난해한 말을 하였다. 『최선생문집도원기서』에는 "일후 도의 일을 다하려면 재일부재이在一不在二, 재삼부재사在三不在四, 재오부재육在五不在六이라. 일삼오一三五에 있고, 이사육二四六에 있지 아니하다."는 말을 하였다고 했다. 무엇을 경계한 교훈인지 짐작이 가지 않는다.

일반적으로 일삼오一三五는 홀수로서 떠오르는 양수陽數를 뜻한다고 한다. 그리고 이사육二四六은 짝수이며 가라앉는 음수陰數를 뜻한다고 한다. 말하자면 일삼오一三五는 성盛의 상징이고 이사육二四六은 쇠衰의 상징이다.

그런데 수운 선생은 이런 숫자풀이를 하자는 것이 아니었다. 분명 교훈이 담긴 말을 한 것이다. 우리 후학들은 이 말을 교훈의 말로 받아들여야 할 것이다. 『중용』中庸에 "소이 행지자일야."(所以 行之者一也)라는 구절이 있다. 삼三

을 지인용知仁勇 삼덕三德으로 보고, 오표는 군신君臣, 부자父子, 부부夫婦, 곤제昆弟, 붕우朋友의 오륜五倫으로 본다. 사람의 도리를 다하고자 하면 이 삼덕(知仁勇)과 오륜五倫을 행해야 한다는 것이다. 그런데 이 삼덕과 오륜의 근본은 인仁 하나(一也)에 있으므로 "소이행지자 일야."라고 한 것이다. 근본인 인의 자리를 체득하게 되면 삼덕과 오륜을 제대로 지켜 나갈 수 있다는 말이다.

이러한 중용 풀이를 원용하면 소이위법자所以爲法者, 즉 수행에 있어서 먼저 재일(在一, 一에 있다)한 것은 수행의 핵심이 여기에 있다는 뜻일 것이다. 동학을 학學하는 데 가장 선행해야 할 것은 수심정기修心正氣일 것이다.

「논학문」에 보면 "이 즈음에 몸이 몹시 선뜩해지고 떨리더니 밖으로는 신령과 접하는 기운이 있고, 안으로는 가르치는 말씀이 있었다. 보려고 하나 보이지 않고, 들으려 하나 들리지 않아 마음이 더욱 괴이하게 의심스러워졌다. 마음을 순수하게 하고 기운을 바르게 하고(修心正氣) '어찌하여 이러합니까?' 하고 물었다. 이르기를 '내 마음이 곧 너의 마음이니라.'고 하였다. 「도덕가」에서는 "수심정기하여 내어 인의예지 지켜 두고…."라고 하였다. 수운 선생은 수행의 바탕이 이 수심정기의 경지에 이르느냐 못 이르느냐에 달렸다고 보았다. 그래서 수행의 근본은 이 일一에 있다고 한 것이다. 즉 순수한 앎의 자리에 이르고 바르고 맑은 기의 자리에 이르는 것이 수행의 첫째가는 근본이라는 것이다. "소이위법자 재일부재이"라고 한 뜻은 수심정기의 경지를 제일로 삼으라는 말이라고 본다.

두 번째로 수행에 중요한 것은 재삼在三이라 하였다. 삼三이란 신경성信敬誠 삼자三字를 말한다. 「좌잠」에 "오도박이약 성경신삼자"(吾道博而約 誠敬信三字)라고 하였다. 도차주道次主였던 강사원姜士元은 수운 선생으로부터 신경성信敬誠 석 자의 「좌잠」을 받았다고 하였다. 이 신경성에 대해 「수덕문」에서 자세히 설명하였다. 동학의 수행은 먼저 참을 가리는 것(信)부터 해야 하며, 다음으로는 공경히 내 것으로 받아들여야 하고, 끝으로 참을 이루는 실천이 따라야 한다고 하였다. 재삼在三은 바로 신경성을 뜻한다.

재오在五는 인의예지신仁義禮智信 다섯 가지의 실천을 말한 것이다. 「도수사」에서 "어떤 사람 군자 되고 어떤 사람 저러한고 인의예지신인 줄을 망창한 저 소견에 무엇을 알잔 말고…."라는 구절이 있다. 이는 군자가 되고 못되는 것은 인의예지신의 다섯 가지를 실천하느냐 못하느냐에 있음을 말한 것이다. 그래서 인의예지신仁義禮智信 다섯 가지를 일러 재오在五로 꼽은 것이다. 그러면 부재이不在二, 부재사不在四, 부재육不在六은 무엇을 뜻하는가. 일삼오一三五에 반대되는 것을 뜻한 것으로 여겨진다. 즉 부재이不在二는 수심정기의 반대인 마음의 평정을 잃은 상태인 이흉(二凶, 纂. 二謂喜怒)에 빠진 상태를 말하고, 부재사不在四는 신경성의 반대인 역리자, 비루자, 혹세자, 기천자를 말한 것 같다. 또는 사물四勿, 즉 공자가 말한 예禮가 아니면 보지도 말고, 듣지도 말고, 말하지도 말고, 움직이지도 말라는 뜻으로도 해석된다.

끝으로 부재육不在六은 인의예지신과 반대되는 육욕(六欲, 生死耳目口鼻의 欲求)과 같은 것을 말한 것이 아닐까?

결론

시도의 하나로 해석해 보았다. 논리에 비약이 있음을 자인한다. 다만 경전과 교사에는 난해한 글이나 문장이 많으므로 우리 손으로 하루빨리 해석되어야 한다는 의도에서 다루어 보았을 뿐이다. 특히 『용담유사』에는 경상도 사투리가 많이 들어 있어 난해한 대목이 한 둘이 아니다. 이것을 해석하지 못하면 경전을 제대로 이해하기가 어렵다. 경주 지역 사투리를 연구한 책이 있어 찾아보았으나 수운 선생이 표현한 내용은 들어 있지 않았다. 불가불 동학을 연구하는 이들이 해결해야 할 과제라고 여겨진다.

제2부

동학의 성장과 해월 최시형

입도 전의 해월 선생

경주 황오리서 탄생

신사 해월 최시형(神師 海月 崔時亨, 이하 '해월 선생')은 1827년(丁亥) 3월 21일(양4.16)에 외가(月城 裵氏)인 경주 동촌 황오리(현 경주시 皇吾洞 229번지)에서 태어났다. 최남주(崔南柱, 1906년생)가 갖고 있는 족보(한지에 씌어 있다)에 의하면 아버지는 최종수(崔宗秀, 1804.6.22~1841.10.15)요 어머니는 월성月城 배씨(裵氏, ?~1832.4.22)이다. 6세 때 모친상을 당한 후(5세 때라는 기록도 있다) 1년 후 영일 정씨鄭氏를 계모로 맞아 섬겼다.

해월 선생의 이름은 경상慶翔이요 자는 경오敬悟이다. 1875년(포덕16년, 乙亥) 10월 18일에 지도자들을 불러 제례를 올리고 나서 시형時亨으로 이름을 고쳤다. 호는 해월海月이라 하였으나 『최선생도원기서』와 『대선생주문집』, 그리고 『해월선생문집』 어디에도 언제부터 해월이란 호를 사용했는지 기록이 없다. 1889년(포덕30년)경부터 접주 또는 육임직 첩지를 발행하면서 해월장海月章을 처음 사용하였다. 이것으로 미루어 해월이란 호는 이때부터 사용한 것으로 추측된다. 그리고 해월 선생도 수운 선생과 같이 암호(菴號, 義菴, 春菴 같은 道號)를 사용하지 않았다.

해월 선생이 자라난 곳은 영일군(현 포항시) 신광면 기일동(基日洞, 터일)이다. 19세에 손씨 부인과 결혼하기 전까지 이곳에서 살았다. 족보에 선친의 묘소가 이곳에 있다 했으므로 윗대부터 살아왔던 모양이다. 해월 선생은 부친이 살아 계시는 동안에는 서당에 다니며 초급 한문을 수학하였다. 일부 기록에는 해월 선생을 무식한 어른으로 잘못 전하고 있다. 오지영은 『동학사』에서 해월 선생을 무식한 어른으로 묘사했다. 즉 "해월 선생은 마음속에 무한한 도덕이 있는 것이지만 문자에 식견이 없고 또는 제도와 의식에 구구한 생각이 없고 … 이 말도 옳고 저 말도 옳다 하여 한참 동안은 춘풍 선생님이라고 하는 비평을 들어온 일도 있었다."고 하였다.

오지영뿐만 아니라 『천도교서』에도 "본래 문식이 무(無)하다."고 표현하였다. 즉 경전을 수찬할 때 '문식이 무하여' 구송口誦한 것을 문식이 있는 이가 받아쓰게 했다고 하였다.

해월 선생은 여러 형식의 한시를 남기고 있다. 문식이 없었다면 어떻게 많은 한시를 지을 수 있었을까? 1872년에 정선 갈래사 적조암에서 기도를 마치고 지은 한시는 너무도 유명하다.

> 태백산에서 사십구일 공부를 하고 太白山工四十九
> 내가 봉황 여덟 마리를 받아 각각 주인을 정하니 受我鳳八各主定
> 천의봉 위에 꽃핀 한울이요 天宜峰上開花天
> 오늘 오현금을 갈고 닦고 今日琢磨五絃琴
> 적멸궁전에서 티끌 세상을 벗어나고 寂滅宮殿脫塵世
> 사십구일 기도를 잘 마쳤도다 善終祈禱七七期

라는 이 시는 문식이 뛰어난 사람도 쉽사리 지을 수 없는 수준 높은 한시라고 할 수 있다.

1890년에 금산 복호동에서 「내수도문」과 「내칙」을 반포하였다. 경어로 간절히 호소한 이 글은 해월 선생이 처음으로 한글로 지은 글이다. 이 글에는 한문 수준이 높지 않으면 구사할 수 없는 낱말들이 들어 있다. 해월 선생은 15세까지 분명히 한문공부를 하였다는 사실을 유념하면, 문식이 없다고 단정하는 것은 크게 잘못된 것이다.

해월 선생의 가족관계

해월 선생의 부친 종수宗秀 어른은 38세(1841년) 되던 10월에 병으로 세상을 뜨셨다. 천도교단 기록에는 12세에 부친상을 당하였다고 되어 있으나 최남주가 소장한 족보에는 신축년(辛丑年, 1841)인 15세 때에 별세한 것으로 되어 있다. 당시 유족은 해월 선생과 계모, 누이동생 등 셋이었으나 부친상을 마치자 뿔뿔이 흩어졌다. 계모 정씨는 어디로 떠나 버렸고 누이동생은 먼 일가집로 가서 의탁하였다. 누이동생은 후일 임익서林益瑞와 결혼하였다. 해월 선생의 손자인 검암 최익환崔益煥은 "의암성사(=손병희)께서 임익서를 서울로 모셔다 생활하게 한 적이 있었다." 했으며 "후손들은 김제군金堤郡 초처면(草處面, 현 鳳南面) 용신리龍新里에 살고 있다."고 하였다. 홀로 남은 해월 선생도 곧 먼 친척집으로 가서 의탁하게 되었다.

오상준의 『본교역사』에, 부친이 돌아가신 후 해월 선생은 "입에 풀칠할 형편이 못 되어(糊口之策) 동에서 심부름해 주고 서쪽에서 품을 팔았고(東僿西雇), 아침에 절구로 찧어 저녁에 거두는 식(朝舂夕收)으로 살았으며, 몸에는 온전한 의복을 입지 못하시며(完衣未着), 입(口)에는 술 찌꺼기나 겨(糟糠)도 마다(厭)할 형편이 못 되었다."고 하였다. 이때의 생활을 해월 선생은 뼈에 사무치도록 간직하였다.

훗날 가족들에게 타이르기를 "도인이 오면 밥을 드셨는가 묻지 말고 밥상부터 차려 주라."고 하였다. 그리고 "옷을 지을 때엔 반드시 새 천으로 안감을 쓰라."고 당부하였다 한다. 낡은 천을 안감으로 해서 만든 옷을 불편하게 입었던 과거를 생각하여 이렇게 타일렀다. 그리고 하인을 부를 때 "머슴애, 머슴애라고 부르지 말고 꼭 이름을 불러 주라!"고 하였다 한다. "배고픔이나 추위나 힘든 일은 참아낼 수 있었으나 머슴애라고 빈정대는 말은 죽기보다 싫었다."고 했다.

결혼 전의 해월 선생, 최경상

『시천교역사』에는 해월 선생이 10세 때에 30민의 엽전을 지고 70릿길을 거뜬히 갔다고 하였다. 이로 미루어 선천적으로 건강했음을 알 수 있다. 친척 집에서 머슴살이를 하던 해월 선생은 17세가 되자 제지소製紙所에서 일하게 되었다. 해월 선생이 사는 터일(基日洞) 안쪽에는 올금당이란 마을이 있다. 이 마을에는 닥나무가 잘 자라 오래전부터 집집마다 닥나무를 심어 종이(한지)를 생산하여 왔다. 마을의 계곡은 물이 풍부하여 한지 생산에 적격이었다. 10평 남짓한 종이방들은 이 개울가에 있었다.

동네 사람들은 해마다 가을이 되면 여기서 한지를 만들어 냈다. 늦가을이 되면 닥나무를 거두어들여 제지 작업을 시작한다. 이때가 되면 떠돌이들도 하나둘씩 모여들었다. 종이방에는 늘 불을 지피므로 엄동설한에도 이불 없이 잠을 잘 수 있었다. 그들은 이곳에서 일을 해 주고 한겨울의 숙식을 해결할 수 있었다 한다. 해월 선생도 늦가을부터 이곳에 들어가 숙식하면서 일을 배웠다. 붙임성이 좋고 부지런하여 남보다 빨리 배웠다. 18세에는 한몫을 하는 기술을 익혔다. 그리고 때때로 흥해나 청하, 포항, 경주, 영덕 등지의 거래처에 한지를 날라다 주고 대금도 받아오는 일을 하였다.

생계가 안정되자 해월 선생은 어느덧 신수가 늠름한 청년이 되었다. 19세 되던 어느 날 흥해에 사는 오씨라는 어린 과부가 청혼하여 왔다. 오상준의 『본교역사』에는 "오씨 여인이 일찍 과부가 되었지만 마침 가산이 약간 넉넉하였다. 하루는 해월 선생을 만나 혼인하자고 사람을 보냈다."고 하였다. 해월 선생은 남의 재산을 넘보는 것 같아 꺼림칙하여 거절하였다 한다.

이해(乙巳, 1845년) 가을에 먼 일가의 중매로 홍해 매곡에 사는 밀양 손씨(孫氏, ?~1889.10.11)와 부부의 의를 맺었다. 이후 처가에서 농사를 지으며 살림을 차린 것 같다.

검곡서 화전민 생활

해월 선생은 28세(甲寅, 1854년) 때 신광면 마북동馬北洞으로 이사하였다. 매곡에서 북쪽으로 약 40리 떨어진 곳이며, 고향인 터일에서 산등성이를 하나 넘어 있는 산중 마을이다. 천도교 기록에는 이곳으로 이사오자 마을 사람들이 집강으로 추천했다고 하였다. 『천도교서』에는 "방인坊人이 해월 선생의 공렴유위公廉有威하심을 견하고 중망으로 특천하여 일방一坊 풍강(風綱, 執綱)의 임을 위委하였다."고 하였다. 집강은 지금의 이장 격으로 가끔 관에서 알리는 일을 동민에게 전해주는 일을 했다. 안면이 넓어 아는 사람이 많고 마을에는 최씨 일가도 많아 해월 선생을 추천한 것 같다.

그러나 마북동은 땅이 척박하여 소출이 넉넉지 못했다. 식구가 늘어나자 33세(己未, 1859년) 되던 봄에 골짜기 안쪽 금등골(琴磴谷)로 들어갔다. 『해월선생문집』에는 검동곡劍洞谷으로 들어갔다 하였다. 권병덕의 수기에도 금등골로 들어갔다 하였다. 그런데 오상준의 『본교역사』에서 잘못되기 시작하였다. 검동곡劍洞谷이라 기록해야 하는데 중간에 있는 동洞 자를 밑에 붙여 검곡동劍谷洞으로 바꾸어 버렸다. 이로부터 각종 천도교단 기록에는 검곡동劍谷洞으로 잘못 전해지게 되었다.

필자는 1978년 5월 17일에 처음 검곡을 찾아갔다. 마북동을 답사하기 위해서 찾아갔다가 검곡의 소재도 알게 되었다. 천도교 기록에는 해월 선생이

28세 때에 승광면昇光面 마복동馬伏洞으로 이사갔다고 되어 있다. 그러나 경주 인근지역에는 승광면 마복동이란 곳은 없었다. 우연히 홍해 지역을 찾다가 영일군 신광면 마북동을 발견하게 되었다. 승광면 마복동과 유사하여 현지에 가서 확인해 보기로 했다. 먼저 홍해로 가서 버스로 신광면 소재지인 토성동에 이르렀다. 여기서 알아 보니 북쪽으로 8킬로미터 거리에 마북동이 있다고 한다.

승광면 마복동은 잘못된 기록이다. 가르쳐 준 대로 청하로 가는 길을 따라 입석동立石洞에 이르러 다리를 건넜다. 청하로 넘어가는 길과 반곡저수지가 있는 반곡동盤谷洞으로 가는 길이 갈라졌다. 왼쪽으로 올라가 반곡동 마을 한가운데 길을 지나 솔밭에 이르렀다. 작은 개울을 건너자 다시 두 갈래로 길이 나뉜다. 왼쪽은 해월 선생이 자랐던 터일로 들어가는 길이고 바른쪽은 마북동으로 들어가는 길이다. 바른쪽으로 언덕길을 오르자 큰 저수지가 나타났다. 왼쪽에 나 있는 길을 따라 1킬로미터 정도 들어가자 마북동이 나왔다. 초등학교 분교가 나오고 바른쪽 언덕 위로 길게 들어선 집들이 약 10호 정도가 있었다. 마을회관과 같은 집이 보여 찾아가 마침 뜰에 있던 강철회(姜徹會, 1898년생) 어른을 만났다.

그는 동학의 주문을 알고 있었으며 해월 선생에 관한 것도 알고 있었다. 그러나 해월 선생이 이곳에서 살았다는 말은 처음 듣는다고 하였다. 그러면서도 필자의 질문에 성의 있게 대답해 주었다. 옛날 이곳은 경주 관내였다고 하며 동네 이름은 마북동이라 하였다. 그리고 검곡은 이 골짜기 안에 있다고 하였다. 이 말을 들은 필자는 얼마나 반가웠는지 모른다. 하오 3시경에 검곡을 찾아 들어갔다. 당벌등(堂伐嶝, 지금은 당수동)을 지나 인편仁片으로 가는 골짜기로 접어들었다. 얼마 안 가서 왼편에 깊은 골짜기가 하나 나타났다. 지금은 입구에 저수지 둑이 있어 찾기 쉬우며 여기서 왼쪽으로 1킬로미터 정도

골짜기 안쪽으로 가면 검곡이 나온다.

골짜기 끝자락에 이르니 왼쪽 언덕 위에 감나무가 보였다. 가파른 기슭으로 10미터 정도 오르자 2백년이 넘어 보이는 소나무 한 그루가 서 있다. 그 옆으로 70평 정도의 계단식 집터가 자리 잡고 있었다. 네 채 정도의 집터를 찾아냈으나 해월 선생이 살았던 곳은 알 길이 없다. 노송이 서 있는 곳에서 골짜기를 내려다보니 훤하다. 집터 위쪽으로 5백 평 정도의 밭이 있었고 골짜기 일대에는 여기저기 화전 터가 널려 있었다. 집자리 북쪽 골짜기에도 잘 정리된 5백 평이 넘어 보이는 계단식 밭터가 보였다.

인근에 샘물이 있어야 한다. 집 뒤 왼편 능선 기슭으로 올라가니 말라 버린 우물 흔적이 있었다. 여름철에는 물이 나왔는지 모르나 겨울이 되면 말라 버릴 것 같았다. 집터 뒤 바른편으로 10미터 정도 올라가자 계곡으로 내려가는 ㄹ자 형 길이 나 있었다. 20미터 정도의 골짜기 밑에는 수량이 풍부한 개울이 흐르고 있었다. 기슭에는 오막살이 집터도 하나 보였다. 아마도 이 개울물을 식수나 생활용수로 사용한 것 같다.

용담 찾아가 입도

동네 사람들의 말에 의하면 검곡은 땅이 비옥하여 소출이 많았다고 한다. 해월 선생은 33세(己未, 1859년) 되던 봄에 식구를 거느리고 이 금등골(劒谷)로 들어와 화전민 생활을 하였다. 몸은 고단했으나 소출도 늘어났고 마음도 평안했다.

해월 선생이 35세 되던 1861년 6월초였다. 하루는 친구가 찾아와 경주 용담에 신인이 나타났다는 소문이 있다고 하였다. 곧 용담으로 찾아가 수운 선생에게 인사를 올렸다. 한마디 한마디 말씀이 마음에 쏙쏙 들어왔으며 사람을 감동시켰다. 해월 선생은 수운 선생을 보자마자 첫눈에 끌렸다.

추측컨대 수운 선생은 그 자리에서 제자가 되기를 청하고 입도식을 올렸다고 여겨진다. 해월 선생의 재판기록에는 "피고 최시형은 병인년(丙寅年, 1866)에 간성 사는 필묵상 박춘서朴春瑞에게 소위 동학을 받았다."고 하였다. 박춘서는 간성 사람이 아니라 영덕 사람이며 입도한 연대도 맞지 않는다. 양양 도인을 지도하러 갈 때 해월 선생과 동행할 정도로 가까운 사이였다. 그러나 해월 선생이 그에게 도를 전해 주었다. 해월 선생이 처음 포덕한 사람이 바로 박춘서였을 것이다. 해월 선생은 1861년 6월 어느 날 스스로 용담을 찾아가 수운 선생으로부터 직접 도를 받았다.

해월 선생의 종교체험

머리말

해월海月 최경상은 35세(1861년) 되던 6월 어느 날 경주 용담으로 찾아가 수운 선생으로부터 도를 받았다. 이후 한 달에 두세 번씩 용담으로 찾아가 가르침을 받았다. 이해 8월 중순경에도 가르침을 받기 위해 용담으로 찾아갔다. 많은 도인들이 모여 있었으며 이 자리에서 주고받는 화제는 천어天語였다. 모두 착실히 수행하여 천어를 들었다고 자랑이다. 천어를 못 들은 이는 해월 선생뿐인 것 같았다.

  스스로 부끄러운 마음이 들자 저녁을 먹고 나서 수운 선생에게 집으로 간다는 하직인사를 올렸다. 밤중에 70릿길을 가겠다고 나서자 모두가 말렸다. 그러나 해월 선생은 이날 밤 검곡 집으로 돌아왔다. 이튿날부터 수련에 들어갔다. 햇빛을 가리기 위해 멍석을 드리우고 수련하기도 하였고, 얼음을 깨고 찬물에 들어가 목욕하는 고행도 해 보았다.

  6개월이 지난 이듬해 1월 중순경에 드디어 천어를 듣게 되었다. "찬물에 급히 들어앉으면 건강에 해로우니라."라는 말씀이었다. 훗날 해월 선생이 이 종교체험을 수운 선생께 아뢰자 「수덕문」의 한 구절이라고 하였다. 천어가 아니라는 말이다. 이 말씀을 들은 해월 선생은 천어가 무엇인가를 알게 되었다 한다. 이후 천어를 실천적으로 재해석하여 새로운 의미를 부여하였다. 천어에 관한 종교체험을 살펴보기로 한다.

전해지는 기록들

『해월선생문집』에는 다음과 같은 기록이 있다.

"(1861년) 8월 10일경에 이기(理氣, 여기서는 천어의 이치를 말함)를 투명하게 얻어 보려는 마음이 있어 가산을 돌보지 않은 채 문 밖으로 나가지 않고 온종일 매일 밤을 이어 가며 주문 읽기에 지극한 정성을 기울인 지 3~4개월이 지났다. '앞서 듣기에 사람들이 독공하여 매번 천어를 들었다 하는데 지금 나는 하나의 기미(動靜)도 없으니 이는 곧 정성이 부족하기 때문이다.' 때는 추위가 심한 겨울이었다. 인적이 고요한 깊은 밤에 문전에 있는 못으로 나가서 얼음을 깨고 매일 밤 수 차례씩 목욕하기를 2개월에 이르렀다. 처음에는 피부를 도려내는 듯했으나 나중에는 얼음물도 따스한 것 같았다. 선생은 본래부터 가난한 형편이라 땔나무를 해 오는 사람이 따로 없었으며, 떨어진 창문과 벌어진 벽 사이로 찬바람이 쏟아져 들어왔다. 무너진 부엌과 방앗간 얼음 위에서 머리를 빗으며 또 열흘을 지냈다. 공중에서 간곡하게 타이르는 말이 들려왔다. 이르기를 '건강한 몸에 해로운 것은 곧 찬물에 갑자기 들어가 앉는 것이니라.'고 하였다."

권병덕은 『천도교회월보』(제270호, 1934년 6월호)에 다음과 같이 기록하였다. 즉 "많은 도우들이 … 한울님 말씀을 매양 듣는다 하거늘 해월신사 스스로 생각하되 … 나는 그렇지 못하니 정성이 부족함이라 … 대신사(수운 선생-주)께 돌아가겠다고 하였다. 대신사 가라사되 '날이 다 저물었거늘 어찌 70리를 가리오.' 하시며 만류하시었으나 신사 기어이 절하고 물러가니 … 해월신사 금등골 본집으로 돌아와서 문 앞 대숲 아래 못에 가서 얼음을 깨고 목욕을 하실 새 … 매야每夜에 두 시간씩 목욕하며….'라 하였다. 권병덕은 수운 선생을 직접 모셨던 이관영으로부터 이 말을 전해 듣고 기록하였다 한다. 그는 1890년대에 상주로 와서 살았을 때 이 말을 권병덕에게 전해 주었다.

또 전하는 말에 의하면 해월 선생은 집으로 돌아와 밤낮으로 주문을 외우기를 두 달이 되어도 천어가 들려오지 않자 그 뒤부터는 환히 비치는 빛마저 방해가 되는 것 같아 문에 멍석을 드리우고 주문을 읽었다 한다. 이렇게 하기를 또 한 달이 지났다. 여전히 천어는 들려오지 않았다. 이번에는 단식을 해 보기로 했다. 제대로 잠자고 제대로 먹고 주문을 읽는 것은 정성들이는 자세가 아니라는 느낌이 들어 20여 일간 음식을 끊고 수련에 몰두하였다. 그러나 몸만 수척해졌을 뿐 천어는 여전히 들려오지 않았다. 어느덧 11월이 되었다. 여전히 천어는 들려오지 않았다. 수행 방법을 다시 바꾸어보았다. 이번에는 계곡으로 내려가 개울을 막고 소를 만들어 아침저녁으로 냉수 목욕을 하는 고행에 들어갔다.

한 달 후인 어느 날 여느 때처럼 물 속으로 들어갔다. 그 순간 공중에서 타이르는 목소리가 들려왔다. "건강한 몸에 해로운 것은 또한 찬물에 갑자기 들어앉는 것이니라."라는 소리였다. 해월 선생은 이 소리를 듣자 천어라고 믿고 곧 물에서 나와 냉수목욕을 중단하였다. 『천도교서』에는 "목욕할 차로 얼음물에 들어가니 어디서 말소리가 들리되 '양신소해 우한천지급좌'(陽身所害 又寒泉之急坐)라 완연히 들리거늘 신사 그제야 한울님 명교를 받으시고 얼음물에 목욕함을 그치었다."고 하였다. 이후 방안에서 수련하였는데, 다시 한 기적이 생겼다. "여러 달 동안 계속해서 밤새도록 등잔불을 켜 두어도 기름 반 종지가 그대로 남아 있었다. 다시 21일이 지나 밤이 되어도 조금도 줄지 않았다. 이때 영덕에 사는 이경중이 한 종지 기름을 가져오자 그날 밤 등잔불에 이 기름을 붓고 켜 보니 기름은 어느덧 말라 버렸다."고 하였다. 해월 선생은 두 가지 종교체험을 한 셈이다. 하나는 천어를 듣는 체험이었고 하나는 기름이 마르지 않는 기적이었다.

천어의 뜻을 재해석

해월 선생은 여러 면에서 궁금한 점이 많았다. 당시 수운 선생은 남원에 가 있었으므로 주변에는 물어볼 사람이 없었다. 7월이 되자 수운 선생이 돌아와 경주 서면 박대여의 집에 머물러 있게 되었다. 해월 선생은 찾아가 자신이 체험한 이야기를 하였다. 냉수 목욕을 하다 들은 천어 이야기와 오랫동안 등잔 기름이 마르지 않았던 이야기를 아뢰었다.

"대선생께서 크게 기뻐하시며 말씀하시기를, '이는 천리의 자연이다. 그대는 큰 조화를 받은 것이니 마음으로 기뻐하고 자부하라.' 하였다."고 『해월선생문집』에 기록되어 있다. 그리고 냉수 목욕을 할 때 공중에서 들려온 '양신소해 우한천지급좌'는 "내(수운 선생)가 남원에서 「수덕문」을 초잡아 읊은 것과 같다."고 하였다. 이 말을 들은 해월 선생은 천어가 (별스런 말이-주) 아니라는 사실을 알게 되었다. 동시에 천어의 참뜻이 무엇인가를 깨우치게 되었다 한다. 그동안 '양신소해 우한천지급좌'는 틀림없는 천어로 믿어 왔다. 그런데 이 말(소리)은 수운 선생이 「수덕문」을 초잡아 읊은 것과 같다고 하자 실망하는 빛이 없지 않았다.

『해월신사법설』 중에도 천어에 대한 기록이 있다. "천어가 어찌 따로 있으리오 … 강화降話는 사람의 사욕과 감정으로 생기는 것이 아니요, 공리와 천심에서 나오는 것을 가리킴이니, 말이 이理에 합하고 도에 통한다 하면 어느 것이 천어 아님이 있겠는가."라고 하였다. 『해월선생문집』이나 『해월신사법설』 그리고 『천도교서』의 기록들은 수운 선생의 진의를 얼마나 제대로 전하고 있는지 의문이 없지 않다. 기록을 남긴 필자의 주관이 가미된 것은 틀림없어 보인다.

아는 것만큼 보인다는 말이 있다. 수운 선생의 높고 깊은 뜻을 이해한다는 것은 듣는 이가 아는 정도만큼 이해할 수 있다. 따라서 수운 선생나 해월 선생의 말씀을 기록한 이들이 제대로 이해했다고 단언할 수는 없다. 그런데 해월 선생은 이미 수운 선생의 뜻을 깊이 이해하는 중견 도인 중의 한 분이었다. 그래서 수운 선생이 「수덕문」을 초하여 그중 하나의 글귀를 읽었다는 말을 듣자 천어에 대한 새로운 해석을 내리게 되었다. 천어란 "양심에 거리낌이 없을 정도로 순수한 마음과 바른 기운으로 성실하게 행한 뒤에 내려진 판단을 언어로 표출한 것이다."라고 해석한 것이다.

결국 해월 선생이 들은 '양신소해 우한천지급좌'는 천어가 아니면서 천어였던 것이다. 해월 선생은 천어를 듣기 위해 5개월이나 경건하고 또 성실하게 수련하였다. 창문에 멍석을 드리우고 주문을 읽어 보기도 하고, 단식을 하며 주문을 읽기도 하였다. 끝내는 자신의 게으름을 채찍질하며 엄동설한에 얼음을 깨고 냉수목욕이란 고행 수련을 하기도 하였다. 할 수 있는 것을 다하며 천어를 듣기 위해 정성껏 수련에 정진했다. 그런데 천어는 들려오지 않았다. 양심에 비추어 꺼릴 것이 없을 정도로 성실하게 수련하였으나 여전히 천어는 들려오지 않았다.

1월 어느 날. 이날도 여느 때처럼 얼음을 깨고 찬물에 들어갔다. 발을 담그는 순간 '오늘도 헛수고만 하고 몸만 해치는 것이 아닐까?' 하는 의심이 스쳐갔다. 이 순간 공중에서 엄숙한 목소리가 들려왔다. "찬물에 갑자기 들어앉으면 건강에 해로우니라." 드디어 천어를 듣게 되었다. 이 천어는 양심에 비추어 부끄럼 없이 성실을 다한 후의 해답이었다.

해월 선생은 이 천어의 내용에 대해 의아스러운 점을 떨쳐 버릴 수가 없었다. 천어라면 오묘한 진리를 깨우쳐 주는 내용이야 하는데 해월 선생이 들은 천어는 냉수 목욕을 중지하라는 명령과 같은 것이었다. 결국 수운 선생에게 물어보기에 이르렀고 수운 선생은 "찬물에 갑자기 들어앉으면 건강에 해로우니라."는 글귀는 「수덕문」을 초잡아 읽은 구절과 같다고 하였다. 말하자면 천어가 아니라는 말이었다. 수운 선생은 오랫동안 천어란 무엇인가를 생각하게 되었다. 결론은 "양심에 비추어 거리낌이 없을 정도로 순수한 마음과 바른 기운으로 성실하게 행한 뒤에 내려진 판단을 언어로 표출한 것이 천어이다."라고 재해석한 것이다.

천어의 실천적 재해석

해월 선생이 재해석한 핵심은 오묘하게만 여겼던 천어를 일상적인 생활 속의 천어로 끌어냈다는 데 있다. 해월 선생은 수운 선생이 "내 몸에 한울님을 모시고 있다." 하였으므로 이 한울님의 덕과 합일하고 이 한울님의 참뜻(心)과 하나가 된 경지에서 하는 말은 모두 천어일 수밖에 없다는 것이다. 종전의 천어의 개념은 저세상과 이 세상을 양분한 토대 위에 놓여 있었다. 저 높은 세상을 초감성적인 세계라 하여 신성한 세계로 보았고 최고 가치 체계가 존재하는 세계로 보았다. 이에 반해 이 지상의 현실 세계는 감성적인 세계로서 초감성계로부터 수직적으로 지배 받는 세계요 속된 세계로 보았다. 따라서 천어는 언제나 저 높은 곳에서, 즉 초감성계에서 내려지는 말씀으로 보게 된 것이다.

그런데 해월 선생의 천어에 관한 재해석은 우선 감성계니 초감성계니 하는 이중세계 자체를 부정하고 접근한 것이다. 즉 저세상이 따로 있고 이 세상이 따로 있다는 관념을 부정한다. 살아가는 이 세계는 이중세계가 아니라 유일하고 단일한 세계라는 것이다. 따라서 천어는 저 높은 곳에서 내려오는 것이 아니라 나로부터 나온다는 것이다. 수운 선생은 이것을 내유강화지교 內有降話之教라 하였다.

수운 선생의 내유강화지교에는 가치 전도가 깔려 있다. 지금까지 지녀 왔던 가치 체계들이 순간에 무너지고 새로운 생각 틀이 전면에 드러나는 것을 가치 전도라고 한다. 그 첫째 조건이 이중세계의 부정이며 저 높은 초감성계에 있던 최고 가치 체계를 우리 몸 안으로 끌어내려 놓은 것이다. 그리하여 모든 과제 상황에 대한 해답은 가공의 초감성계에서 내려지는 것이 아니라 삶을 영위하는 나로부터 나오게 마련이라는 것이다.

해월 선생은 천어를 여러 형태로 말씀하였다. 그중 한두 가지 예를 들어 보면 실천적인 재해석을 시도하였음을 알 수 있다. "오吾는 비록 부녀 소아小兒의 언言이라도 또한 가히 학學할 것은 학하며 사師할 것은 사하노니 시是 선善은 일체 천주의 어語이므로써니라."고 하였다. 그리고 "여余 수도의 시時에 천어를 누문하였으니 금에 사思컨대 시是 아직 미달문未達聞의 초보에 재在한 사事이다. 약若 대각자大覺者로서 천어 인어의 구별을 문하면 시是 강江과 해海의 구별을 작作하는 자와 무이無異하도다. 인시천人是天이어니 인어人語 어찌 천어 아니랴."고 하였다.

결론

이상에서 본 바와 같이 '양신소해 우한천지급좌'라는 천어를 경험한 해월 선생은 이를 실생활에 적용할 수 있게 실천적으로 재해석하였다. 신사의 위대함은 바로 수운 선생의 가르침을 실생활에 적용할 수 있게 재해석한 데 있다. 초감성계로부터 내려진다는 천어의 관념에 대해 '양심에 비추어 거리낌이 없을 정도로 순수한 마음과 바른 기운으로 성실하게 행한 뒤에 내려진 판단을 언어로 표현할 때 이것이 바로 천어'라는 해석은 해월 선생이 아니면 이루어낼 수 없었다. 이와 같은 재해석은 수운 선생의 가르침을 충분히 소화해 내지 못하면 이루어질 수 없다. 수운 선생의 신념 체계를 종합적으로 소화한 후에 이루어진 재해석이라고 할 수 있다.

해월 선생은 수운 선생이 가르친 시천주 신관념을 여러 면에서 재해석하였다. 시천주의 신 관념에 대해 실천적으로 첫째가는 해석은 인내천이었다. 다음으로는 사인여천이었다. 모든 사람은 한울님을 모시고 있으므로 한울님처럼 존엄하게 보자는 것이 인내천이다. 모든 사람이 한울님처럼 존엄하다면서 사람 섬기기를 한울님 섬기듯이 하자는 것이 사인여천이다. 이 실천적인 해석은 개인적으로나 사회적으로나 문명사적으로도 그 폭이 하도 넓어 저절로 감탄을 금할 수 없다.

해월 선생의 인내천 강론

금등골서 기념 제례

수운 선생이 순도한 1864년 이후 1년간은 모든 동학도들이 숨을 죽이고 숨어 있어야 했다. 해월 선생도 안동 이무중의 집에서 관졸들의 기습을 받고 간신히 빠져 나와 평해로 가서 황주일의 주선으로 거처를 정하고 숨어 살았다. 좀 더 깊은 산중으로 피신하기 위해 1865년 3월경에는 영양군 일월면 용화동 윗대치(上竹峴)로 옮겼다. 일월산 동쪽 기슭 깊은 산중마을이었다. 북으로는 댓치가 있으며 이 재를 넘어가면 봉화군이 된다.

1865년 7월 어느 날 상주군 동관음에 있던 박씨 사모님(수운 선생 부인)도 해월 선생의 거처를 듣고 자녀들과 같이 이곳으로 찾아와 살았다. 이후 해월 선생은 사가를 돌보며 농사일에 전념하였다. 다행히도 가을걷이를 하여 보니 10여 식구가 먹을 수 있는 소출이 나왔다. 가을이 되면서 동학 탄압은 뜸해졌고 수운 선생의 탄신기념 제례일은 가까워 왔다.

1865년의 10월 28일은 수운 선생이 순도한 이후 첫 번째로 맞는 탄신기념 제례일이다. 살고 있는 용화동 사가에서 제례를 올리려 했다. 그러나 아직 제대로 자리를 못 잡아 많은 사람이 출입하기에는 동리 사람들의 이목이 조심스러웠다. 해월 선생은 생각 끝에 금등골(劒谷)에서 모시기로 작정하였다. 금등골은 깊은 산중의 화전민 마을일뿐더러 해월 선생의 고향이었고 오랫동안 살았던 곳이라 여러 모로 안심할 수 있었다.

제례 마치고 인내천 강론

해월 선생의 머릿속에는 동학의 명맥을 이어가기 위한 생각뿐이었다. 대도의 운명이 자기 한몸에 달려 있음을 누구보다도 잘 아는 해월 선생은 수운 선생 순도 후 첫 번째로 맞는 이번 탄신기념 제례를 어떻게 활용하느냐를 놓고 골똘히 생각하였다. 모든 종교와 도학은 신념 체계와 더불어 집단 의례를 소중히 여긴다. 일반 사상 단체는 연구하고 발표하면 그만이지만 종교단체나 도학의 집단은 신념 체계도 중요하고 나아가 집단적 제례 의식 또한 중요한 몫을 하는 것이다.

수운 선생 탄신기념 제례일인 10월 28일이 되었다. 뜻밖에도 수십 명의 도인들이 금등골에 모였다. 참으로 오랜만이라 해월 선생을 비롯하여 모든 이가 서로 보고 싶던 얼굴들이라 감개무량하였다. 서로가 살아있음을 확인하면서 손을 마주잡고 흔들어댔다. 이 제례를 통해서 많은 도인들이 변함없는 정의를 간직하고 있음을 확인할 수 있었다. 해월 선생은 모처럼 모인 이 자리를 단순히 모였다 헤어지는 제례로 마쳐서는 안 된다고 생각하고 동학이 살아남을 수 있는 계기로 삼으려고 다짐했다.

그러자면 집결력과 꿈을 심어줄 필요가 있었다. 수행도 중요하지만 현실의 모순을 일깨워 주고 공감대를 형성할 수 있도록 그 방향을 제시해 주어야 한다. 고민하던 해월 선생은 인내천人乃天이란 놀라운 인생관을 제시하였다. 인생관이란 우리 삶에 대한 이해와 자세를 체계적으로 생각하고 행할 수 있는 신념을 말한다. 우리의 참된 삶에 대하여 전체적이고 통일적인 해답을 줄 수 있는 신념의 체계라 할 수 있다.

제례 의식을 마치자 해월 선생은 간단명료하게 인내천(人乃天, 人是天)에 대한 강론을 폈다. 『천도교서』에는 그 요지를 다음과 같이 기록하였다.

"인人이 내천乃天이라. 고로 인은 평등하여 차별이 없나니 인이 인위로써 귀천을 분分함은 한울님 뜻에 어긋나는 것이니라. 우리 도인들은 일체 귀천의 차별을 철폐토록 하여 스승님의 본뜻에 따르도록 하자."는 요지였다. 딱딱하게 표현되었지만 당시 해월 선생의 말씀은 누구나 알아듣기 쉽게 일상어로 설명했을 것이다. 후세 기록자들이 이처럼 딱딱하게 옮긴 것이다.

이 첫 번째 강론은 그 내용으로 보아 해월 선생이 앞으로 동학운동을 이끌어 가는 기본 방향을 세운 셈이다. 이 강론에서 첫째로 인내천人乃天이란 새로운 낱말을 사용했으며, 둘째로 인위적으로 만들어진 귀천 차별의 제도는 사회의 모순 중의 모순이라 적시했으며, 셋째로 스승님의 뜻에 맞게 도인들은 귀천의 차별을 철폐하는 데 앞장서야 한다는 것이었다. 말하자면 앞으로 동학 도인은 인내천이란 인생관을 가지고 인위적으로 만들어진 신분제의 모순을 우리 손으로 타파하여 인간의 존엄성을 구현해 나가자는 말이다.

인내천의 말뜻

인人이 내천乃天, 즉 인내천이란 무엇을 뜻하는 것일까? 기록에 의하면 인내천, 인시천, 인즉천 등 세 가지로 표현되어 있다. 이중 해월 선생 기록에 자주 사용된 낱말은 인시천이다. 직역하면 "사람이 한울님이다."라는 것이다. 인내천, 인시천, 인즉천이란 한문 표현은 모두 '사람이 한울님이다.'라는 뜻을 나타내는 낱말들이다. 즉 인내천의 뜻과 인시천의 뜻과 인즉천의 뜻이 다른 것이 아니다. "사람이 한울님이다."라는 말을 기록하는 사람에 따라 달리 표현했을 뿐이다.

해월 선생이 "사람이 한울님이다."라고 한 것은 시천주 신 관념을 나름대로 재해석한 말이다. 수운 선생은 "사람이 한울님이다."라고 표현한 적은 없으나 「교훈가」와 「논학문」에서 한울님이 "네 몸에 모셔져 있다."고 하였다. 수운 선생은 자신의 신 관념을 네 가지 특징으로 살펴보았는데 그중 하나의 특징으로 내재신內在神을 말하였다. 바로 시천주라고 한 것이다. 해월 선생은 이 수운 선생의 시천주 신 관념을 일상적인 생활에 맞도록 인내천으로 재해석한 것이다.

1890년 복호동에서 해월 선생은 「내수도문」을 발표하였다. 여기서 "어린 자식 치지 말고 울리지 마옵소서. 어린아이도 한울님을 모셨으니 아이 치는 것이 곧 한울님을 치는 것이오니…."라고 하였다. 시천주 신 관념으로 보면 누구나 한울님을 내 몸에 모시고 있으므로 한울님처럼 존엄하다. 한울님을 모시고 있는 어린아이를 치는 것은 곧 한울님을 치는 것이 되므로 금하라고 하는 것이다. 그러므로 유념해야 할 점은 존엄성이다. 존엄한 한울님을 모시고 있는 사람은 한울님과 같이 존엄하다고 볼 수밖에 없는 것이다. 사람의 존엄성과 한울님의 존엄성을 같이 볼 때 '사람의 존엄성=한울님의 존엄성'이라는 등식이 성립된다. 인내천이니 인시천이니 인즉천이니 하는 표현은 사람의 존엄성이 바로 한울님의 존엄성과 같다는 뜻이다.

시천주 신 관념의 재해석

해월 선생의 시천주 신 관념을 인내천으로 표현한 것은 삶의 현실에서 내려진 재해석이다. 보통 시천주라면 초감성계에 있던 신을 감성계인 내 몸에 끌어내린 것으로만 생각한다. 즉 저 높은 천상에 있던 신을 내 몸 안으로 끌어내려 신 관념을 전도시킨 정도로 생각한다. 그러나 해월 선생은 '삶의 현실에서 한울님이 내 몸 안에 모셔져 있다면 사람을 어떻게 보아야 하며 어떻게 대해야 하는가.'라는 실천적인 면을 중시했던 것이다.

시천주 신 관념을 일단 인내천으로 재해석한 해월 선생은 한 걸음 나아가 이 인내천을 일상생활에 적용시킴에 있어서 우선 신분제의 모순을 타파하는 지침으로 삼았다. "인은 평등하여 차별이 없나니 인이 인위로써 귀천을 분分함은 한울님 뜻에 어긋나는 것이니라."고 하였듯이 여러 형태의 신분 차별은 천리에 반하는 것이므로 응당 타파해야 할 것이다. 그래서 "우리 도인들은 일체 귀천의 차별을 철폐토록 하여 스승님의 본뜻에 따르도록 하자."고 권고한 것이다.

이후 동학운동은 일관되게 인내천의 인생관을 바탕으로 한 신분제 타파운동을 벌이게 되었다. 4개월 후인 1866년(병인) 3월 10일(음)에는 수운 선생의 순도기념 제례일이었다. 상주 도인 황문규와 한진우, 황여장, 김문여 등이 비용을 추렴하여 제수를 차릴 수 있었다. 이번에는 용화동 윗대치 사가(師家, 박씨 부인의 집)에서 모셨다. 순도 3년을 맞는 기념 제례일이므로 여러 지역에서 많은 도인들이 찾아왔다. 삼년상을 마치자 이번에도 해월 선생은 낮은 목소리로 신분제 타파에 관한 강론을 폈다. 신분제의 하나인 적서의 차별을 철폐하자고 권고하였다.

『천도교서』에 의하면 "자금自今으로 오吾 도인은 적서의 별別을 유有치 물勿하고 대동大同 평등의 의義를 실준實遵하자."고 하였다 한다. 지난번 금등골 강론에서는 인내천을 강론하면서 귀천 타파를 내세웠다면 이번 강론에서는 적서 차별을 철폐하자고 강조하였다.

1891년 호남 지역에서 편의장을 둘러싼 신분 문제 시비로 약간의 분규가 생긴 적이 있다가 이를 수습하기 위해 해월 선생은 직접 내려갔다. 이때 유명한 신분제 타파를 강조하는 말씀이 있었다.

"우리 나라에는 두 가지 큰 폐풍이 있다. 하나는 적자와 서자를 구별하는 일이요 다음은 양반과 상놈을 구별하는 일이다. 적자와 서자의 구별은 집안을 망치게 하고, 양반과 상놈의 구별은 나라를 망치게 한다. 이것이 이 나라의 고질이다."라고 하였다. 이처럼 해월 선생은 시천주의 신 관념을 인내천으로 재해석하면서 동학이 나아갈 방향으로 삼는 동시에 실천에 옮겼던 것이다. 일련의 이 같은 강론은 결국 조선왕조 체제의 근간인 신분제도를 정면에서 타파하겠다는 선언과도 같았다.

사인여천의 이상

해월 선생은 신분제 타파를 강조했을 뿐만 아니라 미래사회에 대한 꿈도 제시하였다. 이것이 다름 아닌 사인여천하는 이상사회였다. 사인여천이란 사람 섬기기를 한울님 섬기듯 하자는 것이다. 이 가르침은 해월 선생의 가르침은 아니다. 『천도교서』에는 1885년에 상주 전성촌에 있을 때 "여余 몽매의 간間인들 선생의 유훈을 망忘하리오. 선생은 인내천의 본의를 설說하사 왈 '인을 사事하되 천과 여如히 하라.'하셨나니라."고 하였다.

이 기록에 따르면 사인여천은 해월 선생의 가르침이 아니라 수운 선생의 가르침이다. 또한 인내천이란 가르침도 의암성사의 가르침이 아니라 해월 선생의 가르침이다. 이 사인여천의 가르침은 개인적인 수행의 한계를 넘어서서 동학을 사회적인 이상으로 승화시켰다. 즉 동학은 모든 사람이 한울님처럼 대접받을 수 있는 사회를 실현하는 것을 이상으로 삼았다. 1923년에 천도교의 전위단체인 천도교청년당을 발족할 때 강령으로 '사인여천의 정신에 맞는 새 윤리의 수립'이라는 항목을 채택하였다. 이 강령은 모든 사람이 한울님처럼 대접받을 수 있는 윤리적인 사회를 만드는 것이 동학의 이상이라는 것을 나타낸 첫 번째 행동 강령이라 할 수 있다.

이로부터 동학의 신념 체계는 인내천, 사인여천으로 구체화되어 새로운 모습으로 자리 잡아 가게 되었다. 여기에는 당시 도인들의 노력도 주목해야 한다. 1865년 가을부터 용화동 인근에는 여러 도인들이 숨어들어 해월 선생을 도와주었다. 『최선생문집도원기서』에 의하면 김덕원, 정치겸, 전윤오, 김성진, 백현원, 박황언, 김양언, 황재민, 권성옥, 김성길, 김계악 등이 인근 지역에 이사 와서 숨어 살았다고 하였다. 이들은 해월 선생의 뜻을 받들어 인내천과 사인여천을 일상생활에 적용하여 생활함으로써 동학의 새 모습을 민중들에게 공감시켰다고 한다.

결론

1898년(포덕39) 4월 5일에 해월 선생이 원주 송골에서 체포되어 서울 서소문 감옥에 수감되었을 때였다. 71세가 된 해월 선생은 노환이 있었는데 감옥 생활을 하게 되자 병세가 더욱 악화되었다. 음식도 거의 들지 못해 뼈만 앙상하게 드러났고 발은 퉁퉁 부어 올라 목숨이 경각에 이르렀다. 이때 이종훈이 옥사장 김준식에게 접근하여 의형제를 맺고 해월 선생에게 편지 한 장을 전하게 되었다. 그날로 회답이 나왔다.

"여러분의 안부를 몰라 궁금했노라. 내게 관한 일은 조금도 염려 말고 수도에 극진하라. 이번 일은 천명이니 마음 편안하게 최후를 기다리노라. 우리 도의 장래는 대도 탕탕할 것이니 내 뜻을 이어 형통케 하라. 그리고 긴요히 쓸 곳이 있으니 엽전 50냥을 넣어 달라."

이종훈은 곧 돈 50냥을 마련하여 전해 드렸다. 얼마 후 김준식 옥사장에게 50냥의 돈은 무엇에 쓰시던가 물었다. 떡을 사오라 하기에 50냥어치 떡을 사다 드렸더니 죄수들에게 골고루 나누어 주었다고 하였다. 기력이 다해 몸도 가누기 어려운 처지에서도 죄수들이 배고파 고생하는 모습을 볼 수가 없어 떡을 사서 나누어 주었던 것이다. 해월 선생이야말로 인내천, 사인여천의 참 모습을 최후까지 보여주셨다. 해월 선생이 인내천의 인생관과 사인여천의 이상을 심어 주지 않았다면 동학은 새로운 신념 집단으로 거듭나지 못했을 것이다. 해월 선생이 가르쳐 준 인내천의 인생관과 사인여천의 이상은 영원한 동학도의 인생관이요 영원한 동학도의 꿈이 되어 승화하였다.

영해 교조신원운동 이야기

머리말

1871년(포덕12) 3월 10일에 영해에서 동학 최초의 교조신원운동이 일어났다. 16개 지역에서 동학도 약 500명이 동원되어 밤중에 영해 읍성을 점령하는 변란과 같은 교조신원운동이 벌어졌다. 주도 인물은 이필제이고 그 뒤에는 해월 선생과 동학 지도부가 있었다. 해월 선생은 처음에는 거사를 거부하였다. 즉 1870년 10월경에 이필제가 사람을 보내 면담을 요청하였으나 응하지 않았다. 그러나 5개월간에 걸쳐 영해 동학 지도자들이 다섯 차례나 찾아와 간청하므로 부득이 움직이게 되었다. 1871년 2월에 해월 선생은 직접 영해로 넘어가 여러 도인들을 만나 보고 그들의 생각을 확인하였다. 거의가 스승님의 신원을 해야 한다는 의견이었다. 해월 선생도 끝까지 거절할 수 없어 각지 동학 지도자들에게 동원령을 내렸다. 그리하여 교조신원운동을 결행하기에 이르렀다.

이필제의 선동

이필제는 진주 변란을 도모하다 발각되어 피신하던 중에 1870년 7월에 영해로 잠입하였다. 그가 처음 만난 사람은 이수용으로, 그는 몇 년 전부터 이필제와 친분이 있었던 동학 지도자였다. 『교남공적』에도 '이제발은… 본래 동학의 여당'이라고 규정하고 있다. 그는 1863년에 용담으로 찾아가 수운 선생으로부터 도를 받았다고 하였다.

이필제는 이수용의 소개로 창수면 우정골 형제봉 중턱 '평풍바위' 산중에 사는 박사헌을 찾아갔다. 박사헌은 영해접주 박하선의 아들이었다. 이 평풍바위는 형제봉(兄弟峰, 703.8미터)에서 동쪽으로 800미터 정도 떨어진 해발 490미터 산중 고지대에 있는 골짜기 안 지명으로, 이곳은 마을에서 10리나 떨어진 곳이라 여기서 어떤 일을 꾸며도 알 수 없는 곳이다.

박사헌은 부친 박하선이 관에 체포되어 심한 고문을 받다 풀려났으나 장독으로 사망하였다고 했다. 그리고 영해 동학도들이 구향배舊鄕輩들에게 탄압받아 온 사실도 털어 놓았다. 이런 사실을 알게 된 이필제는 엉뚱하게도 동학도를 선동하면 변란을 꾸밀 수 있다는 생각을 하게 되었다. 그리하여 억울한 죄명으로 순도한 수운 선생의 신원을 내세웠다. 결국 박사헌을 위시하여 이수용, 권일언, 박군서 등이 호응해 주었다.

동학도는 신향 세력

이 지역에는 1840년에 향전鄕戰이 벌어진 적이 있다. 향전은 향반鄕班들이 조직한 향청鄕廳의 직임을 차지하려고 벌어진 싸움을 말한다. 영해에서는 서얼 출신의 신향新鄕과 토박이 세력인 구향 간에 향전이 벌어졌다. 결국 구향 측의 승리로 막을 내리자 신향 측은 그들로부터 업신여김을 당해야 했다.

신향에 속했던 함양 박씨와 안동 권씨, 영양 남씨 등은 1863년경에 새로운 이념인 동학을 받아들였다. 『신미아변시일기』에는 "본읍 신향배들에게 동학지설이 많이 염습되어 있다. 이 동학은 금번 적변에 역시 많이 참섭하였다."고 하였다. 그리고 "구향과 신향은 빙탄의 사이로 내려온 지 오래며 전년에 교궁校宮의 직임을 뽑을 때에도 이들은 심하게 서로 배척하여 영영 상종 않기로 했다."고 하였다.

경상감영은 1864년에 수운 선생을 처형하고 나서 동학을 탄압할 때 영해 지역 동학도에 대해서도 철퇴를 가했다. 『신미아변시일기』에는 "6~7년 전 동학이 이곳에 들어와 궁촌에 소굴을 만들어 거리낌없이 무리를 모아 가르침을 행하자 유생들이 동학을 탄압하기 시작했다."고 하였다. 심지어 절족絶族의 글을 돌리고 양반 대열에 참여하지 못하게 내치기도 했다 한다. 그래도 그치지 않자 1867년경에는 "구향 측에서 감영에 고발하여 엄히 다스리게 하자 그들 신향배들은 구향을 원수처럼 여겼다."고 하였다.

6~7년 전이라면 1864~5년에 해당하며 수운 선생이 순도한 바로 직후라고 여겨진다. 수운 선생이 순도한 후에도 영해 접주 박하선은 은밀히 동학 활동을 계속하였다. 유생들이 "궁촌에 소굴을 만들어 거리낌없이 무리를 모아 가르침을 행하였다."고 지적한 것으로 보아 이 시기에 박하선은 평풍바위 근처의 산중에 들어가 활동한 것으로 보인다.

구향배들은 접주 박하선을 고발하였고, 동학 지도자 여러 명이 감영으로 끌려가 가혹한 심문을 받았다. 그중 접주 박하선은 고문의 여독으로 집에 와서 1~2년간 자리에 누워 고생하다 1869년 말경에 세상을 뜬 것 같다. 1871년 당시 그의 아들 박사헌은 삼년상을 마치지 못한 상제의 몸으로 상제의 옷을 입고 다녔다. 순박한 농사꾼인 박사헌은 부친의 억울함을 설원해 준다고 믿고 이필제를 적극 도왔다.

해월 선생 면담 강요

이필제는 지면이 있는 동학도들을 찾아다녔다. 때로는 산중 평풍바위로 불러다 설득을 해 나갔다. 1870년 9월까지 동의를 얻은 인원은 50명 내외에 이르렀다. 이 소수 인원으로 영해 읍성을 공격하기는 불가능했다. 더 많은 동학도를 모을 수 있는 방안을 찾던 중 해월 선생을 움직여야 한다는 것이 영해 도인들의 한결같은 의견이었다. 그래서 1870년 10월 어느 날 해월 선생과 잘 아는 이인언을 일월산 용화동 윗대치로 보냈다. 이인언은 이필제라는 인물을 소개하고 수운 선생의 신원운동에 나서자고 권하였다.

"성씨는 정가라 하며, 계해년에 수운 선생으로부터 도를 받았다 하며 그 후 지리산에 들어가 두문불출한 지 6~7년이 되어 선생의 갑자년 불행을 알지 못했다고 합니다. 제자의 몸으로 분함을 이기지 못하여 미루어 오다가 이번에 주인(신사)을 만나보고자 저를 보내 이 말을 전하라 했습니다. 그래서 뜻밖에 오게 되었으니 잠시 가시어 만나보심이 어떠합니까."

해월 선생은 1863년(계해년)에 입도하였다면 내가 모르는 사람이 없는데 정 모鄭某라는 이름은 처음 듣는다고 하였다. 이필제는 영해에 들어와 이름을 정모라고 바꾸었다. 해월 선생이 그런 이름을 알 리가 없었다. 해월 선생이 보기에는 의심스러운 점이 한두 가지가 아니라, "잘 알았다."며 좋게 돌려보냈다. 이필제는 며칠을 기다려도 해월 선생이 나타나지 않자 이번에는 박군서를 보냈다. 그도 이인언과 같은 말을 구구히 늘어놓았다. 이번에도 해월 선생은 좋은 말로 돌려보냈다. 얼마 후 이인언이 다시 찾아왔다. '그 사람은 오로지 스승님의 신원을 하자는 것이며, 그 계책을 상의하려 간청하는 것'이라며 물리치지 말고 한번 만나보시라고 하였다. 해월 선생은 이번에도 좋은 말로 돌려보냈다. 해가 바뀌어 1871년(신미년) 1월이 되었다. 이번에는 박하선 접주의 아들 박사헌을 보냈다.

그는 해월 선생에게 "앞서 세 사람이 다녀갔으나 오시지 않아 제가 오게 되었습니다. 주인께서 그 사람을 만나보면 허실을 알 수 있을 것이니 한 번 가보는 것이 어떠합니까."라고 하였다. 해월 선생은 박사헌에게 "노형은 그 사람과 몇 달간 은담을 나누어 보아 잘 알 것이다. 앞서 왔던 세 사람은 비록 소진蘇秦의 언변을 하였으나 하나도 미덥지 않았다. 노형은 추호인들 나를 속이겠는가." 하며 진실을 말해 보라고 하였다. 박사헌은 "전들 어찌 알 수 있겠습니까. 다만 그의 행동을 보고 말을 들어보면 모두가 옳은 것으로 여기고 있지만 사람의 속마음은 모를 일입니다. 오로지 스승님을 위하는 말만 하니 저도 역시 그렇게 여겨 왔습니다."고 하였다. 해월 선생은 박사헌에게도 "형편을 보아 가 보도록 하겠다." 하고 돌려보냈다. 2월 초순이 되자 다섯 번째로 권일원을 보냈다. "스승을 위해 설원의 방법을 의논하자는 것이므로… 주인이 가서 보아야 그 사람을 대접하는 것이 됩니다."라고 하였다.

도인들도 이필제에 동조

1870년 10월부터 1871년 2월까지 5개월 사이에 다섯 번이나 사람을 보내왔으나 좀처럼 움직이지 않던 해월 선생은 영해 도인들이 이필제에 동조하였으므로 어찌 할 도리가 없었다. 그들의 의견을 들어 보지 않을 수 없어 해월 선생은 권일원과 같이 평풍바위 박사헌의 집으로 찾아갔다. 이필제는 당시 47세(1825년생)였고 해월 선생은 두 살 아래인 45세(1827년생)였다. 이필제는 자신의 나이를 앞세워 허세를 부리며 오는 3월 10일에 영해부를 습격하기로 했다고 일방적인 언사를 함부로 늘어놓았다. 그는 첫째로 스승님의 치욕을 씻어 주기 위해 영해부성을 쳐들어가 관을 징계해야 한다는 것이며, 둘째로 관재(官災)로부터 창생을 건져야 한다는 것이며, 셋째로 자신은 장차 중국을 도모하여 창업하려는 뜻을 가지고 있다고 하였다. 해월 선생은 이필제의 말을 듣고 나서 허황된 사람임을 알고 크게 놀랐다. 그래서 일은 서두르면 실패하기 쉬우니 신중해야 한다고 타이르고 물러나왔다.

해월 선생과 강수는 이필제를 만난 후 교조신원운동을 하기로 손을 잡았다. 그런데 『최선생문집도원기서』에는 이필제가 해월 선생을 협박한 것으로 기록되어 있다. 이 기록은 9년이 지난 1880년에 쓴 것으로 사실과 다르다. 만일 영해교조신원운동을 해월 선생이 주도했다는 사실이 밝혀지면 해월 선생은 역적 집단의 우두머리로 지탄받게 될 것이다. 이 때문에 이필제의 협박에 못이겨 손잡은 것으로 꾸며 놓은 것이다.

해월 선생과 강수는 이필제가 쓴 격문을 갖고 평풍바위에서 내려와 평해로 갔다. 이 지역 도인들의 의견을 들어 보기 위해서였다. 전동규를 만났다. 그는 기다렸다는 듯이 "나는 이미 오래전부터 준비하고 있으니 주인께서도 속히 집으로 돌아가 때를 잃지 말도록 하자."고 하였다. 그는 이미 이필제와 손을 잡고 일을 꾸미고 있음이 확인되었다. 다른 도인들을 만나 보았으나 거의가 동조하고 있었다. 이런 분위기를 확인한 해월 선생은 교조신원운동을 적극적으로 추진하였다. 해월 선생은 용화동 집으로 돌아왔고 강수는 영덕 집으로 내려갔다. 가던 길에 박춘서를 만났다. 그간의 사실을 말하자 박춘서도 이미 이필제를 만났다며 스승님을 위하는 일이니 그 뜻에 따르기로 했다는 것이다. 강수는 청하로 가서 정배 중인 이경여 부자와 동생 조카들을 만났다. 이필제의 격문을 보여 주니 그도 이치에 통한다며 따르기로 하였다.

해월 선생은 돌아오자 곧 이웃에 사는 도인인 이군협, 정치겸, 장성진 등 중견 지도자들과 동참할 방법을 의논하였다. 『교남공적』「김천석갱추」에 "2월 17일 밤에 형님 백이의 의부(義父, 장성진)는 지금 큰일을 꾸미고 있다. 머지 않아 영해에서 변란이 일어날 것이다. … 보름경에는 영양 죽현에 사는 최갑이(崔甲伊, 해월의 양자)가 와서 자고 의부 장성진과 같이 나갔다."고 하였다. 이 기록으로 보아 해월 선생은 2월 14일경에 돌아와 이군협, 정치겸, 장성진과 협의하고 16일경부터 양자까지 동원하여 활동을 개시한 것으로 보인다.

해월 선생 동원령 내려

해월 선생은 수운 선생이 살아 계실 때 접주였던 분들에게 사람을 보내 3월

10일에 영해에서 스승님의 신원운동을 할 것이니 빠짐 없이 우정골 평풍바위 박사헌의 집으로 모이라고 통지하였다. 한편 박사헌의 집에서는 3월 5일경부터 몇 자루의 조총과 약간의 도검 등을 준비하였다. 그리고 별무사가 입을 청색 윗도리와 유건도 마련하였고 식량과 주류, 천제天祭에 쓸 소 두 마리와 제수들도 모두 준비하였다.

대부분의 비용은 해월 선생으로부터 나왔다고 했다. 죽창용 대나무 180여 개는 평해 전동규가 마련하여 우정동 주막에 비치하여 두었다. 이필제는 도인들에게 "스승님을 설원하기 위한 것이라."는 명분을 내세웠으나 이런 명분만으로는 모으기가 어려웠다. 그래서 우정골에 이인(理人, 세상 돌아가는 이치를 잘 아는 사람)이 나타났으니 만나 보러 가자고 유인하기도 하였다.

3월 6일부터 3월 10일까지 모인 인원은 약 5백 명이었다. 유생 남유진이 기록한 『신미아변시일기』에 5~6백 명이라 하였고 『최선생문집도원기서』에는 5백 명이라 하였다. 참가 지역은 영해, 평해, 울진, 진보, 영양, 안동, 영덕, 청하, 홍해, 연일, 경주 북산중, 울산, 장기, 상주, 대구 등지였다. 『교남공적』에는 경남의 영산과 칠원(柒原, 固城接 관내) 등지에서도 온 것으로 되어 있다. 당시 동학 조직이 있는 곳이면 거의 참여하였다.

밤 9시에 읍성 공격

별무사(소대장)들은 푸른색 반소매 덧저고리에 허리띠를 둘렀고 일반 도인들은 각각 유건을 썼다. 평풍(병풍)바위에 모였던 이들 동학도 5백 명은 저녁 7시 반경에 출동하였다. 우정골로 내려가는 골짜기는 비좁고 험하였다. 우정골 신주막에 도착하자 준비해 둔 죽창을 하나씩 거머쥐었다. 조총과 환도로 무장한 이도 각각 세 명씩이나 있었다. 여기서 20리를 달려간 동학도는 영해 부성에 이르자 서문과 남문 앞으로 나누어 포진했다.

저녁 9시 반경이었다. 이윽고 성문이 열렸고 두 사람이 나타났다. 모두 잠들었으니 마음 놓고 들어오라 하였다. 공격 명령이 떨어지자 횃불을 켜들고 함성을 지르며 밀고 들어갔다. 성을 지키는 포수는 수교 윤석중과 한 명의 포수뿐이었다. 왜적들의 출몰을 막기 위해 정부는 지난 해(1870)에 20명의 포교를 특선하여 급료를 주어 관아를 지키게 하였다.

그런데 포수들은 이날 모두 집으로 돌아갔다. 몇 명을 불러다 당번을 세웠다. 그중 세 명은 서쪽 지역에 수상한 사람들이 나타났다는 보고를 받고 탐색에 나갔고 결국 2명만이 성을 지키게 되었다. 교졸은 얼떨결에 발포하였다.

앞장섰던 이필제는 뜻밖의 포성에 놀라 성밖으로 물러났다. 정신을 차린 교졸은 그 사이에 작청作廳 아래에 엎드려 사격할 준비를 갖추었다. 곧 다시 쳐들어오자 세 차례 발포하였다. 앞장섰던 선봉장인 박동혁이 즉사했고 뒤따르던 강사원도 옆구리에 총을 맞았다. 강사원은 즉각 "여기 포수가 있다. 저놈을 잡아라."고 소리쳤다. 2명의 교졸은 놀라 담장을 타고 넘어 달아났다. 『신미영해부적변문축』에는 "선봉장은 경주 북면에 사는 박동혁이었으나 총에 맞아 죽게 되자 영덕에 사는 강수가 중군을 맡아 선봉에 나섰다."고 했다.

별무사인 "김창덕, 정창학, 한상엽 등은 분대를 거느리고 따랐으며 김천석, 이기수, 남기진 등은 서로 다투어 군기를 탈취하였다. 그리고 신화범은 동헌으로 들어가 문을 부수었고 권석두權石斗는 포청으로 달려가 동정을 살폈다."고 했다. 반 시간도 못 되어 영해 관아는 동학도가 완전히 장악하였다.

부사 이정을 치죄

동학도는 동헌에 이르러 사면에 둘려 있는 담장 이엉에 불을 질렀다. 삽시간에 동헌은 불길에 휩싸였고 성밖 주민들은 화광이 치솟고 포성이 울리자 겁에 질려 버렸다. 『나암수록』에는 "부성으로 쳐들어오자 부사는 당황하여 뒤 창문 구멍으로 도망치려다 잡혀서 해를 입었다."고 하였다. 동헌으로 들어 간 동학도는 부사 이정을 잡아 앞뜰에 꿇어앉혔다. 부사의 자제들도 결박해 유치留置하였다. 이필제는 김낙균, 강사원과 같이 대청에 올랐다. 그리고 인 부印符를 빼앗아 강사원에게 넘겨 주고 꿇어 앉힌 부사 이정을 치죄하였다.

"너는 나라의 녹을 먹는 신하로서 정사를 잘못하여 세상을 어지럽혔다. 백 성을 학대하고 재물을 탐하기가 저와 같았으니 네거리에 방이 나붙게 되었 고 시중에는 원성이 높아지게 되었다. 이것이 읍내의 실정이니 네 죄가 어디 가겠는가. 용서하려 하지만 탐관오리인 부사는 의살義殺해 마땅하다."고 꾸 짖었다. 『나암수록』에는 "이정이 영해읍을 다스릴 때 비할 데 없이 부정하게 재물을 탐했다. 생일에 경내의 대소민들을 모두 불러다가 잔치를 베풀면서 떡국 한 그릇에 30금씩 거두어 들였다."고 하였다. 부사 이정은 삼척 부사로 재임할 때에도 탐관오리의 악정을 폈다 하며 1870년 봄에 영해 부사로 부임 하자 전형적인 탐관오리의 행패를 부렸다고 한다.

권영화는 "이제발이 강사원을 시켜 관가를 잡아다 항서를 받으려 하였다." 고 했다. 이정 부사는 죽기로 굴하지 않고 오히려 꾸짖어댔다. 이제발(이필제) 은 서울에 사는 김진균(김낙균)에게 명하여 칼로 찔러 죽였다. 『고종실록』에 보면 '인부를 굳게 지키며 의로 항거하다 변을 당한 것'을 높이 사서 그에게 이조판서 벼슬을 추서했다고 하였다.

이필제는 날이 밝자 읍민을 달래기 위해 관아에 있던 공전 150냥을 털어 5 개 동민에게 나누어 주었다. 길 아래 유위택, 허문爐門의 신석훈, 길 동쪽 원 기주, 길 위의 임개이, 성안의 김성근 등 주민대표들을 불러다 20냥씩 나누 어 주었다. 『나암수록』에는 "술 세 동이를 사다가 군사를 먹이고 훈유했다." 고 하였다. 이필제는 동민에게 "이번 거사는 탐학무비한 부사의 죄를 성토하

자는 데 있으며 백성들을 상하게 하지 않을 것이니 너희들은 걱정 말라."고
하였다.

11일 아침이 되자 이필제는 돌연 영덕군 관아를 공격하자고 제안하였다.
그러나 많은 사람들이 날이 이미 밝았으며 50리나 떨어져 있어 상당한 시간
이 걸리며 이곳 소식을 듣고 대비하고 있을 것이라고 하였다. 동학도들은 당
초부터 다른 군·현을 공격할 계획이 없었다. 『교남공적』 박영수 문초에 "형
님(박영관)이 무리들을 이끌고 우리 집을 지나갈 때 나에게 말하기를 내일 영해
읍을 떠나 태백산 황지로 가려 하니 너는 식구를 거느리고 따라오라."고 하였
다. 거사 전에 이미 영해읍성만 점령한 다음 철수하기로 약속되어 있었다.

영양 교졸 윗대치 공격

해월 선생은 읍성 공격에 참가하지 않았다. 평풍바위에서 천제를 지낸 다음
곧바로 용화동 윗대치로 돌아왔다. 읍성을 공격한 후 윗대치에 모이기로 약
속하였으므로 이들의 숙식을 준비하기 위해 미리 돌아온 것이다. 이필제·
정치겸·박영관 등 약 50명은 인아리 쪽으로 철수하여 해월이 기다리는 용
화동 윗대치로 향하였다. 『신미아변시일기』에는 "흩어진 적들은 서협 인아
리와 남면 웅곡과 북면 백석으로 갔다." 하였다. 인아리로 접어든 동학도들
은 몇 개의 무리로 나뉘어 해발 650미터의 쇰섬재와 옷재鳥嶺, 허릿재屹里嶺
등을 넘어 영양 수비면 기산 쪽으로 갔다.

이필제와 정치겸은 교를 타고 무리들과 같이 인천까지 들어갔다. 여기서
일 박 하고 12일에는 보림동까지 들어갔다. 저녁 때부터 비바람이 세차게 불
기 시작하더니 13일에는 폭우가 쏟아졌다. 『신미아변시일기』에는 "13일에
종일 큰 비바람이 불어 모래를 일으키고 돌을 날릴 정도여서 길 가는 사람이
없었다."고 하였다. 그러나 관군이 온다는 소문을 듣자 이필제 일행은 13일

오후에 비바람을 무릅쓰고 옷재를 넘었다. 영양군 수비로 넘어오자 동민들의 눈초리가 영해지역과는 달랐다. 처음에는 겁에 질려 피하는 눈치였으나 관군이 출동했다는 소식이 들리자 용기를 얻어 동학도들을 잡기 시작하였다. 이곳을 빠져 나온 일부 동학도는 14일 저녁 때가 되어서야 가까스로 윗대치에 도착하였다. 가족까지 합쳐 겨우 40명에 지나지 않았다. 15일에는 천제를 지낼 예정이었다. 『신미아변시일기』에는 "적도들이 인부를 장대 끝에 매달아 단상에 꽂아 놓고 천제를 막 올리려던 참이었다."고 하였다.

한편 정부는 이필제의 거병 소식을 접하자 14일자로 흥해 군수 김홍관을 영해부에 겸관으로 임명하는 한편 영덕 현령 정중우로 하여금 영해부에 병력을 출동시키게 했다. 그리고 인근의 연일, 장기, 청하 세 고을의 현감도 출동시켰다. 16일에는 안동 진영과 경주 진영에서도 병력을 이끌고 왔다. 『영해부적변문축』에는 경주 진영 영장은 별포別砲와 이교 120여 명을, 장기 현감은 별포 및 이교 110여 명을 이끌고 당일(15일) 당도하였다고 하였다. 또한 안동 진영에서도 상당수의 병력을 보내왔다고 하였다.

한편 안동 진영의 명령을 받은 영양 현감 서중보는 15일 아침에 별포를 이끌고 동학도가 모여 있다는 일월산 윗대치로 출동하였다. 『영해부적변문축』에는 "영양 현감이 … 교졸과 포수들을 이끌고 용화동에 도착하여 곧 발포케 하여 13명을 포살하였고 10여 명과 여자 수십(명 가족)을 사로잡았으나 괴수들은 도망쳤으며 적도가 모여 있던 곳에서 분실했던 영해부 병부兵符와 관인을 찾았다."고 하였다.

『최선생문집도원기서』에는 "영양 현감이 포군을 이끌고 와서 포위 공격하니 사태가 급하여 각자가 흩어져 도망하였다."고 하였다. 그리고 해월 선생은 이필제, 강수, 전성문을 대동하고 용화동에서 탈출, 대치를 넘어 봉화로 피신하였다. 주동자를 놓쳐 버린 관군은 일월산에 숨어들었으리라 믿고 연일 샅샅이 뒤지게 하였다. 영양의 산골은 원래 험한 곳으로 이름이 나 있었다. 순영은 각 고을에서 병력을 차출하여 일월산 쪽으로 파견하였다.

안동 진영에 국청

정부는 16일에 비로소 영해 부사에 이정필을, 영해부 안핵사에 안동 부사 박제관을, 영덕 현감에 한치림을 임명하여 현지에 급파하였다. 새로 임명된 영해 부사와 영덕 현감은 7일 만인 3월 22일에야 현지에 부임하였다. 『신미아변시일기』에는 "이날 밤 초경에 신관이 말을 타고 왔으며 성명은 이정필이다. … 새로 임명된 영덕 현감도 같이 왔다. … 겸관(홍해군수)은 이날 돌아갔으며 본 군에서 정사를 본 지 8일 만이다."라고 하였다.

영해부 안핵사로 임명된 안동 부사 박재관은 3월 21일경에 안동 진영에 국청鞫廳을 설치했다. 그리고 22일에는 각 고을의 동학 죄수들을 안동으로 이송하라고 명을 내렸다. 3월 24일부터 가혹한 심문이 시작되었다. 연루자가 새로 드러날 때마다 군·현에 명령을 내려 계속 체포하였다. 5월 2일 현재 영해, 청하, 평해, 영양, 영덕, 청송, 경주, 밀양, 울진, 삼척, 전라도 남원 등지에서 체포된 동학도는 모두 93명에 이르렀다.

5월 초순께 안핵사는 안동진 옥사가 비좁아 여러 군·현에 죄인들을 분산하였다. 대구, 청도, 성주, 고령, 태곡, 경주 등지의 감옥으로 나누어 보냈으며 죄가 가벼운 23명은 해당 군·현에서 처분하도록 위임해 버렸다. 각 군현별로 이송 수감된 인원을 보면 대구부 48명, 청도군 7명, 고령현 6명, 성주목 4명, 칠곡부 8명, 경주진 1명, 각 해읍 환수자 23명이다. 6월 중순경에 일단 심문은 종결되었으며 정부는 6월 24일에 형량을 정하였다. 심문 중에 물고된 이는 12명이었으며, 형을 받고 효수된 이가 32명, 엄형 3차 후 원악도 정배 간 이가 2명, 엄형 2차 후 절도로 정배 간 이가 5명, 엄형 1차 후 원지에 정배 간 이가 14명이었다. 그리고 29명은 경상감사에게 위임하여 경중을 가려 처리토록 하였으며 나머지 15명은 방면하였다. 자진자와 물고자 그리고 참형되어 목숨을 잃은 사람이 45명이다.

결론

영해부성 습격 후 영해·평해·울진·진보·삼척 지역과 남쪽의 영덕·청하·영일·장기·경주·울산 지역, 서쪽인 안동·영양·청송 지역에서는 동학도인을 찾아볼 수 없게 되었다. 『최선생문집도원기서』에 의하면 "이때에 관문이 연달아 내려와 방백 수령들은 놀래 두려워할 짬도 없었다. 각 진영과 군·현 포졸들은 연달아 출몰하였다."고 한다. 수상한 눈치만 보여도 체포되는 상황에서 동학도들은 숨도 제대로 쉬지 못하고 숨어 살아야 했다.

이번 사태를 정부는 영해적변寧海賊變이라 하였다. 오늘날 학계에서는 이필제란으로 부른다. 동학의 입장에서는 어떻게 보아야 하는가. 처음 발의 단계에서부터 천제를 올릴 때 그리고 읍성을 공격할 때까지 명분으로 내세웠던 것은 교조신원운동이었다. 다만 읍성을 공격하고 나서 교조 신원을 위해 노력한 흔적이 보이지 않는다. 부사를 치죄하는 자리에서도, 동민을 위무하는 자리에서도 수운의 죄를 신원하기 위해 일어났다는 의사를 표시하지 않았다. 오히려 "이번 거사는 탐학무비한 부사의 죄를 성토하자는 데 있다."고 하였을 뿐이다. 그렇다고 이필제에 의해 주도된 일반적인 병란으로 규정하기도 어렵다. 해월 선생의 동원령에 의해 16개 지역의 접 조직에서 5백명이라는 동학도가 동원되어 이루어 낸 운동이다. 그리고 모든 자금이 해월 선생으로부터 나왔다는 사실도 간과할 수 없다.

이번 운동을 일반적으로 영해병란이라고 이름하든지 이필제란이라 이름하든지 보는 입장에 따라 달리 해석할 여지는 있다. 그러나 동학도의 입장에서 보면 처음부터 교조신원운동을 명분으로 일으킨 운동이고 해월 선생이 소요되는 자금을 전담하였다. 이런 점에서 이번 운동은 동학도가 이루어 낸 운동이라는 점은 부인할 수 없다. 비록 이견이 없지 않으나 동학도의 입장에 서 보면 교조신원운동이라 아니할 수 없다.

해월 선생의 산중 피신생활

소미원에 찾아가다

윗대치에서 간신히 탈출한 해월 선생과 이필제, 강수, 김성문 등 네 사람은
일월산 북쪽 대치재를 넘어 봉화군 춘양으로 갔다. 날이 밝자 사람의 눈을
피해 숲속으로 들어가 해가 지기를 온종일 기다렸다. 어디로 가야 할지 막막
했다. 가장 가까운 곳은 영월 중동면 소미원이었다. 이곳에는 수운 선생의
부인 박씨 사모님과 자녀들이 살고 있었다. 일행은 영월 소미원으로 발길을
돌렸다. 이틀을 굶으니 세상이 희미해지는 것 같았다. 낮에는 숨고 밤에만
걸어 이틀 만에 간신히 외룡 마을 골짜기에 이르렀다. 여기서 좁은 골짜기를
따라 10리를 더 들어가야 소미원이 나온다. 저녁 때가 되어서야 당도하였다.
해월 선생 일행은 동구에서 기다리기로 하고 강수 혼자서 찾아 들어갔다.

강수는 『최선생문집도원기서』에서 "몇 날을 굶으니 뱃속에서는 꼬르륵대
는 소리가 들려왔다. 사가師家가 영월 소미원에 있다는 말이 떠올랐다. 행장
도 갖추지 못한 맨머리와 맨발이었으며 주머니와 보따리는 비어 있어 곤궁
하기 이를 데 없었다. 주인과 일행은 동구 밖에 있고 행여 하루의 노자라도
얻을까 하여 강수는 혼자서 찾아갔다."고 하였다.

소미원 마을 앞에는 실개울이 있었고, 이 개울을 건너기 전에 마을 사람들
이 사용하는 샘물이 있었다. 물동이를 인 젊은 여인이 샘물로 오고 있었다.
언뜻 보니 맏며느리인 세정의 처였다. 그는 강수를 알아보자 돌아서서 집으

로 들어갔다. 며느리는 몹시 당황하였다. 영해에서 있었던 교조신원운동의 결과를 알고 있었다. 강수가 나타나자 마을 사람들이 볼까 두려웠던 것이다.

강수는 애써 사모님과 형제분의 안부를 물었다. 박씨 사모님은 정선으로 피신갔다고 하며 형제분도 어디론가 피신갔다고 하였다. 하도 배가 고픈 나머지 강수는 밥 한 그릇을 얻자고 하였다. 양식이 이미 떨어졌다고 하며 이웃 장기서의 집에서 얻어온 것이라며 밥 한 그릇을 건네주었다. 해월 선생 일행은 조밥 한 그릇을 나누어 먹었다. 허기는 여전했다.

이필제 따라 가산으로

다시 발길을 돌려 동구를 빠져나왔다. 이필제는 자기와 동모同謀 중인 정기현이 단양 가산에 살고 있으니 그리로 가자고 하였다. 영월 중동면 와석리 깊은 골짜기를 거쳐 노루목을 넘고 베틀재의 준령을 넘어 영춘에 이르러 날이 밝자 산속으로 들어가 하루를 지냈다. 여기서 가곡면 보발리와 천동을 지나 장림과 사인암에 이르렀다. 낮은 고개를 넘어 정기현의 집에 당도한 것은 이틀 후 밤중이었다.

『최선생문집도원기서』는 그동안의 경위를 다음과 같이 기록하고 있다.

밤이 되어 동구를 빠져나오니 앞이 희미하다. 지척을 가리기가 어려워서 지팡이로 더듬었다. 어디를 보아도 물과 물이요, 봉우리와 봉우리뿐이라. 어찌 이리 물도 많고 봉우리도 많을까. 이필제가 말하기를 '정기현은 나와 친하며 일을 같이 도모한 사람이니 그 사람을 찾아가 기대어 종적을 감추자.'

정몽주의 후예라는 정기현은 흔쾌히 일행을 맞아주었다. 날이 밝자 이필제는 김창화의 집으로 보내고 해월 선생은 정석현의 집으로 모셨다. 나머지 강수와 전성문全聖文은 영춘에 있는 김용권의 집으로 보냈다. 정기현은 조선왕조가 망하면 이 나라 주인이 되려는 꿈을 가지고 있는 위인이었다.

정석현 집에서 고용살이

정석현의 집으로 간 해월 선생은 간신히 자리를 잡았다. 단양 어딘지는 모르나 고용살이를 하며 매일같이 밭일에 매달렸다. 다행히 손씨 부인의 소재를 알아 모셔다 살림을 꾸렸다. 누더기 옷에다 햇살에 그을린 모습을 한 해월 선생의 모습은 참으로 처참했다. 5월 어느 날이었다. 뜻밖에도 강수가 찾아왔다. 그는 밭으로 가서 해월 선생을 보자 "관원이 뒤따르니 급히 피신해야 한다."고 재촉했다. 사태가 다급한 것을 알게 된 해월 선생은 손씨 부인에게 피신간다는 한마디를 남기고 떠나 버렸다. 두 사람은 영월 피골(稷洞) 정진일의 집으로 갔다. 얼마 후 단양 교졸들이 몰려와 손씨 부인을 잡았다. 해월 선생의 행방을 대라며 행패를 부렸다. 『천도교서』에는 "신사 부인 손씨 … 하루는 다수 관예官隷 내래來하여 … 여리閭里가 소연한지라 … 양인良人의 소재를 나 또한 부지하니 영寧히 오吾 옥獄에 자취自就하리라 하고 기이 본군에 입하여 피수被囚되다."라고 하였다. 직동으로 피신한 해월 선생은 이웃의 궂은 일을 도맡아 했다. 동네 사람들로부터 부지런하다는 칭찬을 받았다. 강수는 아동들을 가르치는 훈도가 되었다.

　직동 안쪽에 막동이란 외진 마을이 있다. 여기에 박용걸이란 이가 살았다. 학식도 갖추고 세상 물정도 두루 아는 분이었다. 그는 해월 선생과 강수를 보통사람으로 보지 않았다. 이 깊은 산중에서 궂은 일을 도맡아 하는 데는 어떤 사연이 있을 것이라고 짐작하였다. 6월 어느 날이었다. 뜻밖에도 피신 중인 영양 접주 황재민이 인근에 살고 있는 것을 알았다. 세 사람은 서로 왕래하며 고달픈 처지를 달랬다. 두 달이 지난 8월 5일경이었다. 이상한 소문이 들려왔다. 이필제가 문경 초곡에서 정기현과 같이 군창(軍倉, 무기고)을 습격하다 체포되었다고 했다. 기찰 교졸들이 직동에도 나타나 일일이 검문하고 있었다.

8월 2일에 잡힌 이필제와 정기현이 심문을 받으면 해월 선생을 거론할 것이 분명했다. 며칠 전에는 관아에서 여기 사는 정석현의 일족인 정진일의 가산을 몰수하고 정사일의 처까지 잡아갔다. 박용걸의 집에서 동향을 살피던 해월 선생 일행은 크게 놀랐다. 관의 손길이 신변에 다가왔음을 알자 산으로 들어가 버렸다.

소미원 다시 찾아

산중에서 며칠을 굶으며 지냈다. 참을 길이 없어 며칠 후 박씨 부인이 사는 소미원으로 찾아갔다. 황재민은 도중에 헤어지고 해월 선생과 강수는 약초 캐는 사람으로 변장하고 들어갔다. 박씨 부인은 두 분이 허둥대는 모습을 보자 깜짝 놀랐다. 어찌 된 일이냐고 물었다. 이필제가 문경 초곡에서 변란을 일으키다 잡혔다고 했다. 강수가 "우리와는 관련이 없다. 다만 이필제가 심문을 받으면 우리를 거명할까 두려워 이렇게 피신 중이다."라고 했다. 이 말을 들은 수운 선생의 아들 형제는 얼굴빛을 바꾸었다. "우리 형제는 내일 양양으로 초행(醮行, 혼례)을 간다. 여자만 있는 집에서 어찌 머물려고 하는가."라며 내쳤다. 강수는 잘됐다며 "한 사람은 말고삐를 잡고 한 사람은 함을 지고 가면 누가 수상하게 여기겠는가."라고 하였다. 세청의 처가는 양구 남면에 있었다. 정선과 강릉을 거쳐 양양으로 가서 혼례 준비를 마치고 나서 양구로 넘어갈 예정이었다. 가는 길이 산길이라 얼마쯤 동행하다 떨어지면 능히 위험지역을 벗어날 수 있다며 동행하기를 원했으나 세청은 끝내 거절하였다.

잠자리에 든 지 얼마 되지 않아 조반상이 들어왔다. 강수는 "아직 첫닭도 울지 않았는데 조반상이 웬일이냐."고 물었다. "이웃에 사는 장기서가 두 분을 빨리 보내지 않으면 우리 집에 화가 미칠 것이라 하여 이렇게 되었다."고 했다. 장기서는 서둘러 두 사람을 보내야 안심할 수 있다고 부추겼다.

산속에서 14일간

해월 선생과 강수도 해가 뜨자 행장을 꾸려 박씨 부인에게 인사를 고하고 산길로 접어들었다. 음력 9월초의 깊은 산중은 온통 황엽이 깔려 있었다. 얼마쯤 가다가 헤어졌던 황재민을 만났다. 황재민도 산으로 들어와 바위 밑에 불을 피우고 있었다. 『최선생문집도원기서』에는 당시의 정황을 다음과 같이 기록하고 있다.

> 오르내리며 골짜기를 넘기도 하고 암벽에 오르기도 하며 산속으로 들어갔다. … 어떤 바위 아래 이르자 헤어졌던 영양 접주 황재민이 불을 피우며 혼자 앉아 있었다. 우리를 보고 반갑게 맞았다. 다시 산속을 헤매었다. 한 곳에 이르자 물도 있고 넓은 암반도 있었다. 낙엽을 쓸어 자리를 만들고 나뭇가지로 초막을 쳤다. 낮에는 땔감과 열매나 풀뿌리 등을 채집하고 밤이면 불을 피우고 잠을 잤다.

일행은 물이 있고 넓은 암반이 있는 곳에 초막을 치고 낙엽을 깔고 자리를 잡은 것이다. 새벽이 되자 기온은 더욱 떨어져 온몸이 조여들었다. 불을 피웠으나 깊은 잠을 이룰 수가 없었다. 늦가을인 9월에 엷은 옷을 입은 일행은 추위를 이길 수가 없었다. 그러나 그보다 더 심각한 문제는 식량이었다. 몇 줌의 소금과 몇 숟가락의 장뿐이었다. 곤드래나물과 나무뿌리 그리고 물 이외에 별다른 먹거리가 없었다. 『해월선생문집』과 『천도교서』에는 이때의 상황을 다음과 같이 기록하고 있다.

> 신사(=해월) 강수와 황재민 2인으로 더불어 산중 제처를 역탐하다 … 일대 암
> 하에 수혈(굴)이 유함을 견하시었다. … 신사 강수로 더불어 태백산 암혈에 재
> 하사 14일을 불식不食하시고 목엽을 작㗓하여서 연명하시더니 대호 유하여 내
> 호하되 주야 불리不離하거늘….

강시원이 기록한 『최선생문집도원기서』에는 분명 "낙엽을 쓸어 자리를 만들
고 나뭇가지로 초막을 쳤다."고 하였다. 범굴 이야기는 나오지도 않는다. 저
자가 해월 선생의 인품을 높이기 위해 만들어 넣은 일화 같은 것이다. 이런
식으로 역사를 왜곡하면 후세의 도인들은 잘못 알게 될 것이다. 10여 일이
지나자 한 움큼의 소금도, 몇 숟가락의 장도 떨어졌다. 13일째 되던 날 황재
민은 영남으로 떠나가 버렸다.

　해월 선생과 강수는 하루를 더 견디다가 14일 만에 밤을 타서 막동 박용
걸의 집으로 내려갔다. 9월 15일 삼경 무렵이었다. 박용걸은 두 분을 따뜻이
방안으로 모셨다. 『최선생문집도원기서』에는 다음과 같이 기록하고 있다.

> 박용걸 노형이 우리를 보고 "엷은 옷을 입고 그 사이 얼마나 추위에 고생했는
> 가." 하자 여차여차했다고 설명하였다. 노형은 "이 추운 겨울에 어디로 가서
> 누구의 구원을 받을 수 있겠는가. 우리 집에서 겨울을 지내자."고 하였다. 해
> 월은 "고마우나 만일 여기서 겨울을 나게되면 나를 아는 사람이 동네에 많으
> 니 난처하다."고 하였다. 그러자 박용걸은 "안방을 치우고 있으면 누가 알겠
> 는가." 하였다. 해월은 또 "우리는 친척도 아닌데 안방에 있기가 미안하니 노
> 형과 결의형제를 하면 어떻겠는가." 하였다. 노형은 좋아하며 결의를 하였다.

날이 밝자 안방에 들어가 겨울을 나게 되었다.

박용걸은 어떤 분인가. 『해월선생문집』에는 소년이라고 표현했다. 반대로 『최선생문집도원기서』에는 나이가 많은 노형이라고 하였다. 『해월선생문집』에는 해월이 박용걸을 만난 것은 산중이라고 하였다. "이때 바람은 차고 소슬한데 배고픔은 더욱 심해 생명을 보존하기 어려울 즈음에 한 소년이 망태기를 지고 와서 … 조밥 한 덩이를 꺼내어 주므로, 두 사람은 그것으로 주림을 면했으니…."라고 하였다. 『최선생문집도원기서』와 대조해 보면 매우 잘못되었다. 강수는 당시 박용걸과 같이 생활한 분이다. 그리고 해월 선생은 박용걸을 노형이라 불렀다. 바로 박용걸과 결의하였다. 해월 선생은 9월 초에 산으로 올라가기 전에 이미 박용걸의 집에서 동정을 살폈다.

박용걸의 집에서 재기

해월 선생과 강수는 박용걸의 집 안방에서 49일 간의 기도를 올렸다. 11월 20일경에 반가운 손님 한 분이 찾아왔다. 순흥에 사는 박용걸의 형이었다. 그는 해월 선생의 소식을 전해 듣고 일부러 찾아왔다. 두 형제는 입도식을 올렸다. 해월과 강수는 대도가 살아나는 예감을 받았다. 두 형제는 해월 선생과 강수의 초라한 모습을 보고 옷 한 벌씩을 지어 바쳤다. 이후 박용걸 형제의 후원은 동학 재건에 큰 힘이 되었다.

여기에 더하여 박용걸의 죽마고우였던 지달준의 뒷받침도 큰 힘이 되었다. 필자는 1980년 3월에 직동을 탐방한 일이 있는데 그때 초등학교 직동분교 교사 한 분이 "이 산중에서 부군수격인 인물이 나왔다."고 하였다. 필자는 지달준을 지칭하는 것으로 받아들였다. 박용걸과 지달준은 죽마고우였다. 박용걸이 거의 드러내 놓고 해월 선생과 의형제를 맺고 동학에 입도한 것은 지달준이 뒤를 봐주리라는 믿음이 있었기 때문이었다.

12월 중순경에 문경 변란도 일단락되면서 세상은 제자리로 돌아갔다. 뜻밖에도 정선 남면과 동면 도인 유인상 등 10여 명이 꽃꺾기재를 넘어 찾아왔다. 해월 선생은 오랜만에 여러 도인들과 자리를 같이하였다. 이때부터 해월 선생은 법설을 다시 폈으며 동학 재건의 꿈을 다시 세웠다.

최세정의 옥사와 박씨 사모님

세정, 소물안골서 체포

해월 선생은 수운 선생 부인 박씨 사모님이 사는 소미원으로 찾아갔다. 위로의 말을 전하고 쌀을 마련해 드린 다음 1872년 1월 20일경에 순흥으로 넘어갔다. 박용걸의 형이 순흥 소수서원 인근 향교로 들어가는 곳에서 살고 있었다. 그런데 며칠 후(1월 25일)에 뜻밖에도 임생林生이 달려왔다. "세정이 방금 관에 체포되어 양양옥에 수감되었다."는 기별을 전했다. 사가에 또 다시 풍파가 일어난 것이다.

세정은 장춘보가 마련해 준 인제면 소물안골에서 살았다. 『해월선생문집』에는 "신미년(1871) 9월에 사형(士衡：世貞)은 분가하여 양양 김덕중의 이웃으로 갔다가 10월 그믐에 인제 귀둔리로 옮겨 살았다."고 하였다. 귀둔에서 서쪽으로 고개 하나를 넘으면 소물안골이다. 그런데 1월 22일 경에 양양 교졸이 닥쳐 체포해 갔다는 것이다. 세정의 처 강릉 김씨와 수운 선생의 둘째 딸인 최완은 인제군 교졸에게 끌려갔다고 한다. 해월 선생의 심정은 착잡했다. 영해교조신원운동의 여파가 가라앉는 듯했으나 다시 사가에 액운이 밀어닥쳤기 때문이다. 양양군 관아에서는 김덕중이 수운 선생의 큰아들과 어울린다는 소문을 듣고 잡아들인 것이다. 그리고 같이 어울린 이일여, 최희경도 체포했다. 고문에 못이긴 이들은 인제군 소물안골에 최세정이 산다고 실토하였다.

사모님 영춘으로 피신

급보를 받은 해월과 강수는 이튿날 소미원 사가로 달려갔다. 마침 전성문이 와 있었다. 양양 관아에서 체포하러 오기 전에 사가 가족을 직동 막골 박용걸의 집으로 피신시켜야 했다. 1872년 1월 28일(양3.7) 저녁 어둠이 깔리자 여자들에게는 남장을 시켰다. 동구를 빠져나온 이들은 험준한 산길로 접어들었다. 해월 선생과 강수, 전성문, 임생 등은 아이들을 업고 끌고 어둠을 헤쳐 나갔다. 직동 박용걸의 집으로 피신한 사가는 양양 관원의 손길을 피할 수 있었다. 그러나 많은 식구가 한 곳에 오래 머무를 수는 없었다. 정선 도인들과 박용걸이 돈을 마련하여 영춘 의풍 장곡현獐谷峴 깊은 산중에 집과 텃밭을 마련하였다. 3월 10일 수운 선생의 순도기념 제례를 마치고 곧 이곳으로 옮겼다. 『시천교종역사』에는 영춘군 장건지리로 갔다 하였다. '장건지리'라는 지명이 이곳에 없다. 장간지를 장건지리로 오기한 것이다.

영월과 영춘 사이에는 나지막한 고개가 둘이 있다. 영월 쪽에는 노루목(獐頂)이 있고, 영춘 쪽에는 노루너미가 있다. 두 고개 사이에 베틀재로 넘어가는 골짜기가 있다. 이 골짜기로 들어가면 수천 평에 이르는 산전山田이 있고 5~6호 정도의 농가가 있었다. 여기가 바로 장간지이다. 노루목과 노루너미 사이에 있는 땅이라는 뜻에서 장간지라 하였다.

양양군서 세정을 장살

해월 선생과 사모님은 최세정의 옥사獄事가 매우 궁금했다. 해월 선생은 3월 18일경에 수운 선생의 둘째아들 최세청과 임생을 대동하고 양양으로 올라 갔다. 며칠간 묵으면서 사태를 탐문해 보았으나 아직 심문 중이라고 한다. 판결이 언제 내려질지 알 수 없었다. 양양에서 최세청의 처가로 넘어왔다. 인제군 남면 무의매리가 처가였다. 최세정의 체포 소식을 듣고 온가족은 어디론가 피신하고 없었다.

근처에 사는 세청의 처당숙인 김광문을 찾아갔다. 그는 일가들과 소백산 쪽으로 피신 간다며 이삿짐을 꾸리고 있었다. 가는 길을 몰라 답답하던 참에 해월 선생이 나타나자 반갑게 맞았다. 길을 가르쳐 달라고 하였다. 『해월선생문집』에는 "인제 남면 무의매리 김병내 집에 이르렀다. 김연순 숙질이 이사하려고 짐을 꾸리고 있었다. 김병내는 태백산·소백산의 이름난 곳으로 가려 하는데 어떻게 가야 하느냐고 물었다."고 했다.

해월 선생은 직접 길을 안내해 주었다. 앞서거니 뒤서거니 하며 남녀 10여 명과 같이 횡패점까지 왔다. 김병내 일행은 박씨 사모님이 살고 있는 영춘 쪽으로 가고 해월 선생은 정선 무은담 쪽으로 갔다. 얼마 후 김연순(金演順, 致玉)과 김연국 형제도 영춘으로 이사왔다. 의풍 장간지에 있는 박씨 부인과 세청의 처가 식구들은 모두 모여 살게 되었다.

1872년 4월 5일 창도기념 제례는 영월 직동 박용걸의 집에서 올렸다. 박씨 사모님은 둘째아들 세청이 처권妻眷을 데리고 박용걸의 집으로 온다고 하여 기다리고 있었다. 그런데 저녁이 되도록 오지 않았다. 혹시 관에 체포되지나 않았을까 걱정이 되었다. 큰아들과 며느리 그리고 둘째딸이 관에 체포되어 가슴을 졸이는데 둘째아들마저 나타나지 않으니 그 어머니의 가슴속은 숯검정이 되었다. 밤이 깊어 가자 더욱 초조해진 사모님은 동구 밖에 나가 움직일 줄을 몰랐다. 제례를 올릴 시간이 지났다. 해월 선생과 강수는 제례를 올리자고 권해 보았다. "밤이 깊었으니 그만 들어가자."고 권했다. 사모님은 화를 냈다. "이 사람도 한울님, 저 사람도 한울님 하는데 내가 어찌 한울님을 알랴. 제례를 올리든지 말든지 상관이 없다."고 하였다. 세청은 밤이 깊도록 끝내 나타나지 않았다.

둘째아들 세청은 다음 날 아침에 신부와 같이 나타났다. 뜬눈으로 밤을 새

왔던 사모님은 죽었던 아들이 살아온 듯이 기뻤다. 세청의 처는 시어머니에게 첫 예를 올렸다. 온 집안은 비로소 웃음꽃을 피웠다. 그러나 큰아들 세정의 생사를 모르니 어머니의 아픈 가슴은 달랠 길이 없었다. 모진 고문에 시달리고 배고파 지친 아들 모습이 자꾸 떠오른다.

해월 선생과 강수는 사가를 장간지에 피신시킨 다음 4월 8일경에 정선 남면 무은담 유인상의 집으로 넘어갔다. 갈 곳이 없는 해월 선생과 강수는 유인상을 찾아간 것이다. 해월 선생은 유인상에게 "그대의 집에 오래 있으면 사람의 눈에 뜨일까 걱정이다."라고 하였다. 유인상은 대답하기를 "드러나더라도 저는 귀양살이에 그칠 것이니 조금도 걱정 마시고 지내라."고 하였다. 이 말을 들은 해월 선생은 유인상의 지극한 배려에 감탄하였다.

양양옥에서 심문을 받던 최세정은 1872년 5월 12일 양양옥에서 숨을 거두었다. 그때 나이는 20세를 갓 넘은 것으로 보인다. 판결 내용은 알 수 없다. 아마도 장형杖刑을 받았다고 여겨진다. 옥살이에 지쳐 버린 세정은 기운이 달렸다. 장형을 받다가 그만 매에 못이겨 숨을 거두었다. 김덕중과 이일여, 최희경 등도 장형을 받고 원지에 정배갔다. 결국 조선왕조는 수운 선생을 비롯하여 아들의 목숨까지 빼앗아 갔다. 이 소식이 전해지자 박씨 사모님은 온종일 통곡하였고 해월 선생도 비통한 마음을 금할 수 없었다.

사모님, 정선 싸내로 피신

몇 달간 조용했던 세상은 9월에 이르자 다시 동학을 지목하기 시작했다. 해월 선생은 동학 지목이 다시 고개를 들자 유인상을 비롯한 정선 도인들과 의논하였다. 영춘에서 지목받는 사모님을 빨리 피신시키기 위한 의논이었다. 정선 동면 싸내(米川)로 모셔오기로 하였다. 해월 선생과 강수는 곧 영월 박용걸의 집으로 넘어갔다. 그리고 영춘 장간지에 있는 사모님 댁으로 찾아갔다.

강사원은 어린 것을 업고 사모님을 안내하였다. 해월 선생과 세정은 이삿짐을 짊어지고 뒤따랐다. 일단 직동으로 들어왔다가 무은담으로 넘어갔다. 그곳으로 통하는 길은 두 곳이다. 하나는 꽃꺾기재를 넘어 사북을 거쳐 내려가는 길이고, 하나는 직동 막골에서 길운산 서쪽자락 고개를 넘어 함백을 거쳐 자울재를 넘어 별어곡으로 내려가는 길이다.

어느 쪽으로 갔는지 확인할 길이 없다. 필자는 길이 조금 편한 꽃꺾기재를 넘었다고 생각한다. 『최선생문집도원기서』에는 당시의 처참한 상황을 다음과 같이 기록하고 있다.

> 급히 영월로 넘어가 드디어 가족들을 데리고 나섰다. 강수는 사모님을 모시고 아이들을 업고 앞서 나아갔다. 주인과 세정은 짐을 수습해 짊어지고 뒤따랐다. 아! 사모님의 신세가 이리도 측은할까. 사모님의 정상은 마음으로는 달리고 싶었으나 걷기가 힘들었다. 돌아보면 앉아 있다 다시 일어나 걸었다. 골짜기를 넘어 고개 위쪽으로 갈수록 더욱 가팔라져서 걸음걸이는 더욱 더디었다. 곁에서 이 모습을 보게 되면 차마 볼 수 없었을 것이다. 항차 그 자리에서 보게 되는 강수의 처지는 어떠했을까. 해는 이미 기울어져 간다. 걷기를 재촉하지만 치마를 짧게 걷어올리고 걷는 데 힘을 다했으나 심하게 발이 부르텄다. 중도에서 소리내어 하늘을 부르며 통곡하였다. "하늘은 실로 무지하구나. 어째서 나를 통곡하게 하는가." 강수에게 이르기를 "무은담은 어디 있는가?" 대답하기를 "산을 따라 물을 따라 이른다."고 하였다. 겨우 이끌어 유인상의 집에 모시고 들어갔다.

직동 막골에서 사북까지는 30리 거리이다. 사북에서 유인상의 집이 있는 무은담까지는 10리가 좀 넘는다. 일행은 저녁 때에 이르러서야 간신히 당도하였다. 사모님은 몸져 누워 버렸다. 40리 거리에 지나지 않으나 하도 높은 준령을 넘느라 온몸이 지쳐 버렸다. 물집이 터진 발바닥은 쑤셨고 다리는 알이 박여 움직일 수가 없었다.

필자는 1996년 가을에 사모님의 심정을 느껴 보기 위해 이 재를 넘어보았다. 고갯길은 20리였으나 지루하게 길었다. 한참 오르다 보니 고개마루 위로 하늘이 보였다. 부지런히 올라가 보니 중간 지점 능선이었다. 아직도 고개마루는 아득했다. 사모님은 바로 여기서 통곡하지 않았을까 하는 생각이 들었다. 물집이 생긴 발로 간신히 여기까지 왔다. 고개마루로 알았는데 아직도 아득했다. 저 마루를 어떻게 넘는단 말인가. "하늘은 실로 무지하구나. 어째서 나를 통곡하게 하는가."라는 울부짖음이 절로 터졌다.

싸내로 가 자리 잡다

3일간 유인상의 집에 머물면서 기운을 차려 보려 애를 썼으나 제대로 회복되지 않았다. 사모님은 지친 몸으로 다시 30리 산길을 걸어 정선군 동면 화암리 싸내로 갔다. 여기서 자리 잡았으나 식량이 문제였다. 『최선생문집도원기서』에 의하면 1872년 여름부터 박씨 부인은 극간극군極艱極窘하였다고 한다. 가을이 되어 "농사를 지었으나 키질할 곡식이 없었고 남산서 거둔 콩으로 조석 양식을 삼으려 했으나 북쪽 이웃이 곡식을 보살펴 주어야 솥을 씻을 수 있었다."고 하였다.

강수가 전도한 최진섭 형제는 사가의 어려움을 돕고자 자루를 둘러메고 이곳저곳 도인 집을 찾아다녔다. 한 줌의 양곡을 거두어다 겨우 연명하게 하였다. 그러나 도인들이 모두 가난하였으므로 사모님은 점점 영양실조에 빠져들었다. 박씨 부인은 영양실조로 굶주리다 병을 얻어 49세의 나이로 요절하고 말았다.

12월 9일 사모님이 환원할 때 둘째 아들 세청이 단지하여 구해 보려 애를 썼으나 기력이 다한 사모님에게 효험이 없었다. 유족으로는 둘째아들 세청 부부와 시집가지 않은 딸 둘이 있었다. 필자는 싸내를 여러 차례 탐방했다. 사모님이 살았던 집자리는 끝내 찾지 못했다. 지금은 변전소와 정미소, 그리고 십여 채의 집이 있을 뿐 사모님을 불러도 메아리조차 치지 않는다.

1873년 12월 10일에 해월 선생은 1년 만에 정선 무은담 유인상의 집을 찾아갔다. 싸내에 사는 사가의 안부를 물었다. 유인상은 바로 어제(12월 9일) 박씨 부인이 환원했다는 부고를 받았다고 했다. 해월 선생은 박씨 부인이 영양실조로 병을 얻어 환원하셨다는 것을 알고 가슴이 아팠다. 이때부터 해월은 어육주초를 금했으며 도인들에게도 권하였다 한다.

마침 인제 갑둔리 도인 김계악(金啓岳, 啓元)이 와 있었다. 해월 선생은 김계악과 같이 싸내로 넘어가 시신을 수습하였다. 도인들에게 부음을 전할 형편이 못되어 정식 장례는 다음으로 미룬 채 가매장하고 돌아왔다.

평생 고생하다 떠나

박씨 부인은 울산에 태어났으나 조실부모하여 친척집에 얹혀 살았다. 같은 일가의 중매로 17세경에 두 살 위인 수운 선생과 결혼하였다. 장사하러 수운 선생이 10년간을 나다녔을 때 혼자서 어려운 살림을 꾸려 나갔다. 1861년 여름부터 수운 선생이 포덕을 시작하자 많은 이들이 찾아왔다. 하루에 30~40명씩 식사를 대접하느라 한때는 손목이 아플 정도로 바빴다. 그러나 관의 지목이 시작되자 수운 선생은 피신길에 오르고 사모님은 집에서 자식들을 키우느라 고생이었다. 수운 선생이 순도한 이후에는 더욱 고통스러운 생활이 계속되었다. 결국 굶주림으로 병을 얻어 정선 동면 화암리 싸내라는 깊은 산중에서 추운 겨울날 49세의 일생을 마치게 되었다.

의례 제도의 정착

동양의 도道나 서양의 종교를 가릴 것 없이 종교는 나름대로 의례를 행하고 있다. 의례는 종교의 제도에 중요한 몫을 차지한다. 의례는 삶의 갈등과 소외를 화해시켜 주며 또한 성스러운 감동을 주기도 하고 삶의 의미를 일깨워 주기도 한다. 동학의 의례도 마찬가지다. 동학은 1879년(포덕20)에 이르러서야 겨우 의례의 제도화 단계에 이르렀다. 이때에 이르면 신념 체계도 체계화되었고 조직도 자리 잡아 갔다. 아울러 의례 제도도 기본 틀을 이루게 되었다. 수운 선생은 창도 후 3년 만에 순도하여 제도화할 시간이 없었다. 뒤를 이은 해월 선생에 의해 동학은 제도화를 이루게 되었다. 의례를 정착시키기 위해 해월 선생은 어떻게 힘써 왔을까.

제수 차림 바꾸다

해월 선생은 1875년(포덕16) 8월 보름날(양9.14.)에 이르러서야 새출발을 다짐하게 되었다. 송두둑에서 몇몇 지도자와 의견을 나눈 끝에 새로운 출발을 다짐하는 의례를 행하기로 하였다. 비용은 정선 도인들이 갹출하였고 이날 참석한 이는 유인상과 전성문 등 정선 도인들과 영월 도인들이었다. 단양의 박규석과 김영순도 참례하였다.

　제례의 형식은 수운 선생 때 마련해 준 대로 제수 차림을 하고 고천제례를 올렸다. 그런데 이날 해월 선생은 강화지교라 하며 제수 차림 중 쇠고기 음식(黃肉)을 물리도록 하였다. 천제 때 소를 잡아 쓰는 관습은 옛부터 내려왔다. 동학에서도 가끔씩 쇠고기 음식을 제수로 올리고 고천제례를 올려 왔다. 이날의 제례에도 쇠고기 음식을 제수로 올렸다. 막 의례를 행하려 할 때 해월 선생은 쇠고기 음식을 물리라고 하였다. 도인들의 경제적 부담을 덜어주기 위한 배려였다.

『시천교종역사』는 이때 청수淸水 일기一器로 대신하게 했다고 기록하고 있다. 그러나 『천도교서』에는 "일후 일체의 의식에 오직 청수 일기만 쓰는 날이 있으리라."고 했다고 하였다. 이후의 제례에 청수만을 모셨다는 기록이 없다. 『시천교종역사』 기록은 잘못된 것이다. 제례에 참례했던 강수는 『최선생문집도원기서』에 다음과 같이 기록하고 있다.

> 을해년 8월에 정선 도인들이 성출하여 주인의 집에서 대의大義를 다지는 제례를 올렸다. 그때 제사에 참석한 이는 유인상과 전성문, 단양 사람 박규석와 김영순이었다. 이전에 선생이 마련한 의례에 따라 쇠고기를 써서 음식을 마련하여 제상을 차렸다. 막 제사를 올리려던 참에 갑자기 주인께서 쇠고기를 쓰지 말라는 강화지교가 있었다 하여 곧 고기를 물리치고 제례를 모셨다. 이번에 비로소 만든 것은 전일에 주인께서 동정의 기미를 보이고 있었다. 그래서 이러한 제례법을 창설한 것이다.

한 번 잘못된 기록은 지금도 헷갈리게 한다. 일부에서는 이 기록을 보고 제례 때 청수 일기만 모시는 것이 옳다는 이가 있다. 여러 기록을 살펴봐야 하겠지만 입증할 기록이 보이지 않는다. 1880년에 『동경대전』을 간행할 때 말미에 제수식 항목을 넣었다. 여기에는 입도식을 거행할 때 청수를 봉전하라는 조목이 없다.

먼저 구성제 제정

1877년(포덕18) 10월 3일에 오랫동안 행하여 오던 고천제례를 구성제九星祭로 바꾸었다. 구성제란 "하늘에는 구성이 있어 땅의 구주와 응해 있다."는 「논학문」 구절을 원용한 것이다. 구성은 하늘을 상징하므로 한울님께 드리는 제례를 말한다. 상징 행위는 종전의 고천제례와 다를 것이 없다. 다만 형식이 약간 다르다.

'한울님에게 드리는 제례'를 행하는 것은 한울님과 인격적인 교섭을 함으로써 한울님과 나는 둘이 아니라 하나라는 생각을 갖게 하기 위해서이다. 동학 당시의 입도식은 한울님에게 드렸다. 길이 모시겠다는 다짐을 두는 의례로 되어 있었다. 수운 선생께서 '일번치제一番致祭 영시지중맹永侍之重盟'이라 한 것은 한울님에게 다짐했다는 뜻이다.

본주문인 시천주조화정의 정定 자字 해석에서 "정자定者는 합기덕 정기심이라."고 하였다. 나는 항상 한울님과 하나 되어 한울님의 덕을 나의 덕과 같이 하겠다는 뜻이며, 한울님과 하나 되어 내 마음을 항상 한울님 마음으로 정하겠다는 뜻이다. 이런 것은 저절로 이루어지는 것이 아니다. 종교 행위를 통해서 감동의 경험을 쌓아가면서 몸에 배게 해야 한다. 종교적 의례는 집단 제례나 개인 수행을 막론하고 이런 기능을 하게 마련이다. 해월 선생이 제례 형식을 바꾸어 구성제로 만든 것도 좀 더 손쉽고 효과 있게 성스러움을 경험하게 하기 위해서였다.

구성제 자리 잡다

구성제는 갑둔리의 인제 접주 김연호 집에서 처음 올려졌다. 장춘보와 김치운이 비용을 댔다. 여러 종류의 제수를 차렸다. 초헌은 해월 선생과 강수와 김계원이, 아헌은 유시헌·김경화·심시정이, 종헌은 김연국·장춘보·김치운이, 집례는 장인호가, 대축은 김영순이, 봉향은 김문여가, 봉로는 안교백이, 봉축은 최창익이, 제물유사는 유인형이, 진설은 윤종현이, 찬인은 안교상이, 알자는 김세필이, 집사는 허찬(수운 선생의 둘째 사위), 최기동 · 안교일이 맡았다. 구성제의 핵심은 한 번 올리면 49일간의 기도를 한 것과 같은 효과가 있다는 데 있다. 뜻밖에도 많은 도인들이 환영하였다. 농사철에 49일간의 기도를 드리기란 쉬운 일이 아니었다. 피치 못할 일이 생기면 중도에 기도를 포기하는 일도 있었다. 구성제는 하루저녁만 정성껏 올리면 49일간의 기도와 맞먹는다고 하니 편하기 이를 데 없었다. 그리고 10월 상달에 구성제를 올리도록 권하였으니 더욱 환영받았다.

10여 일 뒤인 10월 16일에는 정선 유시헌의 집에서 구성제를 봉행하였다. 정선 도인들이 주로 참여하였고 영월 · 인제에 사는 일부 도인들도 참여하였다. 식을 마치자 지난번에 결의한 구성계를 만들었다. 계장은 안상묵이 맡았고 계원은 유시헌과 신시영 등 38명이었다.

향아설위 제례도 구상

1878년(戊寅) 7월 25일에 해월 선생은 정선 남면 무은담 유시헌의 집에 가서 개접開接하였다. 도인들이 진리를 토론하는 모임을 연 것이다. 1863년 7월에 수운 선생이 파접한 이후 오랫동안 개접하지 못했다. 이때 모인 사람은 해월과 강시원 등 15명 정도였다.

토론의 주제는 시侍 자字의 의미가 무엇이며 제례의 설위設位를 향벽向壁함이 옳은가, 향아向我하는 것이 옳은가를 생각해 보는 것이었다. "네 몸에 모셨으니 사근취원 하단 말가."라는 수운 선생의 가르침을 다시 한번 치밀하게 생각해 보자는 것이다. 그리고 시천주의 신 관념으로 볼 때 제례의 설위를 향벽함이 옳은가, 향아하는 것이 옳은가를 생각해 보라는 것이다. 해월 선생은 아무런 해답을 주지 않았다. 스스로 깨우치기를 바랐던 것이다. 1897년 4월 5일에 이천 앵산동에서 향아설위의 제례법이 만들어졌으나 구상은 1877년부터 했던 것으로 여겨진다.

인등제로 바꾸다

해월 선생은 4월 초순에 정선 유시헌의 집으로 갔다. 구성제의 문제점을 생각하였다. 제례 때마다 해월 선생이 참석하여 수운 선생의 언행을 소개하는 한편 행동으로 도인들을 가르쳤다. 그리하여 구성제는 이미 자리 잡아갔다. 효과 또한 참으로 컸다. 그러나 경제적인 문제가 마음에 걸렸다. 음식을 차려야 하므로 경제적인 부담이 문제였다. 가난한 도인들에게 부담 없이 할 수 있는 방법이 필요했다. 생각한 끝에 음식 대신에 생쌀과 천으로 대신하도록 구상해 보았다. 도차주인 강시원에게 여부를 물었다. 강수는 '형님이 도주인道主人인데 여부는 주인만이 정할 일'이라고 하였다. 해월 선생은 일단 인등제引燈祭를 시험해 보기로 하였다. 『최선생문집도원기서』에는 다음과 같이 기록하고 있다.

> 4월에 정선으로 돌아온 주인은 강시원에게 … "이제부터 인등제의 제례법을 만들려 하는데 그대의 뜻은 어떠한가." 물었다. 강시원은 "도의 진원이 사실상 형님에게 있다. 제례법을 하고 아니하고를 어찌 저에게 묻습니까?" 주인은 "인등제의 절차는 (음식을 차리지 않으니 너무 간단하여) 시행하려 하지 않았으나 지금 (세상 살아가는) 형편을 보니 (이대로 가면) 결국에는 형편이 매우 어렵게 될 것이다. 그래서 우선 소인등제를 시험 삼아 해 보려고 한다."고 하였다. 바로 유시헌의 집에서 소인등제를 올리고 또 홍시래의 집에 가서 올렸으며 최시경의 집에 가서도 올렸다.

인등제의 제례법

구성제와 다른 점은 음식 대신에 제례에 필요한 것이 생쌀과 천과 등불이 전부라는 점이다. 10월이 되자 경주에 있는 해월 선생의 종제인 최경화도 인등제를 올린다고 기별이 왔다. 김용진과 황제민을 대동하고 내려가 봉행하니 김필상, 박언순, 정기중, 김영순, 권성옥, 정상중, 김재문 등이 참석하였다.

올라오다 10월 16일에 청송 조시철의 집에 들리니 역시 인등제를 올린다고 하였다. 심시정, 장인호, 조영규 등이 참석하여 밤새도록 정담을 나누었다. 정선으로 돌아오자 10월 28일이었고 동면 건천에 사는 홍석범의 집에서 인등제를 올린다고 한다. 이후 남면 방시학의 집과 건천 홍석범의 집에서 올렸다. 해마다 10월과 11월, 그리고 4월이 되면 인등제가 올려졌다. 인등제의 절차는 전해지지 않고 있다. 시간은 밤이었고 장소는 장독대가 있는 곳이었다고 한다. 『천도교회월보』에는 박인호가 공주 가섭사에서 봉행한 기록이 전해지고 있다.

> 신사(=해월)의 명을 승承하사 공주 가섭사 은암에 제단을 설하시니 대등大燈 7개를 단 전면에 걸고 목기(七合器) 일조를 새로 만들어 그릇마다 제수를 성盛하였다. 청수는 단 전면에 봉전하고 그 후열로 13승입(入, 드리) 목기에는 백미 13승을 가득하게 담은 후에 백목(白木, 무명) 13척으로 그릇을 싸서 놓았으니 이것은 주문 십삼 자를 의미하여 … 또 건시 7개는 그대로 놓았다. 주문(13), 구성(9), 팔괘(8), 칠성(7), 오행(5), 사시(4), 삼재(3)의 수를 합하면 49가 된다. 목기 7개에다 49승미卅米를 분배해 놓은 것은 7의 수를 응용하여 49를 의미한 것으로 볼 수 있다. 시간으로 보아서는 아무리 일차의 인등제가 일야뿐이라도 49일 기도를 의미한 것이다.

이듬해인 1880년(庚辰) 1월에도 인제 지역에서 인등제가 봉행되었다. 해월 선생과 강시원, 김연국, 전시황은 김연호의 집에서 봉행하는 인등제에 참석하였다. 1월 24일에는 김정호의 집에서, 28일에는 김현덕의 집에 들러 인등제를 봉행하였고, 2월 5일에는 김해진의 집에서 인등제를 봉행하였다. 초기의 인등제는 집단적으로 봉행하는 예가 많았다. 이후부터는 각자가 자기 집에서 봉행하는 쪽으로 바뀌어 갔다. 1880년 4월 5일부터는 창도기념 의례를 각 접 단위로 봉행하게 하였다. 그동안 수운 선생의 탄신과 순도기념 의례는 집단 적으로 봉행하여 왔으나 창도기념 의례를 봉행한 것은 이번이 처음이다.

결론

종교 의례는 여러 가지 기능을 한다. 감동을 주고 바른 삶의 자세를 지니게 하며, 집단의 연대를 강화시켜 준다. 의례를 거듭하게 하는 것은 이런 체험을 반복시켜 강화하자는 뜻이 있다. 이런 과정을 통해서 각자는 동학의 신념 체계를 더욱 굳게 만들게 되며 교단 조직은 더욱 확대되어 갔다. 의례 행위는 이처럼 동학에 역동성을 불러일으켰다.

의례 제도에 대해 해월 선생이 그렇게 고심한 것은 이 때문이었다. 동학의 발자취를 보아도 알 수 있다. 시대별로 사회적 불안에 노출된 대중들을 받아들여 제대로 화해시켜 주는 역할을 다했을 때 우리의 위상은 두드러졌다. 이 때 의례의 역할은 절대적이다. 앞으로 시대에 맞는 의례 제도를 만들어 나가야 한다. 감동과 화해를 줄 수 있는 의례가 만들어져야 한다. 감동과 화해 그리고 바른 삶의 자세를 갖추게 하는 의례가 만들어져야 한다. 그러할 때 우리의 미래는 밝아질 수 있다. 십년에 소일변 백년에 중일변하는 자세로 의례 제도 혁신에 힘을 기울여 보자.

동학 초기의 사적 편찬

머리말

1879년(포덕20)에 이르러 동학의 조직은 비로소 자리를 잡아 갔다. 해월 선생은 오랫동안 과제로 삼아 왔던 동학의 사적事蹟 편찬編纂 사업과 경전 간행 사업을 착수하기로 하였다. 이해 11월에 정선군 남면 방시학의 집에 대선생수단소를 마련하고 2개월 후에 『최선생문집도원기서』 간행을 완료하였다. 그리고 『대선생주문집』도 간행하게 되었다.

곧이어 1880년(포덕21) 6월에는 인제군 남면 갑둔리 김현수의 집에서 한문 경전인 『동경대전』을 간행하였다. 그리고 이듬해인 1881년(포덕22) 5월에는 단양군 대강면 천동 여규덕의 집에서 국문경전인 『용담유사』를 간행하였다. 이로써 동학의 교화를 위한 기본 문서를 비로소 갖추게 되었다.

이후 충청도로 도세가 뻗어나가자 1883년(포덕24)에는 목천 구계리 김은경의 집에서 『동경대전』과 『용담유사』를 중간重刊 보급하게 되었다. 또 이해 여름에 공주접이 주동이 되어 뜻깊은 경주판 『동경대전』과 『용담유사』를 간행하기에 이르렀다. 기본적인 편찬 사업은 이것으로 일단 마친 셈이다. 이 장에서는 『대선생주문집』을 편찬하게 된 연유와 『수운문집』의 정체가 무엇인가를 살펴보기로 한다.

『최선생문집도원기서』 편찬

해월 선생의 뜻에 따라 유시헌, 신시일, 홍석범 등 20여 명의 정선 도인들은 비용을 모으고 힘을 합해 뜻 있는 사적 편찬 사업을 착수하게 되었다. 1879년(己卯) 11월 1일에 일단 정선군 남면 방시학의 집에다 대선생수단소를 차렸다. 그리고 11월 10일부터 도차주 강시원(강수)이 집필에 들어갔다.

그는 1863년(포덕4) 4월에 입도한 이후의 행적을 기술하는 데 별다른 애로는 없었다. 그러나 수운 선생의 출생과 성장, 그리고 득도와 초기 포덕에 대한 행적은 자신이 없었다. 단편적인 기록들을 모아 검토했으나 확연치 않은 점이 많았다.

강시원은 『최선생문집도원기서』에 발문을 남겼다. 자료상 무척 고심한 것으로 되어 있다. 즉 "기묘년 가을에 주인과 나는 선생의 사적을 수찬키로 하였다. (막상 집필코자 하니) 시작과 끝이 뒤섞여지고 앞뒤가 어지러워 (정리하기에) 어려웠다. 혹시 잘못 범필할까 두려워서 그 근원을 밝혀 보고자 하나 확연하게 접근할 수가 없었다. 그 뿌리를 찾아 근원을 주워 모아 보았으나 사리가 모두 확연치 않았다."라고 하였다.

여기서 '(선생수운 선생의) 도원을 이어 보고자 하여(欲有繼先生之道源)'라는 표현이 보인다. 이미 어떤 도원기道源記가 있었음을 암시해 준다. 물론 도원道源이란 말을 도의 근원이라 해석하면 그만이다. 그러나 도원을 이미 만들어진 기록으로 본다면 해석이 달라진다. 즉 "이미 도원기가 있었던 것을 계속시킨다."고 해석할 수도 있다. 필자는 완벽한 사적은 아니더라도 어떤 기록이 있었다고 본다.

강시원은 집필한 지 2개월 만인 1880년 1월에 지금의 200자 원고지로 치면 225쪽 분량을 탈고하였다. 이 초고를 동면 전세인이 다시 정서하여 한 권의 책을 만들고 그 이름을 『최선생문집도원기서』라 하였다. 집필자 강시원은 물론이요, 정선 도인들은 모두가 도의 근원을 쉽게 접할 수 있게 된 것을 만족스럽게 생각했다.

공개하지 않기로

정선 접주 유시헌은 편말 발문에서 "오늘 정선주인(旌善主人, 해월 선생)과 차주(강사원)의 공력으로 사적을 출간하게 되었으니 뒤따라 오는 학도들이 쉬이 보게 되어 어찌 자연스럽지 않으며 스승님의 성덕이 아니겠는가."라고 하였다. 수단소 임원은 다음과 같다.

> 道布德主 崔時亨, 道次主 姜時元, 道接主 劉時憲, 修正有司 辛時永, 辛時一 都所主人 房時學, 監有司 崔箕東, 安敎一, 書有司 全世仁, 筆有司 安敎常, 紙有司 金源仲, 接有司 尹宗賢, 收有司 洪時來, 崔昌植, 册有司 辛潤漢, 安敎伯, 輪通有司 洪錫道, 安敎綱.

『최선생문집도원기서』의 내용은 ① 수운의 생애, ② 득도와 포덕, ③ 탄압과 남원행, ④ 접주 임명과 북도중주인 선정, ⑤ 수운의 체포 경위 ⑥ 순도 이후 해월의 활동, ⑦ 영해교조신원운동, ⑧ 조직의 재건, ⑨ 의례의 정립, ⑩ 사적 편찬과 동경대전 간행 경위 등 1880년 이전의 사적으로 되어 있다. 그런데 문제가 하나 있었다. 영해교조신원운동이 자세하게 소개된 것을 가지고 논의하게 되었다. 해월 선생은 결국 『최선생문집도원기서』를 공개하지 않기로 하였다. 만일 세상에 이 내용이 알려지게 되면 동학이 반란의 무리로 오해받을 염려가 있다고 판단했다. 교단이 겨우 자리 잡아 가고 있는 이 시점에 영해 부사를 살해하는 변란을 스스로 밝히면 그 결과는 엄청난 지목으로 되돌아올 것이라고 여겼다.

『시천교종역사』에는 "길이 전하려 했으나 날인견봉하여 유시헌이 간수하도록 했다."고 하였고 『천도교회사초고』에는 "탈고됨에 이르러 견봉날인하사 유시헌에게 임치任置하시고 밀촉密囑하사 왈 '차고此稿는 인안人眼에 경괘輕卦함이 불가라.' 하다."고 당부했다고 한다. 모처럼 공들여 편찬한 『최선생문집도원기서』가 이런 사유로 빛을 보지 못하게 되었다.

원본, 김연국이 가져가다

『최선생문집도원기서』가 처음 햇빛을 본 것은 25년 후인 1906년경이라 한다. 유시헌의 증손인 유돈격의 증언에 의하면 여러 사람들이 이때부터 찾아와 열람하였다고 한다. 그리고 1908년에는 시천교 측에서 필사해 갔다고 한다. 시천교는 이를 바탕으로 1915년에 『시천교종역사』를 출판했다. 한편 시천교의 내분으로 송병준과 헤어진 김연국은 1913년에 가회동에 시천교총부를 만들었다.

김연국은 시천교총부의 정통성을 밝히기 위해 1918년에 최유현에게 『시천교역사』를 집필하도록 하였다. 이때 유시헌의 아들 유택하로부터 원본을 가져갔다. 이 원본은 김연국의 후손이 간직하고 있다가 60년이 지난 1978년 4월 4일에 김덕경에 의해 신문보도(중앙일보)로 공개되었다.

『대선생주문집』 발간

해월 선생은 『최선생문집도원기서』를 견봉하고 나서 수운 선생의 창도 부분만 따로 떼어 『대선생주문집』이라는 책자를 만들었다. 규장각 소장 「동학문서」 중에 그 필사본이 전해지고 있다. 이 『대선생주문집』은 평남 용강군 대접주 홍기조 등이 1896년(포덕37)에 상주군 은척원으로 해월 선생을 찾아갔다가 필사본 한 권을 얻어왔다고 여겨진다.

『신인간』(통권 29호, 1928년 11월호)에 의하면 1896년 11월에 평남 용강 대접주 홍기조, 홍기억과 임복언 3인이 해월 선생을 만나보려고 길을 떠났다. 일단 이종훈이 있는 경기 광주까지 와서 며칠 쉬었다가 정암의 안내로 은척원으로 갔다고 한다. 아마도 이때 필사된 『대선생주문집』 한 권을 얻어왔는데 1900년 1월에 임중칠이 다시 필사했다. 경위는 알 수 없으나 1900년 12월에 관이 몰수해 갔으며 후일 규장각으로 옮겨지게 되었다.

『수운문집』의 정체

현재 수운 선생 사적으로 『대선생주문집』 외에 『수운문집』이 하나 있다. 이 『수운문집』은 최수정(丹谷 崔守正)에 의해 1960년경에 발굴되었다. 이때 세 가지 기록을 발굴하였다. 공주 계룡리에서 계룡본을 입수했고, 논산 도곡리에서 도곡본을 입수했다. 그리고 영주 단곡리에서 단곡본을 입수했다. 천도교인인 단곡은 동학 계통의 종단 지도자들과 연합해 보려는 생각으로 이 계통 사람들을 많이 접촉하였다. 그래서 이런 기록들을 쉽게 얻을 수 있었다.

계룡본 『수운문집』과 도곡본 『수운문집』은 오자가 많았다. 이중 단곡본 『수운문집』이 비교적 온전하다. 공주 계룡면 경천리에 살던 김옥희는 1898년에 영주군 단산면 단곡리로 피신 갔다. 그 후 언제인지 모르나 공주 경천리에서 가지고 온 원본을 다시 쓴 것이라 한다.

『수운문집』과 『대선생주문집』은 문장 구조가 거의 같다. 다만 해월 선생과 박하선에 관한 부분이 차이가 있다. 차이점은 네 곳이다.

첫째, 1862년(포덕3)에 수운 선생이 남원에서 경주로 돌아와 서면 박대여의 집에 머물고 있을 때 『대선생주문집』에는 최경상이 혼자 찾아갔다고 하였고 『수운문집』에는 박하선 등 여러 명이 갔다고 하였다.

둘째, 1863년(포덕4) 7월 23일 파접하고 난 다음에 있는 기록이 다르다. 『대선생주문집』에는 해월 선생을 북도중주인으로 차정差定했다고 하였으나 『수운문집』에는 기사 자체가 빠져 있다.

셋째, 1864년(포덕4) 8월 13일에 용담으로 수운 선생을 찾아갔을 때의 기록도 다르다. 즉 『대선생주문집』에는 해월 선생이 혼자 찾아가 14일에 수운 선생이 해월 선생의 수족을 임의로 굴신하지 못하게 하는 체험을 한 것으로 되어 있으나 『수운문집』에는 박하선 등 6~7인이 같이 그런 체험을 했다고 되어 있다.

넷째, 1864년 3월에 대구장대에서 순도한 수운 선생의 시신을 용담으로 운구할 때 참여한 인물도 다르다. 『대선생주문집』에는 시신 운구에 박하선이 보이지 않으나 『수운문집』에는 박하선이 참여한 것으로 되어 있다. 특히 자인현 주막집 주인이 "어디서 오는 길이냐?"고 묻자 『대선생주문집』에는 수운 선생의 아들 세정이 "대구로부터 온다."고 대답했다 하였다. 그러나 『수운문집』에는 박하선이 "대구로부터 온다."고 대답한 것으로 되어 있다.

두 기록은 날짜와 장소와 내용 등이 같고 문장 구성도 같다. 다만 해월 선생의 정통성과 관련된 대목에 이르면 어김없이 박하선을 등장시킨다. 『대선생주문집』과 『수운문집』 중 어느 하나는 잘못된 기록이다. 그런데 『수운문집』에는 고친 흔적이 보인다. 1863년(포덕4) 8월에 용담으로 수운 선생을 찾아갔을 때의 기사에 고친 흔적이 있다. 즉 '자네들은'이라고 해야 할 대목을 '자네'라고 기록한 대목이 그것이다.

'자네들'이라면 여러 사람을 지칭하는 말이고 '자네'라면 일인칭이다. 그런데 "자네들은 왜 이러는가?"라고 해야 할 대목에서 "자네는 왜 이러는가?"(謂曰君何如是耶)라고 되어 있다. 그리고 '자네들의 몸과 손발'이라 해야 할 대목에는 '자네의 몸과 손발'(君之身與手足)이라고 했다.

추측하건대 원래 기록인 『대선생주문집』에는 해월 선생이 혼자 갔으므로 일인칭인 '자네'로 기록하였다. 그러나 『수운문집』에서는 해월 선생의 정통성을 부정하기 위해 '자네'라고 한 부분을 '자네들'로 고쳐 버렸다. 그런데 고치다가 실수로 몇몇 대목에서 '자네'라는 표현을 그대로 두었다. 이것으로 미루어 보아 『수운문집』은 『대선생주문집』을 가필하여 꾸며낸 문건이라 여겨진다.

결론

동학혁명 후 관의 탄압으로 동학 활동은 지하에 숨어 들어 종적을 감추었다. 그러자 도인들 중 몇몇이 여러 형태의 교를 만들었다. 그중 주목되는 교는 김주희가 세운 경천교이다. 김주희는 공주군 신상면 달동에서 1860년 10월에 동학도인 김윤집의 아들로 태어났다. 그는 35세에 동학혁명군으로 참여했다가 관의 지목을 받고 계룡산으로 들어가 간신히 목숨을 건졌다.

1900년경부터 김시종이란 가공 인물을 내세워 경천교를 만들었다. 경천교는 동학의 남접 청림 연원이라 하였다. 동학에는 북접과 남접이 있는데 수운 선생의 가르침으로 북접은 해월 선생이 연원의 맥을 잇고 가공인물 김시종은 남접의 맥을 이어왔다고 주장한다.

여기서 정통성을 확보할 수 있는 역사 기록이 필요했다. 앞으로 좀더 깊은 연구가 필요하지만 이런 사유로 누군가 『대선생주문집』을 『수운문집』으로 바꾸면서 해월 선생의 정통성을 기록한 부분에 가필한 것은 아니었을까? 결론적으로 수운 선생의 역사 기록은 『대선생주문집』이 최초였다. 따라서 『수운문집』은 『대선생주문집』을 수정한 이본이라 할 수 있다.

『동경대전』과 『용담유사』 간행

머리말

1880년(포덕21)경에 이르면 인제군 양양군 청송군 등지에 도인 수가 크게 늘어난다. 그리고 중간 지식층이 많이 들어왔다. 이들은 동학의 신념 체계를 알고자 경전을 찾았지만, 필사해 주는 것이 고작이었다. 필사할 때 탈자도 생기고 오자도 들어간다. 문제가 없지 않았다.

수운 선생 재세시에도 이런 일이 생겨서 1863년(포덕4) 11월경에 해월 선생을 불러 경전을 인쇄해 보라고 당부하였다. 준비 작업을 시작했으나 한 달 후인 12월 10일에 수운 선생이 체포되고 이듬해인 갑자년 3월에는 순도하기에 이르렀다. 동학 자체가 위기에 빠져 버렸으므로 경전 간행 계획은 중단되고 말았다. 그로부터 18년이 지나 1880년(포덕21) 4월 하순이 되었다. 해월 선생은 인제군 남면 갑둔리에서 스승님의 당부를 실현하기 위해 경전을 간행하자고 발의하였다. 몇몇 접에서 상당한 비용을 모았다. 『동경대전』만이라도 간행하게 되었다. 5월에 착수한 판각 작업 결과 6월 14일에 100여 부를 출간하였다. 이 『동경대전』을 경진판 또는 갑둔리판이라고 한다. 이듬해인 1881년(포덕22)에는 단양 천동 여규덕의 집에서 『용담유사』를 간행하였다.

경진판 『동경대전』

『해월선생문집도원기서』에는 인제 남면 갑둔리 김현수의 집에서 1880년

(포덕21) 5월 9일에 간행소를 설치했다고 하였다. 김치운(현수)이 살던 집터는 2000년까지 남아 있었으나 군부대에서 이 일대를 사격 연습장으로 만들면서 민가는 모두 철거시켜 지금은 흔적도 없다. 1979년(포덕120) 11월에 처음 답사했을 때 후손들로부터 집 구조를 얻어 들을 수 있었다.

조상 산소를 돌보기 위해 김씨 일가 몇 분이 모였다. 그들의 증언에 의하면 개울가에 (미음자) 형의 집이 있었다고 한다. 서쪽에 대문이 나 있었고 왼쪽(산쪽)에 안채가, 바른쪽(개울 쪽)에 사랑채가 있었다 한다. 해월 선생은 이곳에 오면 사랑채에 머물렀으며 판각 작업을 지도할 때에도 사랑채에 있었다 한다.

해월 선생은 17세~19세에 조지소에서 일을 했다. 때때로 거래처에 종이를 가져다 주는 일도 하였다. 출판하는 곳과 거래하면서 인쇄 과정을 눈여겨 보았다. 이때 본 기억을 되살려 판각 작업을 지도했던 것이다. 해월 선생의 손자 최익환은 육임첩에 찍혀 있는 전자체 「해월장」은 신사 자신이 새긴 것이라 한다. 보통 솜씨가 아니다. 해월 선생은 만드는 데 재주가 남달랐다. 작업은 한 달 만인 6월 14일에 마쳤다. 100여 부를 출간했다고 한다. 15일에는 봉고식을 올렸다. 원본이 전해지지 않아 발문 내용은 알 길이 없다. 다행히 『최선생문집도원기서』에 별공록이 실려 있다. 힘을 기울였던 분들이 일목요연하다. 인제접, 상주접, 정선접, 청송접 도인들이 그들이다.

아! 스승님의 문집을 간행하려 한 지도 오랜 세월이 지났다. 이제 나는 경진(庚辰年, 1880)을 맞아 강시원·전시황 및 여러분과 더불어 판각하고자 발론하게 되었다. 각 접 중에서 다행히 내 뜻에 찬동하여 주어 판각소를 인제군 갑둔리에 정하고 뜻한 대로 일을 마치었다. 비로소 스승님의 도와 덕을 적은 편저編著를 펴낼 수 있게 되었다. 이 어찌 흠탄하지 않을 수 있으랴. 각 접에서 비용을 성출한 이들의 별록을 특별히 만들어 그 공을 차례대로 적는다. 경진년 중하仲夏 도주 최시형이 삼가 기록한다.

상주 윤하성 40금, 정선접중 35민, 인제접중 130금, 청송접중 6민.

각판할 때 책임을 맡았던 이는,

都廳 崔時亨.

監役 姜時元, 全時晄.

校正 沈時貞, 全時奉, 劉時憲.

直日 張道亨, 金文洙, 張炳奎, 李晉慶.

接有司 金錠浩, 辛時來, 黃孟基, 趙時哲.

收有司 韓鳳辰, 洪時來, 辛時一, 金鎭海, 李廷鳳.

治板 金館浩.

侵梓 沈遠友, 崔錫夏, 全允權.

運糧 張興吉, 金寅相, 金孝興, 李千吉.

書有司 全世仁.

供饌 李貴祿, 姜基永.

단양서 『용담유사』 간행

이듬해 1881년(辛巳) 6월에는 단양 남면 천동(泉洞, 샘골) 여규덕의 집에서 국문
가사 모음인 『용담유사』를 간행하였다. 역시 인제접에서 비용을 전담하였
다. 이곳 샘골은 경상도와 충청도 경계 지점에 위치해 있다. 소백산 줄기의
하나인 도솔봉(兜率峰, 1342미터) 북쪽 산자락에 있다. 해월 선생이 살고 있었던
송두둑에서 2킬로미터 정도 들어간 골짜기 안 왼쪽 언덕 위에 샘골이 있었
다. 『해월선생문집』에는 "신사년(1881) 6월에 본읍 천동에 사는 여규덕의 집
에서 가사 수백 권을 간행하여 각처에 반포했다."고 하였다. 간행 작업에 참
여했던 구암(龜菴, 金演局)은 『별기시천교역사』에서 "인제접에서 (비용을) 마련

하여 수백 부를 인쇄했다."고 하였다. 『시천교종역사』에도 "인제접에서 인쇄 비용을 모았으며 김연호, 장춘보, 김치운, 이은보, 김현경, 장세원 등 여러 사람이 일을 맡아 보았다."고 했다. 이때 간행한 『용담유사』는 판본도 전해지지 않아 규격이나 지질 그리고 각자 상태를 알아 볼 길이 없다.

여규덕의 집은 높은 산자락 언덕 위 마을 오른쪽에 있었다. 당시 30여 호가 넘었던 이 마을은 지금 10여 호밖에 남아 있지 않다. 1979년 12월 27일에 필자는 이곳을 찾아갔다. 하얀 눈이 온 천지를 뒤덮고 있었다. 이날 조중관(趙重寬, 1917) 씨는 환갑을 맞아 잔치를 벌였다. 여러 고로들이 모여 있었다. 이들의 증언에 의하면 여규덕은 몽양 여운형의 백부였다고 하며 조부의 묘소가 마을 뒷산에 있다고 했다.

조대희(趙大熙, 1917) 등 몇 사람은 여규덕의 집 자리를 안내해 주었다. 마을 오른쪽에 있었다고 한다. 그러나 집터는 증언자 4명이 제각각이다. 한 분은 길 위 무덤 옆이라 하고, 한 분은 무덤 앞 바로 길 아랫집이라 하고, 또 한 분은 10미터 가량 더 가서 있었다고 한다. 그리고 한 분은 길 아래 두 번째 집이라고 한다. 그 뒤에도 두 차례 찾아갔으나 여전히 제각각이다.

각판 · 인쇄 · 제본을 하려면 사랑채가 있어야 한다. 이중 세 집은 사랑채가 없었다. 길 아래 두 번째 집에 사랑채가 있다. 규모도 커 보였다. 이곳이 여규덕이 살던 집이 아니었을까 싶다. 중앙총부는 1998년 3월에 『용담유사』 간행을 기념하기 위해 비석을 세웠다. 여규덕의 집 자리를 확인할 수 없어 천동 마을 입구에 세웠다.

잘못된 구송설

『천도교서』 1865년 조와 1880년 조에 『동경대전』과 『용담유사』는 해월이 구송하여 간행하였다고 하였다. "선시先時에 동경東經과 유사遺詞가 수운 선생의 피해被害되심을 경經하여 이미 화신火燼에 속하고 무여無餘한지라 신사 염구영회忩久靈會하시다가 곧 『동경』과 『유사』를 구호口呼하사 인人으로 하여금 서書케 하시다."고 했다. 그러나 해월 선생이 구송했다는 이 기록은 크게 잘못된 것이다.

해월 선생이 구송해서 『동경대전』과 『용담유사』를 복원했다면 문제는 이상하게 되어 버린다. 즉 해월 선생의 글이 되어 버린다. 천도교인들은 원본대로 구송했을 것이라고 믿는다. 문제는 학계에서 믿으려 하지 않는다는 것이다. 원본대로 구송했다는 사실을 어떻게 보장하느냐고 따질 것이다. 이런 점을 고려할 때 근거도 없이 구송설을 주장하는 것은 금물이다. 사실상 『동경대전』과 『용담유사』는 구송에 의해 만들어진 것이 아니라 원본에 의해 간행되었다.

1880년에 집필한 『최선생문집도원기서』나 1906년에 필사된 『해월선생문집』에서는 구송설을 찾아볼 수 없다. 『해월선생문집』의 경우 "6월 어느 날에 강시원·전시봉·김시명이 함께 인제 김현수의 집에 가서 『동경대전』 100여 권을 간행하여 각처에 반포했는데, 소요되는 경비는 모두 본읍의 접 중에서 부담하였다. 1881년(신사년) 6월에는 본읍 천동에 사는 여규덕의 집에서 가사 수백 권을 간행하여 각처에 반포하였다."고 기록하고 있다. 현재 전해지는 목천판 『동경대전』의 발문에 보면 원본에 의해 간행된 것임을 밝혀 주고 있다. "아, 선생께서 포덕하실 그때 성덕에 잘못 전함이 있을까 염려하여 계해년에 이르러 친히 시형에게 늘 출판하라고 말씀하였다. 뜻은 있었으나 이루지 못한 채 이듬해로 넘어와 갑자년의 불행을 당하게 되자 그 이후 세운은 침체되고 도세는 쇠퇴하여 미루게 되어 20여 년이란 오랜 세월이 지났다."고 하였다.

'친히 시형에게 출판하라고 늘 말씀하였다.'면 원본을 주면서 인쇄하도록 부탁했을 것이다. 특히 '성덕에 잘못 전함이 있을까 염려하여' 인쇄하도록 부탁했다면 잘 정리된 원본을 주었을 것이다. 1880년에 『동경대전』을 간행할 당시 김연국은 갑둔리에 사는 종형인 김연호의 집에서 제작 과정에 참여하여 심부름을 하였다.

그는 1907년 10월에 천도교 중앙총부에서 간행한 『동경대전』과 1908년에 시천교에서 간행한 『동경대전』에 발문을 썼다. 천도교 중앙총부 간행 『동경대전』 발문 중에는 "여러 원본들을 모두 거두어 비교하여 살피고 나니 십중 팔구는 잘못되어 있었다."고 하였다. 또한 시천교가 간행한 『동경대전』 발문에는 "해월성사海月聖師는 … 혹시 성덕에 잘못됨이 있을까 염려스러워 흩어져 있는 편저들을 거두어 하나로 모아 대성기궐大成奇厥하는 데 힘을 썼다."고 하였다. 낱권으로 된 '여러 원본들을 거두었다'고 하였다. 원본들을 모아 검토했다는 말이다. "흩어져 있는 편저들을 거두어 하나로 모아 대성기궐하는 데 힘을 썼다."고 한 것은 낱권으로 만들어진 글들을 모아 『동경대전』이란 한 권의 책으로 만들었다는 말이다. 원본을 가지고 출판했음을 밝혀 주고 있다.

『용담유사』의 사투리

『용담유사』에는 충청도식 표기가 몇 군데 보인다. 이를 근거로 수운 선생의 글이라고 믿기 어렵다는 이도 있다. 수운 선생은 경상도 사투리로 『용담유사』를 썼을 것이다. 그런데 충청도식 표기가 섞였다면 의심하는 것은 당연하다. 예컨대 경상도식으로 「룡담가」라고 해야 할 곳에 충청도 표기로 「용담가」라 한 곳이 있다. 경상도 사투리 표기가 충청도식 표기로 바뀐 것은 어찌하여 그리 되었을까. 이 점이 해명되지 않으면 『용담유사』는 수운 선생의 글이라고 할 수가 없다. 우리는 당시의 작업 과정을 살펴볼 필요가 있다. 『동경대전』은 한문으로 된 글이라 글자를 옮겨 한 자 한 자 확인하고 쓰게 된다. 그러나 『용담유사』의 경우는 사정이 다르다.

국문은 음을 정확히 불러 주면 받아쓰는 데 문제가 없다. 직접 보고 쓰는 것보다 훨씬 능률이 오른다. 불러 주면 문장을 빠뜨리는 일도 적어진다. 필사할 때 한 사람은 불러 주고 한 사람은 받아쓰는 것이 보통이었다. 문제는 여기에 있었다. 불러 주는 사람도 충청도 사람이고 받아쓰는 사람도 충청도 사람인 데 있었다. 경상도 사람이 불러 주었다면 충청도식 표기로 바뀌지는 않았을 것이다. 불러 주는 사람도, 받아쓰는 사람도 충청도 사람이어서 부지불식간에 충청도 표기가 된 것이다.

결론

『동경대전』과 『용담유사』를 출판하자 경전을 대하는 도인들의 자세가 달라졌다. 필사본 경전을 대할 때의 자세와는 비교가 안 된다. 인쇄물이 주는 성스러움과 권위가 도인들에게 달리 느끼지게 되었다. 같은 글이라도 필사본과 인쇄본은 천양지차다. 인쇄된 『동경대전』과 『용담유사』를 대하는 느낌은 필사본을 대하는 느낌과는 비교가 안 된다. 다른 종교의 경전은 성경聖經이라 한다. '신의 말씀'으로 여기는 것이다. 불교 경전은 제자들에 의해 여시아문如是我聞한 것을 추려 모아 만들었다. 예수교의 성경도 제자들의 구전을 모아 만들었다. 현재의 『신약성서』가 정전正典으로 공식화된 것은 서기 397년에 이르러서다. 그럼에도 불구하고 그 권위는 대단하다.

『동경대전』과 『용담유사』는 수운 선생이 직접 쓴 글이다. 살아 있는 수운 선생의 목소리가 담긴 글이다. 우리가 추구하려는 신념 체계는 『동경대전』과 『용담유사』를 떠나서 찾을 길이 없다. 바른 신념 체계를 세우려면 직접 경전을 통해서 수운 선생의 목소리를 들어야 한다.

경주판 『동경대전』

임오군란 발발

1882년(포덕23) 6월(양7월) 9일에 세칭 임오군란이 돌발하였다. 부패한 왕조가 군인들에게 지불할 급여를 미루어 오다가 겨와 모래를 섞고 두량斗量까지 속여 지급하였다. 이에 격분한 군인들이 떼지어 개화파 인물을 습격하는 한편 별기군 본영까지 공격하였다. 쌓이고 쌓였던 일본인에 대한 적개심도 폭발하여 일본인 어학생語學生 3명도 살해하였고, 일본 공사관까지 습격하였다. 인천으로 달아난 일본인들은 영국의 측량선을 빌려 타고 달아났다. 격분한 군인들은 13명의 일본인을 살해하였다 한다.

6월 10일에는 정부의 관료들을 공격하였다. 영돈녕 부사 이최응을 살해하였고 궐내로 난입하여 선혜청 당상 병조판서 민겸호와 경기 관찰사 김보현도 살해하였다. 마침내 명성황후까지 가해하려 했으나 달아나 뜻을 이루지 못했다. 다급해진 고종은 대원군을 불러들여 수습하게 하였다. 대원군은 민씨 척족 세력을 제거하였다 그리고 서정을 개혁해 보려고 하였다. 그러나 7월 3일에 일본군이 1천2백 명의 병력을 이끌고 제물포에 상륙하였고 뒤따라 청국군도 4천 명의 병력을 동원하였다. 청국군은 7월 13일에 대원군까지 납치하여 천진으로 끌고 갔다.

무능하고 부패한 조선왕조는 우왕좌왕할 뿐이었다. 1882년 8월 30일에 일본의 제안에 따라 제물포조약과 수호조규속약에 날인하였다. 정부는 55만원의 거금을 배상하게 되었고, 일본군 1개 대대 병력까지 서울 한복판에 주둔하게 만들었다.

충청 지역에 진출

사회가 불안해지자 민중들은 동학에 관심을 기울이기 시작했다. 청주 지역에서는 입도자가 늘어났다. 송암(松菴 孫天民)의 유서법정(최후진술)에 "26세 때인 임오(壬午, 1882) 납월臘月에 입학했다."고 하였다. 『해월선생문집』에는 "임오년 6월에 군란이 일어나자 이경하가 찾아왔다. 이때 해월 선생은 갈내 장정리로 이사하였으며 각지 도인들이 찾아오는 수가 적지 않았다."고 했다.

1880년(포덕21)에 『동경대전』을, 1881년(포덕22)에 『용담유사』를 간행한 후 필사본이 널리 퍼지게 되었다. 글을 아는 이들은 동학을 새로운 대안으로 받아들였다. 그리고 도인들 사이에 사람을 하늘같이 대하는 모습을 보고 감명을 받았다. 이들은 하나 둘씩 동학을 찾게 되었다.

『시천교종역사』에 의하면 1882(포덕23) 가을부터 청주·목천 등 여러 지역에 입도자가 늘어났다고 하였다. 그리고 "도인들의 발길은 문전을 메웠다."고 하였다. 당시 해월 선생은 갈내 장정리에 있었다. 갈내 장정리는 단양 대강면에 있다. 일부 기록에는 정선에 있다고 하였다.

정선 고한 정암사 앞을 흐르는 개울을 갈내葛川이라고 하며 정암사를 갈래사라고 한다. 그러나 이곳은 갈래면도 아니요 장정리도 아니다. 해월 선생이 이사갔다는 갈내 장정리는 단양에 있다.

장정리 안쪽에는 절골(寺洞)이 있으며 그 안에는 갈냇골이 있다. 여기서 발원되어 흘러내려 장정리 앞을 지나는 개울을 갈내라고 한다. 지금은 이 일대를 장정리라 하지만 당시에는 장정리 마을과 송두둑 마을이 분리되어 있었다. 바깥 마을은 송두둑이고 안쪽 마을은 장정리이다.

목천서 경전 중간

도인 수가 늘어나면 경전을 찾는 이도 늘어난다. 그래서 천원군 목천에서 1883년(포덕24) 2월에 『동경대전』 100부를 중간重刊하였다. 『천도교서』에는 "계미癸未 2월에 신사 간행소를 충청도 목천군 구내리 김은경 가에 중설하고 『동경대전』 1,000여 부를 발행하사 각 포에 반급하다." 하였다. 『순무선봉진등록』 갑오 10월 27일조에는 "동학지도자 김화성은 100부를 간행했다."고 하였다. 천 부를 간행하려면 시간과 비용이 엄청나게 든다. "김화성을 문초하니 계미년(포덕24년)분에 목천 복구정 대접주인 김용희·김성지와 같이 보은으로 가서 최시형으로부터 도를 받았다. 그 후 동심결의하고 삼로三老라 자칭하며 동서에 포包를 만들어 널리 폈다. 수선 포중에서 김용희와 같이 6천 냥의 돈을 모아 『동경대전』 100부를 간행하였다. 그중 30권은 최시형에게 보내고 나머지 70권은 김용희와 내가 반분했다."고 하였다. 간행 장소는 밝히지 않았다.

1985년에 필자는 아우내 장터에서 동쪽으로 3킬로미터 떨어져 있는 평기리를 찾아갔다. 김내기를 만났다. 그는 "동학혁명 당시 평기리 면실 마을에 동학도들이 많이 있었다."고 했다. 지금은 밭이 되었지만 그때는 기와집이 많았다며 접주는 김곤양이라고 하였다. 동학혁명 후 김곤양은 진천 쪽으로 밤중에 이사갔다고 하였다.

그리고 『병천팔경』이란 소책자를 보여주었다. 첫머리에 "병천은 곧 구계이다."라고 하였다. 지금의 병천이 바로 구계리라는 것이다. 이 구계리는 아우내(또는 아오내, 아내) 장터로 통한다. 아우내라는 말은 여러 갈래의 물줄기가 합쳐서 아울렀다는 뜻이라고 한다. 구九 자는 많다는 뜻이므로 구계九溪란 많은 물줄기가 합쳐진 시내라는 뜻이다.

『천도교서』에는 구내리區內里로 기록되어 있다. 필자는 몇 차례 구내리를 찾기 위해 목천 지역을 답사하였다. 구내리는 없었다. 구계(九溪, 아홉내)의 음을 따서 구내리라고 적은 것으로 여겨진다. 즉 구계의 아홉 구九 자를 구區 자로, 시내 계溪 자를 내(川, 內)자로 하여 구내리區內里라 기록한 것이다.

구계리 마을이 따로 있었다. 병천에서 진천 쪽으로 8킬로미터쯤 가면 동면 죽계리竹溪里가 나온다. 초입 산기슭에 구계리九溪里라는 작은 마을이 있다. 김씨 족보에 김은경이란 사람도 있다. 족보도 보고 내력도 들었다. 김은경은 동학과 관련이 없는 사람이다. 그리고 『천도교서』에 기록한 구내리와는 상관관계가 없다.

필자는 평기리 면실 마을에 김은경(김곤양)의 집이 있었고 여기서 목천판 경전을 간행했다고 본다. 기록에는 『동경대전』만 간행한 것으로 전하고 있으나 『용담유사』도 같이 간행한 것으로 본다. 6천 냥의 돈을 들였다면 『동경대전』과 『용담유사』를 함께 간행하고도 남았을 것이다.

현재 규장각 동학문서 중에 목천판 『동경대전』 필사본이 있다. 1907년(포덕48) 10월에 천도교중앙총부가 간행한 활자본 『동경대전』은 이 목천판 『동경대전』을 중간한 것이다. 불행하게도 빠진 문장이 많으며 잘못된 곳도 있었다. 자료로서는 필사본 『동경대전』이 앞선다. 발문은 다음과 같다.

목천판 발문

아, 선생께서 포덕하실 그때 성덕에 잘못됨이 있을까 염려하여 계해년에 이르러 친히 시형에게 늘 인쇄하라는 말씀이 있었다. 뜻은 있었으나 이루지 못한 채 이듬해로 넘어왔다. 갑자년에 불행을 당하자 도의 운세가 침체되고 쇠퇴하여 세월은 오래되어 십팔 년이나 되려고 한다. 경진년에 이르러 그때의 교명敎命을 극진히 생각하여 삼가 뜻을 같이하는 이들과 더불어 의견을 모아 다짐하고 출판의 공을 이루게 되었다. 글에 빠진 것이 많음을 한탄하다가 목

천 접중에서 찬연히 복간하여 비로소 무극대도의 경편經編을 드러내게 되었
다. 이 어찌 선생님의 가르침을 흠모함이 아니겠는가. 감히 편말에 졸문을 남
기는 바이다.

　계미년 중춘 도주 월성 최시형
　계미년 중춘 북접중간
　동경대전 종

김용희 접주와 김화성 접주는 자금을 대고 김은경은 작업장을 제공했다. 김
은경의 사랑방에서 1883년(포덕24) 2월부터 각판 작업을 시작하여 3월에 인쇄
제본을 마쳤다. 이것을 보통 목천판 또는 계미판이라 이른다. 경전 간행 이
후 충청도 인사들은 해월 선생을 찾는 발길이 늘어갔다.

　『해월선생문집』에는 "서인주, 황하일이 찾아왔으며 이후 손천민도 찾아
왔다."고 하였다. 그리고 『시천교종역사』에는 "입도하는 바람이 불어 충주,
청풍, 괴산, 연풍, 목천, 진천, 청주, 공주, 연기 등 고을에서 입도자가 많았
다."고 하였다. 임오군란 이후 사회 불안이 가중되고 나라 운명에 대한 위기
감이 커지면서 동학에 관심이 쏠리기 시작했다.

　계미년을 전후로 입도한 인사 중 중요한 인물이 많았다. 『천도교회사초
고』에는 "3월에 손병희, 손천민, 박인호, 황하일, 서인주, 안교선, 여규덕, 김
은경, 유경순, 이성모, 이일원, 여규신, 김영식, 김상호, 안익명, 윤상오 등이
차례로 해월신사海月神師께 배알하였다."고 했다.

경주판 경전 간행

1883년(포덕24) 5월에는 공주접의 발의로 경주판 『동경대전』을 간행하였다.
목천판 『동경대전』을 중간한 후 바로 공주접에서 경주판 경전 간행을 발의

한 것이다. 호서의 공주접과 영남의 여러 접과 강원도의 여러 접이 힘을 모아 경주판 『동경대전』과 『용담유사』를 간행하기에 이르렀다.

당시 청주와 진천에는 목각 활자로 조판하여 인쇄하는 길이 있었던 모양이다. 경주판 경전은 목각 활자를 사용하였다. 아마도 제작은 전문업자에게 맡겨 간행한 것 같다. 자금은 거의 공주접에서 마련하였다. 책의 판형도 조금 크게 만들었다. 경주판이기는 하나 경주에서 간행한 것은 아니다. 이름만 경주판 경전이고 실지는 목천에서 간행하였다. 언제 착수하여 언제 끝났는지 기록이 없다. 경주판 발문은 다음과 같다.

경주판 발문

아, 선생께서 포덕하실 그때 성덕에 잘못 전함이 있을까 염려하여 계해년에 이르러 친히 시형에게 늘 출판하라는 말씀을 하였다. 뜻은 있었으나 이루지 못한 채 이듬해로 넘어오자 갑자년의 불행을 당한 이후 세운은 침체되고 도세는 쇠퇴하여 이십여 년이란 오랜 세월이 되려고 한다. 그러므로 전일의 교명을 극진히 생각하여 삼가 뜻을 같이하는 이들과 더불어 발론하여 다짐하였다. 수년 전에 동협東峽과 목천에서 비록 정성을 모아 간행했으나 실로 경주 판각이라 이름한 것이 없다. 이 어찌 도중의 흠이 되지 않으랴. 경주는 본시 우리 선생께서 도를 받으신 곳이요 포덕하신 곳이므로 불가불 경주판이라는 이름으로 간행돼야 할 것이다. 그래서 호서의 공주접중에서 발론하여 영남과 동협이 힘을 모아 일을 시작하여 무극대도의 경편經編을 펴서 드러내게 되었다. 삼가 세상의 지목을 돌보지 않은 채 두세 동지와 더불어 만사를 제쳐 두고 같이 힘쓰기로 서약하고 출판하여 큰 공을 이루어 냈다. 이 어찌 선생님의 가르침을 흠모함이 아니겠으며 제자의 소원을 다함이 아니겠는가. 특히 세 분을 편좌에 별록한다.

계미년 중하 도주 월성 최시형 삼가 적는다.

도주 최시형

성우용 윤상호 이만기

접주 황재민 김선옥 전시봉

유사 안교선 윤상오

계미중하 경주개간

동경대전 종

목천의 성우용, 공주의 윤상호, 인제의 이만기 등 호서와 동협 대표자의 이름을 앞자리에 적었다. 그리고 영양접주 황재민, 공주접주 김선옥金善玉, 정선접주 전시봉全時鳳 등을 다음 자리에 적었다. 모든 접에서 힘을 모아 경주판을 간행했다는 것을 밝히기 위해서이다.

이해 8월에는 『용담유사』를 간행하였다. 말미에 '계미중추 북접신간新刊'이라 하였다. 이미 1881년(포덕22)에 단양 천동에서 『용담유사』를 간행하였으므로 이번 간행은 중간重刊이라 해야 한다. 그러나 북접신간이라 한 것은 경주판을 간행했다는 데 의미를 부여한 것이다.

『용담유사』도 목각 활자로 출판하였다. 현재 경주판 『동경대전』과 『용담유사』 원본은 천도교중앙총부에 소장되어 있다.

이후 『동경대전』과 『용담유사』는 몇 차례 더 중간하였다. 그러나 기록으로 전해지기는 무자판을 1888년(포덕29)에 인제접에서 『동경대전』과 『용담유사』를 간행한 것과, 계사판 『용담유사』뿐이다.

해월 선생과 가섭사 기도

머리말

미륵사가 있는 익산군 금마면 미륵산 중턱에 사자암이 있다. 여기서 기도를 마친 해월 선생은 공주 마곡사 북서쪽에 있는 가섭사로 들어갔다. 공주군 사곡면 구계리에서 개울을 건너 북쪽으로 가파른 산길을 따라 2킬로미터 올라가면 암자가 나온다. 밑에서는 암자를 바라볼 수 없게 되어 있다. 산비탈에 담장을 쌓아 100평 정도의 터를 만든 대지 위에 30평 정도의 암자가 자리잡고 있다.

1884년 10월에 손병희, 박인호, 그리고 송보여를 대동하고 21일 간의 기도를 위해 이곳으로 왔다. 1년 전에는 박인호가 여기서 49일 간의 기도를 마쳤다. 외지고 조용하다고 주선한 것 같다. 니은(ㄴ) 자 형의 암자 건물은 정면에 툇마루가 있고 그 안에 방 둘이 있다. 왼쪽 끝에는 부엌이 있으며 그 안쪽에 방이 하나 더 있다. 이 방을 쓴 것으로 짐작된다.

여기서 해월 선생은 의암 손병희의 사람됨을 시험하였으며 동학의 중요한 육임제를 구상하였다. 또한 '천강하민작지군'天降下民作之君으로 시작된 강시와 '애차세인지무지혜'哀此世人之無知兮로 시작되는 강시와 '차호차호명자'嗟呼嗟呼明者로 시작되는 글 세 가지를 지었다.

의암의 인성 시험

의암 손병희는 이 암자에 들어가자 해월 선생으로부터 시험을 받았다. 해월 선생은 의암에게 솥을 걸라고 명하였다. 스승님이 시키는 대로 진흙을 파다 찬물로 이겨 솥을 걸었다. 제대로 걸었다. 그런데 해월 선생은 이리저리 살펴보더니 고쳐 걸라고 하였다. 다시 걸었다. 또다시 뜯어내고 고쳐 걸라고 하였다. 뜯어내고 고쳐 걸기를 몇 번이나 되풀이하였다.

손병희는 자신을 시험하고 있음을 알아차렸다. 몸놀림을 더 빠르게 하여 시키는 대로 척척 해냈다. 해월 선생은 참을성 있는 의암을 보고 쓸 만하다고 칭찬하였다. 이로부터 해월 선생과 의암은 사제 간의 정의가 더욱 두터워졌다. 해월 선생의 덕화로 의암은 새 사람이 되었다.

많은 인물이 근세사에 부침하였다. 그러나 의암 손병희처럼 변혁의 중심에 섰던 인물은 드물다. 조선의 내부적 모순을 극복하기 위해 평생을 바쳤다. 양반 쌍놈으로 갈라 놓은 신분제 타파에 앞장섰다. 낡고 부패한 사회 현실을 뜯어 고치고 일본 침략군을 물리치기 위해 동학혁명을 이끌었다. 1904년에는 자생적인 근대화 운동인 갑진개혁운동을 지도했다. 1919년에는 일본 식민지로부터 자주독립을 쟁취하기 위해 3·1운동을 지도했다. 이처럼 역사의 중심에 섰던 인물이 어디 있을까.

종교가이면서 혁명가요 교육가이면서 민족 독립운동가였던 의암은 우리의 위대한 지도자였다. 1861년(포덕2) 4월 8일(음2.29)에 충청도 청원군 북이면 금암리(청주 대주리)에서 태어났다. 아전 신분인 손의조 어른을 아버지로, 경주 최씨를 어머니로 하여 서자의 신분으로 태어난 것이다. 이름은 병희秉熙요 자는 응구應九였다. 위로는 이복 적형 손병권이 있고 밑으로는 동생 손병흠이 있었다.

타고난 의협심을 가지고 있었다. 소년시절부터 양반들의 행패를 가만 보고 있지 않았다. 17세 때였다. 『천도교창건사』에 의하면 괴산 삼거리에 갔을 때다. 어떤 수신사(修信使, 일본을 왕래하던 통신사의 별칭)가 말에 역인驛人을 매달고 가는 것을 보았다. 몽둥이로 마복馬僕을 때려 쫓고 풀어 주었다. 20세 때 청주 초정약수 터에 갔을 때의 일이다. 양반들이 자리를 독차지하여 사람들이 접근하지 못하고 있었다. 약수터로 가서 바가지에 물을 떠서 양반들에게 뿌려 내쫓았다. 음성에 갔을 때에는, 온 가족이 전염병으로 죽었으나 시신을 수습하지 못하고 방치되어 있는 걸 보고 혼자서 팔을 걷어부치고 염습한 일도 있다.

기도 중 갑신정변

가섭사에 있을 때 갑신정변이 일어났다. 1884년 10월 17일(양12.4)에 김옥균을 중심으로 하는 개화당파가 정변을 일으켰다. 청국의 지배로부터 벗어나 자주독립을 모색하려던 운동이었다. 우정국 낙성식을 이용하여 벌인 쿠테타는 성공하였다. 10월 18일(양5일)에는 영의정에 이재원, 좌의정에 홍영식을 비롯하여 박영효, 서광범, 이재면 등으로 내각도 출범시켰다.

그러나 보수 세력과 청국군의 반격으로 사태는 뒤집어졌다. 전 · 후영군과 일본군 1개 중대 병력으로 방어전을 폈으나 청군 6백 명과 친청파 9백 명이 공격하여 오자 무너졌다. 좌의정이었던 홍영식은 피살되었고, 김옥균 · 박영효 · 서광범 등은 일본으로 망명하였다. 3일 만에 막은 내렸다. 그 와중에서도 일본은 많은 잇속을 챙겼다. 3척의 군함으로 인천에서 위협하였다. 중국이 조정을 하여 1884년 11월 24일(양1885.1.9)에 한성조약을 맺었다. 굴욕적인 불평등조약이었다.

일본은 청국과 천진조약까지 체결하여 조선에 출병의 발판을 만들었다. 장래 조선국에 병란이나 중대사가 일어나 중 · 일 양국 혹은 어느 한 나라가

파병을 요할 때에는 마땅히 우선 상대방 국가에게 문서로 알릴 것이며, 그 사건이 진정되면 즉시 철회하여 다시 주둔하지 않는다."는 조항을 확보했다. 청국은 정치적 간섭을 더해 갔고 일본은 경제적인 침탈 행위를 늘려 갔다. 임오군란 후유증으로 불안해진 나라에 정변까지 겹쳤으니 절망 상태였다.

육임제 구상

해월 선생은 기도 중에 육임제를 구상했다. 앞으로 도인 수가 늘어났을 때에 대비한 직제를 구상한 것이다. 육임이란 교장敎長, 교수敎授, 도집都執, 집강執綱, 대정大正, 중정中正 등을 말한다. 앞으로 동학을 활성화시키기 위해서였다. ① 교장은 알차고 덕망 있는 이로 삼고, ② 교수는 성심 수도하여 가히 전수할 이로 삼고, ③ 도집은 위풍이 있고 기강을 밝히고 선악의 한계를 가릴 줄 아는 이로 삼고, ④ 집강은 시비를 밝히고 가히 기강을 세울 줄 아는 이로 삼고, ⑤ 대정은 공평하고 부지런하고 신임이 두터운 이로 삼으며, ⑥ 중정은 능히 바른말을 하는 강직한 이로 삼는다고 하였다. 이 육임직은 교敎와 집執과 정正이란 세 분야로 짜여져 있다. 교는 교화를 담당하는 분야이고, 집은 업무를 주관하고 기율을 세우는 분야이고, 정은 시비를 가려 강직하게 비판 평가하는 분야이다. 그리고 교장과 교수는 1급에 해당하고 도집과 집강은 2급에 해당하고 대정과 중정은 3급 또는 4급에 해당된다. 직급에 서열을 두었다. 그러나 이 육임직을 바로 임명하지는 않았다.

강시와 글을 지으시다

『천도교서』에 의하면 해월 선생은 세 편의 글을 지었다고 하였다. 첫째는 '천강하민작지군'으로 시작된 글이고, 둘째는 '애차세인지무지혜'로 시작되는 글이다. 셋째는 '차호차호 명자'로 시작되는 글이다. 요지는 다음과 같다.

① 임금은 교화와 예악으로 만민을 화합하고 법령과 형벌로 만민을 다스린다. 스승된 이는 효제 · 충신으로 후생을 가르치고 인의예지로써 후생을 양성하게 하니 모두 한울님을 돕는 일이다. 아! 우리 도인들은 공경히 이 글을 받도록 하라. 마음과 몸을 바르게 하여 한울님께 죄 짓지 말고, 정성과 충성을 다하여 임금에게 죄를 짓지 말라.

물의 근원이 깊음이여! 가물어도 끊어지지 아니한다. 나무의 뿌리는 견고하도다. 겨울 한풍에도 얼어죽지 않는다. 봄을 맞은 고목에 꽃 피는 때가 오고 때가 왔도다. 만물의 조화로움이 무극하고 무궁하구나. 아, 이 세상의 우리 도의 모습이여! 어두울 때도 있고 밝을 때도 있으리라. 경신년 포덕이 어찌 천운이 아니며 어찌 천명이 아니랴. 갑자년의 억울함도 이 또한 천운이요 천명이로다. 한결같은 주인主人의 마음이여! 처음 가진 뜻을 끝까지 극복하는구나. 두 글자(=天主)를 보고 지목함이여, 어찌 서양 사람이 먼저[천주라] 했다 하는가. 우리 도의 큰 운이 장차 형통하리라. 새로운 천명을 받들어 열고 이루어 나가리라. 아! 주인은 이 글을 공경히 받들라.

② 슬프다, 이 세상 사람의 앎이 없구나. 바로 조수鳥獸를 비유해 말하리라. 닭(酉年)이 우니 밤과 새벽이 갈리고, 개(戌年)가 짖으니 사람이 돌아오는 줄 알리라. 멧돼지(亥年)가 칡뿌리를 갖고 다투게 되고, 곳간에 든 쥐(子年)는 제자리를 얻었다(各得其所) 하리라. 제나라 소(丑年)가 연나라로 달려가고, 초나라 범(寅年)이 오吳나라로 오도다. 중산랑(中山狼, 은혜를 저버린 늑대) · 중산토(中山兎, 은혜를 저버린 토끼)가 성을 차지함이여, 패택(沛澤, 풀이 우거진 얕은 못)의 용(辰年)이 한수漢水로 나오누나. 오사(五蛇, 진나라 무공을 용으로 비유하여 그를 따르는 신하 다섯 사람을 뱀으로 비유한 말)와 같은 후계자(代)가 없음이여, 아홉 말(九馬, 午年)이 길 한복판에 나서도다.

③ 밝은 것은 어두움이 변한 것이다. 밝은 해는 누구나 볼 수 있으나 도의

밝음은 혼자만 안다. 덕이란 정성과 공경과 나의 도리를 다하는 것을 이르는 것이다. 사람의 돌아갈 곳은 덕이 있는 곳이다. 명命은 운을 짝하므로 하늘의 명은 다하지 못하고 사람의 명은 어기기 어렵다. 도란 것은 갓난아기를 보호하듯이 하고 대자대비하여 수련 성도로 일이관지 함이니라. 정성이란 것은 마음의 주요 일의 체가 되나니 마음을 닦고 일을 행함에 정성이 아니면 이룰 수 없느니라. 공경이란 것은 도의 주체요 몸으로 행하는 것이니, 도를 닦고 몸으로 행함에 오직 공경으로 종사하라. 두려움이란 것은 사람이 경계하는 바니, 하늘의 위엄과 신의 눈이 이르지 않는 곳이 없도다. 마음이란 것은 허령의 그릇이요 화복의 근원이니, 공과 사 사이에 득실의 도라(八節)함을 해석한 것이니 범연히 보지 말고 더욱 힘써 수련함이 어떠할까.

새로운 제례법

10월 25일에 21일간의 기도가 끝났다. 해월 선생은 수운 선생의 탄신기념 제례를 모시기 위해 전에 살던 단양 장정리로 갔다. 10월 28일의 기념 제례에는 많은 도인들이 참례하였다. 갑신정변 후라 해월 선생의 강론을 들어보고자 많은 이가 찾아왔다. 『시천교종역사』에는 "각 포 두령 82명이 참례했으며 일반 도인들도 많이 참례했다."고 하였다. 82명의 두령이라면 도인수가 상당히 늘었음을 말해 준다. 한 두령이 40명 정도의 도인을 관리한다면 줄잡아 3천 명은 넘는다.

이번 제례는 색다르게 봉행하였다. 가섭사에서 구상한 것을 실행한 것이다. "삼색비단을 각각 3자 3치씩 놓고 밥과 떡을 빚을 쌀은 일곱 번 찧어 쓸게 하였다. 과일과 소채는 한 말 들이 그릇에 담도록 하였고 싸라기들은 골라내었다. 참례자는 모두 목욕재계하고 빤 옷을 입게 하였다. 법관法冠도 쓰고 법복法服도 입었다. 그리고 처음 입도식 할 때처럼 초학주문과 강령주문,

본주문을 각각 세 번씩 읽었다. 또한 축문도 읽었다.”고 한다. 축문은 “경신년 여름의 대운에 맞아 천명을 받았으며 갑자년 봄에 참변을 당하시니 억울하기 그지없다. 스승님을 생각하고 제례를 모시오니 감응하소서.”라는 요지이다.

결론

제례를 마친 해월 선생은 상주 앞재(前城)로 가서 가족을 만났다. 이번의 가섭사 기도를 계기로 동학의 조직과 의례에 새로운 변화를 주었다. 그리고 의암이라는 큰 인물의 바탕을 만들어 놓았다. 첫째는 의암(손병희)의 삶을 바꾸도록 지도한 것이 큰 수확이라 여겨진다. 필자는 가섭사에 처음 갔을 때 부엌을 둘러보았다. 뒤뜰에 있는 바위 밑 샘물도 보았다. 그리고 주변을 살피며 당시 의암 선생이 솥 걸던 모습을 상상해 보았다. 눈에 선히 보이는 듯했다. 그리고 식량 운반을 도맡았던 모습도 떠올랐다. 유구 장에서 식량을 지고 와 가파른 길을 올라오는 숨찬 모습도 상상해 보았다. 의암 선생은 여기서 해월 선생의 지도를 받아 큰 인물이 된 것 같았다.

  둘째는 독특한 동학의 교단 조직인 육임제를 창출한 일이다. 동학운동에서 중요 사안을 협의 결정하는 토대를 만들었던 것이다. 동학혁명 9월 재기포 때 전라도에서 유한필, 김방서, 오지영이 해월 선생을 찾아왔다. 그리고 중요사항을 건의하였다. 해월 선생은 한마디로 “도소에 가서 잘 의논해 보라.”고 하였다. 도소에 모여 있는 육임들과 의논해 보라는 뜻이다. 척왜양창의 운동 때도 3월 10일 옥천 갯밭(浦田)에 모인 자리에서 육임과 의논하여 결정하였다. 해월 선생은 육임제를 협의하고 자문하는 기관으로 활용하였다. 수직적이고 권위주의적인 제도가 아니라 수평적인 협의제라고 할 수 있다.

해월 선생의 피신과 최보따리 일화

머리말

해월 선생은 평생에 걸쳐 관으로부터 지목을 끈질기게 받았다. 피신하기 위해 이사한 횟수도 30여 차례나 되며 혼자서 몇 달씩 피신한 횟수도 40회가 넘는다. 그 속에서도 끈질긴 노력으로 동학을 민중에게 뿌리내리게 하였으며 제도화에 이바지하였다. 많은 일화와 교훈도 남겼으며 최보따리, 최법퍼리라는 별명도 남겼다.

1885년(포덕26)부터 1년간에 있었던 교훈과 일화를 살펴보면 ① 천주직포설 ② 최보따리·최법퍼리라는 별명 ③ 이천식천설이란 설법 ④ 사인여천의 생활화 등 여타의 설법을 하였다. 이제 여러 법설과 일화를 간추려 살펴보기로 한다.

천주직포설

을유년(포덕26) 6월에 상주 앞재에 있던 해월 선생은 청주와 진천 지역을 순회하였다. 어느 날 진천 금성동을 다녀오다 청주 북이면 금암리에 있는 서택순의 집에 들렀다. 마당에 들어서자 안방에서 베 짜는 소리가 들려왔다. 점심상을 물렸으나 베 짜는 소리는 여전하였다.

서택순에게 누가 베를 짜는가 물었다. 며느리라고 대답하였다. 해월 선생은 웃으며 "며느리가 베를 짜는가, 한울님이 베를 짜는가." 되물었다. 서택순은 어리둥절하여 대답을 못했다. 해월 선생은 점심도 거르고 베 짜는 며느리의 부지런함에 감동되는 한편 측은한 생각이 들었다.

베 짜는 이가 바로 한울님이라는 생각이 들었다. 그래서 "며느리가 베를 짜는가, 한울님이 베를 짜는가." 물었던 것이다. 구체적인 설법은 없었으나 해월 선생의 말씀은 두 가지 암시를 담고 있었다. 하나는 노동이란 한울님의 창조적 행위라는 것이다. 또 하나는 노동을 신성시하면 이에 걸맞는 사회적 보상이 뒤따라야 한다는 것이다. 나이 어린 며느리가 점심도 거른 채 부지런히 베를 짜면 그에 따른 대접이 있어야 한다는 것이다.

120년 전 당시 신분제 사회나 가부장적 사회에서는 노동을 천민들의 몫으로 여겼다. 노동하지 않으면 삶을 꾸려 나갈 수 없다. 자신이 하지 않으면 누군가가 해야 한다. 노동은 생존을 위한 물질적 대사 행위의 출발점이기 때문이다. 그러나 지금껏 노동에 대한 인식과 제도가 바람직하게 마련되지 못했다.

해월 선생은 노동을 개별적인 생존을 위한 물질적 대사 행위로 보지 말고 한 차원 높여서 한울님을 온 천지 생명체계의 창조적 행위로 보자는 것이다. 노동하는 행위를 한울님의 행위로 한 차원 높였을 때 그에 대한 대책도 한 차원 높일 수 있다고 본 것이다. 노동을 한울님의 차원에서 이해하게 되면 무엇인가 알맞은 제도가 마련되리라는 것이다.

이런 뜻이 담긴 설법은 여러 곳에서 했다. 말로도 하고 몸으로도 하였다. 『천도교창건사』 1885년(포덕26) 조에 "평시라도 낮잠을 자거나 또는 공수무료하게 있는 법이 없고 반드시 짚신을 삼았으며 노끈을 꼬았으니, 만약 노끈을 꼬다가 일감이 다하고 보면 꼬았던 노끈을 다시 풀어 꼬았다."고 하였다.

필자는 음성읍 용산리에 가서 해월 선생이 노끈을 꼬며 일화를 남긴 곳을 찾아본 적이 있다. 읍에서 북서쪽으로 2킬로미터 정도 가면 새터라는 마을이 나온다. 이 마을에서는 해월 선생이 왔을 당시 집집마다 부업으로 노끈을 꼬아 팔았다고 한다. 노끈은 발이나 돗자리를 짤 때 쓰는 고급품이었다. 해월 선생은 이 마을에 와서 도인들과 같이 생활하면서 노끈을 꼬았다 한다. 어느 날 노끈의 원료(나무껍질)가 떨어져 쉬게 되었다. 이때 해월 선생은 꼬았던 노끈을 다시 풀어 꼬았다고 한다. 제자들이 이유를 물으니 "한울님이 쉬지 않는데 사람이 손놓고 쉬어서 되겠느냐."고 하였다 한다.

최보따리와 최법퍼리

이 해(1865년) 6월에 갑신정변 때 공을 세운 심상훈이 충청감사가 되어 내려왔다. 그의 첫 번째 행위는 각 군현 수재들에게 동학도를 색출하라는 명령을 내리는 일이었다. 많은 도인들이 체포되었다. 『해월선생문집』에는 "6월 초3일에 김연국이 와서 일이 일어났음을 알렸고, 저녁에는 장한주가 달려와 강시원·이경교·김성집 3인이 붙들려 갔다."고 하였다.

해월 선생은 장내리에도 체포령이 내릴 것을 짐작하고 장한주를 대동하고 공주 마곡사로 피신하였다. 한 달 후에 보은으로 돌아와 김연국에게 가족을 돌보게 하고 장한주와 같이 경상도 영천 화계동으로 내려갔다. 『해월선생문집』에는 "다음날 김연국과 장한주를 대동하고 영천 반부장대로 가서 일 박한 다음 다시 떠나 화계동으로 가서 한 산막을 찾아 안식구들과 몇 달간 묵었다."고 하였다.

9월 보름께야 처자를 데리고 김연국·장한주와 더불어 상주 화령면 전성촌으로 올라왔다. 보은 장내리에 남아 있던 살림살이는 죄다 관원이 가져가 버려 보따리 몇 개만 지고 전성촌을 찾았다. 『동학사』에는 "상주 화령 전성촌으로 옮겨서 지냈다. 선생은 항상 이사를 자주 했고, 봇짐을 지고 다니므로 세상 사람들이 별호를 최보따리라 붙였다."고 하였다.

이곳 봉촌리에 사는 박문영(朴文榮, 1914)도 해월 선생이 이사할 때 보따리만 짊어지고 오자 '최보따리'라는 별명을 붙였다고 했다. 지금도 원통봉 아래 있는 김씨 부인의 묘소를 '최보따리 묘'라고 한다. 속설에는 경전을 보따리 속에 챙겨 넣고 다녀 '최보따리'라는 별명을 얻었다고도 한다.

해월 선생은 또 한 가지 별명이 있는데 '최법퍼리'라는 별명이다. 이 말은 청산현 문암리에서 전해지고 있다. 필자는 어느 해 가을에 문암리에 가서 해월 선생이 살던 집자리라는 박승재의 집에서 하루를 묵은 적이 있다. 마을 고로로부터 이곳에서는 해월 선생을 최법퍼리라고 불렀다는 얘기를 들었다. 해월 선생은 1889년(포덕28)경부터 '법헌'法軒이라는 존칭을 얻었다. 법헌이란 동학의 최고 어른이 있는 법소法所와 같은 뜻으로 사용되었다. 동네 사람들은 이 법헌이란 발음을 잘 몰라 '법퍼리'라고 받아들였다. 그래서 최법퍼리라고 와전된 것이다.

해월 선생이 전성촌에 와서 생활할 때 청주에 사는 서인주와 보은 송림면 구강리에 사는 황하일이 마련해 준 식량으로 연명하였다. 11월에 여름옷을 입고 온 식구가 떨고 있었다. 『시천교종역사』에는 "11월에 이치홍이라는 도인이 엷은 옷으로 추위에 떨고 있는 해월 선생을 보고 민망하게 여겨 무명을 가져다 드려 옷에 풀 솜을 넣어 추위를 보냈다."고 하였다.

이천식천 설법

1886년(포덕27) 3월경부터 세상이 조용해졌다. 찾아오는 젊은이가 늘어났다. 『시천교종역사』에는 그들 중에 서인주, 황하일, 박준관, 박도일, 손천민, 이관영, 권병덕, 권병일, 박덕현, 서치길, 박치경, 송여길, 박시요 등이 끼어 있었다고 하였다.

해월 선생은 이들 젊은이들에게 여러 가지 법설을 하였다. 대표적인 것이 이천식천설이다. 『천도교회사초고』에는 "천지만물이 시천주 아님이 없나니 이천식천은 천지의 상리常理니라. 연이나 제군은 일 생물을 무고히 함은 시천주로써 천주를 상함이니라."고 하였다. 그리고 "이천식천은 이천화천이라."고 하였다. 한울님이 한울님을 먹고, 한울님이 한울님으로 된다는 말이다. 이는 수운 선생의 시천주 신 관념을 확대 해석한 것이다. 모든 천지지간의 생명체는 온 천지 생명체계(한울님)의 씨앗을 모시고 있다는 것이다. 따라서 모든 생명체계(한울님)는 밖으로부터 자유 에너지를 신진대사할 때 생명을 유지할 수 있다. 이 자유 에너지의 신진대사 관계가 바로 이천식천이며 이천화천인 것이다.

오늘의 생태순환론과 통한다. 모든 생물(한울님)은 서로 자유 에너지의 대사 관계를 갖게 마련이다. 개체생명과 개체생명 사이에는 신진대사 관계의 사슬이 있다. 여기서 해월 선생이 말하려는 것은 "함부로 다른 생물을 해치거나 상하게 하지 말자."는 것이다.

인간은 생태계에서 최상위에 있다. 많은 생물들이 공급해 주는 자유 에너지를 신진대사하며 살아가고 있다. 그런데 18세기부터 시작된 영국의 산업혁명 이래로 300년을 지나오면서 우리 인간은 자연계의 정복자가 되고 말았다. 함부로 자연계를 약탈하고 파괴하여 왔다. 그 결과 생태계를 교란시켜 지구의 온난화를 만들어 가고 있다.

이대로 가면 결과는 너무도 뻔하다. 고도의 산업화가 진행됨에 따라 생물의 다양성은 파괴되고 자원 고갈과 폐기물의 과다 배출은 생태계를 마비시키고 말 것이다. 인간은 만물의 영장이다. 그리고 이 세계는 나만이 사는 세상이 아니다. 온 천지 생명체계 속에서 같이 살아가는 세계이다. 우리의 차원을 온 천지 생명체계인 한울님의 차원으로 높일 때 해결의 실마리가 열린다는 것이다. 이것이 바로 이천식천의 설법이다.

여타의 법설

해월 선생은 이 밖에도 전성촌에서 여러 법설을 하였다. 천인합일의 말씀을 하였다. 한울님 따로 사람 따로 마음 따로 떼어 보지 말고 하나로 보라고 하였다. 사람과 그 마음과 모든 생물은 온 천지 생명체계(한울님)라는 하나의 틀 속에서 살아가고 있다는 것이다. 따라서 만물일체의 생각을 가지고 다른 생명을 이해하라는 말이다. 이 법설도 이천식천설과 관련되어 있다.

과거 우리는 심령과 육체를 따로 보아 왔다. 죽으면 영혼은 저세상으로 간다고 믿어 왔다. 해월 선생은 "심心즉천天이며 천天즉심心이라." 하여 온 천지 생명체계를 떠나서 심령이 따로 있는 것이 아니라고 하였다. 심령의 작용도 온 천지 생명체계의 틀 속에서 나타나는 현상이라는 것이다. 그래서 이런 이치에 투철해야 도에 가까워질 수 있다고 하였다.

다음 법설은 귀신과 조화의 실체가 무엇인가를 다루었다. 이 말은 송대(11세기) 이후의 철학적 귀신론과 무관하지 않다. 장횡거는 '귀鬼는 굴屈이요 신神은 신伸'이라고 하였다. 해월 선생이 말하고자 하는 것은 통속적인 귀신론을 부정하고 생성 변화하는 그 자체를 귀신으로 보자는 것이다. 우리가 보고 듣고 말하고 웃는 일상적인 것이 모두 조화라는 말이다.

지금은 귀신론이 자취를 감추었으나 120년 전에는 도처에 귀신이 도사리고 있었다. 특히 농촌에 가면 생활 자체가 귀신론에 파묻혀 있었다. 이런 미혹을 떨쳐 버리지 않으면 세상을 바꿀 수 없다고 여겨서 해월 선생은 세상의 실체를 바로 보는 안목을 넓혀 주기 위해 계몽적인 설법을 했던 것이다.

다음은 부부 간의 화목을 강조하였다. '부부화순은 오도의 종지'라 하여 수행의 기본으로 삼으라 하였다. 수행이란 오매한 세계를 찾는 데 있는 것이 아니다. 일상적인 가정생활에서 소중한 부부관계를 만드는 일이라고 했다. 부부간의 화목은 생활세계를 건실하게 바꿀 수 있는 기본이다. 이 기본을 떠나서 바르고 참되고 뜻있는 삶이란 찾을 수 없는 것이다.

"부인이 부명夫命을 불순하거든 부夫 성을 진盡하여 배拜하라."는 말이 있다. 그중 '부명'夫命이란 표현은 해월 선생의 말을 잘못 전한 것으로 보인다. 명령이란 윗사람이 아랫사람에게 내리는 분부이다. "온언순사溫言順辭로써 일배一拜 일배하면 수雖 도척의 악惡이라도 반드시 감화가 되리라."는 뒤의 말을 보면 명령이 아니다.

아랫사람이 말을 듣지 않는다고 윗사람이 절을 하라는 것은 아니다. '부인은 일가의 주인'이므로 남편은 평등한 인격 관계를 유지하면서 주인 대접을 해야 한다. 명령이 아니라 뜻을 전하는 것이다. 뜻이란 바로 명命이기도 하다. 따라서 명命 자는 '남편의 뜻'으로 바꾸어 해석해야 한다. 즉 "부인이 남편의 뜻(夫意)을 받아주지 않거든 남편은 정성을 다하여 절하라."는 말로 바꾸어야 한다.

결론

해월 선생의 법설은 우리의 생활을 바꾸는 데 주력했음을 알 수 있다. 수운 선생은 새로운 삶의 틀을 창조하는 데 가르침의 초점을 맞추었다. 해월 선생도 우리의 삶을 한 차원 높이는 데 초점을 맞추었다. 그리고 자신의 생각보다 수운 선생의 본뜻을 밝히는 데 힘을 기울였다. 수운 선생으로 돌아가 생각하고 말씀하고자 하는 자세를 잃지 않았다.

이천식천설을 비롯한 그 많은 설법은 해월 선생의 독창적인 것이기도 하지만 따지고 보면 수운 선생의 본뜻을 시대에 맞게 재해석한 내용들이다. 인시천, 인즉천, 인내천 같은 가르침도 수운 선생의 시천주라는 본뜻에 바탕을 두고 시대에 맞게 재해석한 가르침이다. 우리도 수운 선생의 가르침으로 돌아가 오늘의 시점에서 재해석하는 노력이 필요하다.

보은 장내리와 해월 선생

머리말

1887년(포덕28)에 접어들면서 동학은 강원도와 충청도 지역에서 점차 남쪽 지역인 전라도와 경상도 쪽으로 뻗어 나갔다. 동학 조직이 확대되자 새로운 관리 체계가 필요했다. 즉 전국 조직을 지도할 수 있는 중앙 협의 기구가 필요했다. 이에 대한 대안으로 도소를 설치하고 육임제를 시행했다. 해월 선생은 이미 육임제에 대해 가섭사迦葉寺에서 기도할 때 구상을 끝낸 바 있다. 동학 도소는 지금의 천도교 중앙총부와 같은 것이며 육임제는 협의 기구와 같은 것이다.

육임직의 구성은 교(敎, 敎長, 敎授)·집(執, 都執, 執綱)·정(正, 大正, 中正) 등 세 분야로 나뉘어 있다. 교화하고 지도하는 교敎의 부분과, 조직체를 운영하고 관리하는 집執의 부분과, 업무를 공정히 분석하고 평가하는 정正의 부분으로 짜여져 있다. 해월 선생은 보은 장내리에 도소를 설치하고 육임을 임명하는 새로운 조직의 관리 체계를 만들어 동학을 한 차원 발전시키는 데 이바지하였다. 보은 시대를 연 셈이다. 여기까지 이른 전후 관계를 더듬어 보기로 한다.

경상도 남부에 포덕

1887년(포덕28) 1월 1일 해월 선생은 상주 앞재에서 새해를 맞았다. 새해를 맞은 이날 시 한 수를 지었다. '무극대도작심성無極大道作心誠 원통봉하우통통圓

通峰下又通通'이라는 시이다. "작심하고 무극대도에 정성 드리니 원통봉하에서 통하고 통하고 또 통하는구나."라는 내용이다. 원통봉(587미터)은 해월 선생이 살던 전성촌 뒷산이다. 시의 내용은 새해를 맞아 무극대도를 발전시켜야겠다는 결의를 보여주는 것이다. 1886년(포덕27)에 해월 선생의 위생 준칙이 널리 보급되어 도인들의 전염병 예방에 큰 화제를 모아 일반 민중들도 동학에 관심이 높아 가고 있었다.

이 해(1887년)에 아들 덕기(崔德基, 陽鳳, 率峰)는 13세가 되고, 1월 15일에 장가를 보냈다. 해월신사도 기뻐했지만 김씨 사모님의 기쁨은 더했다. 청주 율봉의 음선장 둘째 딸과 혼인을 했다. 음선장의 첫째 딸은 서인주의 부인이다. 덕기의 혼사도 서인주의 중매로 이루어졌다. 덕기와 서인주는 동서간이 되었다. 사위 서장옥의 권유로 1884년(포덕25)에 입도한 음선장은 동학혁명에도 참여하였고 그 후 동학 활동에 힘쓰다가 66세 되던 1900년(포덕41) 체포되어 11월에 종신형을 받았다.

그러나 김씨 사모님의 기쁨은 잠시였다. 한 달 후인 2월초에 우연하게 병을 얻어 자리에 눕게 되었다. 해월 선생의 간호가 지극했으나 20여 일 만인 2월 24일에 상을 치르게 되었다. 원통봉 아래 밭머리 끝자락에 모셨다. 마을에 사는 박성순에게 논 네 마지기를 사서 주고 묘소를 관리해 달라고 부탁하였다. 그런데 1979년 가을에 손자 최익환이 화장하였다. 당시에는 주변에 밤나무도 여러 그루 있었다. 지금은 논으로 바뀌어 어디가 묘소 자리인지 분간이 어렵다.

김씨 부인과 사별한 해월 선생은 2월 그믐께 이곳에서 떠났다. 보은 장내리로 나와 첫째 부인 손씨 사모님이 살고 있는 집으로 가서 살림을 합쳤다. 『해월선생문집』에는 "을유년(1885) 2월에 서인주가 돈을 내고 황하일이 주선하여, 선생의 초취 부인 손씨를 보은 장내의 한 전장에 모시었다. 이때 전성촌의 전답 소출은 김연국에게 주었다. 장내 큰댁에 살림을 합쳤다. 모시고 있던 사람은 장한주 한 사람이었다."

해월 선생의 회갑

3월 21일은 해월 선생의 회갑일이다. 각 포 지도자들은 회갑 잔치를 마련하였다. 해월 선생은 김씨 부인이 환원한 지 얼마 되지 않아 조용히 지내고 싶어했다. 그러나 제자들은 일생에 한 번 있는 회갑을 그냥 보낼 수는 없었다. 잔치를 푸짐히 차렸다. 각지에서 많은 지도자들이 모였다. 헌수도 올렸다.

어느덧 3월도 얼마 남지 않았다. 해월 선생은 조용한 산중에 들어가 당분간 물 소리와 바람 소리와 새 소리를 들으며 묻혀 있고 싶었다. 장한주에게 손씨 부인과 식구들을 돌보게 하고 정선으로 갔다. 무은담 유시헌을 찾아가자 고한 갈래사를 주선하여 주었다. 여기서 49일간의 기도를 드리면서 싱싱한 5월을 맞았다.

이곳으로 온 얼마 후 서인주와 손천민이 따라왔다. 유시헌의 큰아들 유택하(劉澤夏, 1867~1925)는 "정해(1887년) 3월에 서일해(서인주)와 더불어 태백산 갈래사(정암사) 공부 시 주승은 청암이요, 과량·등유 등절을 다 준비하시고 부친께서 당부하기를 잡인을 분주케 말라 하시다. 각처 도인들이 자연 알고 혹 밀밀 상봉하더니 4월에 이르러 손사문(孫士文, 天民)이 내도하야 왈 태백산 공부할 곳을 정하여 주면 감자로 양식하고 지내기를 청거늘 부친이 동거하여 해월 선생께 알현하시고 근처 능이 암자의 주승 전수자全首子로 부탁하여 감자 과량으로 지내게 하시다."고 하였다.

기도하던 중 해월 선생은 시 한 수를 지었다. "뜻하지 않은 사월에 사월이 오니 금사金士 옥사玉士 또 옥사로다. 오늘 내일 또 내일 무엇을 알고, 또 무엇을 알리. 날이 가고 달이 오고 새날이 오니 천지 정신이 나로 하여금 깨닫게 하는구나."라는 시였다. 난해하다. 세상이 빠르게 새로워져 가고 있으니 나도 새로워져야 한다는 뜻인 것 같다.

장내리에 도소 세워

기도를 마친 해월 선생은 5월 중순경에 보은 장내리로 돌아왔다. 소식을 들은 각지 도인들은 다시 찾아오기 시작하였다. 충청도, 경기도, 강원도 도인뿐만 아니라 경상도와 전라도 도인들도 많이 찾아왔다. 전국적으로 도인 수가 늘어나 많은 사람이 찾아왔다. 동시에 조직을 관리하는 데 뜻밖의 어려운 일들이 생겼다. 관의 탄압도 더욱 심해져 갔으며 조직 간(연원 간)의 분쟁, 지도자 양성의 시급성도 대두되었다.

그중에서도 시급한 일은 찾아오는 도인들이 묵고 갈 숙소가 없다는 점과 많은 인원들이 한자리에 모여 강론을 베풀 수 있는 장소가 없다는 것이었다. 웬만한 살림집은 열 명만 들어앉으면 꽉 차 버린다. 해월 선생은 이들을 수용할 집을 한 채 지어야겠다고 생각했다. 6월에 측근들을 불러 상의하였다. 모두가 찬성하며 성금을 모으기 시작하였다.

가을이 되자 도소 건축 공사가 시작되었다. 많은 인원이 동원되자 두 달 만에 건물은 모습을 드러냈다. 교중 기록에는 도소가 장내리에 있었다고만 되어 있다. 언제 어디에 지었는지 알 길이 없다. 이로부터 "서울 장안만 장안이냐, 보은 장안도 장안이다."라는 이야기가 생겼다 한다. 척왜양창의운동 때 보은 관리의 보고에 "두목은 조석으로 집에서 돌담까지 출입하였다. 좌우에 죽 늘어서서 호위하고 오갔다."고 하였다. 동학 도소는 돌담 자리에서 얼마 멀지 않은 곳에 있었다.

장내리 1구 웃말에서 서원 쪽으로 60미터 가량 올라가면 왼편 산기슭에 관개수로가 나타난다. 여기서 산기슭 쪽으로 130미터 가량 들어가면 오른쪽

논 가운데 돌담 흔적이 보인다. 바로 여기가 돌담(石城)자리이다. 여기서 산기슭 쪽으로 들어가면 큰 둑을 만난다. 지번으로 27의 4(番)이다. 샘물이 솟아오르고 둑에서는 기와조각과 사금파리 조각을 찾을 수 있다. 여기가 바로 도소 자리로 추측된다.

『양호우선봉일기』1894년 10월 14일조에 장위영 관령 이두황은 이곳을 다음과 같은 기록하였다. 즉 "장내리의 모습을 둘러보니 산천은 험악하고 형세는 넓게 열렸으며 동리의 모양은 즐비한데 새로 지은 큰 집 한 채가 주산 아래 있었다. 이 집은 최법헌의 처소라고 한다." 하였다. '새로 지은 큰 집 한 채'라고 하였으므로 도소 건물은 새 집이었음을 알 수 있다. 추측컨대 1887년(포덕28) 6월에 발의하여 가을에 완성한 것으로 보인다.

일단 도소 건물이 완공되자 육임소를 설치하였다. 처음으로 동학본부가 설치된 셈이다. 이후 도인들의 출입은 줄을 이었다. 해월 선생을 보고자 찾아오는 이도 많았으나 동학본부, 즉 도소를 구경하기 위해 찾아오는 이도 많았다. 육임소 임원들은 온종일 이들을 맞고 전송하느라 아무 일도 할 수 없었다. 그래서 규제 방법을 마련하였다. 즉 대접주나 육임소의 소개장을 가지고 오도록 하였다.

『시천교종역사』에는 "도인들이 갈수록 밀려들어 응해 줄 수가 없었다. 해월은 육임소를 설치하여 매월 1회씩 각 포 두령들을 도소에 오게 하여 강론을 듣고 돌아가 지도하도록 하였다. … 그리고 도인들이 장석(丈席, 신사)을 배알하려면 육임의 인가를 받도록 만들었다."고 하였다. 『천도교서』에도 "정규定規하되 만약 육임의 선표先票 인가를 부득不得하면 장실에 진알進謁치 못하게 하니 자금으로 신사의 전권全眷 조제調濟의 방이 전혀 도집都執에게 재하더라."고 하였다.

『천도교회사초고』에 의하면 "육임원은 매월 2회씩 교대케 하고 … 북접법헌이라 쓴 첩지를 만들어 해월장을 날인하시어 육임에게 반포하였다."고 하였다. 육임원 6명 중 3명씩 한 달에 두 번 교대하여 나오도록 하였다. 『전봉준공초』에 "간혹 접주 등을 차출하기도 했다."고 하였다. 대접주 또는 수접주가 자기 관내의 육임직을 선정하여 품달하면 해월 선생의 승낙을 받은 다음 필요한 인원 수만큼의 육임직 첩지를 받아다가 이름을 써 넣어 차출했다는 말이다.

영 · 호남 조직 안정

해월 선생은 1887년(포덕28) 11월이 되자 호남 지방을 순회하였다. 『천도교회월보』 통권 제203호 「여산종리원연혁」에 "익산군 남이면 남참의리 남계천, 김정운, 김집중 가에 왕住하사 포덕에 착수한 지 미기未幾에 교도를 다득多得했다."고 하였다. 1888년(戊子)을 맞은 해월은 1월에 호남 북부 지방 도인들의 요청에 따라 다시 순회에 나섰다.

전주에서 도인들과 같이 기도식을 봉행하였고 2월 초에는 삼례로 나왔다. 『천도교서』에는 "1월에 신사 전주에서 기도식을 필하시고 도제徒弟 10여 인으로 더불어 삼례리 이명로 집에 왔다."고 하였다. 해월 선생이 순회하고 나자 호남 지역은 자리 잡아 갔다. 보은으로 돌아온 해월 선생은 천식으로 고생하는 손씨 부인의 간호에 성심을 다하였다. 육임직을 비롯한 여러 측근들은 병간호에 매달려 있는 스승님을 안타깝게 여겼다.

1888년(포덕29) 2월 하순에 지도자들은 해월 선생에게 새 부인을 맞아 살림도 맡기고 손씨 부인의 간호도 맡기라고 권하였다. 해월 선생은 완강히 거절하였다. 환갑이 지난 늙은이가 무슨 새장가냐며 거절하였다. 그러나 지도자들은 해월 선생이 활동하게끔 하기 위해 적당한 분을 찾고 있었다. 이때 의암 손병희 선생이 나서서 자기 누이동생이 스승님을 모실 만하다고 제안했다.

스승님은 승낙하지 않을 것으로 판단한 손병회 선생은 3월 초 어느 날 청주에서 누이동생을 가마에 태워 보은으로 데려왔다. 육임직은 손병회의 누이동생이라며 해월에게 인사드리게 하였다. 『시천교종역사』에는 "무자년(戊子年) 3월에 스승님은 그 부인(손씨)을 걱정하였다. 손씨 부인은 점점 나이가 많아져 주인을 수발하기가 어려운 처지에 있었다. 육임직들은 뜻을 모아 새 부인으로 밀양 손씨를 맞으라고 강청하였다. 손씨는 손병회의 누이동생이었다."고 하였다.

손씨 부인은 26세였고 해월 선생은 63세였다. 결국 제자들의 강권에 따라 3월에 손씨 부인을 맞아들였다. 전언에 의하면 손씨 부인은 부상夫喪으로 친정에 돌아와 있었다. 몇 차례 해월 선생의 옷을 지어 드린 일이 있었다. 해월 선생은 바느질 솜씨가 훌륭하다고 칭찬을 아끼지 않았다고 한다.

결론

보은 장내리가 유명해진 것은 동학도소가 처음 설치되었기 때문이다. 그리고 1893년(포덕34)에는 척왜양창의운동이 여기에서 시작되었고 1894년 10월에는 충청·경기·강원 지역 동학군이 이곳에 모여 재기포의 깃발을 올렸기 때문이다. 하필이면 이처럼 산골 고을의 하잘 것 없는 마을에 도소를 세운 것은 무슨 이유인가. 한마디로 동학도들이 모이기에 편리했기 때문이다. 전라도에서 이곳으로 오자면 고산을 거쳐 진산·옥천·청산을 지나면 바로 들어올 수 있다. 그리고 상주 쪽과 황간 쪽, 괴산 쪽도 사통오달이다. 관의 지목이 심한 상황에서 도소를 설치할 수 있었던 것은 지리적 조건 때문이라 여겨진다.

내칙과 내수도문

김산金山 복호동에 가다

진천 금성동에 자리 잡은 해월 선생은 1890(포덕31) 10월에 영남 지방으로 순회에 나섰다. 앞서 김연국을 영남으로 보내어 상주, 선산, 김산, 지례 등지를 돌아보고 오게 하였다. 그 지방에서 해월 선생을 기다리고 있다는 말을 듣고 직접 순회길에 나선 것이다. 1890년 11월에는 김산군 구성면 복호동 김창준의 집으로 갔다. 여러 날 묵으면서 많은 도인들을 만났다.

이곳은 바로 수운 선생께서 포덕한 곳이며 왕래하던 곳이다. 황현의 『오하기문』에는 "동학도 역시 천주를 숭상하나 서학과 다르다는 점을 내세우기 위해 동학이라 개칭하였다. 지례와 김산 그리고 호남의 진산과 금산 산골을 오갔다."고 하였다.

오래된 도인들이 여러 집 있었다. 해월 선생은 이곳에서 내수도(안사람들)의 수도를 위한 「내칙」과 「내수도문」을 찬제·발표했다. 『천도교회사초고』에는 "경인(庚寅, 1890) 11월에 신사 경상도 김산군 복호동 김창준 가에 왕하사 「내수도문」을 찬하여 각지에 반포하시다."라고 했다.

「내칙」은 도가 부인들이 임신했을 때 지켜야 할 수칙들을 적은 글이며, 「내수도문」은 도가 부인들이 수도할 때 지켜야 할 사항들을 적은 글이다. 이 글은 해월 선생이 직접 찬한 유일한 글로서 알기 쉽게 경어敬語로 꾸민 글이다. "각별 조심하옵소서."라든가 "수도를 지성으로 하옵소서." 같은 경어를 사용하였다.

규장각 소장본

「내칙」과 「내수도문」은 여러 곳에 기록되어 있다. 제각기 달라 표준을 잡을 수가 없다. 교중 기록 중에는 『신인간』(통권184호, 1944년 2월호)에 실린 '내칙'이 란 제목의 글이 제일 근사하다. 그러나 이보다 규장각에 소장된 『동학문서』 중에 수록된 「내칙이라」와 「내수도하난 법이라」는 글이 원본에 가깝다.

이 문건은 평안남도 용강 대접주 홍기조·홍기억 두 분 관내에서 몰수 된 문건이다. 1900년 12월경에 관에서 몰수해 간 것으로 여겨진다. 「내칙이 라」·「내수도하난 법이라」는 글을 필사한 것은 언제인지 확실치 않다. 그러 나 1896년(포덕37) 12월과 이듬해 1월까지 두 분은 상주 화서면 높은터로 해월 선생을 찾아간 적이 있다. 이때 여러 문건을 필사해 왔다. 「내칙이라」는 글과 「내수도하난 법이라」는 글도 그곳 도인에게 부탁하여 필사해 온 것이 아닌가 싶다. 규장각 소장 『동학문서』에 있는 「내칙이라」라는 글은 다음과 같다.

「내칙이라」

포태하거든 육종을 먹지 말며 해어海魚도 먹지 말며 논에 우렁도 먹지 말며 거렁에 가재도 먹지 말며 고기 냄새도 맛지 말며 무논 아무 고기라도 먹으면 기 고기 기운을 타고나 사람이 나면 모질고 탁하니 일 삭이 되거든 기운자리 에 안지 말며 잘 때에 반뜨듯이 자고 모으로 눕지 말며 팀채 채소와 떡이라도 기울게 썰어먹지 말며 율새 터는 때로 당기지 말며 남의 말 하지 말며 담의 너 대로 댕기지 말며 질넘길로 댕기지 말며 중내지 말며 무거운 것 들지 말며 무거운 것 이지 말며 가벼운 거시라도 무거운 다시 들며 방아 찔 때에 너무 되게도 찧지 말며 급하게도 먹지 말며 너무 찬 음식도 먹지 말며 너무 뜨거운 음식도 먹지 말며 지대 앉지 말며 비껴 서지 말며 남의 눈을 속이지 말며 이 같이 아니 말면 사람이 나서 요사도 하고 횡사도 하고 조사도 하고 병신도 되나니 이 여러 가지 경계하신 말씀을 잊지 말고 이같이 십 삭을 공경하고 믿어하고 조심하오면 사람이 나서 체도도 바르고 총명도 하고 지국과 재기가 사람이 옳게 날것이니 부디 그리 알고 각별 조심하옵소서. 이대로만 시행하면 문왕 같은 성인과 공자 같은 성인을 낳을 것이니 그리 알고 수도를 지성으로 하옵소서.

내칙은 태아 교육의 측면도 있다. 그러나 내용을 보면 임산부의 건강을 위한 글이라고 여겨진다. 첫째, 임산부는 기운이 좋지 않은 음식물을 잘 가려먹으라고 했다. 둘째, 태아에 나쁜 영향을 줄 수 있는 몸가짐을 피하고 항상 바르게 가지라고 했다. 셋째, 마음도 역시 바르게 가져야 한다고 했다. 넷째, 무거운 것을 드는 등 중노동을 하지 말라고 하였다.

19세기 당시 우리나라 상류층에서는 태아 교육에 대한 관심이 없었던 것은 아니지만 평민들 사이에서는 일반화되지 않았다. 해월 선생은 이러한 시기에 내칙을 보급시켜 산모와 태아의 건강법을 생활화해 나갔다. 정신적으로나 육체적으로 건전한 생활을 할 때 출산하는 아기도 건실해지고 산모도 건강해진다는 진리를 생활화하려 했던 것이다.

신념에 의한 생활화

1865년(포덕6) 10월에 해월 선생은 금등골에서 첫 번째 설법을 하였다. 신분제 타파를 생활화하여 귀천을 타파하자고 강조하였다. 그 이후 계속해서 동학의 신념에 바탕을 둔 생활화 운동에 힘을 기울였다. 해월 선생의 독특한 생활화 구상은 먼저 수운 선생의 신념을 정확하게 이해하고 다음으로 시대에 알맞은 재해석을 하는 방식을 취하였다. 「내수도하난 법이라」는 역시 시천주라는 수운 선생의 신 관념을 시대에 맞게 재해석하여 생활화를 위해 구체화한 글이다. 「내수도하는 법이라」(내수도문)는 다음과 같다.

「내수도 하난 법이라」

부모님께 효를 극진히 하오며 남편을 극진히 공경하오며 내 자식과 며날이를 극진히 사랑하오며 하인을 내 자식과 같이 내기며 뉵축이라도 다 아끼며 나무라도 생순을 꺽지 말며 부모 분노시거든 성품을 거살이지 말며 웃고 어린 자식 치지 말고 울리지 마옵소서. 여니 아이도 하날님을 모셨으니 아이 치난 게 곧 하날님을 치난 것이오니 천리를 모르고 일행 아이를 치면 그 아희가 곧 죽을 것이니 부대 집안에 큰 소리를 내지 말고 화순하기만을 힘쓰옵소서. 이 같이 하눌님을 공경하고 효성하오면 하날님이 조와 하시고 복을 주시나니 부대 하날을 극진히 공경하옵소서. 집에 숨물이나 아무 물이나 땅에 불 때에 멀리 뿌리지 말며 가래침을 멀리 밧지 말며 코를 멀리 풀지 말며 침과 코가 땅에 떠러지거든 닥으옵시고 또한 춤을 멀리 밧고 코를 멀리 풀고 물을 멀리 뿌리면 곧 천지부모님 얼굴에 밧난거시니 부대 그리 알고 조심하옵소서. 일, 잘 때에 잠내다 고하고 일어날 때에 일어납니다 고하고 물 이러 갈 때에 물 이러 갑니다 고하고 방아 찌러 갈 때 방아 찌러 갑니다 고하고 정하게 다 찌은 후에 몇 말 몇 되 찌었던 이 쌀이 몇 말 몇 되 났습니다 고하고 쌀그릇에 너을 때에 쌀 몇 말 몇 되 넣습니다 고하옵소서. 일, 먹던 밥 새 밥에 셕지 말고 먹던 국 새국에 먹던 침채 새 침채에 셕지 말고 먹던 반찬 새 반찬에 셕지 말고 먹던 밥과 국과 침채와 쟝과 반찬 등절은 따로 두었다가 시쟝하거든 먹으되 고하지 말고 그저 먹습니다고 하옵소서. 일, 됴셕 할 때에 새 물에다가 쌀 다섯 번 싯어서 안지고 밥해서 풀 때에 국이나 쟝이나 침채나 한 그릇 놓고 극진히 고하옵소서. 일, 금난 그릇에 먹지 말고 이 빠진 그릇에 먹지말고 살생하지 말고 삼시를 부모님 처사와 갓치 밧드옵소서. 일, 일가 집이나 남의 집이나 무슨 볼일 있어 가거든 무슨 볼일 있어 갑니다 고하고 볼 일 보고 집에 올 때에 무슨 볼 일 보고 집에 갑니다 고하고 일가나 남이나 무엇이든지 줄 때에 아모것 줍니다 고하고 일가나 남이나 무엇이든지 주거든 아무 것 밧습니다 고하옵소서. 이 일곱 가지 조목을 하나도 잇지 말고 매매사사를 하날님께 고하 오면 병과 윤감輪感을 안이하고 악질과 장학을 아니하오며 별복鼈腹와 초학初瘧을 아니 하오며 간질과 풍병이라도 나으리니 부대 정성하고 공경하고 믿어 하옵소서. 병도 나으려니와 위선 대도를 속키 통할 것이니 그리 알고 진실 봉행하옵소서. 경자 정월초십일 구룡 접중 판이라.

다른 기록에는 "내칙과 내수도 하는 법문을 첨상 가에 던져 두지 말고 조용하고 한가한 때를 타서 수도하는 부인에게 외어 드려 뼈에 새기고 마음에 쓰게 하옵소서. 천지조화가 이 내칙과 내수도문 두 편에 들어 있으니 부디 범연히 보지 말고 이대로만 밟아 봉행 하옵소서."라는 부기가 달려 있다.

동학의 심고법

동학의 수행법에는 심고법이란 독특한 행위가 있다. 수운 선생은 출입고出入告와 식고食告를 반드시 실행하라고 타일렀다. 출입고는 집에서 나올 때 드리는 심고와 돌아왔을 때 드리는 심고를 말한다. 요즘 심고는 소원을 한울님에게 청원하는 형식으로 바뀌었다. 동학 당시의 심고법은 지금과는 달랐다. 같은 것처럼 착각하는 이가 없지 않다.

「내수도문」에서 해월 선생은 출입고의 상징 행위를 구체적으로 예시하였다. "일가 집이나 남의 집이나 무슨 볼 일 있어 가거든 무슨 볼 일 있어 갑니다 고告하고 볼 일 보고 집에 올 적에 무슨 볼 일 보고 집에 갑니다 고하라." 고 하였다. 자기의 소원을 청원하는 형식이 아니다. 부모님에게 어디 다니러 간다고 고하거나 다녀오면 다녀왔다고 고하는 것과 다를 것이 없었다.

「논학문」에서 시천주의 주主 자를 해석하면서 '주主란 것은 존칭이며 부모님처럼 섬긴다는 뜻(主者 稱其尊而 與父母同事者也)'이라고 하였다. 한울님 대하기를 마치 부모님 대하듯이 하라는 것이다. 따라서 출입할 때나 음식을 먹을 때의 심고心告는 자신이 하고자 하는 행위를 부모에게 고하듯이 마음으로 한울님에게 고하는 것을 말한다.

식고食告의 경우 고告 자의 뜻이 다르다. 해월 선생은 「내수도문」에서 "먹던 밥과 국과 침채와 장과 반찬 등절은 따로 두었다가 시장하거든 먹되 고하지 말고 그저 먹습니다고 하옵소서."라고 하였다. 이를테면 먹던 음식은 이미 한울님에게 식고를 드렸던 음식물이다. 따라서 한 번 식고 드렸던 음식으로 다시 식고 드리지 말라는 것이다. 그러면 식고 때 고한다는 것은 무슨 뜻일까. 우리가 부모님과 같이 음식물을 대했을 때 부모님이 먼저 드시도록 권하는 것이 예의이다. 아버님이나 어머님에게 먼저 드시라고 하듯이 한울님에게 먼저 드시라고 하는 것이 식고이다. 먹던 음식을 부모님에게 권하지 않는 것처럼 한울님에게도 먹던 음식을 드시라고 식고를 드릴 수는 없다.

그래서 해월 선생은 "시장하거든 먹되 고하지 말고 그저 먹습니다 고하옵소서."라고 하였다. 물론 '먹습니다'라고 하는 것도 한울님에게 고하는 상징적 행위이다. 그러나 식고의 경우에 한해서 한울님에게 먼저 드시라고 하는 식고와 '내가 먹습니다'라고 하는 식고가 내용상 다른 것이다. 현재 우리가 하는 식고는 "한울님이 주신 음식을 잘 먹겠다."는 뜻으로 드리는 경우가 많다. 동학 당시에는 한울님에게 먼저 드시라고 하는 것이 식고의 본지였다.

결론; 생명의 존엄성 강조

「내수도문」의 핵심은 인간의 존엄성을 살리는 것을 생활 신조로 삼자는 데 있다. 첫머리에 "내 자식과 며날이를 극진히 사랑하오며 하인을 내 자식과 같이 내(여)기며 뉵축이라도 다 아끼며 나무라도 생순을 꺽지 말며 부모 분노 시거든 성품을 거살이지 말며 웃고 어린 자식 치지 말고 울리지 마옵소서. 여니 아이도 하날님을 모셨으니 아이 치난 게 곧 하날님을 치난 것이다."라고 하였다. 우리가 추구하는 것은 생명의 존엄성을 확보하는 일이다. 경제가 발전하고 민주정치가 이루어졌다 해도 생명의 존엄성이 보장되지 않으면 안 된다. 아직도 생명의 존엄성이 보장되는 사회를 이루려면 요원하다. 해월 선생은 우선 가정에서부터 생명의 존엄성을 보장하기 위한 생활화가 중요하다고 하였다.

"어린 자식 치지 말고 울리지 마옵소서. 여니 아이도 하날님을 모셨으니 아이 치난 게 곧 하날님을 치난 것이다."라는 강력한 교훈은 동학도인이라면 실천에 힘써야 한다. 생명의 존엄성을 이루어내는 것이 바로 동학이기 때문이다.

천도교소년회를 만들고 총재였던 소춘 김기전 선생은 자식들이 초등학교를 졸업할 때까지 경어를 썼다. 이런 삶의 자세는 감히 흉내내기 어렵다. 그러나 바로 이런 삶의 자세가 동학도의 자세요 오늘날 지향해야 할 길이라고 여겨진다.

"어린 자식 치지 말고 울리지 마옵소서. 여늬 아이도 하날님을 모셨으니 아이 치난 게 곧 하날님을 치난 것이다. 어린 자식 치지 말고 울리지 마옵소서. 여늬 아이도 하날님을 모셨으니 아이 치는 게 곧 하날님을 치는 것이니…."

공주교조신원운동

운동의 결정 과정

1892년(포덕33) 5월이 되자 충청도 여러 지역 동학도들은 관원이나 유생과 토호들의 횡포로 마을에서 쫓겨나는 사례가 늘어가고 있었다. 갈 곳이 없는 이들은 보은 장내리로 모여들었다. 장내리에는 동학도소가 있었기 때문이다. 동학 지도부는 이들의 탄압을 보고만 있을 수 없었다.

해결할 방법은 오로지 한 가지뿐이었다. 좌도난정 죄로 처형된 수운 선생의 사면이었다. 신분제 타파를 부르짖은 수운 선생의 사면을 기대한다는 것은 하늘의 별을 따는 것처럼 어려웠다. 그렇다고 앉아서 당할 수는 없었다. 그 대책을 생각해 낸 것이 대선생신원운동이었다.

1892년 7월에 서인주·서병학이 해월 선생을 찾아왔다. 당시 해월 선생은 상주 공성면 왕실에 있었다. 이들은 교조신원운동의 필요성을 역설하였다. 『천도교서』와 『천도교회사초고』에는 "7월에 서인주·서병학이 찾아와… 수운 선생 만고의 원을 설雪하소서."라며 교조신원운동을 펴자고 청원했다고 하였다.

해월 선생도 그 방법밖에 취할 방법이 없음을 잘 알고 있었다. 그러나 7월은 무더운 여름철이고 농번기였다. 일손을 놓고 큰일을 벌일 수는 없었다. "지금 일을 벌이면 순조롭게 이룰 수가 없다."고 하시면서 가을 추수를 마치고 동원하는 방법을 생각해 보라고 하였다. 10월 초순께 해월 선생은 지도자급 인사를 불러 교조신원운동의 방법을 협의하게 하였다.

입의통문의 요지

1차 교조신원운동은 충청감사를 상대로 공주에서 열기로 하였다. 그리하여 청주 솔뫼(松山) 손천민의 집에 도소를 설치하도록 하였다. 도차주였던 강시원을 비롯하여 손병희, 김연국, 손천민, 임규호, 서인주, 서병학, 황하일, 조재벽, 장세원 등이 도소에 모여 여러 가지 전략을 세웠다.

우선 충청감사에게 제출할 의송단자부터 초하기로 하였다. 그리고 모이는 날짜는 10월 20일로 정하고 몇 가지 행동 지침을 만들어 각지의 접주들에게 보냈다. 『동학사』에는 "10월에 … 신원할 일을 청하는 자가 많아 … 여러 사람의 뜻을 좇아 허락을 하고 입의문을 지어 효유했다."고 하였다. 『해월문집』에 필사된 「입의통문」의 요지는 다음과 같다.

> 지금 세상은 말세의 풍습에 떨어져 대도는 자취마저 없어져 가고 있다. 다행히 천운이 돌고 돌아 무왕불복지리에 따라 우리 수운 선생께서 동방에 태어나시어 한울님으로부터 큰 도를 받아 … 포덕천하하려 하였다. 그러나 불행히도 갑자년 봄에 사도邪道로 모함을 받아 화를 당하게 되었다. … 어찌 분통치 않으며 어찌 망극치 않으랴. … 이제 우리 스승님께서 화를 당한 지 30년이 되었다. 그 제자된 자는 마땅히 정성을 다하여 힘써 신원의 방도를 시도해야 할 것이다. … 바라건대 여러 도인 군자들은 스승님을 신원할 방도를 도모하는데 두렵게 생각하지 말 것이며 … 천리의 당연함을 각자가 스스로 여기도록 하여 수인사대천명 해야할 것이다. 이 점을 잘 알아 주기를 천만 번 바란다.
>
> 임진년 10월 17일 밤.

그리고 "각 접주들은 접 중에서 성실하고 덕이 있고 신의가 있으며 사리를 분간할 줄 아는 도인을 가려서 오게 하기 바란다. 이 통문이 도달하는 즉시 공주 의송소에 미리 와서 기다릴 것이며 두목들은 청주 도소로 와서 명을 받고 차례로 일을 처리하도록 하라. 노자는 해당 접중에서 비밀리 넉넉하게 마련할 것이며 의송단자를 바치러 갈 때에는 의관을 바로 갖출 것이며 혹시 삐뚤어진 행동이 없도록 할 것이며 어지럽게 난동하여 법을 어기는 일이 없도록 하라."고 하였다.

의송단자 올려

드디어 10월 20일에 1천여 명의 동학도가 공주에 모였다. 이튿날에는 의관을 정제하고 줄지어 관아로 들어갔다. 이윽고 서인주 · 서병학 등 7명의 대표가 앞장서서 충청감사 조병식에게 「의송단자」를 올렸다. 단자의 내용은 수운 선생의 신원을 청하는 동시에 오랑캐를 몰아내자는 반외세의 뜻도 담고 있었다. 「의송단자」의 요지는 다음과 같다.

충청감사에게 엎디어 아뢴다. … 다행히 우리나라는 예악과 문물을 중화에서 모방하여 향리에서 현송絃誦하는 소리가 끊이지 않게 되었으니 상서(庠序, 서당)의 기운이 고을마다 성하게 일어나 예의 제도와 예악 교화가 더할 나위 없이 천하에 으뜸이 되게 하였다. … 그런데 요사이 오랑캐 풍습이 어지럽게 뒤섞여서 성현의 학은 점차 쇠퇴해지고 삼강의 본분과 오륜의 질서가 있는지 알수 없게 되어 버렸다.

지난 경신년(1860년) 4월에는 경주 구미의 최 선생 제우가 한울님의 내리신 명에 따라 높으신 성학聖學을 받아 나라 안에 널리 퍼게 되었다. 대저 우리 동학의 도는 곧 유불선 세 가지 가르침을 담고 있다. … 제우는 이 셋의 수행법을 합쳐 하나로 했으며 좋은 것은 취하고 폐단은 버렸다. … 그러므로 효제와 충신, 존심양성의 도리는 모두 한 이치이며 합하면 일리가 되고 흩어지게 되면 만 가지로 되는 것이니 통합하여 하나로 보게 된다면 이단으로 생각할 것이 하나도 없다. … 스승님은 대도가 손상되어 맥이 다해 가자 … 옛 것을 이어받아 미래를 열어 가자는 뜻에서 문하 제자들에게 동학을 가르치는 자리를 베풀고 강론하게 되었다. … 그러나 스승님은 이치에 반하여 사도로 무고誣告되었으며 이에 대해 구차히 면하려 하지 않고 조용히 의에 따라 본 자리로 돌아가는 것이 죽음이라 여기고 신자臣子의 직분으로 충성을 다하였다. 혹시 백이숙제를 탐욕스러운 이라고 돌릴 수 있을지 모르나 우리 스승님을 삿된 가르침이라 의심하려 한다면 어찌 참을 수 있으랴.

아! 벌써 30년이 되도록 동학을 세상에 제대로 드러내지 못했으니 이는 신원을 하지 못했기 때문이다. 우리는 비록 무지렁이 백성이지만 선왕께서 베푼 옷을 입고 선성先聖의 글을 읽었으며, 국왕의 땅에서 먹고 살면서 이 학(東學)에 뜻을 둔 것은 사람으로서 허물을 고쳐 새로워지게 하자는 데 있다. 천지를 공경하고 임금에 충성하고 스승님과 어른을 높이고 부모님에게 효도하고 형제간에 우애하고 이웃을 도와주며 친구 사이에 신의를 세우고 부부의 직분을 지키도록 하여 자손의 도리를 제대로 하게 하니 홀로 서려는 기개가 있는 사람이라면 이것을 버리고 무엇을 할 것인가.

제음과 감결 요지

충청도 유생 이단석李丹石은 『시문기』에서 "동학도 천여 명이 금영 아래 모여 그들의 도가 바라는 뜻을 펴려고 감히 금백(錦伯, 충청감사) 조병식에게 소장을 올렸다. 감사는 곧 엄한 제음을 내려 쫓아냈다. 공주 부중의 여인숙 업자들에게는 동학도에게 밥을 팔거나 잠자리를 마련해 주는 자가 있으면 옥에 가

두게 하였다. 먹을 길이 끊기자 동학도들은 모두 흩어져 버렸다."라고 하였다. 충청도 관찰사에게 동학도들이 「의송단자」를 제출한 것은 동학이 창도된 이후 처음이다. 조용했던 공주시에 천여 명에 이르는 동학도가 별안간 나타나 관에 압력을 가하자 관으로서도 몹시 당황하였다. 그래서 이단으로 몰아 잡아 가두기만 하던 종전의 태도를 바꾸어 정중하게 제음까지 보내 주게 되었다. 한편 각 군·현 수령에는 동학도의 재물을 약탈하거나 잡아 가두는 일을 못하게 명령하는 감결을 내렸다.

이단석은 "먹을 길이 끊기자 동학도들은 모두 흩어져 버렸다."고 했으나 21일에 의송단자를 제출한 지 하루만에 동학도들에게 제사題辭을 전해 주었다. 23일에는 각 고을에 감결까지 내렸으니 동학도들은 단시일 안에 의외의 성과를 얻을 수 있었다. 그래서 24일에 공주를 떠나게 된 것뿐이다.

충청감사는 제사에서 "동학을 금하고 금치 않는 것은 나의 권한 밖이며 조정에서 알아서 하는 일이라."고 중앙정부에 그 책임을 떠넘겼다. 다만 수령들에게 내린 감결에서 "무고한 백성을 살게 해야 한다. 이제부터 아전들에게 명하여 일체로 횡포와 침탈을 못하게 하여 편히 생업을 가지게 하라."고 하였다. 제사와 감결의 요지는 다음과 같다.

제사의 요지

너희들이 말하는 동학은 … 양자도 아니요 묵자도 아니니 필경 이는 사학의 여파로다. … 너희들은 정도를 버리고 사교에 물들어 양민을 어지럽히니 조가(朝家, 정부)에서 법을 만들어 금한 이유가 여기에 있다. … 너희들은 사학에 물든 무리로서 혹은 불금不禁을 요구하고 혹은 장문(狀聞, 임금에게 올리는 글)을 요구하고 있으니 기강이 흔들림을 이에서도 볼 수 있으니 어찌 통탄하지 않으랴. 금하고 금치 않는 것은 오직 조가의 처분에 달렸으니 영문도 역시 조령에 따라 받들 뿐이다. 실로 본영에 와서 호소할 것이 아니니 너희들의 무엄함은 마땅히 엄하게 처벌해야 하나 기왕에 호소해 온 백성이라 특히 용서한다. 모두 알았으면 곧 물러가 각기 그 업에 따라 평안케 하라. … 만약 퇴거하지 않고 다시 원소願訴하게 되면 어찌 법에 따라 처리하지 않으랴. 칙묵(飭墨, 임금의 명령)은 이것뿐이니 여러 말 할 것 없이 따르도록 하라.

10월 22일.

감결의 요지

동학 금령은 … 범하는 자만을 죄 주는 것은 곧 금법을 만들고 양민으로 되게 하자는 것이 본뜻이다. 그런데 지금은 그렇지 못하니 심하면 수령된 자가 몰래 넉넉한 백성으로부터 뇌물을 토색하고 있다. 각읍 아전들도 금령이 있게 되면 이를 빙자, 닥치는 대로 침노하기를 드러내 놓고 하니 왕왕 횡액에 걸리는 사람이 10에 8~9가 된다. 양민도 이미 삶을 보존하기 어렵거늘 죄인이야 어찌 다시 논하랴. 한번 이 죄목을 얻으면 비록 뉘우치고자 하나 스스로 새로워지기 힘들게 되어 마치 막다른 개와 같아서 쫓을 수 없다. 아! 이들도 역시 우리 성상의 덕화 속에 사는 백성이다. 어진 마음이 미혹에 잘못되어 이단에 빠져 뭇 사람을 현혹시키고 풍속을 어지럽혔으니 참으로 죽여도 애석할 것이 없다. … 일이 이 지경에 이르렀으니 먼저 평안하게 할 방도를 모색해 주어 무고한 백성을 살게 해야 한다.

이제부터 아전들에게 명하여 일체로 횡포와 침탈을 못하게 하여 편히 생업을 가지게 해야 한다. 깨닫고 돌아오는 자는 마땅히 상을 주고 끝끝내 미혹을 깨닫지 못하면 어찌 가히 죄 줄 날이 없겠는가. 하회를 기다리겠으니 개선의 길을 열어 주라. 모름지기 이 뜻을 언문으로 번역하여 등사해서 마을마다 게시하여 한 사람도 알지 못하는 폐단이 없게 하라. 감결이 도착하는 날로 거행하고 그 전말을 보고토록 하라.

　10월 24일.

24일에 해산

감결이 내려진 사실과 내용을 확인한 동학도들은 24일에 공주로부터 모두 떠났다. 동학 지도부는 만에 하나라도 도인들 중에 과격한 행동을 하여 관에게 빌미를 줄까 염려했으나 그런 불상사는 일어나지 않았다. 그리고 관의 강경책을 염려하였으나 별다른 방해는 없었다. 관에서도 1천여 명에 이르는 군중을 자극하면 어떤 사태가 벌어질지 알 수 없어 무척 자제했다. 공주 교조신원운동은 비록 동학 금령을 철회시키지는 못했으나 일단 관의 위세를 누를 수 있었다는 데 만족하였다. 그리고 그동안 관과 유생들이 동학도들을 우매한 무리이며 나라를 망치는 이단이라고 몰아붙여 왔으나 이번 기회에 그런 잘못된 인식을 크게 고칠 수 있었다. 1천여 명에 이르는 동학도들은 하나같이 의관을 정제하고 질서정연하게 움직였으므로 일반 민중들은 이를 보고 크게 감탄하였다. 또한 사람을 대하는 태도가 겸손하고 위아래가 분명하며 거래에 있어서 신의가 있었다. 뿐만 아니라 탐관오리의 횡포를 질타하고 외세를 물리쳐 잘못된 나라를 바로잡아 백성을 평안하게 하자는 주장은 민중들로 하여금 동학도들에게 미래의 희망을 기대할 수 있게 하였다.

　이번 교조신원운동은 수운 선생이 순도한 지 30년 만에 처음 있는 운동이었다. 조선조 체제가 동학을 수용해 달라는 청원운동의 하나였으나 그 의의는 매우 크다. 더욱이 이 운동은 단발로 끝나지 않고 그 후 삼례교조신원운동, 광화문전 교조신원운동, 보은과 원평에서의 척왜양창의운동 그리고 1894년(포덕35)의 동학혁명과 연결된 것으로 우리 근대사에서 전환점을 만들어 낸 운동이라 할 수 있다.

삼례교조신원운동

공주에서 교조신원운동을 마친 동학 지도부는 당초의 계획대로 전라도 관찰사를 상대로 한 교조신원운동을 벌이기로 하였다. 1892년 10월 25일경에 전라도 삼례에 동학도회소를 설치하고 준비에 들어갔다. 삼례에는 이명로 등 동학도들이 많이 살고 있으며 교통도 편리하고 역참이어서 많은 인원이 유숙할 수 있었다. 날짜는 11월 1일로 정하고 10월 27일 밤에 경통을 발송하였다. 수천 명이 모여 공주 교조신원운동 때보다 많았다. 그러나 전라감사 이경직은 답답한 인물로 사태의 추이를 모르고 밀고 당기는 신경전만 벌였다. 10여 일을 끌다 결국 11월 11일에 이르러 해결을 보게 했다. 그는 한때 강제 해산을 하고자 감영군까지 동원했었다. 그러나 동학도들이 의외로 단호하자 뜻을 굽혔다.

삼례에 수천 명 모여

10월 27일 밤에 전라도 삼례도회소의 명의로 발송한 경통의 요지는 ① 지금까지 30여 년이나 죄 지은 사람처럼 숨어 살아 왔다. ② 충청감사와 전라감사에게 의송하려 함은 대선생의 신원을 위해서이다. ③ 각 포 접장들은 일제히 이곳에 모이라는 것이었다.

10월 29일부터 의관을 정제한 도인들이 모여들었다. 『천도교서』에는 "11월 1일 각지 두령이 포내 도인을 솔하고 삼례역에 부赴하니 그 시 참회자參

率을는 수천이라."고 하였다. 최영년의 『동도문변』에도 "임진년 가을에 모여 수운선사의 신원을 하였는데 탐관오리를 제거하고 교당을 세울 수 있게 허가하라는 요구를 내걸었다."고 했다.

11월 1일(양12.19)에는 추위가 기승을 부렸다. 수천 명이 며칠 동안 먹을 수 있는 양식을 비롯하여 잠자리도 빈틈없이 마련하였다. 이 모임을 위해 전라도 지도자들은 며칠 전부터 총동원되었다. 이번에도 전면에 나선 이는 서인주와 서병학이었다. 그런데 뜻밖에도 고부접주 전봉준이란 새로운 인물이 나서게 되어 주목을 끌었다. 전봉준은 금구 대접주 김덕명 휘하의 고부접주였다. 김덕명은 49세가 되자 일선에서 물러나 전봉준을 전면에 내세웠다. 66세의 해월 선생도 길을 떠났다. 그러나 불행하게도 도중에 낙상하였다. "이 늙은이가 … 뒤따라 가려고 나섰으나 중로에 낙상하여 … 못 가게 된 것을 부끄럽게 여긴다."고 알려 왔다.

감영에 의송단자

『남원군동학사』에 의하면 11월 1일에 의송단자를 전라감사에게 전달하려 할 때 전봉준·유태홍 접주가 자원했다고 하였다. "소장을 진송陳送하야 의송코자 할새 관리 압박의 위엄으로 인하야 소장을 고정呈로할 인이 업서서 주저 방황 중에 우도에 전봉준, 좌도에 유태홍 씨가 자원 출두하야 관찰부에 소장을 제정한대…"라고 하였다. 「의송단자」의 요지는 다음과 같다.

① 동학을 창도, 팔도에 편 것은 지난 경신년부터이다. … 동학과 서학은 빙탄氷炭의 관계인데 … 천주(한울님)를 공경한다는 이유만으로 선생을 서도로 무함하였다. … 30여 년이 되도록 아직 세상에 창명되지 못했으니 이는 신원을 하지 못했기 때문이다. 속사정을 몰라 이단으로 지목하나 이 세상에 이단

의 학은 많은데 ⋯ 동학만을 배척하려 한다. ⋯ 서도의 무리가 아닌데도 같은 무리로 취급하는 것은 말이 안 된다. ② 서학의 여파로 지목하여 열읍列邑의 수령들은 잡아 가두고 매질로써 토색하니 연달아 죽어 나간다. 호민豪民들도 ⋯ 재산을 탈취하니 탕패산업하고 떠돌이가 될 수밖에 없었다. ⋯ 우리들도 열성조의 백성이다. ⋯ 동학을 하는 것은 스스로 허물을 고쳐 새 사람이 되어 천지를 공경하고 임금에게 충성하고 스승님과 어른을 높이 받들고 부모에게 효도하고 도리를 다하자는 데 있다. ③ 저희들이 수도하며 한울님께 축원하는 것은 광제창생과 보국안민일 뿐이다. ⋯ 억울함을 견디지 못하여 피눈물로써 엎드려 비는 바는 순상이 덕을 베푸시어 상감께 장문狀聞을 올려 참된 도道라는 것을 나타내게 하여 주기를 ⋯ 천만 번 간절히 바라 마지 않는다.

전라감사의 묵살

「의송단자」를 받은 전라감사 이경직은 정치적 수완을 발휘할 생각은 하지 않고 동학도를 초장에 제압할 궁리만 하였다. 차일피일 미루면서 추위에 지쳐 스스로 해산하기를 기다렸다. 그러나 동학 지도부는 장기전을 각오하고 만반의 준비에 나섰다. 6일간을 기다려도 소식이 없어 7일 만에 독촉하는 글을 전라감사에게 보냈다.

"의송단자를 올린 지 이미 6일이나 지났다. 합하의 처분을 고대하면서 연일 찬바람을 맞아가며 길가에서 노숙하고 있다. ⋯ 각 고을의 수재를 비롯하여 이서와 군교, 향리들까지 동학도를 수탈하고 있다. ⋯ 거의 죽어 가는 중생들을 불쌍히 여겨 임금님께 상소하여 선생의 숙원을 풀게 하여 주소서."라고 하였다.

의외로 동학도들이 완강하게 저항해 오자 전라감사는 9일자로 「제사」題辭를 보내 왔다. 그러나 이 제사는 퇴산 명령에 지나지 않았다. 이단의 무리인 동학도와 대화를 나누는 것은 있을 수 없다는 것이다. 이경직은 청주 사람으로서 1885년에 문과에 급제하면서 요직에 나갔다. 종6품 벼슬인 홍문관 부수찬을 거쳐 정3품 벼슬인 참의내무부사를 지냈다. 전라감사로 온 것은 1892년이며 정치적 수완이 없는 인물이었다.

제사의 내용은 "너희들은 … 정학正學을 버리고 이단을 추종하여 스스로 금법禁法의 죄를 불러들였다. … 곧 물러가서 모두가 새 사람이 되어 감히 미혹되는 일이 없도록 하라."는 내용으로 해산을 명령하였다. 동학도들은 이대로 물러설 수가 없었다. 그러자 전라감사는 영장 김시풍에게 300여 명의 군졸을 끌고 가서 해산시키라고 명령하였다.

감영군이 온다 하므로 동학 지도부는 한때 당황했으나 의연히 대처하기로 하였다. 김시풍은 삼례 남쪽 한천까지 와서 전령을 보내 동학의 우두머리를 불러냈다. 그러나 동학 지도부는 만나려고 하는 사람이 와야 한다며 버티자 김시풍은 스스로 삼례에 들어왔다.

김시풍과 기싸움

『남원동학사』에 의하면 김시풍은 서인주에게 "어찌 무리를 모아 태평성세를 어지럽히려는가."고 일갈하였다 한다. 그러자 서인주는 정중하게 "관리들이 도인을 상해하므로 억울함을 감사에게 의송하려고 모였다. 이 일이 어찌 민심을 현혹케 하는 일이겠는가."고 대꾸하였다. 두 사람은 무려 한 시간이나 말없이 째려보며 대치하였다. 김시풍은 끝내 화를 내며 칼을 뽑아들었다. 60세가 다 된 김시풍이 허세를 부리는 것이었다. 서인주가 여전히 공손하게 예로써 대해 주자 김시풍은 한 발 물러섰다. 자리에 앉으며 "동학이 난당이라 하기에 금했으나 와서 보니 관대한 도임을 알겠다. 사또께 잘 설명해서 해결해 주겠다."고 하며 돌아갔다.

김시풍은 감사에게 해산할 기미가 보이지 않는다고 보고하였다. 동학도들이 더욱 모여든다는 보고를 받은 이경직 감사는 11월 11일에 드디어 「감결」을 내렸다. "이제 들으니 각 읍 관리들이 금단을 이용하여 전재를 약탈한다 하니 … 나라의 법대로 하면 되는데 어찌 전재를 논하게 되었는가. … 감결이 도착하는 즉시 경내에 명하여 … 한 푼이라도 탈취하는 폐단이 없도록 하라."고 명령하였다.

정부 상대의 준비

전라감사로부터 앞으로 침학하지 않겠다고 약속을 받은 동학도들은 일단 해산하기로 하였다. 11월 12일에 동학 지도부는 사후 대책을 의논하였다. 충청·전라도 감영에서 탄압을 중단하겠다고 했으나 믿어지지 않았다. 근본적으로 해결하자면 정부에서 동학 금령을 철회하게 해야 한다.

그래서 여세를 몰아 정부를 상대로 한 교조신원운동을 벌이기로 하였다. 모든 결정은 법헌(해월 선생)에 일임하였다. 11월 12일자로 완영도회소 이름으로 요지 다음과 같은 경통을 보냈다. "① 신원을 이루지 못했다. … 다시 법헌(해월 선생)의 지휘를 기다려 성원을 도모하도록 힘쓰자. ② 지목이 없을지 예측할 수 없다. 지목이 재발하면 작은 일은 접에서 소장訴狀을 만들어 본관에 제출하고 큰일은 도소에 알려 법헌이 의송단자를 올리도록 한다. ③ 대의를 위해 나섰다가 가산을 탕진한 도인들이 많다. 여러 도인들은 의연금을 마련하여 이들을 도와주도록 하라."고 하였다.

정부 상대의 신원

예상한 대로 관리들의 탄압은 여전했다. 『해월선생문집』에는 "해산하자 각처에서 지목은 더욱 심했다."고 하였다. 충청도보다 전라도가 더 심했다. 이들은 고향으로 돌아가지 못했다. 동학도가 많은 삼례나 원평으로 찾아갈 수밖에 없었다.

지방관의 속임수에 격분한 동학 지도부는 정부를 상대로 하는 신원운동 준비에 들어갔다. 11월 19일자로 다음과 같은 요지의 통문을 띄웠다. 즉 "도는 비록 창명되었으나 신원을 하지 못했다. 이는 제자들이 정성이 부족했기 때문이다. … 대궐에 나아가 복합할 방도를 다시 의논하고 있으니 다음 조치를 기다리도록 하라. … 그리고 서로 도와 떠돌지 않게 하여 원근이 합심하는데 이론異論이 없도록 하자."고 했다.

전라도 관찰사는 동학도가 다시 모인다는 보고를 받고 긴장하였다. 정부를 상대로 하여 대대적인 신원운동을 벌일 것이라 하므로 더욱 놀랐다. 만일 서울로 몰려가 임금님을 괴롭힌다면 그 불똥이 지방관인 자신에게 돌아올 것이라 생각하니 아찔했다. 그래서 전라감사는 11월 21일자로 다급하게 군현에 다시 감결을 시달하였다. "동학 여류餘類들이 편히 살도록 해 주라는 감결을 내렸지만 다시 소동을 피우게 되었다. 처음부터 알아듣게 타이르지 않아 그러하게 되었는가. … 진위를 가리지 않고 모두 동학으로 몰아 빼앗는 데만 뜻을 두었으니 떼를 지어 소란을 피우기에 이른 것이다. … 고을 아전들은 즉각 토색을 엄금하라."

정부를 상대한 교조신원운동은 11월 하순부터 준비에 들어갔다. 이런 소식이 전해지자 여러 접주들과 도인들이 보은 장내리 동학도소로 찾아들었다. 육임원은 온종일 이들을 맞느라 손을 놓았다. 부득이 출입 인원을 제한하지 않을 수 없어 12월 6일자로 경통을 보냈다. "육임을 선출하고 이곳에 도소를 정한 것은 임금님께 호소할 일이 있어 입의立義를 세우기 위해서이다. 의사장議事場에는 각 접의 영수들이 오가며 대책을 세워 진행시키고 있다. 그런데 일이 있건 없건 소문을 듣고 몰려오니 온종일 맞고 전송하느라 짬도 없다. 앞으로는 부득이 해당 접주의 신표가 없으면 왕래할 수 없게 하였다. 이 약속을 지켜 주기 바란다."

정부에 먼저 건의

이로부터 찾아드는 수도 줄었고 제대로 일을 볼 수 있게 되었다. 동학 지도부는 서울로 올라가기 전에 일단 정부에 소장을 올려 보기로 하였다. 12월 초에 장문의 소장을 만들어 정부에 제출하였다. 그러나 정부는 아무런 조치도 없이 이 문건을 도소로 돌려보내 왔다. 규장각 소장 『동학서』 중에 「도소 都所 조가회통」이란 문건이 들어 있다. 이때 제출했던 소장이다. 그 요지는 다음과 같다. "충청감사는 … 돈을 바치는 사람은 무죄 석방하고 빈한한 사람은 유배형을 보낸다. … 영동, 옥천, 청산의 수령은 백성을 괴롭혀 재물을 탈취하니 각 고을마다 많은 수가 가산을 탕진하고 고향을 떠나 흩어지니 나머지들도 또한 이런 처지에 있다. 전라도에는 김제, 만경, 무장, 정읍, 여산 등지에 치우쳐서 탐관오리의 화를 입어 장사 지내는 일이 그치지 않는다. … 공평하게 살펴주기를 기원한다."

동학 지도부는 정부에 제출하였던 소장이 반려되자 곧 서울에 올라가 직접 신원운동을 벌이기로 하였다. 『청암 권병덕의 일생』에는 "정부에서 하등의 회답이 없자 … 1893년(포덕34) 정월에 신사 청원군 산동면 용곡리에 있는 청암 권병덕의 집에 유하시니 서병학이 들어와 뵙고 … 선사의 원통함을 신설伸雪하지 못하면 우리 도인은 하나도 부지하지 못하게 되었으니 우리가 경사로 올라가서 복합케 하소서 … 하거늘 해월 선생은 … 허락하시며 봉소도소를 청원군 송산리 손천민의 집에 설하고…."라 하였다. 결국 공주에서 시작된 교조신원운동은 삼례를 거쳐 이제 서울 광화문 앞으로 옮겨가게 되었다.

광화문 앞 교조신원운동

머리말

1892년 12월에 동학 탄압을 풀어 달라고 정부에 소원하는 글을 올렸다. 그러나 아무런 이유도 달지 않은 채 반려되었다. 동학 지도부는 서울에 올라가 직접 소원하는 길밖에 없다고 판단하였다. 그리하여 "포덕34년(1893) 정월에 신사 … 봉소도소를 청원군 송산리 손천민의 집에 설하였다."(『청암 권병덕의 일생』)

"손천민은 1월에 제소 문안을 서둘러 마무리하였다. 그리고 20일경에는 해월 선생의 이름으로 전국 접주들에게 경통을 보냈다. "각 포 접주들은 도인들을 동원하여 정부를 상대로 한 대선생 신원을 부르짖기 위한 운동에 참여하도록 2월 10일까지 서울에 모이라."고 하였다.

2월 8일(양3.29)은 왕세자가 탄신한 날이다. 정부는 경축 별시別試를 치르기로 하였다. 과시科試를 보려는 선비들은 속속 상경하였다. 동학도들도 과거 보러 가는 유생 차림으로 줄지어 상경하였다. 2월 1일부터 남서 남소동 도소(崔昌漢의 집)에는 선발대가 올라와 만반의 준비를 하고 있었다.

도차주 강시원과 손병희, 김연국, 박인호, 박광호, 서병학 등 지도급 인사들은 효과적인 신원운동의 방법을 모색하였다. 많은 도인들을 동원하지 않기로 하였다. 대표자 9인을 선출하여 광화문 앞에 나가 소원하게 하였다. 다만 비답이 내릴 때까지 계속한다는 원칙을 정했다.

박광호 소수로 선정

서울로 올라온 도인 수는 수천에 이르렀다. 1898년 7월에 해월 선생을 재판한 판결문에는 "계사(1893년)에 기其 도제徒弟 수천 인이 진궐진소進闕陳疏라." 하였다. 『일본』日本(1893.4.18)이란 신문에서도 "올라온 동학당은 4천 명이었다."고 하였다. 적게 잡아 3천 명은 되었을 것이다.

당시 서울 거리는 과거 보러 온 유생들과 그 종자從者, 그리고 세자 탄신을 축하하기 위해 올라온 각 고을의 관원들로 붐볐다. 관원들과 시민들의 눈에는 모두가 동학도로 보였다. 보고하기를 동학도들 수천 명이 올라왔다고 하였다. 당시 동학도인들은 세 곳에 분산해 있었다. 일반 도인들은 동대문 밖 낙타산 부근과 남문 밖 이문동 부근에 머물러 있었다. 일본 신문들은 "낙타산에 3백명, 이문동(남문밖)에 수백 명이 모였다."고 했다. 그리고 남소동 도소에는 동학 지도자들이 모여 있었다.

2월 10일에는 광화문 앞뜰에 나가 복소伏疏할 아홉 명의 대표가 선정되었다. "소두 박광호, 제소 손천민, 서소 남홍원, 봉소 박석규, 임규호, 손병희, 김낙봉, 권병덕, 박원칠, 김석도 등이 뽑혔다."(권병덕, 『이조전란사』)

이들은 10일 저녁에 봉고식을 올렸다. 목숨을 걸고 호소하는 일이라 모두의 얼굴에는 긴장감이 돌았다. 11일 아침 일찍 주의周衣를 차려 입은 봉소 대표 아홉 명은 광화문으로 향했다. 문 앞 길가에 자리를 깔고 늘어 앉았다. 붉은 보자기에 싼 상소문은 소반에 단정히 놓여 있었다.

권병덕의 『청암 권병덕의 일생』에는 "9인이 각기 수주手珠를 집하고 주문을 송하니 관람 제인이 운집 사위四圍하는지라, 수문군이 잡인을 금하고 진력 보호하며 궐내에 입시하는 대관이 조복을 착하고 내문하며 외국인도 내문하더라."고 기록하였다.

교조 신원을 호소

격식을 갖추고 조용히 앉아 진소하는 모습을 본 관원들은 제지하려 하지 않았다. 봄철 먼지바람을 맞으며 온종일 요지부동 앉아 있었다. 12일에도 반복하였다. 정부는 아무런 반응을 보이지 않았다. 셋째 날인 13일 오후에야 사알司謁이 나타났다. "집으로 돌아가면 소원을 베풀어 주리라."는 한마디만 던지고 사라졌다.

『동경조일신문』에는 "천여 명의 총대總代인 30여 명이 3월 30일(음 2.12)에 상소문을 받들고 왕궁 문전에 꿇어앉은 채 마치 죽으려는 듯이 머리를 땅에 늘어뜨리고 배례하고 있었다. … 동학의 결사대는 천여 명이라 하며 … 상소에는 외국 종교인과 상인들을 추방하여 생민을 안정시키라는 조항도 들어 있다."고 했다.

정부에는 정치적 안목을 가진 이가 없었다. 동학 금단령을 핑계 삼아 탐관오리들이 도인과 일반인을 가리지 않고 재물을 약탈하는 것을 다반사로 행하고 있었다. 이러한 불법 행위를 하는 작폐는 시정해 주어야 한다. 이런 내부적 모순을 다소나마 해결해 주었다면 이후의 동학운동은 달라졌을 것이다. 척왜양창의운동이나 동학혁명운동도 그 양상은 달랐을 것이다. 상소문의 요지는 다음과 같다.

근자에 진짜 선비는 얼마 되지 않습니다. 겉치레만 숭상하고 이름이나 얻으려는 선비가 십에 팔구입니다. 다행히 무왕불복의 이치로 경신년에 경상도 경주 최(제우)께서 천명으로 도를 받아 사람들을 가르쳤습니다. 불과 3년 만에 사학邪學으로 몰려 3월에 영남 감영에서 정형을 받았습니다. 터무니없는 모략으로 백옥처럼 티없는 대도가 횡액을 당하게 되었습니다. 공부자의 도를 깨닫고 보니 한 이치로 정해졌으며, 나의 도와 비해 보면 크게는 같고 조금은 다르다고 했습니다. 그리고 부모님 섬김을 한울님 섬기듯이 하라 하였습니다. 어찌 도리에 어긋나겠습니까. 우리 도는 동쪽에서 받아 동쪽에서 폈기 때문에 동학이라 했습니다. 그런데 서학으로 지목함은 옳은 일이 아닙니다. 그리하여 감영과 고을에서는 우리를 형벌하고 귀양 보내니 어찌 원통하지 않겠습니까. 우리 도는 마음의 화평을 근본으로 삼습니다. 마음이 화하고, 기운이 화하고 형체가 화하면 바르게 되고 사람의 근본 도리가 확립되는 것입니다. (최제우께서는) 선성先聖들이 밝히지 못한 가르침을 창시하여 우부우부愚夫愚婦로 하여금 천리의 근본을 다하게 하려 하였습니다. 행도行道에 보람이 없었다면 감히 임금을 속인 것이 되므로 어찌 죄를 면할 것입니까. 소원하건대 천지부모의 은덕으로 신들의 스승님의 억울하고 원통한 죄목을 신원해 주시기 바랍니다. 그리고 감영이나 고을에서 벌을 받고 귀양간 생령生靈들을 살려주십시오.(『東學書』)

광화문전 교조신원운동은 3일 만인 13일에 막을 내려야 했다. 아무런 보장도 받지 못하였다. 급히 물러서야 할 이유가 있었다. 동학당 선동에 과거 보러 온 유생들이 휘말려 난동을 부릴 것이라는 소문이 돌았다. 관원들은 서둘러 동학도 체포령을 내렸다.

반외세 운동 병행

『주한일본공사관통상보고』에는 "상경한 유생들이 과규科規에 부정행위가 있었다며 … 간신들의 적폐를 쓸어 버려야 한다는 건백서(訴狀)를 올렸다고 한다. 일설에는 동학당이 돈을 주어 암암리에 그들을 성원했다고 하나 진의眞疑는 모르겠다."고 하였다.

『천도교회사초고』에는 "서병학이 의意를 변하여 대병隊兵과 협동하여 정부를 오타(毆打, 무찔러)코저 하거늘 손병희·김연국·손천민 등이 뇌거(牢拒, 굳이 거절함)하되 불청不聽하더라."고 하였다. 서병학이 정부를 뒤엎자는 움직임을 보였던 것도 사실이다. 교중에서 전해지기를 수상한 기미를 사전에 탐지한 지도부는 '모든 도인들은 14일에 한강을 건너 서울을 빠져나가라.'고 명령을 내렸다 한다. 정부는 유생의 압력을 받고 국왕은 2월 28일에 소두 박승호(朴升浩, 朴光浩)를 체포하라는 명령을 법사法司와 각 지방관에 하달하였다.

이번 교조신원운동에서는 반외세 운동도 병행하였다. 1892년에 공주와 삼례에서 벌인 교조신원운동 때에도 반외세 운동은 병행되었다. 그리고 두 달 후인 1893년 1월에도 전봉준 접주와 여러 접주들이 전라도 여러 군현 아문에 척양척왜의 내용을 담은 방을 붙이는 운동이 이어져 왔다.

『남원군종리원사』에도 "계사 정월 10일에 전봉준이 지은 계문檄文을 각 고을 아문에 붙였다."고 하였다. 또한 『영상일기』에는 "2월 10일, 동학은 창의를 칭하며 전라도 제읍 아문에 몰래 방서榜書를 붙였다." "척왜양이란 그 말은 가상하나 행하는 것은 난계亂階이다."고 하였다. 서울에 올라오자 2월 7일에는 서학 교두는 물러가라고 하는 방이 나붙었다. 그 후 2월 13일(양3.31)에는 서울 외국인 거리에, 2월 18일(양4.4)에는 서양공관에, 2월 24일(양4.10)에는 일본인에게 경고하는 글을 내걸었다. 20여 일 후인 3월 2일(양4.17)에는 일본국 상려관商旅館에 방이 내걸렸다. 방(서학교두에 보낸 글)의 요지를 보면 "너희들은 들어라. 수호조약에는 상관商館 설치와 전교는 허용치 않았다. 말로는 효경孝敬한다 하나 공양하고 순종하는 도가 없으며 돌아가면 곡하며 장례를 치르는 데 절의가 없다. 어찌 사람의 떳떳한 도리라 하겠는가. 너희들은 영어를 배워 주고 한문을 가르쳐 준다 하며 양가집 자녀들을 끌어들여 끝내는 교중에 들게 하였다. 너희들은 짐을 꾸려 본국으로 돌아가라."

당시 선교사들은 이 방문은 동학도의 짓이 아니라고 보았다. 학교에서 쫓겨난 자에 의해 만들어졌다는 것이다. "영어를 배워 주고 한문을 가르쳐 준다 하며 양가집 자녀들을 끌어들이더니 끝내는 너희들의 교중에 서둘러 들게 하였다."는 대목이 있다. 내부 사정을 아는 이의 글이라고 볼 수 있는 대목이다.

서울 외국인 거리에 붙인 글의 요지는 다음과 같다.

아, 슬프도다. 그들은 경천한다 하지만 패천하고 있으며 사람을 경애한다 하나 사람을 그르치게 하다. 천당이니 지옥이니 이 무슨 말인가. 어리석은 부맹夫氓들은 그 황탄慌誕을 믿고 조상의 제사를 버리고 무부무군無父無君이 된다. 우리 도는 하늘의 뜻을 천하에 밝게 비치는 것이니 감히 함부로 능멸할 수 있으랴. 슬프다. 대도를 함께 하여 성경책을 불태우면 혹시 살 길이 있을지 모르리라.

일본 상려관에 보낸 글의 요지는 다음과 같다.

도리를 존중하면 사람이라 일컫고 몰지각한 자를 오랑캐라 일컫는다. 아직도 다른 나라에 들어앉아 공격을 으뜸으로 삼고 살육을 근본으로 삼으니 진실로 어찌 하자는 것인가. 지난날 임진년에 너희들은 용서받지 못할 죄과를 저질렀다. 우리는 너희들을 잊을 수 없다. 우리 스승님의 덕은 넓고 가이 없다. 너희들에게도 구제의 길을 베풀 수 있다. 우리는 다시 말하지 않으리니 서둘러 너희 땅으로 돌아가라.

외국인들은 자위력을 마련하느라 부산을 떨었다. 우리 정부에 보호책을 촉구하는 한편 군함까지 동원하였다. 3월 8일에 중국은 내원來遠과 정원靖遠 두

군함을 인천에 불러들였다. 일본도 인천과 한강을 왕래하는 선박까지 준비시켰다.

기독교를 배척하는 방이 나붙자 영국과 미국도 서둘렀다. 영국은 순양함 세븐호를 인천에 기항시켰으며 미국은 군함 베도레루호를 출동시켰다. 일본 또한 3월 1일(양4.16)에 군함 팔중산八重山 호를 인천항으로 불러들였다. 동시에 거류민 행동 지침까지 내려보냈다. 아홉 명의 대표가 광화문 앞에 나아가 교조의 신원을 호소하고 몇 장의 방을 붙이자 부산을 떨기 시작하였다. 외국인들은 우리 정부를 믿을 수 없어 군함까지 동원했다. 동학의 입장에서 보면 이번 교조신원운동에서도 교조신원은 이루어 내지 못했다.

결론

무지몽매한 잡배들로 취급당했던 동학도들은 교조신원운동을 통해서 새로운 모습으로 탈바꿈하였다. 잘 조직된 집단으로 인식하게 만들었으며, 나라를 위한 집단으로 인식시키는 데 성공하였다. 또한 반외세를 선도하는 집단으로 인식시키게 되었다. 그러나 이보다 값진 경험은 동학운동을 새로운 차원에서 모색해야 한다는 자각을 얻게 된 일이었다. 서울에 올라온 동학도들은 도처에서 조선왕조의 해체 상황을 느낄 수 있었다. 그리고 강대국들의 입김에 우리 주권은 점점 유명무실해져 간다는 사실도 확인할 수 있었다.

"보국안민의 계책은 어디에서 나올 것인가."라는 수운 선생의 절실한 고민을 이해하기에 이른 것이다. 동학운동은 새로운 모색을 시도하게 되었다. 광화문 앞 교조신원운동을 계기로 이념을 사회화하는 쪽으로 전환하게 되었다. 이후 동학운동은 내적인 화평을 추구하는 수행과 겸하여 보국안민, 즉 잘못된 나라를 바로잡아 민인의 생활을 안정시키는 운동을 겸하게 되었다. 척왜양창의운동이나 동학혁명운동이 이를 잘 말해 주고 있다.

척왜양창의운동

머리말

광화문 교조신원운동을 마치고 지방으로 내려온 일부 동학도들은 관의 탄압으로 집에 돌아가지 못하고 길에서 방황하였다. 유랑민의 처지가 된 많은 도인들은 한끼를 해결하는 것이 급하였다. 결국 이들은 대도소가 있는 보은 장내리와 도인들이 많은 삼례나 금구 원평으로 발길을 돌렸다. 3월 초부터 장내리와 삼례에는 이미 수백 명이 모여 있었다. 동학 지도부는 이를 심각하게 받아들이고 대책을 논의하였다.

1893년 3월 10일(양4.25)은 수운 선생이 순도한 제례일이다. 옥천 청성면 거포리 갯밭(浦田)에 있는 김연국의 집에 여러 동학 지도자들이 모여 제례를 올렸다. 해월 선생을 위시하여 손병희, 김연국, 이관영, 권재조, 권병덕, 임정준, 이원팔 등이 대표적인 인물이다. 해월 선생은 제례를 마치자 교조신원운동 이후의 상황을 논의하자고 했다. 『시천교종역사』에는 "관리들의 공갈 압박이 날로 심해져 각 포 도인들은 모두 죽게 되었으니 이들의 목숨을 어찌 보전하리까?"라고 진언했다 한다. 해월 선생은 보은 장내로 갈 것이니 도인들을 장내리로 모이라고 통문을 내라고 하였다. 나라의 주권을 지키기 위해 척왜척양이란 새로운 반침략 운동을 하기로 하였다. 이제 그 과정을 살펴보기로 한다.

통유와 방문 내걸어

3월 11일자로 장내리로 모이라는 「통문」이 발송되었다. 나라 안은 점점 부패하여 극에 이르렀고 밖으로는 왜양倭洋 침략 세력이 우리를 위협하고 있으므로 안팎의 위기를 타개하기 위해서 보국안민의 깃발을 들고 일어서야 하므로 도인된 자는 모두 모이라는 것이었다. 그 요지는 다음과 같다.

근자에 안으로는 정사가 미거하고 밖으로는 침략 세력이 떨치고 있다. 관리들은 포악해지고 호족强豪들은 다투어 토색하며 학문 또한 제각기 문호를 달리 세우고 있다. 백성들은 움츠러들어 버틸 여력이 없으니 가슴을 치며 탄식할 일이다. 모두가 편히 살려하여도 어찌 할 수가 없다. 나라를 바로잡도록 도와 백성을 평안하게 하자는 데 있으니 도인들은 기한에 맞추어 일제히 모이라.

통유문과 아울러 한 통의 방문榜文를 만들어 3월 11일(양4.26) 새벽 보은 삼문 밖에 내다 붙였다. 이 방문은 민인들에게 동학의 이번 모임 목적은 척왜양에 있음을 분명히 밝히는 내용이다. "지금 왜놈과 양놈들이 이 나라 중심부에 들어와 난동을 피우고 있다. … 우리들은 죽기로 서약하고 왜놈과 양놈을 쓸어버리고 나라에 보답하고자 일어났다."고 하였다. '동학창의유생' 이름으로 낸 방문의 요지는 다음과 같다.

지금 왜놈과 양놈 도둑들이 이 나라 중심부에 들어와 난동을 부리고 있다. 오늘의 서울을 보면 오랑캐 소굴이 되어 버렸다. 생각하면 임진란 때의 원수와 병인 때의 치욕을 어찌 참으며 어찌 잊으랴. 지금 우리나라 3천리 조역은 금수에게 짓밟혀 위태롭게 되었다. … 왜적들은 … 막 독기를 뿜어대려 하니 위태로움이 경각에 달렸다. … 고어에 '큰집이 기울어질 때 나무 하나로 버티기 어렵고 큰 물결이 밀려올 때 갈대 한 묶음으로 막을 수 없다.'고 했다. 우리들 수만 명은 힘을 모아 왜인과 양인을 쓸어 버리는데 죽기로 맹세하고 나라에 보답하고자 한다.(합하 충청감사도) 뜻을 같이하여 협력해서 충의의 선비와 관리들을 추려 모아 나라를 바로잡는 데 나서기 바란다.

전국의 도인들은 보은 장내리로 모여들었다. 『청암 권병덕의 일생』에는 "13일에 장내로 진왕進往하니 도유 회자會者 수만 인에 달하였더라."고 하였다. 『동학도종역사』에는 "3월 15일 … 해월 장석이 보은 장내에 오시니 각 포 도인들이 … 안개처럼 모여들어 수십만이 되었다."고 하였다.

장내리에 1만 명

3월 12일에 보은군수 이중익은 동학도의 방문을 충청감영에게 보고하였다. 그리고 14일부터는 동학도의 동태를 살펴 보고하기 시작하였다. 『취어』에 의하면 "13일부터 각처 동학인들이 모여들어 낮에는 장내리 위쪽 천변에 유진하였다가 밤이 되면 본동 민가나 부근 민가에 유숙한다. 날마다 모여드는 인원이 끊이지 않고 있다."고 하였다.

매일같이 모여들자 보은군수는 심상치 않게 여겨 15일(양4.30)부터 관리를 매일같이 보내서 탐지하게 하였다. 이미 동리를 메울 정도로 가득찼다. 좁은 고을에 모이게 된 연유를 물어보니 교통이 편리하여 이곳을 택하게 되었다고 했다. 보은군수는 16일에 이런 사실을 충청감사에게 보고하였다. 그 요지는 다음과 같다.

공형公兄들이 동학도에게 묻기를 "어찌하여 이처럼 좁은 고을 피폐한 마을에 모였는가." 하자 "이 마을 앞에는 각처로 통하는 길이 있어 각처 동학도가 모이기가 편하기 때문이다."고 하였다. 또 묻기를 "어째서 오랫동안 연달아 머무는가. … 흉년이 든 춘궁기에 곡식 값마저 뛰어올라 지난 달 25일의 장날부터는 저자에 곡물이 귀해져 돈을 주고도 사기가 어렵게 되어 백성들은 황급해 하고 있다. … 언제 파하고 돌아가 민정을 편케 하려는가."하였다. 대답하기를 "… 모이기를 기다리면 응당 파하여 돌아갈 것이니 본 읍에 먼저 통기하여 이를 알게 하라. 민정에 있어서는 도회소(都會所, 都所)가 경내 각 동에 통유하여 안심하고 농사짓게 할 것이며 미곡도 저자에 내다 팔게 하여 다시는 염려가 없도록 할 것이니 오는 장날을 기다려 보라." 하였다.

동학도소가 경내 각 동에 통유하여 안심하고 농사짓도록 할 것이라는 다짐과, 미곡 역시 저자에 내다 팔게 하여 다시는 염려가 없도록 할 것이니 오는 장날을 기다려 보라고 한 것은 그만큼 조정할 자신이 있었기 때문이다. 당시 동학도소는 농사일도 조정하고 시장도 조정할 수 있는 힘을 가지고 있었던 것이다.

통유문 재발송

15일 현재 1만 명 정도가 모였다. 후미진 벽촌에 1만 명이 모였다는 자체가 대단한 일이다. 그러나 동학 지도부는 정부와 사회에 동학의 실력을 보여주는 데는 미진하다고 판단했다. 그래서 3월 16일(양5.1)자로 각 포에 통유문을 다시 보내 적극 참여하라고 독촉하였다. "오랑캐들이 중국을 능멸하였고 우리나라에도 침범해서 제멋대로 날뛰고 있다. … 왜놈들과는 일월을 같이할 수 없는 불구대천의 원수이니" 이들을 배척하기 위한 자리에 어찌 빠지겠느냐며 지체 말고 참가하라는 내용이었다. 통문의 요지는 다음과 같다.

대저 우리나라는 … 중년부터 세상이 어지러워지고 기강이 무너져 법은 문란
해져서 오랑캐들이 중국을 능멸하고 우리나라에도 멋대로 침범하며 돌아다니
고 있다. 생각 없이 듣거나 평범하게 본다면 그 결과는 나라에 화를 미칠게 할
지 알 수 없다. … 하물며 왜적들과 어찌 일월을 같이 하며 한 하늘 아래서 같
이할 수 있으랴. … 지금 우리나라 형편은 쓰러질 듯 위급한 상태에 놓여 있다.
… 우리들은 비록 초야의 토민이지만 … 어찌 뜻을 같이하며 죽음의 의리를 맹
세함이 없으랴. … 바라건대 여러 도유들은 한마음으로 뜻을 같이하여 요사스
러움을 깨끗이 쓸어 버리고 종묘사직을 되살려 다시금 일월처럼 밝히도록 하
는 것이 선비와 군자가 행할 충효의 도리이다. … 여러 군자들은 힘써 본연의
의기를 가다듬어 나라에 다시없는 충성과 공로를 세우면 고맙겠다.

보은군수의 보고를 받은 충청 감사는 조정에 알렸다. 전라감사도 삼례와 원
평에 동학도가 모여 있다고 보고했다. 정부는 깜짝 놀랐다. 새로운 명분인
척왜양창의를 부르짖는다 하자 정부는 다급해졌다. 혹시 반란으로 변하지
않을까 두려웠던 것이다. 3월 16일자로 우선 해산 명령을 내렸다.

양호도어사 파견
3월 16일로 발송된 '동학인령'東學人令이라는 제목의 글은 해산 명령이었다.
도인은 속인과 다르니 나라 일에 관여해서는 안 된다는 것이다. 직분론을 내
세워 부당한 일이니 해산하라는 것이었다. 정부의 명령은 다음과 같다.

이번의 왜양을 배척하는 의리로 충의를 다하려는 사민士民에게 누가 감히 하
지 못하게 하랴. 그러나 충의는 같지만 도인과 속인이 다르다. 난잡하게 뒤섞
여 앉는 것은 옳지 않다. 각기 앉을 자리를 가려서 잘 의논해야 한다. 우매하

고 몰지각하여 원래 밭가는 일을 하는 사람은 힘든 농사에 부지런해야 한다. 멋대로 일에 욕심을 부려 대업(大業, 농사짓는 일)을 포기할 것인가. 이 명령으로 경계한 후에도 여전히 따르지 않으면 응당 군율로 다스릴 것이다. 게방揭榜을 잘 살펴서 범하지 않도록 하라.

이튿날인 17일에는 호조참판 어윤중을 양호도어사로 임명하여 급히 내려보냈다. 어윤중은 18일에 남문을 나서 칙유문을 펴보았다. "곧바로 취회처에 내려가 효유해서 각기 돌아가도록 하라. 만일 뉘우치지 않으면 스스로 처리할 도리를 마련하라."는 내용이다. 그 요지는 다음과 같다.

근자에 동학도들이 무리를 지어 선동 현혹시키고 있다. 지난번에도 자리를 펴고 대궐 앞에서 부르짖었다. … 각 지방에 장관과 방백이 있는데 소원이 있으면 거쳐서 올리지 않고 작당해서 세상을 시끄럽게 하고 있다. … 경을 양호 도어사로 보내니 모인 곳에 가서 잘 효유하여 각기 돌아가 생업에 힘쓰도록 하라. 뉘우치지 않으면 스스로 처리할 방도를 마련하라. 경에게 마패 하나를 주니 곧 마음대로 처리하라는 뜻이다.

어윤중은 18일에 종자들을 대리고 서울을 떠났다. 보은까지는 근 3백여 리가 되므로 사흘이면 도착할 수 있다. 그런데 25일에야 보은에 당도하였다. 이때 장내리에는 2만, 원평에 모인 인원은 1만 명이었다.

포명을 지어주다

3월 17일에는 하루종일 비가 내려 밖으로 나오지 않았다. 18일에 날이 개이자 옥녀봉(玉女峰, 장내리 북쪽 높은 봉우리) 바로 남쪽 기슭에다 돌울타리를 쌓았다. 보은 관아는 19일에 석성石城을 쌓았다고 부풀려 보고하였다.

"산 아래 평지에 석성을 쌓았다. 길이는 백여 보이고 너비도 백여 보이다. 높이는 반 길(半丈) 정도고 사방에 출입문을 두었다. 낮에는 그 안에 들어간다. 돌담에는 깃발을 높이 내걸었다. 밤이 되면 인근 각 동리로 흩어져 숙식을 한다."고 하였다. 돌담을 마치 돌로 성을 쌓은 것처럼 보고하였다.

봄철이라 서원 골짜기에서 바람이 불어와 먼지를 일으킨다. 그래서 반길 정도의 돌담을 쌓아 방 안처럼 편히 앉아 있을 수 있게 한 것이다. 1만여 명이 들어 앉아 주문을 외니 장엄한 주문 소리는 골짜기를 메웠다.

이날(3.18, 양5.3) 저녁에 해월 선생은 포명을 지어 주고 대접주를 정해 주었다. 동학의 단위 조직은 접이었다. 50호 내외의 규모였던 접(연원)은 세월이 지나면서 포덕이 늘어나자 접 조직도 늘어났다. 같은 연원조직 내의 처음 접주가 늘어난 여러 접을 관할하게 된다. 일단의 연원 조직을 포包라고 불렀다. 그리하여 최초의 접주를 대접주라 불렀고, 연원의 명칭을 포라고 하여 김아무개포, 이아무개포로 불렀다. 이번에 이런 호칭을 해월 선생이 바꾼 것이다.

기록상 포의 호칭은 1884년(포덕25)에 처음 나타난다. 『시천교종역사』 갑신년 조에 "10월 28일 수운 선생 탄신기념 제례에 각 포 두령 82명이 참석했다."고 하였다. 그리고 1890년(己丑) 11월 조에는 경상도 김산군 복호동 김창준 가에서 「내수도문」과 「내칙」을 국문으로 친히 찬하여 각 포에 반시했다."는 기록이 나온다.

특히 1892년(壬辰) 1월조에 실린 「통유문」에 "이쪽 포包 연원淵源이 저쪽 포 연원으로 옮기고, 저쪽 포 연원이 이쪽 포 연원으로 옮긴다."는 글귀가 보인다. '이쪽 포 연원, 저쪽 포 연원'이라 했으므로 포란 바로 연원이며 연원을 바로 포라고 했음을 알 수 있다.

포덕 활동이 활발한 연원에서는 10개 내지 20개의 접을 조직할 수 있는 반면 포덕 활동이 미미한 연원에서는 몇 개의 접으로 만족할 수밖에 없다. 그런데 대접주의 성을 따서 이아무개 포, 김아무개 포라고 부르는 것은 부자연스럽다. 그래서 해월 선생은 포명을 지어 주고 대접주라는 호칭으로 정하게 되었다. 『천도교서』에도 "대접주와 포명을 명하다."라고 했다.

대접주 40여 명 임명

『취어』에는 동학도들이 3월 20일에는 포명을 쓴 깃발을 내걸었다고 했다. 18일에 포명을 정해 받자 19일에 포명을 쓴 깃발을 만들어 내걸었던 것이다. 이날 포명을 지어주고 대접주로 임명한 인원은 40명이 넘었다. 1915년에 편찬된 『시천교종역사』에는 다음과 같이 기록하였다.

충의포 대접주 손병희(孫秉熙)　　충경포 대접주 임규호(任奎鎬)

청의포 대접주 손천민(孫天民)　　문청포 대접주 임정준(任貞準)

옥의포 대접주 박석규(朴錫奎)　　관동포 대접주 이원팔(李元八)

호남포 대접주 남계천(南啓天)　　상공포 대접주 이관영(李觀永)

『동학도종역사』에 보면 이 밖에 보은포 대접주 김연국, 서호포, 또는 경강포 대접주 서장옥이 기록되어 있다. 그리고 『천도교회사초고』에는 덕의포 대접주 박인호가 추가되었다. 이상의 기록에서 누락된 포와 대접주를 보면 다음과 같다.

「東學史」=金溝包 大接主 金德明, 茂長包 大接主 孫華中, 扶安包 大接主 金洛喆, 泰仁包 大接主 金箕範, 詩山包 大接主 金洛三, 扶風包 大接主 金錫允, 鳳

城包 大接主 金邦瑞, 沃溝包 大接主 張景化, 完山包 大接主 徐永道, 公州包 大接主 金知澤, 高山包 大接主 朴致京,

「其他資料 追加分」= 淸風包 大接主 成斗煥, 內面包 大接主 車箕錫, 洪川包 大接主 沈相勳, 麟蹄包 大接主 金致雲, 禮山包 大接主 朴熙寅, 旌善包 大接主 劉時憲, 大興包 大接主 李仁煥, 德山包大接主 孫殷錫, 長興包 大接主 李邦彦, 牙山包 大接主 安敎善

「聚語에 나타난 包名」= 善義, 尙功, 淸義, 水義, 廣義, 洪義, 靑義, 光義, 慶義, 竹慶, 振義, 沃義. 茂慶, 龍義, 楊義, 黃豊, 金義, 忠岩, 江慶.

3월 18일에 임명한 대접주는 1차이고 그 뒤 2차, 3차로 계속해서 대접주를 임명하였다. 그리고 동학혁명이 일어난 후에도 도인 수가 급격히 늘어나면서 영호 대접주 김인배, 이인 대접주 임기준 등 많은 대접주가 임명되었다.

장내리에 2만 명 운집

21일자 보은군수의 보고에 "척왜양창의라 쓴 큰 깃발을 중심으로 작은 오색 깃발이 오방五方에 내걸렸고, 중간 크기의 많은 깃발들이 나부꼈으며 돌담 안에는 만여 명이 들어가 있으며 1인당 1푼씩, 모두 230냥을 거두었다고 했다. 이로 미루어 3월 21일 현재 2만3천 명이 모였음을 알 수 있다.

『취어』에는 전봉준이 참가한 것으로 보이는 기록이 있다. "전라도 도회에서 오는 22일에 당도하리라." 한다. "우두머리는 최시형이고 다음은 서병학, 이국빈, 손병희, 손사문(손천민), 강가(강사원), 신가, 경강 · 충의접장 황화일, 서일해(一海, 徐仁周)이다. 전라도 접장으로 운량을 도감하는 명부지名不知의 전

全 도사都事라."고 했다.

보은 집회에 많은 인원이 참가한 곳은 전라도였다. 그중에서도 원평의 김덕명포 관내 도인은 수천 명이다. 『취어』에 원암 장리의 보고에 "3일 아침부터 저녁까지 전라도내의 여러 읍 당민들이 돌아간 수는 5, 600여 명이다."라고 하였다. 이중 대부분이 원평 도인들이다.

그래서 원평에서는 전봉준을 운량도감으로 삼아 식량을 공급하게 했던 것으로 여겨진다. 오지영도 보은집회에 전봉준이 참석했다고 증언한 바 있다. 1978년 4월 5일에 해월 선생의 손자인 검암 최익환 종법사는 "1945년 10월에 오지영이 천도교중앙대교당에서 강연할 때 '전봉준 장군이 보은집회에 참석했다.'고 분명히 말하는 것을 들었다."고 했다.

모인 사람의 성분은 매우 다양했다. 어윤중의 장계에 의하면 "지략과 재기가 있으나 뜻을 얻지 못한 사람, 탐관오리들이 횡포를 막아 보려는 사람, 오랑캐들이 빼앗는 것을 통절히 여긴 사람, 오리汚吏에게 침탈되고 학대받았으나 호소할 데 없는 사람, 경향에서 억누름을 피할 길이 없는 사람, 죄를 짓고 도망한 사람, 속리屬吏에게 쫓겨난 사람, 곡식이 떨어진 농민과 손해본 장사꾼, 들어가면 살 수 있다는 풍문을 들은 사람, 빚 독촉을 참지 못한 사람, 상민과 천민에서 몸을 빼려는 사람들이 따랐다."고 하였다.

원평에도 1만여 명 집결

척왜양창의운동은 보은 장내리에서만 이루어진 것은 아니다. 『영상일기』嶺上日記에는 보은집회 이외에 금구 원평과 경상도 밀양에서도 수만 명씩 모였다고 하였다. 이중 밀양집회는 다른 기록에서 확인할 수 없다. 『천도교회사초고』와 『천도교서』에는 "시時에 호남 도인 수천 명이 삼례역에 회집하여 관찰사에게 명원鳴冤하니 그 내세운 뜻은 제해구생除害救生이었다."고 하였다.

전라도에서는 처음에 삼례와 원평 두 곳에서 집회를 가진 것 같다.

최영년의 『동도문변』에 "전 감사 이경직이 수습하지 못하자 면직되고 김문현이 새 감사로 제수되었다. … 공은 임금에게 인사한 후 삼례역에 이르렀다. 수레의 전후좌우로 죽창을 들고 길가에 수천 명이 나열하였다. 공은 비장을 시켜 어째 모였는가 물었다."고 하였다.

김문현은 3월 27일경 삼례에 도착하여 철거 명령을 내렸다. 이들은 곧 금구 원평으로 가서 합류하였다. 금구 동학도들도 감사의 효유문을 보고 해산하였다고 하였다. 그러나 사실과 다르다. 삼례는 교통이 편리하나 식량 조달이 문제였으나 원평은 교통도 편리하고 김덕명 대접주가 있어 식량 조달이 어느 정도 원활하였다.

금구에 모인 인원은 『동도문변』에 기록된 것처럼 만여 명이었다. 어윤중을 양호선무사로 내려 보낸 정부는 지방 관장에게 속히 해산시키라고 독촉하였다. 이들은 나름대로 압력을 가했으나 뜻대로 되지는 않았다. 23일에는 보은 관리들이 장내리로 찾아가 즉각 퇴산하라고 하였다. 그러나 동학도들은 척왜양의 의를 행할 뿐이니 순영의 감칙이나 군수의 면유가 있어도 중지할 수 없다고 거부하였다. 동학 지도부는 다음과 같이 '동학인의 방'을 내걸었다. 그 요지는 다음과 같다.

> 저 왜놈과 양놈들은 견양(犬羊, 악한 사람)과 같다. 우리나라 삼천리에 사는 오척 어린아이들도 다 알고 있으며 누구라도 원수로 여기지 않는 이가 없다. 순상은 살핌이 밝으신데 척왜양하는 우리를 가리켜 사류라고 한다. 그렇다면 견양의 신복臣僕이 되어야 정류가 되는 것인가. 왜양을 물리치려는 선비들은 죄인으로 잡아 가두고 그들과 화해하려는 매국자는 국왕이 상을 주어야 하는가. 아! 분통한 일이다. 이것이 천운이란 말인가, 천명이란 말인가. 어찌 밝으

신 우리 순상은 이처럼 너무도 살피지 못하는 것인가.

이 방을 보면 당시 동학도들이 반외세에 대한 생각이 얼마나 강력했는지를 짐작할 수 있다. 보은군수는 23일에 장내리로 달려가 동학도들에게 정부의 명령대로 퇴산하라고 거듭 촉구하였다. 그러나 동학도들은 자신들의 주장이 정당함을 내세울 뿐 퇴산을 거부하였다.

보은군수는 24일에도 보고하였다. "비로 물이 불어나자 돌담 안에는 모이지 않았다. … 도소에서 성찰을 시켜 내일 군대가 온다는 말을 퍼뜨렸다. 그리고 돌아가려는 이는 떠날 것이며, 그렇지 않으면 남도록 하라. 천만 군병을 막을 대책이 있다."고 하였다고 한다. 어떤 접은 몽둥이를 준비하자 도소는 엄히 문책하고 금지시켰다 한다.

고종 임금은 초조한 나머지 3월 25일(양5.10)에 대책회의를 열었다. 동학도가 왕궁으로 쳐들어올 것이라 예측하고 불안해했다. "중국에서도 영국군을 빌려다 쓴 전례가 있다."며 청국군을 불러오자고 차병론을 강하게 비쳤다. 영의정 심순택은 "만일 차병을 하게 되면 군향軍餉은 우리나라에서 바쳐야 한다."며 반대하였다. 우의정 정범조도 "처음부터 차병하지 않는 것이 좋겠다."고 하였다. 결국 대신들의 반대로 뜻을 이루지 못했다.

그러나 고종은 차병의 뜻을 버리지 않았다. 호조참판 박제순을 통해 원세개와 협의하였다. 원세개는 "경군과 강화병 1천 명을 충청도에 파견하는 것이 좋겠다."고 하며 출병을 반대하였다. 그리고 이홍장에게 "북양해군제독 정여창으로 하여금 해군함정을 출동시켜 동학당을 억지할 필요가 있다."고 건의하였다.

어윤중의 장계

양호도어사로 임명된 어윤중은 한때 암행어사로 전라도를 다니며 민정을 살핀 일이 있다. 관원들의 부패상을 느끼고 개혁안을 만들어 제출한 적도 있다. 그리고 일본의 명치유신과 중국의 문물도 시찰하면서 온건 개혁 노선을 취해 왔다. 그는 척왜양창의 운동이 일어난 지 15일이 지난 3월 26일에 보은에 나타나서 척왜양의 정당성을 어느 정도 인정하면서 동학도를 해산시키는 데 초점을 맞추었다. 왕명을 받든 내용과 동학의 대표자들과 만난 경위, 동학도들의 주장과 성격 등을 정리해 장계를 올렸다. 이 장계초에 보면 그동안의 경위를 엿볼 수 있다. 그 요지는 다음과 같다.

> 신은 3월 18일에 봉서를 받고 양호도어사로서 당일 충청도 보은으로 달려갔습니다. 26일에 공주 영장인 이승원과 보은군수인 이중익과 순영군관 이주덕을 대동하고 당민黨民들이 모여 있는 속리면 장내리 앞 개천에 이르러 임금님의 말씀을 전하고 타일렀습니다. … 그들은 지금 퇴산하면 비류로 취급할 것이니 조정에 품달하여 적자로 인정한다는 명지明旨를 내려주면 퇴산하겠다고 했습니다.

6개 항 시행 요구

충주 유생 김영상의 『율산일기』栗山日記에는 어윤중이 해산을 강요하자 동학 대표들은 6개항의 요구 조건을 내놓았다고 하였다. 즉 ① 척양왜할 것, ② 민씨를 축출할 것, ③ 호포제를 혁파할 것, ④ 당오當五를 혁파할 것, ⑤ 각 읍의 세미를 정지精持할 것, ⑥ 무명옷을 입고 외국과 물산 통상을 하지 말 것 등이다. 이 요구 사항을 받아들이면 바로 해산하겠다고 하자 안유사 어윤중은 소청에 따르겠다고 하였고 무리들은 해산했다고 하였다. 다른 기록에는 이런 요구 조건이 보이지 않는다. 김영상이란 유생이 일부러 지어내지는 않았을 것이다. 동학혁명 때 제시한 요구 사항과 연관시켜 보면 타당성이 충분하다.

이렇게 제시된 요구 조건을 보면 이번의 척왜양창의 운동은 단순한 반침략 운동이 아니었다. 척왜양과 더불어 부패 무능한 민씨 정권을 몰아내고 잘못된 세제나 정책을 바로잡기 위한 운동이었다. 그리고 척왜양도 무조건 외세를 반대하자는 뜻이 아니다. 무력을 앞세워 아시아 침략을 일삼아 온 서양 침략자들을 몰아내자는 것이며, 이웃 나라와 선린을 도모하기보다는 기회 있을 때마다 침략을 일삼는 일본 침략자들을 몰아내자는 데 있었다.

동학의 꿈은 사인여천의 세상을 만들자는 데 있다. 사인여천의 세상은 하나의 꿈이다. 이 꿈에 접근하려면 우선 정의로운 나라부터 만들어야 한다. 이를 위한 필요조건이 바로 보국안민인 것이다. 이번 운동은 동학의 꿈을 실현하기 위한 필요 조건을 충족시키는 보국안민 운동이라 할 수 있다.

계속 모여들다

어윤중은 협상이 난항에 빠지자 보은군수에게 동학도의 움직임을 세밀히 살피라 하였다. 관원들의 보고에 의하면 3월 26일에도 수원과 용인 동학도 300여 명이 새로 왔으며, 27일 아침에는 호남의 영광 등지에서 100여 명이 더 왔다고 하였다. 해산할 기미는 보이지 않고 동학도들은 계속 모여든다는 것이었다.

관리들이 동학당인에게 물었다. "해산하겠다면서 어째서 깃발도 거두지 않는가." 대답하기를 "깃발이 없으면 자기 소속 접을 식별하고 찾아오기가 어렵다. 접을 식별할 수 있는 등불을 만들어 조치를 취한 다음 깃발을 거두겠다."고 하였다. 그리고 "언제쯤 해산할 것인가." 하고 묻자 "임금님 윤음이 내려오기를 기다리는 중이니 윤음이 내려오면 곧 물러가겠다."고 하였다.

28일은 쉬는 날이다. 29일에는 상주와 선산에서 백여 명이, 태안에서 수십 명이 왔다. 한편 어린이와 노약자는 돌아갔다. 모든 깃발은 사라지고 척왜양 창의라는 큰 깃발만 남겨 두었다. 그리고 간간이 등불이 내걸렸다. 어제 장내리에 도착한 수원접 1천 명은 장내리로 옮겼다. 경기도 광주에서는 수백 명이 돈 꾸러미 4바리(駄)를 싣고 왔다. 천안, 직산과 덕산에서도 수십 냥의 돈 꾸러미를 짊어지고 왔다. 길가에서 쌀을 팔고 사는 모습이 보였다.

3월 28일(양5.13)에 어윤중의 장계를 받은 조정은 밤늦게 전보를 청주 진영에 보냈다. 청주 진영은 29일 아침에 보은으로 달려가 어윤중에게 윤음을 전했다. "적자로 인정할 것이니 해산하지 않으면 처벌할 것이다. 그리고 지방 관장들이 재산을 약탈하여 가난하고 고통스럽게 만든 탐관오리들도 징계하리라."는 뜻도 비쳤다.

정부는 군대 동원

한편 정부는 친군 장위영 정령관 홍계훈에게 병력 6백명과 구식 기관포 3문을 가지고 청주목으로 내려가게 했다. 30일은 아침부터 종일 비가 내렸다. 개울이 넘쳐 돌담에 물이 들어와 모이지 못했다. 집에서 주문을 외거나 경전을 읽었다. 군대가 동원되었다는 소식을 듣자 저녁때가 되어 수 3인, 혹은 3~4인씩 장내리를 빠져나가는 기미를 보였다.

어윤중은 4월 1일 아침 일찍이 공주영장과 보은군수, 군관 등을 대동하고 장내리로 갔다. 동학도 지도부와 만나 윤음을 봉독(李重益 군수)해 주고 3일 내에 퇴거하라고 명령하였다. 동학도들은 여전히 마음이 놓이지 않았다. 5일간의 여유를 달라고 하였으나 어윤중은 단호히 거절하였다.

해월 선생을 비롯하여 지도부는 고민하였다. 첫째는 농사철을 걱정하였고, 둘째는 10일 내지 20여 일을 버텨 오느라 몸과 마음이 지쳐 버린 점이고,

셋째는 양곡을 마련할 여력이 없었으며, 넷째는 600명의 군대가 청주에 내려와 있고 보은읍에도 청주병이 1백명이나 와 있다는 사실이다. 고민하던 지도부는 결국 해산하기로 결단하였다.

길목을 지키던 장색(將色, 將吏)들은 동학도들이 물러간 수를 보고하였다. 적암으로는 상주접원 6명과 충경접 3명, 공성접원 7명, 김산접원 2명이 차례로 지나갔으며 안동접원 40명도 지나갔다. 구치로는 성주·선산·김산·상주 등지의 접원 36명과, 장수의 황병원 등 130여 명, 영암·무안·순천·인동·지례 등지 사람 260여 명이 호수부의, 호장대의, 호남수의라고 쓴 깃발을 들고 지나갔다. 병원并院으로는 공주, 옥천, 문의 등지 사람 15명이 지나갔다. 모두 합하면 506명이 돌아갔다고 하였다.

원평서도 해산

『남원군동학사』에도 해산한 경위를 기록하고 있다. 보은에서는 "어윤중이 윤음을 연輦에다 모시고 보은으로 선래先來어늘 서병학이 성찰 천 명을 대동하고 교외에 설석設席하고 어윤중을 회견할 새 공석空石 백 엽葉을 광포廣佈하여 차일을 공천空天에 열차列遮하고 청수를 탁상에 봉전하고 북향 사배한 후 윤음을 봉독할 새 윤음 사의辭意는 의원依願 해결하여 줄 터이니 각귀기가各歸其家하야 안심수도하고 각수기업各守其業하라 함이기로 수백만 교인이 일일간에 산회 귀가했다."고 하였다.

그리고 원평에서는 "일변 각귀기가케 하고 수모誰某한 도인 수천 명이 보은으로 향두向頭하야 가다가 진산군에 도착하니 어윤중이 원평으로 향래 차에 피차 상봉하야 진산군 객사에서 윤음을 봉독할 새 봉청수奉淸水 북향 사배하고 어윤중과 힐문하되 … 즉시 해산했다."고 하였다. 결국 20여 일 만에 장내리와 원평에서 4월 2일(양5.17)부터 해산하였다.

어윤중 재차 장계

보은에 주둔했던 청주영병은 4일 아침에 철수하였다. 어윤중은 그동안의 경위를 장계로 다시 올렸다. 여기서는 동학당을 민당民黨이라 하였고 모인 이들의 성분도 밝혔다. 그리고 동학도들의 자세와 주장도 적어 올렸다. 요지를 추려보면 다음과 같다.

① 모인 이들의 성분에 대해서는 "뜻을 얻지 못한 자, 탐관오리를 막으려는 자, 오랑캐들을 통절히 여기는 자. 탐학과 침탈을 호소할 바 없는 자, 억누름에 지킬 힘이 없는 자, 죄를 짓고 도망하는 자, 속리屬吏에서 쫓겨난 자, 살길이 없는 농민이나 장사꾼들, 풍문에 휩싸인 자, 빚을 진자, 천민에서 몸을 빼려는 자들이라." 하였다.

② 동학도들의 기상에 대해서는 "그들은 죽음을 두려워하지 않으며, 유생이 쓰는 관모와 복장을 하였고 병기는 지니지 않았다. 절의의 심정은 분명했으며 내건 깃발과 행동을 보면 밑에 깔린 기상이 대단했다. 그들 중에는 사족士族도 있었다."고 했다.

③ 운동의 명분에 대해서는 "한 나라의 서울에서 오랑캐들과 뒤섞여 우리의 이권을 축내고 있음은 어느 나라에도 없는 일이다. 온 나라의 의려義旅들과 힘을 모아 물리치는 것이 소원이라."고 했다.

④ 그리고 "이 모임은 작은 병기도 휴대하지 않았으니 이는 곧 민회民會라고 하며 '일찍이 각국에서도 민회가 있다고 들었다. 나라의 정책이나 법령이 국민에게 불편함이 있으면 회의를 열어 논의하여 결정하는 것이 근자의 사례인데 어찌하여 우리를 비류로만 보려 하는가.'라고 반문하였다."고 하였다.

참가자는 2만 3천 명

어윤중은 장계의 말미에 동학도인들이 물러간 상황을 다음과 같이 보고하였다.

① 북면 구치 장리의 보고에는 2일에 경기 수원접 840여 명, 용인접 200여 명, 양주 및 여주 등지의 270여 명, 안산접 150여 명, 송파접 100여 명, 이천접 400여 명, 안성접 300여 명, 죽산접 400여 명, 강원도 원주접 200여 명, 충청도 청안접 100여 명, 진천접 50여 명, 청주접 29여 명, 목천접 100여 명이 돌아갔으며 샛길로 원평에서 충주로 향해 1,000여 명이 돌아갔다.

② 남면 원암 장리의 보고에는 3일 아침부터 저녁까지 전라도 내의 여러 읍에 있는 당민들이 돌아간 수를 합하면 500~600여 명이며, 충청도 내의 옥천접 150여 명, 청산접 30여 명, 비인접 8명, 연산접 13명, 진잠접 3명, 공주접 5명, 영남 금산인 2명이 돌아갔다.

③ 동면 관리 장리의 보고에는 2일에 돌아간 이는 전라도 함평 · 남원 · 순창 · 무주 · 태인 · 영광 등지에서 200여 명, 경상도 내 옥천접 30여 명, 영동접 50여 명이었다. 3일에는 아침부터 저녁 늦게까지 장수접 230여 명, 영암접 40여 명, 나주접 70여 명, 무안접 80여 명, 순천접 50여 명이 돌아갔고, 염남 하동접 50여 명, 상주접 20여 명, 선산접 60여 명, 금산접 18여 명, 진주접 60여 명, 인동접 40여 명이 돌아갔다고 하였다.

④ 서면 모서(畝西, 车西) 장리의 보고에 의하면 옥천접 800여 명이 2일 오후에 지나갔다고 하며, 동면 적암 장리의 보고에는 2일 오후에 상주 공성(公城, 功成)접 50여 명, 금산 · 선산 등지인 100여 명, 안동접 40여 명이 물러갔다고 한다. 이 밖에도 샛길로 밤을 타서 몰래 달아난 자는 얼마인지 그 수를 헤아릴 수 없다고 하였다. 30일에 떠난 수가 506명이고 이번에 떠난 수가 11,159명이 되므로 관이 파악한 인원수만도 11,665명이 된다.

⑤ "다른 샛길로 가거나 밤중에 몰래 빠져나간 이는 헤아릴 수 없다."고 했으므로 약 1만 명은 관에서 확인할 수 없는 곳으로 갔을 것으로 여겨진다. 장내리에 모였던 총인원은 2만 3천 명으로 추산된다.

결론

교통이 불편한 1893년 당시 시골에 3만여 명(보은 2만 명, 원평 1만 명)을 동원하였다는 것은 그 자체만으로도 대단한 사건이다. 3월 11일부터 4월 2일까지 무려 20여 일간에 걸쳐 벌였던 척왜양창의 운동은 당초의 목적을 이루지는 못했다. 그러나 이번 운동에서 간과하지 말아야 할 것은 척왜양창의와 민씨 일당의 축출, 각종 세제의 혁파 등을 외친 것은 역사의식을 일깨워 주는 데 선도적인 역할을 하였다는 점이다. 또 34년간 수행 위주로 내려온 동학 교단의 역사에서 이념의 사회화를 위한 새로운 운동의 전환점이 되었다는 사실이 중요하다. 동학의 꿈은 인간의 존엄성을 보장하는 다시 개벽의 실현에 있다. 모든 사람이 한울님처럼 대접받을 수 있는 새로운 세상을 만들자는 것이 다시 개벽의 꿈이다. 동학사상은 외래적인 것이 아니다. 우리 역사 안에서 자생한 새로운 신념이다. 이런 신념으로 새로운 삶의 틀을 새로 열어 가자는 것이 동학운동이요 그 발자취가 동학의 역사인 것이다.

그런데 정부는 동학을 보는 기본 안목에 아무런 변화를 보이지 않았다. 윤음으로 해산하면 생업을 보장해 주고 적자로 인정해 주겠다던 약속을 며칠이 안 가서 뒤집었다. 동학도들이 해산한 지 7일 후인 4월 10일(양5.25)에 지도부를 체포하라는 명령을 내렸다.

"각 도신道臣들은 호서의 서병학, 호남의 김봉집과 서장옥을 체포하여 조사해 보고하라."고 하였다. 조선왕조를 망쳐 버린 민씨 일당의 속좁은 역사관이 아쉽고 안타까울 뿐이다.

— 제3부 —

동학혁명 이야기

동학혁명을 보는 시각

역사관의 차이

동학혁명을 보는 시각은 역사학자들 사이에 한결같지 않다. 크게 두 부류로 나누어진다. 1894년의 역사적 경험을 동학과 관련지어 보느냐, 동학과는 관련이 없다고 보느냐의 차이다. 동학혁명, 동학농민혁명, 동학농민전쟁이란 호칭과 갑오농민전쟁, 1894년 농민전쟁이란 호칭의 차이도 그로부터 유래하는 것이다.

전자는 1894년의 역사적 경험을 동학과 직·간접적으로 관련이 있다고 보는 입장이라면 후자는 동학과 아무런 관련이 없다고 보는 입장이다. 사회적 변화에 따라 세계를 보는 눈도 달라지고 역사관도 달라진다. 일정 시간이 지나면 연구가 축척되어 시점들이 달라질 수 있다.

문제는 동학에 대한 이해이다. 동학의 신념 체계가 무엇인가를 정확히 모르고 있다. 동학이 어떤 신념 집단인가를 제대로 규명하게 되면 1894년의 역사적 경험과 동학과의 상관관계는 달라질 것이다.

동학과 무관한 농민전쟁론

그동안의 연구 성과는 적지 않았다. 그러나 자료의 발굴과 분석이 깊이 있게 천착되었다고 보기는 어렵다. 한국적 상황에서 일어났던 1894년의 특수한 경험들이 아직은 사실적 측면에서 접근하지 못하고 있다. 전제로 삼는 세계관이나 역사관에 끼어 맞추려는 경향도 없지 않다.

1980년대 이후 일부 학자들은 1894년의 역사적 경험은 동학과 무관한 것으로 선을 그었다. "동학과 관련 지으려는 생각을 과감히 탈피하지 않으면 농민전쟁의 참모습을 이해할 수 없다."는 식이다. 동학의 주도적 역할을 배제하고 계급적인 주체론으로 해석해야 한다는 말이다.

오길보는 동학대장인 전봉준마저 동학도로 보지 않을뿐더러 일부 동학군의 지원으로 일어난 고부민요도 자연발생적으로 일어난 농민대중의 반봉건 반침략 투쟁이라고 설명한다. 이종현도 '동학 조직을 이용하면 단기간 내에 보다 많은 농민들을 반봉건투쟁에 궐기시킬 수 있어서 … 전봉준이 폭동 전에 태인현 주산리의 동학 접주 최경선과 밀접한 연계를 가진 것'이라고 했다.

이러한 주장의 바탕에는 계급적인 주체성과 단계적 발전사관이 깔려 있다. 봉건사회의 질서가 무너지는 과정에는 농민봉기가 필연적으로 일어나게 되어 있으며 이것이 세계사적 보편성이라는 것이다. 당시 봉건왕조는 해체기에 접어들었으므로 농민폭동은 필연적으로 일어나게 마련이라는 것이다. 그러나 사회적 상황이 이루어졌다고 필연적으로 그에 걸맞는 운동이 일어나는 것은 아니다. 여러 형태의 민란 봉기를 보아도 어떤 주도 세력에 의해 폭발하였음을 엿볼 수 있다. 1894년 봉기도 자연발생적으로 일어난 것은 아니다. 현실의 모순을 비판하고 바로잡을 수 있는 대안을 제시한 동학이란 주도 세력에 의해 분출된 것이다.

1990년대에 이르면 같은 계열의 학자 중에서 농민전쟁의 주도 세력을 동학과 연관시켜 보려는 경향이 나타났다. 허종호의 경우는 갑오년의 대중적 봉기는 동학 지도층의 주도하에 발단되고 그들에 의하여 지휘되었다고 하였다. 다만 주체 세력은 봉건통치에 원한을 품은 백성과 동학도들을 포함한 광범위한 농민대중이라고 하였다.

혁명 주체는 동학

일부 학자이기는 하나 1894년의 역사적 경험은 동학이 주도하였으므로 동학과 분리시켜 볼 수 없다는 주장도 있다. 김용덕의 경우는 동학사상에는 인내천이란 반봉건적 평등주의가 있고 시운론(時運論, 개벽론; 필자 주)의 혁명주의와 근대적 민족주의 정신을 가지고 있으므로 동학사상 없이는 동학혁명은 있을 수 없다고 단정하였다.

왕조 체제 하의 봉건적 수탈 행위는 지역성을 넘어서 전국의 농민들에게 동일한 고통을 주었으므로 분노하지 않는 농민은 없었다. 그러나 동학혁명 당시 동학 조직이 있는 곳에서는 농민이 봉기하였지만 없는 곳에서는 일어나지 않았다. 이런 현상을 어떻게 설명할 것인가. 동학이 주도 세력임을 입증해 주는 사례라고 여겨진다.

포包란 동학의 단위조직이다. 기포起包란 단위조직에 소속된 동학도인들이 대접주의 지휘 아래 무장하고 항쟁에 나선 것을 말한다. 기포는 곧 동학의 조직이 궐기했음을 말하며 혁명을 주도한 것은 바로 동학이라 할 수 있다. 이이화는 '함경도의 경우 동학과 관련된 움직임이 거의 보이지 않는다. 동학 조직과 농민군 봉기의 상관성은 연구되어야 한다.'고 지적하였다.

왜 동학혁명인가

동학혁명이란 호칭은 1926년 4월에 천도교청년당이 제32회 동학혁명기념식을 봉행하면서 비롯되었다. 이후 천도교에서는 1894년의 역사적 경험을 동학혁명으로 호칭하면서 오늘에 이르고 있다. 특히 〈천도교의절〉에 백산기포일인 3월 21일을 동학혁명기념일로 정하고 전국 각지에서 해마다 기념식을 봉행하고 있다. (최근의 연구에서 3월 21일은 무장기포일이며, 백산기포는 3월 25일로 비정되고 있다―편집자 주)

처음 동학혁명으로 호칭하게 된 경위는 알 수 없으나 1894년의 농민 봉기는 동학이 주도한 혁명운동이라는 뜻에서 붙여진 호칭이다. 혁명이란 기존 체제의 모순을 폭력적으로 청산하고 새로운 체제를 창출하려는 운동이어야 한다. 1894년의 동학 봉기는 혁명운동의 요건을 갖추었을까?

1894년 당시 동학이 지향했던 것은 한마디로 '보국안민'이었다. 보국안민은 "잘못된 나라를 바로잡자는 것이며, 인민의 경제생활을 최소한 사회적 체면을 유지하게끔 안정시키자."는 것이다. 그리고 이 보국안민은 동학의 꿈인 이상사회로 가기 위한 필요조건이기도 하였다.

1893년부터 1895년에 걸쳐 동학혁명에 나타났던 지향점은 다음과 같다. ① 군주제의 유지 ② 탐관오리의 숙청 ③ 외국 침략 세력의 배제 ④ 신분제의 타파와 인간성 회복 ⑤ 민회운동의 제도화 ⑥ 협의제 정치의 제도화. 이 여섯 가지를 혁명적 수단으로 실현시키려는 것이 바로 동학의 보국안민 운동인 것이다.

입헌군주제와 신분제 타파

1894년의 동학혁명은 구체적으로 어떤 제도를 실현하고자 했을까? 위의 6개 항을 살펴보면 첫째가 군주제의 유지이다. 백산에서 선포한 4대명의 중 두 번째에 충효쌍전 제세안민(忠孝雙全 濟世安民)이란 조항이 있다. 여타의 조항들과 연관시켜 보면 새로운 군주제를 실현시키고자 한 것이다.

김학진과 홍계훈의 보고에 "그들은 충효를 근본으로 한다며 … 왕명을 받든(奉命) 경군과는 싸우지 않는다."며 피한다고 하였다. 마치 조선왕조 체제를 그대로 유지하자는 것으로 비쳐진다. 그러나 동학이 제시한 군주제는 제세안민할 수 있는 새로운 군주제를 뜻한다.

두 번째는 신분제 타파이다. 동학의 꿈은 모든 사람이 한울님처럼 대접받는 세상을 만들자는 데 있다. 그러자면 수천년 동안 지속되어 온 신분제도를 타파해야 한다. 신분제 타파는 단순한 구호가 아니다. 동학의 신념 체계와 깊은 연관을 가지고 있다.

동학의 신념 체계

동학은 삶의 틀을 다시 개벽하기 위한 신념 체계이다. 삶의 틀은 ① 질서를 유지하는 규범의 틀, ② 생산과 배분을 중심으로 하는 경제적인 틀, ③ 의사 전달과 표현의 틀, ④ 세계를 보고 의미를 부여하는 생각하는 틀이라고 가정할 수 있다.

이 네 가지 틀 중에서 생각하는 틀을 바꾸는 것이 중요하다. 생각하는 틀이 선도적 기능을 할 때 교호작용을 통하여 새로운 삶의 틀은 창조될 수 있는 것이다. 생각하는 틀이란 세계를 보는 시점이며 최고 가치 체계를 이해하는 시점이다. 수운 선생은 한울님(天主)은 ① 인격적이며, ② 유일하며, ③ 시간적이며, ④ 몸에 모셔져 있는 내재적이라는 독특한 관념을 제시하였다.

이중에 '시간적'이란 의미는 존재자存在者로서의 신이 아니라 생성·변화해 가는 과정에 있는 신을 뜻한다. 그리고 내재적이라는 말은 신은 초감성계에 있는 것이 아니라 살아가는 내 몸 안에 모셔져 있다는 말이다. 「논학문」에서 시侍 자를 설명하면서 신령함이 안에 들어 있고(內有神靈), 자기를 조직하는 기화氣化작용이 밖으로 향해 전개되는 것을 말한다고 하였다.

동식물의 씨앗(種子)에 비유하면 적절하다. 모든 씨앗 속에는 신령한 프로그램이 들어 있다. 동시에 자기를 이루어 가는 조직력이 작용하고 있음과 같다. 수운 선생의 신 관념은 온 천지 생명체계를 지칭하는 말이기도 하다. 온 천지 생명체계는 유일성과 시간성과 내재성을 갖추고 있다. 수운은 여기에 인격성을 부여하였다.

인내천의 본 뜻

시천주의 신관념은 실천적인 면에서 인내천과 사인여천의 인간관과 가치관을 도출하게 된다. 사람은 몸 안에 한울님을 모시고 태어났으므로 "사람의 존엄성은 신의 존엄성과 같다."고 보는 것이다. 이것이 인시천, 인내천이란 인간관인 것이다.

실천적인 면에서는 사람 섬기기를 한울님 섬기듯이 해야 한다. 사회적으로는 모든 사람이 한울님처럼 대접받을 수 있는 세상을 만들어야 한다. 이런 꿈이 바로 동학의 이상이다. 이 꿈에 도달하려면 먼저 정의로운 국가와 최소한의 체면을 보장하는 사회를 만들어야 한다. 보국안민은 이상사회로 가기 위한 필요적 조건이다.

탐관오리의 숙청, 외국 침략 세력의 배제, 신분제의 타파와 인간성 회복, 민회 운동의 제도화, 협의제 정치의 실현과 제도화는 바로 보국안민 운동의 지향이다. 1894년 동학혁명 때 비로소 구체화된 것이 아니다. 동학의 신념 속에 이미 갖추어져 있는 것들이다. 신분제 타파 운동은 동학 창도 이래 계속해 왔던 일이며, 외세 침략을 물리치기 위한 운동도 마찬가지다. 민회民會란 인민들의 의견을 나라 정치에 반영시키는 정당제와 비슷한 것으로 접 운영이나 포 운영에서 그 생각이 싹텄던 것이다.

협의제 정치 구조는 전봉준 장군이 일본 공사관 심문에서 밝힌 바 있다. 이것이 보국안민 운동의 내용이며 혁명운동이 지향코자 했던 목적이었다. 실력이 없으나 앞으로 동학혁명을 다루면서 문제점들을 하나하나 검토해 볼까 한다. 많은 지적이 있기를 기대한다.

고부 농민의 민요

부패한 조선왕조

1893년경 지방관과 향반들의 가혹한 농민 수탈 행위는 어디를 가나 마찬가지였다. 조선왕조는 위에서부터 아래까지 부패로 가득 찼다. 행정 · 세무 · 군사권을 쥔 지방관은 전제군주와 같았는데 이런 자리를 돈으로 사고팔았다.

『일본』日本이란 신문 1893년 7월 20일자에 "평안감사 80만 냥, 경상감사 70만 냥, 함경감사 32만 냥, 충청감사 30만 냥, 경기감사 · 강원감사 · 황해감사 · 전라감사는 15만 냥, 유수 8만~10만 냥, 병사 10만~20만 냥, 목사 · 부사 15만 냥~17만 냥"이라고 하였다.

운봉현의 경우 이방의 임채는 2천4백 냥, 병방 등이 7백 냥, 좌수가 7백 냥, 별감이 1백 냥, 면임이 30냥이었다고 한다. 이들 역시 돈을 주고 자리를 샀으니 애당초 이도吏道를 기대하기는 어려웠다. 지나친 속임수와 농간으로 농민들을 울리고 있었다.

농민 생활의 파탄

공정하게 세미를 부과하려면 소출을 심판하는 행심行審이 제대로 이루어져야 한다. 그러나 사복을 채우려는 지방관들의 행심은 농간으로 이루어진다. 농민들의 살림은 파탄에 이르고 나라 재정은 어렵게 되고 말았다.

1881년도의 한 예를 들면 경상도의 경우, 경작 결수는 33만 7천370결이다.

세를 거둘 때는 이 결수대로 부과하지만 나라에 바칠 때는 묵힌 땅이 있다고 속임수를 써서 13만 9천여 결의 세미를 가로챘다. 전세 중 3분의 1에 해당하는 몫을 가로채어 뒤를 봐주는 상관에게 상납도 하고 자신들의 배도 채웠다.

전봉준 등이 등소

당시 벼슬아치들은 8도 어디를 가나 마찬가지였다. 그중 고부군 관내 농민들은 군수 조병갑의 가혹한 수탈 행위로 세상을 원망하였다. 동진강 하류 서남쪽에 사는 농민들은 풍년이 들어도 그들의 생활은 언제나 흉년이었다. 『전봉준공초』에는 조병갑의 학정을 지적하고 있다.

자기 부친의 공적비를 세운다며 천 냥을 늑탈했고, 민정民丁을 동원하여 불필요한 보를 쌓아 700여 석의 수세를 늑탈했다고 하였다. 뜻있는 이들은 조병갑의 탐학 행위로 죽어 가는 농민을 보고만 있을 수 없었다. 드디어 동학 지도자들이 나서게 되었다.

고부 접주 전봉준을 위시하여 도인 정익서, 김도삼 등 3인이 나서서 고부 관아에 늑탈 행위를 시정해 달라고 등소等訴하였다. 『전봉준공초』에 보면 "초차初次에는 40여 명이 등소하다 착수提囚를 피被하고, 재차 등소하다가 60여 명이 구축을 당했다."고 하였다.

다보하시(田保橋 潔)는 『근대일선관계의 연구』에서 1차는 1893년 12월 22일(음11.15)에, 2차는 1894년 1월(음1893.12.10)에 등소했다고 하였다. 그런데 이때(1892.11.30)에 정부는 조병갑을 익산군수로 전임 발령하였다. 그리고 고부군수로 안주목사 이은용을 임명하였다. 그러나 조병갑은 물러나지 않았다. 전라감사 김문현과 결탁하여 농간을 부려 새 군수가 부임하지 못하게 했다. 한 달 사이에 신좌묵, 이구백, 하긍일, 박희성, 강인철 등 5명도 신임 군수로 임명받았으나 끝내 부임하지 못하였다.

『승정원일기』에 "전라감사 김문현은 '고부군수 조병갑은 미납 세미를 거두기 위해 지금 서두르고 있다. 일을 다 마치지 못하고 다른 고을로 옮기면 자칫 잘못될까 염려된다'며 유임을 건의했다."고 하였다. 결국 정부는 1894년 1월 9일(음)에 조병갑을 다시 고부군수로 유임시켰다.

동학 조직이 주도

1894년 1월 9일 저녁 이평면 예동에는 남녀노소 천여 명이 모였다. 『석남역사』는 "저녁밥을 먹고 장터로 모이라는 기별이 왔다. 징소리, 나팔소리, 고함소리가 들끓었다. 수천 명 군중들이 고부군수 조병갑을 죽인다며 민요를 일으켰다."고 하였다.

전봉준, 김도삼, 정익서, 최경선 등 7명이 주도하여 농민을 모은 것이다. 아무리 폭발 직전의 사태에 이르렀다 해도 주도 세력이 나타나지 않으면 일어나지 못한다. 『고부민요일기』에는 10일 닭 울음을 기다려 5백 명 정도가 고부관아로 향했다는 것이며, 주도 인물은 전봉준 접주를 비롯하여 7명이었다고 했다.

『전봉준공초』에서 심문관이 고부 기포 때에 동학이 많았는가, 원민이 많았는가 묻자 전봉준은 "기포 시에 원민이며 동학이며 합하였사오나 동학은 소少하고 원민이 다多하였다."고 대답했다. 주목되는 것은 동학도와 원민이 합하였다고 한 점과, 기뇨起鬧했다 하지 않고 기포起包했다고 한 점이다.

『동학사』에는 전봉준이 금구 용계 김덕명의 집을 거쳐 태인 주산리 접주 최경선의 집에 들러 의론을 정한 후 도인 중 의용심이 있는 3백 명을 데리고 말목장터로 갔다고 하였다. 고부민요는 김덕명 연원(包)이 조직적으로 주도했음을 알 수 있다.

고부 관아 점령

『전봉준실기』에는 정월 초 이평면 예동에서 성대한 걸군乞軍을 조직하자 운집한 군중이 수천에 이르렀다고 하였다. 그리고 전봉준이 큰소리로 조병갑이 탐학 불법한 일과 약탈 민재民財하는 일을 들어 문죄하였다. 군중들은 이 연설에 의분이 동했다고 하였다.

부녀와 노약자가 빠져나간 후 장정 500여 명은 10일 새벽 2시경에 고부로 출동하였다. 길이 좁아 천치天峙 쪽과 영원 쪽으로 나누어 갔다. 북성문 밖에서 합류한 농민군은 저항을 받지 않고 1월 10일(양2.15) 새벽 4시경에 고부읍성을 손쉽게 점령하였다.

『전봉준실기』에는 "동헌을 습격하였으나 병갑이 간 곳을 몰랐다."고 하였다. 사전에 알아차린 조병갑은 달아나 버렸다. 서울로 가는 쪽을 수색하다가 오시가 되어서야 정읍 쪽으로 간 것을 알았다. 최현식은 진선에 사는 정참봉의 도움으로 도망쳤다고 하였다.

날이 밝자 오리汚吏들을 잡아가두고 합당한 벌을 내렸다. 한편 민군은 읍성 안팎에 장막을 치고 유진留陣하였다. 곧 통문을 띄워 고부 주민들은 모두 동참하라 하였다. 11일부터 모여든 주민들은 14일 현재 18개 동에서 수천 명에 이르렀다고 한다.

『전봉준공초』에는 진황세로 징수한 벼를 해당 농민들에게 돌려주고 감영군의 출동을 예상하여 17일경에 본진을 말목장터로 옮겼다고 한다. 전라 감영은 전봉준 등 주모자를 암살할 목적으로 병정을 일반인으로 변장시켜 말목장터로 보냈다.

『고부민요일기』에는 "병정 50명을 변장시켜 동학당 진영 안에 들여보냈다. 기회를 엿보다가 체포하려 하였으나, 오히려 그들에게 정체가 드러나 50명이 모두 포로가 되었다."고 했다. 『석남역사』는 "5~6일간 고통을 주다 백산으로 옮긴 후 모두 석방했다."고 하였다.

새 군수에 박원명

이런 일이 있은 후 민군은 말목장터의 수비를 강화했다. 각 면 장정들을 말목장터에 교대로 불러다 번을 서게 하였다. 『고부민요일기』는 "20일 아침 민군 3~40명이 죽창을 가지고 줄포를 지나갔다."고 하였고 22일에는 "그저께 지나갔던 민군 일부가 돌아갔다."고 하였다.

또한 2월 25일에 민군은 말목장터에서 백산성으로 이진했다고 하였다. 백산은 표고 47.6미터에 지나지 않으나 동쪽에는 동진강이 흐르고 북, 동, 남 삼면 들판이 한눈에 들어오는 곳이다. 감영군의 공격에 대비한 조치였다고 여겨진다.

민요가 일어나면 정부는 군수를 바꾸고 안핵사를 파견하게 되어 있다. 한 달이 넘도록 정부는 아무런 조치가 없었다. 전라감사 김문현이 보고하지 않았기 때문이다. 조병갑의 유임을 주도했던 전라감사는 조병갑이 농민들의 반란으로 쫓겨났다고 보고할 면목이 없었던 것이다.

김문현이 정부에 민요 사실을 보고한 것은 2월 10일경이다. 정부는 2월 15일에 김문현에게는 월봉삼등이란 가벼운 처벌을 내리고 조병갑은 잡아다 문초하기로 하였다. 그리고 용안현감 박원명을 새 고부군수로 임명하였고 장흥부사 이용태를 안핵사로 삼았다.

『동도문변』에 감영군이 효유하여 민요군이 해산했다고 하였다. 새로 부임한 박원명 군수를 만나 담판하기 위해 민군은 19일에 고부로 모여들었다. 박원명은 한 사람도 다치게 하는 일은 없을 것이라고 다짐하였다. 군수의 확실한 언질을 받고 물러난 것이다.

민요군의 해산

『전봉준실기』에는 백산성으로 이동한 후 얼마 후에 민요군은 해산했다고 하였다. "백산성에 이둔하자 봉준이 부하에게 함열 조창漕倉에 나아가 전운영을 격파하고 전운사 조필영을 징치하자고 하였다. 그러나 군중은 차에 응치 않았다."고 하였다. 월경하면 반란이 된다며 반대한 것이다.

함열 조창 격파 문제로 일반 민요군과 동학도는 갈라섰다. 결국 3월 3일 박원명이 민군을 불러 잔치를 베풀자 일반 농민인 민요군은 해산하고 말았다. 백산에 남은 이는 전봉준 등 일부 동학도들뿐이었다. 고부민요 단계는 여기서 끝난 것이다.

『오하기문』에 "3월 초3일 고부군수 박원명이 음식을 푸짐히 차려 놓고 난민을 불러다 대접하면서 조정은 그대들의 죄를 용서하였으니 집으로 돌아가 농사일에 힘쓰라는 뜻으로 타일렀다. 난민들은 모두 흩어졌다."고 하였다.

『전봉준공초』에서도 민군이 해산한 사실을 확인할 수 있다. 심문관이 기포 후 어떤 일을 하였는가 묻자 "늑징세를 환추還推하고 축보築洑한 것을 훼파하였다."고 했으며 그 시기는 "작년 3월초이며 … 그 후 산락散落했다."고 하였다.

그런데 장흥부사 이용태는 안핵사로 임명되었으나 민요군이 완강하다는 소식을 듣고 차일피일 미루기만 하였다. 『일성록』에 "몸이 아프다는 핑계로 곧 등정하지 않았다."고 했다. 박원명이 민요군을 해산시켰다는 소식이 전해지자 비로소 움직이기 시작했다.

그는 전주 이씨로 당시 나이 40이었다. 1873년에 군수직에 오르면서 계속 누진하였다. 1887년부터 영국 등 5개국 공사관 참찬관을 거쳤고 1891년에 참의내무부사로 승진했다가 1893년에 장흥부사가 되었다. 이용태는 800명의 역졸을 이끌고 3월 5일경에 장흥을 떠났다. 전봉준 등 동학 지도부는 2월

20일경에 이미 안핵사가 군대를 끌고 나타나리라는 것을 알고 있었다. 또한 안핵사의 가혹한 탄압도 예견하고 있었다. 앞으로 어떻게 대처해야 할 것인가를 고심하고 있었다.

전봉준을 비롯한 금구 대접주 김덕명, 태인 대접주 김개남, 무장 대접주 손화중과 주요 지도자들은 이왕 기포한 참에 새로운 운동, 즉 나라를 바로잡을 길을 모색하기에 이르렀다. 아마도 2월 25일 백산으로 이진할 때부터 의논이 있었던 것으로 추측된다.

당시 동학군은 안핵사가 이끌고 오는 800명의 역졸과 맞서 싸울 아무런 준비도 없었다. 일단 물러섰다가 준비를 갖추어 기포하는 길밖에 없었다. 2월 28일경에 이르면 구체적인 일정을 합의하고 포별로 기포 준비에 들어간 것으로 보인다.

무장 포고문과 강령

무장서 포고문 반포

1894년 3월 20일이다. 무장현 동음치면 구수내 당산마을 앞 넓은 뜰에는 접명을 쓴 많은 깃발이 나부꼈다. 그중 동도대장기와 보국안민창의라고 쓴 큰 깃발이 유난히 펄럭였다.

3월 16일에 임내에서 옮겨온 전봉준 대장 휘하 3천여 명 동학군이 출발하기 위해 들판에 모인 것이다. 전봉준 대장이 등단하였다. 쩌렁쩌렁한 목소리가 들판을 울렸다. 기포하게 된 상황을 설명하고 포고문을 읽어나갔다. 이 포고문은 세 가지로 요약된다. ① 임금님을 제대로 보좌하지 못해 정치가 잘못되었다. ② 관리들의 탐학으로 나라가 위기에 빠졌다. ③ 동학군은 잘못된 나라를 바로잡아 인민들이 편히 살도록 하기 위해 의기를 들었다고 하였다. 포고문의 원본은 전해지지 않는다. 무장현감이 필사해 올린 것이 전부다. 이것을 바탕으로 기록에 실려 전해지고 있다. 기록에 따라 보국안민의 보 자를 안보 保 자로 기록했는가 하면 '금거의기'今擧義旗라는 글귀가 빠진 것도 보인다. 그중 『오하기문』이 전하는 포고문이 가장 근사하다고 여겨진다.

무장 동학도 포고문

3월 20일에 전봉준 대장이 당산에서 반포한 포고문 전문은 다음과 같다.

사람이 세상을 살아나가는 데 가장 귀한 것은 아마도 인륜이 있기 때문이리라. 그래서 군신과 부자 간의 인륜은 존귀한 것이다. 임금은 어질어야 하고 신하는 곧아야 한다. 아비는 인자해야 하고 자식은 효도해야 한다. 그런 뒤라야 가정을 이룰 수 있고 나라를 이룰 수 있으며 능히 무궁한 복록을 누릴 수 있다. 지금 우리 성상은 어질고 효성스럽고 자애하신 신명이 거룩하고 슬기로운 분이다. 현량하고 정직한 신하가 임금을 잘 보좌했더라면, 요순의 덕화와 한나라 문경(文·景)의 정치에 이르기를 바랄 수 있었다.

지금의 신하는 보국할 생각은 하지 않고 복록과 지위만을 도둑질하며 성상의 총명을 가리고 있다. 속을 드러내지 않고 갖은 아첨만을 생각하고 있다. 충성스레 간하는 선비의 말은 요언이라 하고 정직한 사람들은 비도匪徒라 한다. 내직에는 나라를 바로 할 인재가 없는가 하면 외직에는 백성을 병들게 하는 관리들이 많다. 인민들의 마음은 날로 변해 가고 있다. 집에 들면 삶을 즐길 생업이 없고, 나가면 이 한 몸 보전할 방책이 없다. 학정은 날로 극에 달하여 원성만 이어지고 있다. 군신의 의리와 부자의 윤리와 상하의 분별이 다 무너져 버리고 아무것도 없다.

관자管子는 사유(四維, 禮義廉恥)가 떨치지 못하면 나라가 망한다고 했다. 오늘의 형세는 옛날보다 더 심하다. 공경公卿으로부터 방백 수령에 이르기까지 나라의 위태함은 생각지 않고, 한낱 제 몸만 살찌우고자 하고 있다. 벼슬길에 나가는 것은 재물이 생기는 길로 여기고, 과거 보는 곳은 사고파는 저자로 만들어졌다. 국고에 들어 가야할 재물은 도리어 허다한 뇌물이 되어 사사로운 창고로 들어간다.

나라 빚은 쌓여 가는데 이를 메울 생각은 하지 않고 교만하게도 사치스럽고 음탕스러운 놀이를 두려워하거나 꺼려하지 않는다. 온 나라가 결딴이 나서 만민은 도탄에 빠졌다. 수재들의 탐학 행위가 이처럼 심할 수 있으랴. 백성들이 어찌 곤궁하고 고단하지 않으랴.

민民은 나라의 근본이다. 근본이 약해지면 나라가 무너진다. 잘못된 나라를 바로 잡아 보존하고 인민의 생활을 편안(輔國安民)케 할 방책은 생각지 않는다. 시골에 저택을 따로 마련하여 저 혼자만 보전하려는 데 힘을 기울여 한갓 녹봉과 지위만 도둑질하니 이 어찌 옳은 정사라 하랴.

우리들은 비록 초야의 백성이지만, 임금의 땅에서 먹고, 임금이 주는 옷을 입고 살아가는지라, 국가가 망하는 것을 앉아서 볼 수 없어 온 나라가 한마음이 되어 모든 의논을 거쳐 이제 의기義旗를 들었다. 보국안민하고자 죽기로 맹세한 것이다. 오늘의 상황은 비록 놀랄 일이지만 두려워하지 말고 각기 생업에 안주하라. 다 같이 태평성세가 되어 모두 성상의 덕화를 입을 수 있게 된다면 천만다행이겠다.

반포 날짜는 3월 20일

포고문 말미에 날짜가 빠져 있다. 그래서 언제 반포했는지 정확히 모른다. 대체로 두 가지 설이 있다. 하나는 동학군이 무장현을 점령하고 나서 여시메로 옮긴 후인 3월 10일~12일 사이에 선포했다는 설이다. 그리고 하나는 무장 당산에서 백산으로 떠나가던 3월 20일에 반포했다는 설이다.

『수록』에는 3월 22일자에 해당되는 위치에 실려 있으며『오하기문』에는 3월 20일에 해당하는 곳에 실려 있다. "전봉준 등이 무장현에서 대회를 갖고 민간에게 포고했다."고 하였다. 그리고『취어』에는 4월 11일자에 해당하는 위치에 실려 있다.

하급관청에서 보고한 동학 관련 문건과 국왕 또는 의정부의 결정들을 모은『동비토록』에는 4월 "5일 술각戌刻에 전보로 받았다."고 하였다. 즉 무장 현감이 보고한 포고문을 전라 감사가 받아보고 이를 4월 5일에 전문으로 정부에 보고했다는 말이다.

현縣에서 도道를 거쳐 중앙정부에 이르려면 최소한 4일은 걸렸을 것이다. 역산해 보면 무장 관아가 포고문을 입수한 시기는 4월 1일 이전이 된다. 동학군이 무장현을 점령한 날짜는 4월 9일이다. 따라서 이 포고문은 여시메에 오기 훨씬 전에 반포한 것이 틀림이 없으므로 여시메 선포설은 설득력이 없다.

『오하기문』에는 3월 20일경에 "전봉준 등이 무장현에서 대회를 갖고 민간에게 포고했다."고 하였다. 말하자면 전봉준 대장이 당산에서 떠나던 3월 20일에 반포했다는 것이다. 결국 무장현 동음치면 당산에서 저 유명한 동학군 포고문이 반포되었다고 보아야 한다.

백산에 만여 명 집결

전봉준 대장은 왜 백산으로 왔으며 언제 왔을까? 민요 단계에서 혁명 단계로 전환한 시기는 2월 28일경이다. 혁명의 주역인 김덕명, 김개남, 손화중 대접주와 여타 지도자들은 두 가지를 결정하였다. 혁명의 깃발을 올릴 장소를 백산으로 정하였고 그 시기는 3월 20일로 잡았다. 그리고 전봉준 접주를 대장으로 추대하여 모든 일을 일임시켰다.

전봉준 대장은 이 결의에 따라 백산으로 가게 되었으며 3월 20일에 당산을 떠났던 것이다. 『전라도고부민요일기』에 "3월 20일은 덕흥리 장날인데 장꾼이 돌아와서 말하기를 동학군 수만 명이 무장 굴치를 넘어 덕흥리를 지나갔다."고 했다.

이날 저녁에는 줄포에 가서 일박 하고 21일 아침 일찍 백산으로 떠나 정오쯤에는 백산에 도착했을 것이다. 한편 무장 현감의 보고에도 "18일까지 사방서 모여들었다. … 일간 다른 곳으로 떠난다 하며 … 처소로 흩어져 짐을 꾸리기도 하였다."고 했다. 19일까지 짐을 다 꾸렸을 것이므로 20일에는 일찍 떠날 수 있었다.

『동도문변』에는 3월 21일 "동도대장이란 네 글자가 쓰인 깃발이 백산에 내걸렸다."고 하였다. 동도대장기란 전봉준 대장을 상징한다. 3월 21일에 대장기가 내걸렸다면 전봉준 대장은 이미 백산에 와 있었다는 말이다.* 3월 20일에 굴치를 넘어 홍덕을 지나 21일에 백산으로 와서 대장기를 내건 것이다.

한편 이번 혁명의 주역인 태인의 김개남 대접주와 손화중 대접주도 수천 명의 동학군을 이끌고 백산으로 왔다. 김개남 대접주는 태인 지금실에서 떠났으며 손화중 대접주는 고창 괴치와 정읍 음성리에서 떠났다. 이들의 선발대가 백산에 도착한 것은 여러 증언에 미루어 하루쯤 늦은 22일경으로 여겨진다.

백산에 모인 동학군 수는 정확히 알 수 없다. 『대한계년사』에는 과장하여 기록하기를 "3월 25일 동학도 5~6만 명이 모여 머리에는 황색수건을 두르고 손에는 황색 깃발을 잡았다."고 하였다. 전봉준 대장 휘하 동학군 3천 명, 김개남포 동학군 2천 명, 손화중포 동학군 2천 명 그리고 여타 포에서 동원된 동학군을 합치면 대략 1만여 명은 되었다고 본다.

동학군의 4대강령

혁명을 위해서는 대중을 동참시킬 수 있는 목표를 내걸어야 한다. 동학군 지도자들은 백산에서 4대강령(名義)를 채택하였다. 『대한계년사』에는 ① 불살인 불살물(不殺人 不殺物), ② 충효쌍전 제세안민(忠孝雙全 濟世安民), ③ 축멸왜이 징청성도(逐滅倭夷 澄淸聖道), ④ 구병입경 권귀진멸(驅兵入京 權貴盡滅)"이라는 4대 명의를 내걸었다고 하였다.

---

* 동학농민군은 3월 20일까지 무장에 집결하여 「포고문」을 반포하고, 21일에 무장을 출발하여 고부를 거쳐 3월 25일~26일 사이에 다시 백산에 집결했다. 3월 20일~21일 고부 집결설은 무장기포 사실이 밝혀지기 전의 학설. (편집자 주)

『일본외무성자료』에도 4대강령을 담은 전라감사의 전보문을 소개하고 있다. 즉 ① 사람을 상하게 하거나 생물을 해치지 않는다(切勿 傷人害物). ② 충 과 효를 온전히 하여 도탄의 세상에서 구제하여 민民을 편안케 한다(忠孝雙全 濟世安民). ③ 양인과 왜인을 몰아내고 성인의 도로써 세상을 맑고 깨끗이 한다(逐滅洋倭 澄淸聖道). ④ 병력을 서울로 몰고 들어가 권세 있고 지위 높은 자를 죄다 없앤다(驅兵入京 權貴盡滅).

요약하면 ① 생명을 존중하며 ② 도탄에 빠진 인민을 구제하며 ③ 외세의 침략을 물리치고 맑은 세상을 만들며 ④ 신분제를 타파하자는 것이다. 이 4 대강령은 동학군 군율에서도 잘 나타나 있다. 전봉준 대장은 출진하면서 12 개조로 된 군호(軍號, 軍律)를 선포하였다.

4월 16일자 전라감사 전보문에 "동도대장이 각부 대장에게 명령을 내리기를 '적과 마주할 때 칼에 피를 무치지 않고 이기는 것이 으뜸가는 공이다. 부득이 싸우게 되더라도 목숨을 귀히 여겨 상하지 않게 해야 한다'고 하였다." 는 것이다. 12개조 군호는 다음과 같다.

투항자는 받아 주라(降者受待). 따르는 자는 공경하여 감복시켜라(順者敬服). 달아나는 자는 쫓지 말라(走者勿追). 거역하는 자는 효유하라(逆者曉喩). 곤궁한 자는 구제하라(困者救濟). 굶주린 자는 먹여 주라(飢者饋之). 빈한한 자는 진휼하라(貧者賑恤). 병자는 치료해 주라(病者給藥). 불충자는 제거하라(不忠除之). 탐학한 관리는 추방하라(貪官逐之). 간사하고 교활함을 그치게 하라(姦猾息之). 불효자는 형벌하라(不孝刑之).

그리고 "행진할 때는 함부로 생물을 해치지 말 것이며, 효제충신이 살고 있는 마을로부터 십 리 안쪽에는 주둔하지도 말라."고 하였다 한다.

『동학사』의 격문

오지영이 지은 『동학사』에는 백산에서 다시 "격문을 지어 사방에 전했다."고 하였다. 관변기록이나 당시 사학자들의 기록에는 격문이 보이지 않는다. 문장은 국한문 혼용으로 되어 있다. 동학군이 공주 공격 때 발표한 「고시문」과 비교해 보면 어투와 용어가 현대적이다.

우리가 의義를 거舉하야 차此에 지至함은 그 본의가 단단斷斷 타他에 잇지 아니하다. 창생을 도탄의 중에서 건지고 국가를 반석盤石의 우에다 두고자 함이다. 안으로는 탐학한 관리의 머리를 버히고 밧그로는 강포强暴한 도적의 무리를 구축하자 함이다. 량반과 부호의 압헤 고통을 밧는 민중과 방백 수령 밋헤 굴욕을 밧는 소리小吏들은 우리와 갓치 원한이 깁흔 자라. 조금도 주저치 말고 이 시각으로 이러서라. 만일 기회를 이르면 후회하여도 엇지 못하리라."

이 격문은 1894년 1월 17일에 반포한 것으로 되어 있다. 즉 민요 초기 단계에 발표한 셈이다. 그리고 고부 백산에 설치한 호남창의소 명의로 발표되었다. 날짜와 장소가 사실과 동떨어져 있다. 앞으로 냉정히 검토해 보아야 할 것이다.

동학군, 황토재서 대승

전주성 공격 출동

전봉준 대장은 3월 27일경에 지도자급 회의를 마치고 4월 4일쯤 전주를 공략하기로 결심하였다. 그리고 전주로 가는 길목인 태인과 금구 지역 동학도들에게 때맞추어 호응하도록 조치를 취했다. 여타 지역에서도 많은 인원이 합류하도록 하였다. 3월 28일에 드디어 출동하였다. 백산에서 출발한 동학군 5천여 명은 태인에서 하루(29일)를 자고 4월 1일에는 금구 원평까지 진출하였다. 태인과 금구 동학군들도 합류하여 1만여 명으로 늘어났다. 4월 2일에는 금구로 쳐들어가 관아를 점령하였다.

『일본공사관기록』에는 4월 1일자 전라감사 보고가 수록되어 있다. "근 만 명 정도의 동학도가 깃발을 앞세우고 나발을 불고 징을 치며 태인읍에 들어왔으며 이들은 전주로 들어간다고 하니 어쩌면 좋은가."라고 물었다고 한다. 『수록』에도 "3월 28일에 동학도당이 태인현 동헌과 내아에 들어와 칼을 뽑아들고 군기를 탈취해 갔다. … 4월 1일에는 원평을 거쳐 금구까지 들어갔다."고 하였다. 금구에서 전주성까지는 약 40리 거리밖에 되지 않는다.

관군과 보부상 출동

동학군이 백산을 떠났다는 보고를 받은 전라감사 김문현은 다급히 인근 고을에서 포군과 보부상을 동원하여 용머리 고개에 방어선을 쳤다. 『오하기문』에는 여산·임실·옥구·고산·만경·부안·함열·임피·용안 등 9개 고을에서 포수 50명씩을 동원하였고, 보부상들에게도 동원령을 내렸다고 하였다. 그리고 4월 2일에는 대관으로 이재섭을 임명하고 초병과 포군을 통솔하게 하였으며 보부상은 송봉희가 이끌도록 하였다. 그리고 전주로 들어오는 길목인 용머리에 배치하였다. 그런데 동학군은 4월 3일에 금구에서 불길한 소식을 접하게 되었다. 진산珍山에 모였던 동학군 천여 명이 보부상들의 기습을 받고 백여 명이 살해당해 패산했다는 것이다. 또한 감영군 수만 명이 용머리를 떠나 금구로 내려온다는 소식이다.

『수록』에는 진산 상황을 "4월 2일에 김치홍과 임한석이 이끄는 행상 천여 명에게 114명이 육살됐다."고 하였다. 『동학사』에는 전주 대접주 이병춘도 진산에 갔다가 사로잡혀 총살 현장에서 옆 사람이 총에 맞아 쓰러지자 함께 쓰러져 간신히 살아남았다고 하였다. 용머리에 배치했던 포군과 보부상들을 4월 3일에 금구 쪽으로 전진하였다. 병력의 규모는 감영군은 700명이며 영관 이경호가 이끌고 있었다. 별초군 560명과 보부상 천여 명도 뒤따랐다. 한편 정창권은 남원 포군을 이끌고 청도원에 진출하였다.

감영군의 민폐

금구까지 진출했던 전봉준 대장은 감영군의 규모와 무장 정도를 짐작할 수 없어 일단 태인까지 후퇴하였다. 태인 현감은 동학군이 "원평에서 우리 고을 인곡과 북촌과 용산 등지에 와서 머물렀다."고 보고하였다. 동학군은 감영군을 유인하기 위해 계속 후퇴하였다. 감영군은 동학군이 겁을 먹고 도망치는 것으로 여겼다. 교만해진 감영군의 기율은 더욱 문란하여 제멋대로 날뛰었다. 특히 대민 관계는 포악하게도 약탈만 되풀이하였다. 『오하기문』은 다음과 같이 기술하였다.

영병은 전투 경험이 없어 향병과 다름이 없었다. … 행군할 때는 닥치는 대로 노략질을 하여 … 마을의 닭과 개가 남아나지 않았다. … 장령들은 칼을 뽑아 들고 몰아갈 뿐이다. … 저들(동학군)은 … 행군할 때 쓰러진 보리를 일으켜 세워 주었으며 … 적의 진영에는 음식 광주리가 연이었으나 관군은 굶주리었다.

한편 백산에 남아 있던 일부 동학군은 부안 하동면 분토동으로 옮겨 갔다. 『수록』에는 5백 명에 이르는 동학군이 보국안민이라 쓴 붉은 기발을 내걸고 행진하였으며 작은 깃발에는 부안·고부·영광·무장·흥덕·고창 글이 씌어 있었다고 하였다. 손화중 포 동학군이 출동한 것이다.

손화중 부안 진출

전봉준 대장이 전주로 진격할 때 백산에 남아 있던 손화중 휘하 동학군은 부안으로 쳐들어갔다. 당시 읍의 남쪽 쟁갈리에는 부안대접주 김낙철이 살고 있었다. 수백 명의 동학도를 동원하여 합류하였다.

김낙철은 『성암성도사역사』에서 "서도면 송정리 신씨 재실에 도소를 세웠다."고 하였다. 이들은 부안관아로 들어갔다. 마침 감영으로 보내기 위해 소집했던 포군 수십 명을 해산시켜 집으로 돌려보냈다. 다시 분토동으로 돌아온 동학군은 부안관아에 폐정개혁을 촉구하는 통문 한 통을 보냈다. 시장에서 푼돈으로 거두는 세금 등의 폐막을 시정하라고 하였다. 그리고 양미 10석과 돈 2백 냥을 보내 달라 하였으나 마련할 길이 없다며 보내오지는 않았다.

법성포에도 개혁 통문

전봉준 대장은 4월 4일에 부안 부흥역까지 후퇴하여 손화중 동학군과 진산 동학군들과 합류하였다. 그리고 관아에 들어가 무기를 빼앗았다. 『수록』에는 "어제(4일) 동도 수천 명이 원평에서 본현(부안현)으로 와서 … 동헌에 돌입하여 군기를 탈취해 갔다."고 하였다.

이때 전봉준 대장은 법성포 관아에 폐정개혁을 촉구하는 통문을 보냈다. 『동비토록』에는 "각 공문부에 나타난 이포와 민막의 조목과 경위를 기록하여 보고하라."고 명령하였다 한다. 그리고 "전운영과 균전관의 폐단도 발본하라."는 명령을 내렸다 한다.

> 우리의 의거는 종사를 바로잡고 백성을 편안히 하자는 데 있다. … 전운영과 균전관이 저지른 폐단과 앞으로의 폐단, 여러 장터에서 푼돈으로 수세하는 일, 각 포구의 선주들이 늑탈, 외국 잠상들이 비싼 값으로 거래하는 일, 소금에 부과하는 시세市稅, 열 가지 물건을 도매하며 이득을 취하는 일, 백지(농사짓지 않은 땅)에서 세금을 거두거나 사전을 진전陳田으로 바꾸는 폐단들은 발본해야 한다. 폐막의 조목조목을 다 기록할 수는 없으니 사농공상이 동심협력하여 나라를 바로 돕고 아래로 빈사瀕死 지경에 이른 백성을 편안하게 하자.

개혁 통문을 법성포에 보낸 것은 폐정이 심한 곳부터 하나하나 시정해 가려는 의도로 보인다. 이들 조항은 나중에 문건으로 만들어 정부에 제출하였다. 폐정개혁은 동학혁명의 주요한 부분이었음을 엿볼 수 있다.

황토재 전투서 대승

고부군수 박명원은 "6일 오시경에 태인과 부안에 모여 있던 동학군이 본읍 도교산으로 이둔했다."고 하였다. 감영군은 태인에 이르러 동학군이 고부 도교산(황토재)으로 간 것을 알았다. 『동비토록』에는 "황토산은 곧 도교산이다."라고 하여 도교산이 곧 지금의 황토재라고 하였다.

감영군은 지체 없이 뒤따라갔다. 동학군은 결전의 장소로 황토재를 택한 것이다. 전봉준 대장은 이곳 지리를 너무나 잘 알고 있었으며 또한 승산이 있다고 확신하였다.

1893년 11월 고부 관아에 등소할 때부터 도계리(도마다리)에 사는 김도삼과 김진두와 왕래하면서 주변 지리를 익히게 되었다. 그리고 동학도들이 많이 살고 있어 호응도가 높은 것도 한몫을 하였다.

4월 6일(양5.10) 저녁 때 예상대로 감영군이 뒤따라 나타났다. 『석남역사』는 "동학군이 천태산을 넘어가니 병정은 그 소식을 알고 바로 뒤쫓는다. 동학군이 황토재로 올라가니 병정들은 쫓아가서 매봉으로 올라갔다."고 하였다. 천태산을 넘어온 동학군은 도계리에 이르러 휴식을 취한 다음 황토재에 진을 쳤다. 얼마 후 감영군이 나타나자 여기서 남쪽 시루봉(사시봉, 104미터)과 매봉(114미터) 사이를 지나 감냉기, 시목, 배장 등 마을로 이진하였다.

4월 7일(양5.11) 새벽에 동학군은 기습작전을 폈다. 잠에 빠졌던 감영군은 손도 써 보지 못하고 무너졌다. 동학군은 감영군과의 첫 전투에서 대승을 거두었다. 『오하기문』은 전후 상황을 다음 요지와 같이 기록하였다.

이미 날이 어두워지자 양쪽 진영에서는 군호의 포성만 들려왔다. 밤이 깊어지자 관군은 소나무 장작을 피워 대낮처럼 밝혔다. 연기는 퍼져나갔고 짙은 안개도 자욱하여 사방을 분간할 수 없었다. 별안간 총성이 울렸다. 감영군은 삼대(麻) 쓰러지듯 무너졌다. 적은 날이 밝자 흰옷 입은 향병은 쫓지 않고 검은 옷을 입은 영병과 붉은 도장을 찍어 붙인 보부상들만 추격하였다. … 내리치는 창과 칼에 땅은 피로 물들었다. 관군 사상자는 천여 명에 이르렀다고 한다. 영관 이곤양과 태인 보부상 우두머리 유병직은 전사하였다. 영관 이재섭과 유수근, 정창권, 백낙유 등은 도망쳤다.

전투 상황 증언

기꾸지(菊池謙讓)의 『근대조선사』 하권 중 '동학당의 난'이란 제목과 『주한일본공사관기록』의 '전주민란의 근황' 제하에 보부상과 관군의 밝힌 증언이 수록되어 있다. 그 요지는 다음과 같다.

보부상의 증언

4월 6일, 고부를 떠나 … 저녁 무렵에 황토재에 도착하였다. 막사를 만들고 작은 진지를 구축하고 나서 밥을 지어 먹었다. … 그날 밤 적을 경계하였으나 동학군 진영에서 불빛이 보이지 않자 모두 술을 마셨다. 노래와 춤까지 추다가 잠이 들었다. 한밤중에 적이 쳐들어온다는 고함소리에 일어났다. 도망치는 사람, 엎어지는 사람, 울부짖는 사람 등 진영의 주변에는 죽은 시체가 쌓여 갔다. 2천 명의 관군 중 대적한 사람은 적었다. 앉아서 죽고 자다가 죽는 등 참으로 참담했다. 나는 황토재 북쪽 소나무 숲에 숨었다가 지름길로 백산 해안까지 가서 배를 타고 아산 쪽으로 도망하여 목숨을 건졌다.

감영군의 증언

이날 동학도는 높은 언덕 3개소에 진을 쳤고 영병은 산기슭에 진을 쳤다. 영병과 향병은 경계를 게을리하였다. 야밤의 어둠을 타고 갑자기 포성이 울렸다. 병사들은 당황하여 어찌할 바를 몰랐다. 낮에 남원 원병으로 가장해 들어온 동학군 50명이 돌격하자 이를 신호로 수백의 동학도가 함성을 지르며 사면에서 쳐들어왔다. 순간 우리 병사는 무너져 대패했다.

승전보는 순식간에 전라도는 물론 충청도 남서부까지 퍼져나갔다. 『오하기문』에는 "가난한 서민층은 원한이 뼈에 사무쳐 동학이 분기하자 용기를 떨쳐 호응하는 자가 백만이나 됐다."고 하였다.

황토재 승전 소식으로 전라도 일대는 동학 바람이 일어났다. 입도하려는 이가 몰려들었다. 『석남역사』에도 "6일 새벽부터 날이 새면서 소식을 들으니 병정兵丁이 패敗했다고 하네 … 그 후로 동도東道가 … 면면촌촌이 전도傳道가 분주하고 입도인이 발왕發住이다."라고 했다. 드디어 관원과 향반들에게 시달려 오던 인민들이 털고 일어난 것이다.

황룡천 전투서 다시 승리

충청도서도 일부 기포

3월 하순 전라도 이외의 지역 몇몇 곳에서 기포했다. 『주한일본공사관기록』
에 충청도 운산에서 동학도들이 떼지어 일어났다고 하였고, 『면양행견일기』
에는 "어제(4.8) 동학도 백여 명이 원평에서 개심사로 가면서 동학을 배척한
보현동 이진사집을 부수러 갔다."고 하였다.

『김약제일기』에도 "서산 서북면에서 동학도 소요가 있었다. 평소 착하지
못한 이들이 거의 봉변을 당했다."고 하였다. 『양호초토등록』에는 "수천 명
이 어젯밤(음4.8) (회덕 관부)에 돌입하여 군기를 탈취해 갔다. 진잠으로 향한다
고 하니 놀랍고 한탄스러운 일입니다."라고 하였다. 『남유수록』에도 4월 10
일에 "진잠현의 군기도 그들에게 빼앗겼다."고 하였다.

한때 해월 선생이 신중하라고 지시하는 통문을 내어 동학군들은 해산하였
다. 그런데 관원들과 양반들은 이를 계기로 동학군에게 보복에 나섰다. 충청
감사는 "봉변 당한 반가들이 가동家僮을 동원하여 동학도를 축출하고 살해하
고 집에 불을 지르자 동학이 다시 일어나니 민망스럽다."고 하였다.

『주한일본공사관기록』에 "오늘(음4.19)까지 … 난민이 점거한 고을은 … 회
덕, 진잠, 청산, 보은, 옥천, 문의 등이다."고 했다. 충청 감사는 "처처에서 봉
기하자 여러 고을 관속배들은 떠나버렸으며 관장들은 팔짱만 끼고 있다. 지
금 청산현에 동학도 수천이 모여 있다."고 하였다.

초토사에 홍계훈 임명

전라도와 충청도에서 동학도들이 일어나자 정부는 근원적인 해결책을 접어 둔 채 무력으로 진압하기로 하였다. 민씨 일당의 충복인 홍계훈을 4월 2일자로 양호초토사로 임명하였다. 홍계훈은 4월 3일 장위영 병정 3개대(700명)를 이끌고 군산항에 도착, 7일에 전주로 올라왔다. 대관은 원세록과 이두황이었다. 도중에 임피에서 감영군이 황토재 전투에서 대패했다는 사실을 알았다. 많은 경군이 겁을 먹고 도망쳤다. 전주에 도착한 인원은 470여 명이었다.

황토재에서 대승을 거둔 동학군은 곧 정읍으로 쳐들어갔다. 『수록』에는 "동학군 6명을 풀어주고 … 총기와 창검을 가지고 갔다. 공형과 이속들의 … 재산은 부서 버렸고 보부상 집들을 색출하여 불을 질렀으며 … 밤 11시경에 고부 삼거리로 떠났다."고 하였다.

전봉준 대장은 홍계훈이 전주에 도착했다는 소식을 접하자 정면 공격을 피하였다. 왕명을 받들고 내려온 경군과는 싸우지 않는다는 소문을 퍼뜨리며 계속 접전을 피하며 남으로 내려갔다. 8일에 흥덕 현감은 동학군 수천 명이 쳐들어와 탄환과 화약과 창검과 조총을 탈취하여 고창으로 갔다고 하였다.

무장 여시메에 주둔

9일 오전에 무장현을 점령한 동학군은 옥에서 44명을 구하고 평소 동학도를 탄압한 사람들의 집을 찾아 불을 질렀다. 『수록』에는 "칠거리 민가는 재가 되었다. … 읍에서 십 리 거리인 여시메(狐山峯)에 진을 쳤다."고 하였다. 여시메는 읍에서 3킬로미터 떨어진 해발 51미터의 야산이다.

전라감사는 4월 10일자 보고에 "군기를 잃은 곳이 10여 고을이요 관리가 도망친 곳도 13개 고을이며 피살된 곳도 4개 고을이나 된다."고 하였다. 홍계훈은 동학군이 흥덕현을 점령한 4월 8일에 대관 원세록에게 병정 100명을 이끌고 가서 동태를 살펴오라고 하였다. 태인, 정읍 쪽으로 떠난 원세록은 소식이 없었다. 답답한 홍계훈은 4월 11일 "한 번의 소식도 없으니 … 보부상을 통해 연달아 보고하라."고 명령하였다. 원세록은 홍덕까지 따라갔으나 동학군이 계속 접전을 피하며 남으로 내려가 동태를 파악할 길이 없었다.

동학군은 4월 12일 영광으로 내려갔다. 원세록은 12일에 돌아와 동학군은 점점 늘어나고 있다고 보고하였다. 홍계훈은 전주에 도착한 후 곧 정부에 지원군을 요청하였으나 소식이 없자 다음날 다시 독촉하였다. 홍계훈은 14일에 2개의 선발대를 무장현 인근에 보냈다. 정부는 사태가 위급해지자 4월 14일, 홍계훈에게 16일과 17일 사이에 강화병을 출발시킨다고 알렸다. 450명의 강화병정은 현익호에 승선하고 인천을 출발하였다.

4일간이나 영광에 주둔했던 동학군은 4월 16일에 함평으로 내려갔다. 『양호초토사등록』에는 "16일에 동학도 6~7천 명이 내려왔다."고 하였다. 동헌으로 쳐들어가자 교리와 노비, 사령과 수성군 150명이 지키려 했으나 겁에 질려 모두 도주해 버렸다. 다음날에는 무안관아를 점령하였다. 일본 『동학당휘보』에는 "동학도가 지금 한 패는 영광에, 한 패는 무안에, 한 패는 함평에 주둔해 있다."고 하였다. 여시메에 유진한 동학군은 군사 조련을 시작하였다. 영광에 와서도 계속되었으며 함평에서는 제식 훈련을 시작했다.

『오하기문』에는 "목에 올려 태운 14세 아이로 하여금 남색 홀기笏旗를 흔들어대며 지휘하게 하였다. 날라리를 불고 큰 깃발이 따랐으며 총을 멘 만여 명이 두 줄로 행진하며 구부렸다 폈다 하며 글자를 만드는 진세를 펼쳐나갔다. 이를 본 군중들은 모두 감탄했다."고 하였다.

홍계훈이 전주서 출동

전주에 7일간 주둔해 있던 홍계훈은 별안간 전 영장 김시풍을 처형하였다.

그리고 증원군이 법성포에 도착한다는 기별을 받고 그 날짜에 맞추어 18일에 전주를 떠났다. 『양호초토등록』에는 18일에 전주를 떠나 금구현 말머리에 당도하자 여기서 별안간 영문에 있던 병사 정석희를 끌어내다 동학군과 내통했다는 죄목으로 참형하였다.

『갑오약력』에는 "김시풍과 정석희는 늙었지만 기력이 강장했다. 백산(황토재) 전투에 장수로 썼다면 패하지 않았을 것이다. 홍계훈은 간사한 말을 듣고 유용한 두 사람을 죽였다. 홍계훈이 불명함이 이러하니 어찌 유능한 장수라 하랴."고 평하였다. 무안에 동학군이 진출하자 때맞추어 배규인 대접주가 주도하여 전라도 서남부 동학군들을 모이게 했다. 4월 21일자 전라감사 전보에 "본현務安 삼내면 동학도 7~8천 명이 각기 긴 창과 큰 칼을 지니고 18일에 들어와 하룻밤을 자고 나주로 향했다."고 하였다.

『순무선봉진등록』에는 "무안, 장흥 등지의 비괴들은 서로 왕래하였다. … 호남하도거괴(湖南下道巨魁)는 무안 사는 배규인이라." 하였다. 영암, 강진, 장흥, 해남, 진도, 완도 지역 동학군들을 모은 것이다. 당시 동학군은 나주성 공격 여부를 놓고 고민하였다. 여수의 좌수영과 강진의 전라 병영, 그리고 나주성은 요충지였다. 동학군은 이미 서쪽의 무안과 함평, 동쪽의 장성과 광주, 남쪽의 영암과 해남을 장악하고 있었다. 나주성 인근 고을을 완전히 포위하고 있었다. 그런데 나주목사 민종렬은 주민들의 신임을 받고 있었다. 성곽 또한 견고하였고 양곡도 상당량 비축하고 있었다. 전봉준 대장은 전주성 점령이 급하여 4월 18일에 "도인들을 석방하면 경내에 들어가지 않을 것이다."라는 편지 한 통을 보냈다.

『난파유고』에는 민종렬이 "눈물을 닦으며 금성(나주)이 떨어지면 남쪽을 보장할 수 없으니 죽기로 맹서하고 방어에 힘쓰자며 전봉준이 보낸 서찰 뒷면에 도리가 아닌 말은 듣고 싶지 않다고 써서 돌려보냈다."고 했다. 전봉준 대장의 요구를 거절한 것이다.

경군, 법성포에 상륙

홍계훈은 4월 21일 저녁 때 영광 법성포에 도착하였다. 이 소식을 접한 전봉준 대장은 4월 19일에 한 통의 원정서를 보냈다. 『오하기문』에는 "오늘의 수령들은 탐학만 일삼는다. 민인들은 살 곳을 잃었으므로 … 우리의 의거는 부득이하였다. … 국태공을 받들어 종사의 보전을 바랄 뿐이다."고 하였다. 나주에 보낸 편지에도 "국태공을 받들어 나라를 살피게 하여 난신적자와 아첨하는 자를 모조리 파출하려는 것이 우리의 본 뜻이라."고 밝힌 바 있다. 국태공을 받들게 하자는 제의는 부패한 민씨 일당을 몰아내기 위한 대안이었다.

전봉준 대장은 공초에서 "매관자賣官者는 혜당 민영준과 민영환, 고영근이라."고 하였다. 『오하기문』에 민중전은 민영준에게 "내가 일본의 포로가 될지언정 임오년 때처럼 다시 당할 수는 없다. 내가 패하면 너희들도 죽을 것이니 여러 말 말라."고 하였다 한다.

동학군 황룡천으로 이동

전봉준 대장은 이날(21일) 저녁 때 경군이 영광에 도착했다는 기별을 받았다. 3천여 병력을 출동시켰다. 한밤중에 함평에서 동쪽 30리 지점에 있는 나산(羅山, 나루뫼)으로 이동시킨 것이다. 나산은 장성으로 가는 길목이며 비어 있는 전주성을 향해 출동한 셈이다.

『난파유고』에는 "이날 밤 함평 진산장으로 옮겨갔다가 다음날(22일) 장성 월평으로 떠났다."고 하였다. 22일 아침 장성 월평장에 도착한 동학군은 뒷산 기슭에 진을 치고 아침을 먹었다. 장성 공형도 "수천 명이 22일 아침에 남월평촌에 당도하여 조반을 먹고 있었다."고 하였다.

이날 아침 함평 현감의 보고를 받은 홍계훈은 예사롭지 않게 여겼다. 동학군이 비어 있는 전주로 행한 것이 틀림 없기 때문이다. 대관 이학승과 원세록, 오건영에게 300명의 대원을 이끌고 장성으로 달려가라고 명령을 내렸다. 23일 아침 일찍 영광을 출발한 이학승은 오후 1시경 황룡천에 도착하였다. 동학군은 월평 장터에서 점심을 먹고 있었다. 이학승은 동학군을 오합지졸로 보고 포를 발사하였다. 『전봉준공초』에는 "아군이 취식할 때 경군이 대포를 쏘아 4~50명이 전사했다."고 하였다.

동학군은 일제히 뒷산으로 올라갔다. 경군의 진세를 보니 겨우 700명에 지나지 않았다. 전봉준 대장은 즉각 반격하였다. 황룡강을 건너자 미리 준비한 대나무 장태를 굴리며 들판으로 밀고 들어갔다. 경군은 신식총기(모젤총)로 대항하였으나 대나무 장태를 밀고 다가오는 동학군을 막아낼 재주가 없었다. 경군은 신호리 신촌 까치골까지 밀렸다. 동남북 삼면을 포위하고 압박해 들어가자 전의를 상실한 경군은 우왕좌왕하다가 영광 쪽으로 달아났다. 이학승 대관은 죽기로 저항했으나 5명의 병사와 같이 전사하였다. 동학군은 30리 지점에 있는 사창社倉까지 추격하였다.

동학군은 대포 2문과 몇 자루의 신식 총기 및 탄약을 노획했다. 대나무 장태가 위력을 발휘한 것이다. 『금성정의록』은 함평에서 이 장태를 만들었다고 했다. "큰 것은 수십 위(1圍, 한 뼘)이요 길이는 10여 장(丈, 10尺)이라." 하였다. 나주성을 공격할 때 쓰려고 준비했던 것으로 보인다.

황룡천에서 도망친 경군들은 23일 저녁 땅거미가 질 무렵에야 본진으로 돌아갔다. 『양호초토사등록』에는 "땅거미가 진 후 황망하게 돌아왔다."고 했다. 홍계훈의 실망은 컸다. 정예부대가 첫 전투에서 무참히 패했으니 변명할 여지가 없었다.

전주 점령과 청·일군 출병

동학군 전주로 직행

24일에 장성 공형은 홍계훈에게 동학군이 "갈재를 넘어 정읍으로 갔다."고 보고하였다. 급보를 받은 홍계훈은 전라도의 수부인 전주를 빼앗기면 큰일이라며 25일 아침 서둘러 영광에서 전주로 달려갔다. 3배속으로 뒤따라 가도록 병사들을 몰아붙였다. 갈재를 넘은 동학군은 손화중포 차치구 접주의 관할인 입암면 천원리川原里에 이르러 일박 했다. 25일(양5.3) 아침 일찍 정읍에 들러 초토영 운량감관 김평창의 집을 부수고 동학군을 괴롭힌 향반들을 혼쭐냈다.

태인에서 일박 하고 26일에는 금구 원평까지 왔다. 여기서 홍계훈의 수하 종사관인 이효응과 배은환이 모병 중인 것을 발견하고 붙들었다. 그리고 내탕금을 갖고 내려온 선전관 이주호와 2인의 종자도 붙잡았다. 교만한 태도로 동학군을 꾸짖자 모두를 처단해 버렸다.

이날 저녁 금산사 입구 금산리로 들어가 유진하면서 전주성 공략 작전을 구체화했다. 27일 아침에는 청도원, 독배재, 송현을 넘어 완산 서쪽 삼천동에 이르렀다. 여기서 지역 동학군과 합류하여 전주성으로 진행하였다.

전주성 무혈 점령

감사 김문현은 관직에서 쫓겨났고, 4월 24일에 임명된 신임 감사 김학진은 아직 부임하지 않았다. 『오하기문』에는 동학군이 "용머리고개에 이르러 일자진을 펼치고 함성을 질렀으며 … 정오가 지나서 성문이 저절로 열려 적이 몰려들어 왔다."고 하였다.

홍계훈의 경군은 28일 오시 경에야 전주성 용머리재에 나타났다. 동학군은 이미 감영을 차지하고 성문을 굳게 닫고 있었다. 성내를 굽어보던 홍계훈은 "감영 관속배들 중 내응자가 많아 무혈점령 당했다."고 중얼거렸다.

판관 민영승은 도망치다 태조의 어용을 가지고 위봉산성으로 가던 참봉을 만났다. 『오하기문』은 민영승은 참봉으로부터 "태조영정을 빼앗아 먼저 산성에 들어갔다."고 했다. 부민들까지 도망가 버려 전주성은 동학군이 차지하고 있었다. 정부는 동학군이 전주성을 향하고 있다는 보고를 받은 4월 27일에 엄세영을 삼남염찰사로 임명하고 이원회를 양호순변사로 임명하여 평양병과 통위영 병정 몇 대를 이끌고 내려가게 하였다.

완산에 홍계훈군 포진

『오하기문』에는 전주에 이른 홍계훈은 "남산, 건지산, 기린봉, 오목대, 황학대 등 사방을 길게 에워쌌다."고 하였다. 그러나 『갑오약력』에는 『오하기문』과는 다르게 다음과 같이 기록하였다.

관군은 이틀 후에 전주로 와서 황학산과 완산 일대에 진지를 펴고 부중을 향해 대포를 쏘았다. 성 내외 인가 수천 호가 불에 탔다. 그러자 동학군이 밀려나와 황학산을 향해 개미떼처럼 붙어 올라갔다. 관군이 총을 쏘자 탄환은 비오듯 하였다. 그러나 동학군은 시체를 밟고 전진하였고 관군은 패주하기 시작했다. 이때 완산에 주둔했던 강화병이 급히 달려 내려와 지원하게 되어 간신히 지탱할 수 있었다. 동학군은 성안으로 돌아와 수 일간 서로 버티고 있었다.

28일의 전투에서 동학군이 얼마나 전사했는지 알 수 없다. 홍계훈의 보고에는 "동쪽을 지키던 경군은 적도 30여 명을 사살하였고 서쪽 언덕을 지키던 경군은 달아나는 적을 추격하여 수백 명을 사살했다."고 하였다. 홍계훈의 보고는 과장되어 있었다.

4월 30일자 충청감사 전보에 "정탐수교가 보고하기를 강화병과 초토사 병정은 한곳에 합쳐 동학도와 큰 싸움을 벌였으나 승부가 나지 않았다."고 하였다. 홍계훈이 대승을 거두었다고 보고한 내용과는 사뭇 다르다. 당시 홍계훈의 처지는 난처했다. 동학군 평정은 고사하고 월평 전투에서 패배하고 이제 전주성까지 실함하였으니 면목이 없었다. 그래서 용감하게 싸우고 있으며 대승을 거두고 있다는 과장 보고를 한 것이다. 이날 동학군이 공격에 나선 것은 경군이 쏜 포탄으로 많은 민가가 불타 버렸기 때문이다. 황학산 본진을 공격하기란 쉬운 일이 아니다. 그러나 관군이 무차별 포격을 막기 위해서는 수십 명의 희생을 무릅쓰고 동학군은 용감하게 출진하였던 것이다.

5월 3일 재차 공격

완산에 유진한 경군은 연일 고생하고 있었다. 비가 자주 내리는데다 군량미마저 제대로 보급되지 않아 굶주림과 싸워야만 했다. 그리고 동학군이 언제 공격해 올지 몰라 잠도 제대로 잘 수 없었다. 기다리고 있는 이원회 양호순변사의 병력도 언제 올지 알 수 없었다. 당시 동학군은 식량을 걱정하지 않았다. 입성 당시의 병력은 1만 명 정도였으나 며칠 후 필요한 인원인 2천 명 정도만 남기고 모두 지역으로 돌려보냈다. 2천 명 정도로 성을 지키면 경군 3천 명은 능히 막아낼 수 있었다.

5월 2일자 『양호전기』에 "그들은 많고 우리는 적으니 성을 수복하기는 불가능하다." "적도가 후방 지원이 있을 것 같으니 신기할 만큼 빠르게 처리하는 것이 상책이다," "그동안 군량이나 찬과 신발 등절을 마련하는데 고생이 많았다."고 하였다. 그런데 홍계훈은 5월 1일과 2일에 연달아 동학군에게 효유문을 보냈다. 5월 1일에는 "전명숙의 허황된 말에 쏠려 자신도 모르게 속아 넘어갔다. … 전명숙을 결박하여 원문(轅門, 軍門)에 끌고 오면 … 곧바로 큰 상을 주게 할 것이다."라고 하였다. 5월 2일에는 "진실로 평민이라면 비록 두렵고 겁에 질려 있을지라도 … 거주성명을 기록한 열록을 만들어 가지고 일제히 주진소(駐陣所)로 오라."고 하였다. 무조건 항복하라는 효유문이었다.

5월 3일 동학군은 황학산 경군을 향해 다시 공격에 나섰다. 오만한 홍계훈을 꾸짖기 위해서다. 『양호초토등록』에는 "3일 … 적도 수천 명이 용두현으로 달려들었다. 병정들은 대포로 … 500여 명을 사살하고 총검 500여 자루도 빼앗았다."고 했다. 그러나 『양호전기』에는 노획한 '총과 창을 합쳐 300여 자루'라고 했다. 일본 기록에는 "관군의 이번 승전 보고도 혹시 과장한 것이 아닌가 싶다. … 정부는 목적하는 바가 있어서 과대하는 설을 날조하기에 바쁘다."고 하였다.

청국군 불러들여

정부는 전주성이 동학군 수중으로 넘어간 사실을 4월 29일에야 알았다. 전보국이 동학군에 들어가 보고할 길이 없었다. 간신히 도망친 김문현이 4월 29일(양6.2)에야 공주에 나타나 비로소 보고하게 되었다. 고종은 이날 밤 시원임대신들을 불러들였다. 『갑오실기』는 다음과 같이 기록하고 있다.

현직과 전직 대신들을 불러들였다. … 고종은 청국병 청원에 대해 "원세개에게 조회했더니 본국에 통지하면 며칠 안에 청국군함이 올 수 있다고 하더라 했다. 민영준은 물러나 영돈녕부사 용암(蓉菴, 金炳始)에게 글과 사람을 보내 비방을 물었다. … 용암이 권유하기를 … 다른 나라 병사로 토벌하면 백성들의 마음은 어찌 되겠는가. … 일본에 관한 일도 걱정스럽다. 청관에 당장 조회하여 잠시 늦추도록 해야 한다. 우리 병사가 이미 출동했으니 잠시만 기다려보아야 한다고 했다." 고종은 여러 대신들이 청원하자 했다며 성기운을 청관에 보내 조회하였고 원세개는 바로 천진에 전보를 쳤다.

『주한일본공사관기록』에도 고종이 원세개를 통해 천진의 이홍장에게 밀탁密託하여 이루어졌다고 하였다. 4월 30일(양6.3)에 민씨 정권은 청국에 원병을 정식으로 요청하였다. 청병 조회문의 요지는 다음과 같다.

요사이 동학 비도와 한통속이 되어 만 명의 무리가 모여 십여 군데의 고을을 함락시켰다. 지금은 전라도 수부首府인 전주를 함락하였다. 이미 군대를 보내 초멸해 나가고 있으나 비도들이 목숨을 걸고 항전하므로 연군(관군)은 패전하기에 이르렀다. … 북쪽으로 스며들어 경사가 소란해질 것이다. 만일 내버려두면 위급함이 중조(中朝, 淸國)에도 원망함이 많을 것이다. 임오년과 갑신년 때의 전례에 따라 원안을 번거롭게 귀 총리에게 청하니 신속히 북양대신에게 전간電懇하여 수 대의 병력을 참작해서 파견하여 대신 평정시켜 주시기 바란다.

이홍장은 5월 1일(양6.4)에 국왕의 재가를 받아 북양해군제독인 정여창에게 상인 보호를 위해 군함을 출동시키라고 명령하였다. 당시 청국 황제는 덕종이었으나 군사권과 외교권은 이홍장이 쥐고 있었다.

고종은 1893년 3월 척왜양창의운동 때도, 지난 4월 14일에도 청군 차병을 끄집어냈다가 대신들의 반대로 유보되었다. 전주성이 떨어지자 사정은 달라졌다. 당황한 대신들도 감히 말문을 열지 못했다. 민씨 정권의 뜻대로 청국군을 불러들이게 되었다.

청·일군 동시 상륙

이홍장은 직예제독 섭지초에게 섭사성이 이끄는 2천5백 명을 조선에 파견하라고 명령하였다. 우리 정부는 5월 1일(양6.4)에 한성소윤 이중하를 협판교섭통상사무로 임명하여 응접하게 하였다.

청국군 함선은 5월 5일(양6.8)과 6일(양6.9)에 홍주 내도 앞 바다에 당도하였다. 물길이 얕아 조수가 들어오는 저녁에야 40여 척의 작은 배로 실어 날랐다. 8일까지 군인 2천5백 명과 말 5백 기騎를 백석포에 상륙시켰다. 며칠 뒤 2천 명이 더 상륙하였다.

섭지초는 아산의 지리를 살펴보고 나서 방어가 어렵다며 섭사성 병력만 남겨 두고 공주로 이동해 갔다. 5월 9일(양6.12)과 10일(양6.13)에 모두 2천5백 명을 공주로 이동시킨 것이다. 청군을 아산과 공주 두 곳으로 분산시켰다.

『주한일본공사관기록』에 의하면 청국은 "조선의 요구에 응해 청국이 군대를 파견하는 것은 속방을 보호하는 선례에 따른 것이다. 사건이 진정되면 즉시 철수할 것이다."고 알려왔다고 했다. 그런데 일본은 황토재 전투에서 동학군이 승리하자 청국의 움직임을 주시하면서 출병을 서두르고 있었다.

나카츠카(中塚明)의 『근대일본과 조선』에서는 "이미 카와카미 참모차장에게 출병 준비를 명령했으며 4월 27일(양5.31)에는 출병을 서두르게 됐다."고 하였다. 4월 29일(양6.2) 밤 전주성이 함락되었음을 확인한 일본은 조선 출병을 공식 결정했다.

5월 6일(양6.9)에 일본공사 오오도리는 육전대 488명과 순사 20명을 이끌고 7일 저녁에 서울로 들어왔다. 조선 정부는 깜짝 놀랐다. 공사관을 수비하고 거류민을 보호한다는 구실로 대병력을 이끌고 돌연 나타났기 때문이다.

폐정개혁안과 전주성 철수

폐정개혁안 제출

1894년 5월 5일 신임 감사 김학진은 삼례에 머물고 있었다. 양호순변사 이원회는 4월 29일에 평양병 5백 명과 통위영 병정 1초, 친군장위영 병정 2초를 영솔하고 공주에 내려와 있었다. 전봉준 대장은 5월 4일에 폐정개혁안 27조목을 이들에게 전달하였다.

김학진에게 보낸 글은 『수록』과 『남유수록』에 기재되어 있다. "원통한 사실을 정부에 등문해 주기 바란다. 초토사는 완산에 와서 대포를 쏘아 양 전(肇慶殿·慶基殿)을 파괴하고 성 안팎 민가에 불을 질렀다. 빨리 입성하여 인민들의 처지를 널리 접하시기 바라며 글을 바친다."는 요지였다.

동학군이 혁명을 통해 얻어내고자 했던 것은 폐정을 개혁하여 인민을 편안하게 살도록 하자는 것이었다. 폐정개혁안을 제출한 것은 우리의 요구를 들어주면 화약하겠다는 뜻을 내비친 것이다.

27개 조의 내용

27개조를 모두 기록한 문건은 없다. 『동비토록』에는 23개 조만 수록되어 있다. 나머지 4개조는 여러 기록을 대조해 짐작할 수밖에 없다. 「오월 전라도 유생등원정우순변사이원회 혁폐후록」과 대조하여 추려 보았다. 먼저 『동비토록』의 내용은 다음과 같다.

1. 전운소의 조복漕ㅏ은 해당 읍에서 이전처럼 거두어 올리도록 할 것(轉運所之 漕ㅏ 自該邑上納 以依復古事).

2. 균전관이 진결陳結에 관련된 교묘한 농간으로 백성이 손해가 심하므로 혁파할 것(均田官之 幻弄陳結 害於民甚大 革罷事).

3. 논밭 결수에 따라 내는 쌀은 이전처럼 대동법大同法에 따르게 할 것(結米依舊 大同例復古事).

4. 환곡은 구백舊伯이 원곡과 이자곡利子穀을 거두었으므로 다시 징수하지 말 것(還穀舊伯 旣爲拔本收錢 則更勿是徵事).

5. 어느 곳이든지 보세를 혁파할 것(勿論某處 洑稅革罷事).

6. 해읍 지방관은 경내에서 논을 사들이거나 묘를 쓰면 법에 따라 처벌할 것(該邑地方官 賣畓用山於本邑 依律堪處事).

7. 각읍의 장에 나오는 각종 물품에 대해 분전分錢으로 세금을 거두는 것과 도가都賈 명색을 혁파할 것(各邑市井各物件 分錢收稅 都賈名色革罷事).

8. 공전을 가로챈 액이 천금이면 사형에 처하여 속죄케 하고 일가친척은 배제하라(公錢之犯逋千金 則殺身贖罪 勿排於族戚事).

9. 여러 해 묵은 사채를 관장을 끼고 강제로 받아내는 것은 일체 금할 것(私債 之年久者 挾官長勒捧 一併禁斷事).

10. 열읍 이방을 차출할 때 임채任債를 받지 못하게 할 것(列邑吏房處 任債出差 勿施 嚴禁事).

11. 세력을 믿고 남이 먼저 쓴 못자리(先隴)를 빼앗은 자는 사형에 처하여 징계하도록 힘쓸 것(恃勢力 奪人先隴者 殺其身懲勵事).

12. 각 포구에서 몰래 쌀을 거래하는 것을 일체 엄단할 것(各浦港潛商貿米 一併禁斷事).

13. 각 포구에서 어염세전을 거두지 말 것(各浦魚鹽稅錢勿施事).

14. 각 고을의 관아에서 들여 놓는 물종物種은 시가대로 치를 것이며 일정액을 정(常定)하는 것은 혁파할 것(各邑官衙物種所入 從時價排用 常定例革罷事).

15. 가난한 백성을 침탈 학대하는 탐관오리는 파면할 것(貪官汚吏 侵虐殘民 罷黜事).

16. 동학하는 사람으로 무고히 살육되거나 구속된 이는 일일이 원한을 풀어 줄 것(東學人 無辜殺戮係囚者 一一伸寃事).

17. 전보국은 민간에 최대의 폐가 되므로 혁파할 것(電報局爲弊 於民間最大 革罷事).

18. 보부상과 잡상들이 작당 행패 부리는 것은 영구히 혁파할 것(負褓商雜商 作黨行悖 永永革罷事).

19. 흉년에는 백지징세는 하지 말 것(歉年荒歲 白地稅勿施事).

20. 연호세烟戶稅를 따로 분정分定하여 첨가해서 거두어들이는 것은 일체 혁파할 것(烟役別分定加斂條 一併革罷事).

21. 결상두전結上頭錢과 고전考錢이 해마다 늘어나는데 일체 받지 말 것(結上頭錢 考錢各邑 年增歲加 一併勿施事).

22. 경병·영병·저리邸吏의 급료(料米)는 구례에 따라 삭감할 것(京營兵邸吏料米 依舊例 減削事).

23. 본 영문의 진고전賑庫錢은 백성의 기름을 말리는 것이라 영영 혁파할 것(本營門賑庫錢 卽盡民膏也 永永革罷事).

나머지는 『면양행견일기』에서 추려볼 수 있다.

24. 군전軍錢은 봄·가을에 한 냥씩 내도록 원래대로 정할 것(軍錢春秋 每戶一兩式 元定事).

25. 연안육지(沿陸)에 각 항목을 신설한 세전은 일체로 혁파할 것(沿陸各項 新設稅錢 一併革罷事).

26. 각읍 관용 이외 가마련加磨鍊은 모두 혁파할 것(各邑官況元需外 加磨鍊 一倂革罷事).

27. 윤선輪船 상납 이후 결당 가마연미加磨鍊米가 3~4두나 많으니 곧 혁파할 것

(輪船上納以後 每結加磨鍊米 至於三四斗之多 卽爲革罷事).

김학진이 화약을 주도

정부는 동학군이 제출한 폐정개혁안을 놓고 협의한 결과 5일경에 받아주기로 단안을 내렸다. 홍계훈을 통해서 5월 6일과 7일에 동학군에게 글을 보내게 했다. 6일에는 돌아가는 길을 보장해 주겠다는 약속도 하였다.

당시 70 고령인 양호순변사 이원회는 5월 4일경에 여산으로 들어왔으며, 김학진은 5월 4일에 위봉산 태조영정 앞에서 제를 올린 후 5일에 삼례로 들어왔다. 김학진은 화약을 마무리 짓기 위해 동학군 진영에 사람을 보내기도 하였다.

전봉준 대장은 법정에서 전주화약의 경위를 다음과 같이 밝혔다. "초토사 홍재희(계훈)가 … 피고 등의 소원을 들어줄 터히니 속히 해산하라 효칙하였는데 피고 등이 곧 전운소 혁파사 등 … 27조목을 내어 상주하기를 청하였더니 초토사가 즉시 승낙한 고로 피고는 동년 초6일께 쾌히 그 무리를 해산하여 각기 취업하게." 하였다고 했다.

홍계훈으로부터 문서로 확약을 받은 전봉준 대장은 6일부터 동학군을 해산하기 시작했다. 이에 대한 자료는 없다. 정부 측이나 동학 측에 전해지는 기록이 아무것도 없다. 다만 전후 사정을 종합하여 추론한 것뿐이다.

동학군 전주성 철수

동학군은 5월 6일부터 전주성을 철수하기 시작하였다. 「전봉준판결선고서」에 "피고는 동년 초5~6일께 쾌히 그 무리를 해산하였다."고 하였다. 6일자

『양호전기』에 "전해 들으니 피도들은 동북문으로 몰래 도망치는 이가 많았다."고 하였다. 도망쳤다는 말은 철수하기 시작했다는 말이다. 물론 6일에도 그렇고 7일에도 계속 일부 병력이 철수했다. 관변기록은 동학군의 철수를 도망쳤다고 표현한 것은 청일 양군의 철수를 주장하기 위해 계산된 표현이라 여긴다.

전라감사와 양호순변사의 보고에 의하면 5월 8일 사시巳時에 남아 있던 동학군도 완전히 성을 빠져나갔다고 하였다. 홍계훈이 이끄는 관군은 8일 오전에 입성하였다. 새로 부임한 김학진 감사는 9일에 삼례에서 전주로 들어왔다. 홍계훈은 정부에 다음과 같이 보고하였다.

"적당들이 동북 양 문으로 도망치고 있다는 소문이 들려왔다. 그래서 당일 (5.8) 사시경에 삼백여 개의 사다리를 만들어 성 밖에서 걸쳐 세우고 성을 타고 넘어가 남문을 열게 하였다. … 적도들은 동북 문으로 흩어졌다. 이들 모두는 총에 맞아 상처를 입고 있었다."고 하였다.

청·일 양군 철수 요구

5월 8일에 동학군이 물러나자 정부는 "동학군을 섬멸하였으니 청·일 양군은 물러가라."고 요구했다. 청국은 즉각 받아들여 청일 양국 동시 철수를 주장했다. 그러나 일본은 생각이 달랐다. 모처럼 조선에 대병력을 진출시켜 놓고 아무런 소득도 없이 물러갈 수는 없다고 했다.

일본은 역으로 5월 13일(양6.16)에 일·청 양국이 조선을 공동으로 개혁하자는 안을 내놓았다. 일·청 양국이 같이 동학당을 진압하고 공동위원회를 구성하여 조선의 정치 체제를 개혁하자는 것이다. 어떤 대가를 치르더라도 절대 물러나지 않겠다는 뜻이다.

이런 공동개혁안은 조선에 일본군을 영구히 주둔시키겠다는 뜻이므로 청국은 5월 18일(양6.21)에 거절하였다. 그러자 며칠 후 일본은 청국과 일전을 각오하고 단독으로 조선을 개혁하겠다고 선언하고 나섰다. 단독 개혁은 청군을 조선에서 몰아내야 가능한 일이다.

5월 15일(양6.18)에 일본 각의는 단독개혁안을 결의하고 오오도리에게 밀어붙이라고 훈령하였다. 무쯔 외상은 『건건록』에서 "우리의 이익을 찾기 위한 것이라."고 하였다. 청국과 일전을 벌일 계획 아래 겸해서 군사력도 증강하기로 하였다.

5월 19일(양6.22) 현재 일본군은 4천2백 명이 경인 지역에 이미 주둔하고 있었다. 그중 3천 명을 급히 서울로 진입시켰다. 5월 21일에 제11연대는 아현동에, 제21연대는 용산과 만리창에 각각 배치하여 조선의 수도를 장악해 버렸다. 『면양행견일기』는 다음과 같이 기록하였다.

"남산 봉수대에 대포를 설치하였다. 성터를 허물고 길을 냈으며 그 밑에 포진하였다. 북악산 중턱에도 대포를 설치하고 병사를 주둔시켰다. 온 성안은 두려움에 휩싸였고 피난 가는 이가 연달았다."고 하였다.

일본은 뒤이어 백석포와 공주에 주둔 중인 청군을 몰아낼 준비를 하였다. 일본에 남아 있던 혼성여단 잔여 병력을 조선으로 이동시켰다. 『주한일본공사관기록』에는 6월 6일(양7.8) 현재 일본군의 총수는 서울, 용산, 양화진, 인천에 모두 8천 명이라 하였다.

일본의 단독 개혁안

일본 정부는 5월 22일(양6.25)에 개혁안을 우리 정부에 밀어붙이라고 훈령하였다. 오오도리 공사는 5월 23일(양6.26)에 고종을 만났다. 내정개혁안을 제시하고 개혁취조위원을 임명하라고 강요하였다.

일본의 개혁안은 ① 관리의 직무를 조정하고, ② 외교상 의무를 존중하고 이에 적합한 이를 보직하며, ③ 재판을 공정하게 하고, ④ 회계제도를 개혁하며, ⑤ 군사제도를 바꾸고 경찰 제도를 신설, ⑥ 화폐제도의 확립, ⑦ 교통분야의 개선을 들고 있다.

5월 25일(양6.28)에는 조선 정부에 대해 "독립국임을 청국에 천명하라."고 강요하였다. 5월 27일 조선 정부는 마지 못해 청국의 속국이 아니라 당당한 독립국이라고 천명하였다. 오랫동안 내려오던 청국의 조선국 간섭은 배제되었으나 이제부터 일본의 단독 지배 시대로 넘어가게 되었다.

일본의 압력을 받은 조선 정부는 이에 대처하기 위해 6월 2일(양7.4)에 개각을 단행했다. 판부사 김홍집을 외무총리대신으로, 4일(양7.6)에는 김종한을 예조참판에, 호군 조인승을 내무협판에 임명하였다.

도소 설치와 집강 임명

정세를 관망키로

동학군은 5월 8일(양6.11)에 전주성을 빠져 나왔다. 청·일군의 실태를 몰라 별다른 활동은 못했다. "경군과 청병이 추격해 오더라도 싸우지 말고 때를 기다리라."고 당부하였다. 5월 12일에는 청병이 물러가면 다시 의기를 들 것이라 하였다.

> 청국병은 겨우 3천 명인데 소문에는 수만 명이라 했다. … 잠시 물러나 있다가 … 청병이 물러가면 다시 의기를 들 것이니 재기의 명령을 기다리라.

동학군 대부분은 집으로 돌아갔으나 집 없는 일부는 계속 무리를 지어 다녔다. 『양호전기』에 "집 없는 이들은 노상에서 방황하며 체포될까 흩어질 생각을 못했다."고 하였다. 일부 지역 관원들은 동학도를 괴롭혔다.

동학군 다시 모이다

5월 11일에 이들은 정읍에 모였다. 『양호전기』에는 "돌아가지 못한 동학군들은 정읍에 모여 순변사 이원회에게 약속을 지키라는 등장을 올렸다."고 했다. 정부는 공연히 말썽을 일으키지 말라고 관원들에게 제題를 보냈다. "관속배들이 귀농한 민인의 가장즙물을 빼앗아 간다 하니 영명(靈命, 왕명)으로 귀농한 사람들에게 생트집을 잡아 분란을 일으키면 어떻게 되겠는가. 가장 즙물을 돌려주고 편히 살게 하라. 따르지 않으면 잡아 엄히 다스릴 것이다." 라고 경고했다.

『동비토록』에 5월 18일 정읍에 모인 동학도들은 우리의 소원이 이루어지지 않으면 재기할 것이라고 했다. 전라도 53개 군·현 중에서 나주목사 민종렬이 가장 극렬한 반동학 세력으로 등장하여 말썽을 부리고 있었다.

도소 설치, 포덕에 주력

5월 20일(양6.23)경 전주에 남아 있던 관군도 철수하였다. 이로부터 동학군은 기지개를 펴기 시작하였다. 접 조직은 날이 갈수록 늘어났고 포包의 도소는 포교 활동에 주력하였다.

『오하기문』에는 "남원에선 5월 이래 따라붙는 백성들이 늘어나 수천에 이르렀다."고 하였다. 장흥의 김재계는 "우리 마을에는 동학렬이 심하여 집집마다 청수단淸水壇을 만들고 낮이나 밤이나 주문 소리가 글 읽는 소리 같았다."고 하였다. 『갑오기사』에는 "초토사가 본영本營으로 귀환하자 적들은 … 각 고을에 흩어져 도소를 설치하니 12개 포나 되었다. … 이로부터 고을의 관원들은 적도들의 기세에 눌려 버렸다."고 하였다. 충청도와 경상도에서도 동학은 점점 늘어갔다. 『대교김씨가갑오피난록』에는 내포, 아산, 당진, 합덕, 면천, 덕산, 예산, 홍성, 서산, 태안 지역에는 "마을마다 접이요 사람마다 동학 주문을 읽으니 그 기세는 타오르는 불길 같았고 조수처럼 밀려들었다."고 하였다.

군·현에 집강 임명

전라감사 김학진은 동학 세력과 손잡고 사태를 안정시키기로 했다. 그리고

면·리 집강을 임명하여 동학군의 억울한 일을 처리해 주는 대안을 내 놓았다. 5월 19일자의 효유문을 통해 이런 사항을 약속하였다.

> 너희들은 스스로 전주성에서 물러갔다. 병기를 버리고 돌아가 농사일에 힘쓸 것으로 여기나 요즘 몇 곳에서 병기를 버리지 않고 다시 모였다 하니 어찌된 일인가. … 윤음을 보지 못했는가. … 만일 못 보았다면 내가 … 의구심을 갖게 만든 것이니 잘못은 내게 있다. 군관 이용인李容仁을 보내 진실을 전하니 … 돌아가 밭을 갈고 평민이 되도록 하라. … 너희들과 몇 가지 조항을 약조하리라.
>
> 일. 폐정은 성상의 교지대로 바로잡을 것이며 … 작은 일은 본 감영에서, 큰일은 정부에서 개혁할 것이다.
>
> 일. 지난 허물을 지목하여 관리들이 침색侵索한다면 … 귀화를 허락한 본뜻이 어찌되겠는가. … 면·리에 집강執綱을 두어 원통하고 억울함을 소를 만들어 영문에 올리면 바르게 처결하리라.
>
> 일. 이미 실농失農한데다 가산도 탕진했을 것이다. 당장 살아갈 길이 없을 것이다. 금년에는 부역과 각종 공납금은 면제하리라.

김학진의 조치에 대해 동학 지도부는 면·리 집강제 대신에 군현 단위로 임명하도록 요청하였다. 김학진 감사는 이 요구를 받아들였다. 『갑오약력』에는 전봉준 대장이 김학진 감사와 면담한 경위를 다음과 같이 기록하였다.

> 수성 군졸이 총창으로 무장하고 좌우에 늘어섰다. 전봉준은 삼베옷에 메 산자 관을 쓰고 의젓이 들어왔다. 관찰사와 관민 간에 상화相和할 방책을 논의하였다. 각 고을에 집강을 설치하도록 허락하였다.

『수록』에는 "6월 6일에 전도인(全琫準)은 측근 기십 명을 거느리고 부중으로 들어가 읍양정에 며칠간 머물렀다. 송사과가 이들을 맞아 극진히 대접했다. 전봉준은 8일에 봉상면 구미리로 갔다."고 하였다.

그리고 "나주목사가 동학도를 형살하게 된 것은 너희들을 바로 알지 못했을 때 일어난 일이다. 본사本使가 적절히 처리하리라. 앞으로 유문諭文이나 말과 뜻은 무남영군 사마인 송인회를 통해 전할 것이다."라고 하였다.

좌 · 우도 대도소 설치

군 · 현 단위의 집강이 동학군에 의해 임명되자 동학군의 활동은 더욱 활발해졌다. 집강이란 관과 동학군 사이에서 일어나는 고충 문제를 처리하는 기능을 가지고 있다. 행정권과 사법권을 갖고 통치하는 기관으로 오해하나 사실과 다르다. 동학 활동은 포를 중심으로 펼쳐졌다. 강성한 연원에서는 본포가 있는 곳에 도소를 두고 행정관청 못지않게 활동하였다. 특히 대도소는 사실상 행정권과 사법권을 행사하기도 하였다.

『갑오약력』에는 "전봉준은 금구의 원평을 차지하고 우도를, 김개남은 남원성에서 좌도를 호령했다."고 하였다. 그리고 손화중은 고창 괴치에서 전라 서중부 지역을 호령하였고, 김인배는 순천에서 전라 동남부 지역을 호령하였다. 일단 조직을 정비한 전봉준 대장은 6월 초부터 지역 실정을 살피기 위해 순횟길에 올랐다. 군 · 현 집강 활동을 비롯하여 일반 민중들의 동향과 각 포 도소 활동의 실태를 살피고자 여러 지역을 둘러보기로 하였다.

『전봉준공초』에는 6월 초부터 그믐까지 20여 명의 측근들과 동행하였다고 했다. 최경선과 옹택규와 송진상 등 이름 있는 학자들도 따랐다. 장성, 담양, 순창, 옥과, 남원, 순천, 운봉 지역을 돌았다.

『영상일기』에는 "어떤 원님은 소를 잡고 술을 대접하는가 하면 어떤 원님은 도망쳐 버렸다."고 하였다. 세상이 바뀌었음을 실감하게 한다. 『오하기문』에는 동학 세력이 드디어 경기도까지 뻗쳤다고 하였다.

> 5월 이후에 많은 수령과 선비들이 적(동학)을 따랐다. …『동경』(東經大全)을 마치 대성인의 글로 여기고 마을에다 강당을 세우고 아침 저녁으로 이치를 익히고 있었다. 어린아이들도 격검궁을지가擊劍弓乙之歌를 외고 있었으며 논두렁과 밭머리에서도 그 소리가 들렸다. 시천주(侍天主, 呪文)를 읊는 소리는 샛길에도 가득하였고 호남에서 경기까지 천리에 걸쳐 이어졌다. … 적은 서로 예로 대하기를 매우 공손하였다. 귀천이나 늙은이와 어린이를 가리지 않고 똑같이 대했다.

『갑오약력』에는 "관청에다 집강소를 설치하고 서기, 성찰, 집사, 동몽을 두었다."고 하였다. 동학군이 강성한 고을에선 "원님은 이름뿐이고 … 관리들은 모두 동학당에 들어가 성명을 보전하였다."고 했다. 도소 활동을 집강소 활동으로 오인한 것 같다.

남원에 좌도 대도소

좌도를 맡은 김개남 대접주도 6월 12일경부터 태인 동학군을 거느리고 순회에 나섰다. 곡성, 담양, 순천, 흥양 지역을 돌아 6월 22일경 태인에 돌아왔다. 6월 25일에는 수만 명의 동학군을 이끌고 남원으로 내려가 전라좌도 대도소를 설치하였다.

『박봉양경력서』에는 "김개남, 이사명, 유복만, 남응삼, 김홍기, 김우칙, 이춘종, 박정래, 박중래, 김원석 등이 성을 차지했다."고 하였다. 『오하기문』에도 같은 기록을 하였다.

김개남이 임실서 남원으로 들어오자 부사 윤병관은 이미 도망갔다. … 그 수
는 7만 명가량이었다. … 개남이 도착하자 군복을 입은 적들은 … 깃발을 들
고 징을 치며 늘어섰다. 며칠 전에 유복만은 교룡산성에서 남원으로 무기를
가져갔다.

남원관아는 텅 비었다. 관아의 한 곳에 전라좌도 대도소를 마련했다. 『남원
군동학사』에는 오영(五營, 전영, 후영, 좌영, 우영, 중영)을 두어 활동했다고 한다. 이
로부터 동학도들은 가진 자들로부터 군량미를 거두어들였다.

7월 2일에 전봉준 대장이 내려왔다. 이때 운봉현 박봉양이 동학을 배반하
고 도인을 잡아 가두었다고 한다. 박봉양은 장수접주 황내문에게 입도한 동
학도였다. 전봉준 대장은 그를 설득하기 위해 단기單騎로 찾아갔다.

나라가 위급한 이때 도인끼리 다투어서는 안 된다고 설득하였다. 박봉양
은 전봉준 대장의 간절한 뜻을 받아들여 가두었던 도인들을 모두 풀어 주었
다. 『남원군동학사』는 다음과 같이 기록하였다.

필마단기로 완입完入하야 … 박봉양을 효유하여 민포를 해산하라 한즉 박이
왈 … 김개남이 날더러 금전을 달라하기에 금전도 기백 금을 주었으되 그래
도 나를 죽인다 하기에 민포를 조직한 것이라 … 착수提囚한 최진팔 외 5~6인
을 해방시켰다.

『오하기문』에도 "박문달(봉양)과 김개남은 견제하는 사이라 했으며 전봉준이
김개남과 좋게 지내며 왕래하게 되면 김개남도 귀화할 것이다. 그리되면 운
봉 백성들도 해를 입지 않을 것이라."고 전봉준이 설득했다고 하였다.

원평엔 우도 대도소

5월 중순경 원평에는 전라우도 대도소를 설치하였다. 책임자는 김덕명 대접 주였다. 그는 금구를 중심으로 태인과 김제·익산·고부 등지에 많은 도인 을 거느리고 있었다. 산하에는 전봉준을 비롯하여 최경선 등 쟁쟁한 접주들 이 많았다.

척왜양창의운동을 벌이던 1893년 3월부터 김덕명 대접주는 전봉준에게 모든 일처리를 맡겨 버렸다. 그리고 혁명 후에는 후방에서 군수물자 조달에 전념하였다. 『순무선봉진등록』은 "원평점에 대도소를 두고 공곡과 공전을 거두어들였다."고 하였다.

일본군의 왕궁 점령

개혁 위한 고종의 전교

일본이 폐정개혁을 강요하자 고종은 총칼을 피하려고 그들의 요구를 받아들이는 척 하였다. "오래된 폐단은 대경장大更張 대징창大懲創 없이는 고칠 수 없으며 헝클어진 풍속과 기강을 바로잡을 수 없다."는 요지의 전교까지 내렸다.

> 내가 부덕하여 … 백가지 법도가 무너지고 있다. 신료나 방백 수령이 그 직책을 다하지 못하고 있다. … 대각臺閣의 신하들은 입을 다물고 직언을 아니 한다. … 이렇게 오늘에 이르렀으니 나라가 어찌 나라 구실을 할 수 있겠는가. … 진실로 대경장 대징창이 없이는 오래된 폐단을 고칠 수 없으며 헝클어진 풍기風紀를 바로잡을 수 없다. 묘당의 책임일 것이니 … 바로잡을 것은 바로잡고 고칠 것은 고치고 죄 줄 것은 죄를 주어야 한다. 정부의 득실과 관계되는 모든 것은 각기 조진條陳하여 혹여 숨기지 말고 바로 품명稟明하라.

개혁조정위원을 임명한 다음 6월 8일과 9일에는 남산 노인정에서 일본공사 오오도리와 회담하였다. 오오도리는 이미 제출한 27개항에 대해 기한을 전하고 시행을 촉구하였다. 즉 10일 이내, 6개월 이내, 2년 이내의 시한을 정해 각각 시행할 것을 요구하였다. 신정희는 반발하였다.

"대병력을 주둔시켜 놓고 기한을 정해 강요하는 것은 내정간섭일 뿐만 아

니라 조선의 독립을 침해하는 것이다. 먼저 일본 군대를 철수시키고 기한부
실행 안도 철회하라."고 하였다. 6월 14일에는 외무독판 조병직과 개혁위원
들도 일본군을 철수시키면 개혁에 임할 수 있다고 하였다.

시원임대신들이 총재관

6월 11일에 조선 정부는 어차피 폐정개혁은 해야 하므로 전담기구인 교정청
을 설치하였다. 임명된 총재관은 시원임대신時原任大臣들이 맡도록 하였고 위
원은 15명을 두기로 하였다.

총재관=영부사 신응조, 영의정 심순택, 판부사 김홍집, 영돈녕 김병시, 좌
의정 조병세, 우의정 정범조.

위원=지사 김영수, 호판 박정양, 병판 민영규, 판윤 신정희, 대호군 이유
승, 대호군 김만식, 대호군 조종필, 이판 윤용구, 내무협판 심상훈, 예판 박용
대, 개류 이용직, 우윤 어윤중, 협판내무 조인승, 협판내무 김종한, 협판내무
김사철, 병본청당상차하 김각현, 부사과 정인표.

일본은 조선 정부의 교정청을 믿지 않았다. 청국과의 전쟁을 기정사실로
내정한 그들은 조선 정부를 장악하기 위한 수순으로 더욱 압박하였다. 일본
은 모든 것을 일방적으로 결정해 놓고 시행을 촉구하는 식으로 밀어붙였다.
6월 17일(양7.19)에 오오도리는 뜻밖의 통지를 하여 왔다. 경성과 부산 간에
일본군 군용전신선을 설치한다는 것이다. 남의 나라에 허락도 없이 일본군
의 군용전선 공사를 시작한다는 것이다. 무쯔는 다음과 같이 기술하였다.

> 우리 군대가 아산 청군을 먼저 공격하면 우리가 전쟁을 시작했다는 허울을
> 쓸 염려가 있다. … 조선 정부의 위탁을 받아 내야 한다. 그러자면 … 조선 국
> 왕을 우리 수중에 넣지 않으면 안 된다. … 나는 전보로 오오도리 공사에게

어떤 구실을 써서라도 실질적인 행동을 취하라고 하였다.

청국의 원세개는 사태가 심상치 않게 돌아가자 천진으로 도망쳐 버렸다. 일본은 6월 18일(양7.20)에 청국과 맺은 수륙무역장정과 중강中江통상장정, 길림장정을 폐기한다고 선언하라고 강요하여 왔다. 조선 정부는 이미 일본군 수중에 들어가 있었다.

뒤이어 7월 19일에는 청군이 조선 영내에 오래 주둔하는 것은 조선의 독립을 침해하는 것이니 조선 정부는 속히 청군을 쫓아내라고 하였다. 조선 정부가 할 수 없는 것을 강요하여 놓고 "만일 21일까지 만족할 만한 회답이 없으면 조선 정부를 문책한다."고 통보하였다.

조선 정부는 이것이 무엇을 뜻하는지 알지 못했다. 일본은 이미 왕궁을 무력으로 점령하고 조선 정부를 손아귀에 넣겠다는 일련의 계획을 세워 놓았다. 정부 요인들은 서로 얼굴만 쳐다볼 뿐 아무런 대책을 세우지 못했다.

일본군, 왕궁을 무력으로 점령하다

조선 정부가 아무런 반응을 보이지 않자 일본군은 6월 20일(양7.22)부터 군사 행동에 들어갔다. 남산 왜성대에 산포山砲 여러 문을 설치했고 종로 한복판에도 야포 여러 문을 배치해 놓았다. 그리고 모든 성문을 일본군이 점거하고 통행까지 막았다.

이로써 조선은 일본군에게 점령당하고 말았다. 4개조의 일본군 순찰대는 동서남북을 휘젓고 다녔다. 오오도리 공사는 드디어 21일(음) 0시 30분경에 왕궁을 습격하라고 혼성여단장에게 명령을 내렸다.

보병 1개 연대와 포병·공병이 왕궁을 포위하였다. 동시에 남대문과 서대문으로 일본군을 진입시켰다. 만리창에 있던 제12대대는 경복궁 후면으로 돌아가 포진하였다. 순식간에 우리 왕궁을 물샐틈 없이 포위되어 버렸다. 영추문을 지키던 수비대인 기병 5백 명은 일본군이 쳐들어오자 총을 발사하며 저지하였다. 이때 내전에서 안경수가 달려왔다. 어명이라며 전투를 중지하라고 했다. 『갑오실기』는 다음과 같이 기록했다.

21일 날이 밝자 일본군 기천 명이 경복궁을 둘러쌌다. 영추문 밖에 와서 담장에 나무 사다리를 걸쳐 놓고 넘어왔다. 소동문에서도 불을 지르고 빗장을 부수고 들어왔다. 이때 임금은 집경당緝敬堂에 있었다. 이미 일본군은 전하를 둘러싸고 각 문에 파수병을 배치, 조신들의 출입을 막았다. 기영병箕營兵이 건춘문으로 들어가 일본군을 사격했다. 이때 안경수가 내전에서 나와 중지하라 하였다. 기병들은 군복을 벗어 던지고 나갔다.

고종은 포로가 되다

다른 문으로 침입한 일본군은 고종을 포로 상태로 잡아놓았다. 그리고 수비병의 전투 중지 명령을 내리게 하였다. 고종은 일본어를 아는 안경수에게 "달려가 전투를 중지시키라." 하였다. 시위대는 제대로 싸워 보지도 못하고 물러서야 했다.

날이 밝자 일본군은 조선군의 무장 해제에 들어갔다. 수비대가 갖고 있던 대포 30문, 쿠르프(포 8문), 기관포 8문과 모젤·레밍톤 등 소총 2천 정을 거두어 갔다. 25일까지 조선병의 무장은 모두 해제 당했다.

일본군은 왕궁을 점령하고 민씨 일족을 몰아내고 대원군을 내세우기로 하였다. 날이 밝았으나 대원군이 들어오지 않았다. 구니와케(國分) 서기생과 대원군의 측근 정운붕을 보냈다. 대원군은 움직이려 하지 않았다. 이번에는 스기무라(杉村濬)가 달려갔다. 끝내 움직이지 않자 고종을 협박했다. 6월 22일

(양7.24)에 고종은 대원군에게 "서정의 업무를 먼저 취명就明하고, 해육군海陸軍 사무도 진명하여 결재를 받아 시행하라."는 전교를 내렸다. 비로소 대원군 은 들어왔다.

풍도 앞바다서 청국함 기습

왕궁을 점령하고 우리의 주권을 장악한 일본군은 청국군 축출 작전에 들어 갔다. 우선 우리 정부로 하여금 "일본군이 조선을 대신해서 청군을 몰아내 달라."고 요청하게 하였다. 6월 23일(양7.25)에 정부는 청군 격퇴를 의뢰하는 문서를 오오도리에게 건네주었다.

　일본군은 먼저 청군 함정을 공격하기로 하였다. 전투는 풍도 앞바다 해상 에서 벌어졌다. 6월 23일(양7.25)에 기함 아끼쓰시만(秋津州)와 요시노(吉野), 나 니와(浪速) 등 3개 함선은 청국해군 제원호濟遠號와 광을호廣乙號가 지나가는 길목을 지켰다. 풍도해전에 대해 사준미謝俊美 교수는 다음과 같이 기술하고 있다.

> 7월 23일(양)에는 제운과 광을 두 함대가, 24일(양)에는 애인愛仁과 비경飛鯨호 가 청국군과 군마, 군량 등을 내려놓았다. 25일 새벽 제운濟運과 광을廣乙 두 함선은 여순旅順을 향해 귀향길에 나섰다. 7시 반경 풍도 앞바다에 이르렀을 때 일본의 길야吉野, 추진주秋津州, 낭속浪速 등 쾌속순양함 3척과 만나 기습공 격을 받았다. … 그 결과 광을호는 침몰하였고 조강호는 노획당했다. 대항하 던 제운호는 부서져 여순으로 돌아갔다. 이때 수송선 고승호高升號가 청군 1 천2백 명을 태우고 왔는데 발포하여 격침시켰다."

1천2백 명의 청군은 수장당했다. 구사일생으로 살아남은 한네켄(독일인)은 이렇게 증언하였다.

고승호는 7월 23일 1,220명의 승선자와 대포 12문, 기타 소총과 군수품 등을
싣고 태고太沽를 출발, 25일 아침에 조선 군도(群島) 근방에 도달했다. 8시쯤 풍
도 뒤쪽에서 세 척의 일본 거함이 나타났다. … 투항을 거절하자 150미터 정
도 다가와서 수뢰水雷를 발사하고 6개의 포문을 열었다. … 우리들은 바다에
뛰어 들었다. … 얼마 후 많은 일본병이 보트로 다가왔다. 구해 주려고는 하
지 않고 침몰 중인 함정을 향해 사격하였다. 30분 만에 배는 완전히 침몰하였
다. 170명 정도가 살아 남았다."

승전 소식을 접한 일본외상 무쓰는 기뻐 날뛰었다. 『건건록』에서 "해전의 승
리는 우리 국민들에게 더 많은 기쁨을 주게 되어 환희의 함성은 더욱 커지게
되었다. … 자신감에 넘쳐 거의 광란에 가까울 정도로 기뻐했다."고 하였다.

성환 주둔 청군 공격

해전의 승리로 청군의 보급로를 차단하는 동시에 일본군의 수송로를 확보
하게 되었다. 한편 일본 육군도 해군의 작전과 때를 같이하여 6월 23일(양7월
25일)에 용산 주둔군 4천여 명을 성환으로 출동시켰다.

속전속결의 전략으로 선제공격에 나섰다. 전투는 6월 25일(양28일)과 26일
에 성환 지역에서 벌어졌다. 청일 양군의 첫 번째 대결이었다. 청군의 병력은
섭지초의 미숙으로 2천5백 명은 공주에, 2천 명은 성환에 분산되어 있었다.

일본군의 공격 목표는 성환 청군이었다. 25일 저녁 소사장素砂場에 진출한
일본군은 야간 공격에 나섰다. 밤 11시 30분께 좌우 2대로 나누어 출동하였
다. 첫 번째 전투는 26일(양29일) 새벽 3시경에 기린동에서 벌어졌다.

일본군이 도강하자 잠복해 있던 청군이 사격을 가하여 적지 않은 타격을 주고 추팔리秋八里로 물러났다. 청군은 성환역 북쪽 2킬로미터 지점인 우헐리牛歇里 고지와 성황동 쪽 월봉산月峰山 일대에 진을 치고 있었다.

일본군은 우헐리를 쉽게 공격하고 새벽에 성환에 접근하여 월봉산 진지에 맹폭을 가했다. 무려 100여 발의 포탄을 퍼부었다. 청군은 8문의 대포로 응했으나 7시 40분경에 이르자 전세는 일본 쪽으로 기울기 시작했다.

일본군은 사망자는 29명이고 부상자는 59명이다. 청군의 사상자는 무려 5백 명에 이르렀다. 다급해진 청군은 공주 본진으로 철수하였다. 섭지초는 패전 보고를 받자 6월 28일에 평양으로 전군을 철수시켰다. 청국군은 수륙 양쪽에서 완패 당하고 말았다.

기호 지역의 초기 항일전

공주서 먼저 궐기

일본군은 청군을 몰아낸 후 조선을 강점할 수순을 밟아 나아갔다. 동학도들은 7월에 접어들자 도처에서 항일전에 나섰다. 전라도에서는 조직적으로 조용히 움직였다. 이에 비해 충청·경기·강원·경상도에서는 분산적으로 일어났다. 제일 먼저 공주 지역 동학군들이 움직였다.

시문기

7월 5일 이인 반송접盤松接 동학도는 사통을 돌렸다. … 6일에 반송을 가 보니 백포장 안에 기백 명이 모였다. … 40인이 앉아 있었는데 대접주는 김필수金弼洙라 하였다.

홍양기사

7월 12일에 … 공주 동천점銅川店에 … 이승운李勝宇이 찾아가니 장막 안에 6~7명의 두령과 수십 명이 있었다. … 우리 도는 보국안민과 척화(斥化, 개화당을 배척하는 것) 거의하자는 것이라 하였다.

주도 인물은 대접주 임기준이었다. 윤상호·윤상오 형제와 김선옥 등이 지도해 오다가 1891년부터 임기준이 두각을 나타내기 시작하였다. 『주한일본공사관기록』에는 공주접주로 장준환을 거명하였다.

8월 1일에는 만여 명이 정안면 궁원(弓院, 활원)에 모였다. 한때 해월 선생이 피신하며 지도했던 곳이다. 인근 동막도 해월 선생이 머물렀던 곳이다. 이들은 드디어 공주 성내로 몰려 들어갔다. 관원들에게 "관민이 힘을 합쳐 항일전에 나서자."고 청하였다. 충청감사 박제순은 친일파로 을사오적의 하나이다. 그는 한마디로 물러가라며 꾸짖었다. 임기준은 박제순을 너무도 몰랐다. 『금번집략』에는 다음과 같이 기록하였다.

8월 1일에 동학도 만여 명이 정안면 궁원에 모였다. … 2일에는 깃발과 창검을 들고 부중으로 들어가 거리를 메우고 소요를 피웠다. 두령인 임기준任基準을 불러다 질책하였다. … 즉각 퇴산하여 안업하라. … 3일에 흩어져 십여 리혹은 수 삼십리 떨어진 곳으로 가서 제각기 둔취하였다.

『갑오기사』에는 "8월 4일 저녁쯤 7백 명 도인들이 공주로부터 정산定山에 가려고 넙적바위(廣岩)에 왔다. 사람들은 어지럽게 흩어졌고 이들은 평촌坪村에서 일박 했다."고 하였다. 정산 동학도들이 궁원에 갔다가 돌아가는 길이었다.

내포 동학도의 동태

『택리지』에는 아산, 당진, 면천, 홍주, 덕산, 해미, 결성, 보령, 서산, 태안 지역을 내포內浦라 하였다. 아산의 안교선 일가가 입도하면서 내포 지역에 포덕이 시작되었다.

1884년 갑신정변이 일어나자 조금씩 늘어나기 시작하였다. 1892년 10월에 공주에서 교조신원운동이 벌어지자 급격히 늘어났다. 『피란록』에는 충청도 인민들도 "마을마다 포가 설치되고 사람마다 주문을 읽는다."고 하였다. 서산 도인 홍종식은 "불평으로 지내던 가난뱅이, 상놈, 백정, 종놈 등 온갖 하층계급이 물밀 듯 들어왔다."고 하였다.

내포에서 활동하였던 연원 조직은 덕포 박인호, 예포 박희인, 목포 이창구, 아산포 안교선, 산천포 이동구 등이었다. 『피란록』에는 7월 이후 "동학도들이 습격해 올까 두려워 사족士族들은 남부여대하고 피난 가기에 바빴다."고 하였다.

이때 선무사 정경원이 홍주에 내려와 이름 있는 10여 명 동학 지도자들을 불러 모았다. 이창구 등은 가지 않았다고 한다. 윤음을 읽어 주며 귀화하라고 효유하였다. 『홍양기사』에는 이곳 동학 지도자들을 다음과 같이 기록하였다.

> 홍주의 김영필金永弼, 정대철丁大哲, 이한규李漢奎, 정원갑鄭元甲, 나성뢰羅成雷, 덕산의 박덕칠朴德七, 박도일朴道一, 대흥大興의 유치교兪致教, 보령의 이원백李源百, 남포藍浦의 추용성秋鏞聲, 정산定山의 김창기金基昌, 면천沔川의 이창구李昌九이다.

면천 이창구는 예포(박인호 연원) 수접주로서 많은 도인을 거느렸다. 관에서는 덕산의 한명보와 한응길 형제를 완강한 자라고 했다. 홍주 읍내에는 5명의 지도자(접주)가 있었다. 밤이 되면 사방에서 동학 주문을 읽는 소리가 관아까지 시끄럽게 들려왔다고 하였다.

충청 남서부 지역

충청도 남서부 지역인 서천군과 임천군, 정산현, 그리고 동부 지역인 보은군 연산현에서도 움직임이 있었다. 이들은 동학 조직의 확대와 무기 확보에 힘을 기울이고 있었다. 『별계』에는 다음과 같이 기록하고 있다.

임천군수 신영휴申永休는 지난달(6월) 29일에 도인 20여 인이 총창을 갖고 … 전라도 성당聖堂에서 들어와 작청作廳에 난입했으며 … 마을을 뒤져 총과 말을 탈취해 갔다고 했다. … 공주목사 신야는 대교 공수원과 반송 등지에 천여 명의 모여 전곡을 압류했다고 하였다. … 정산현감 서상면徐相은 7월 5일에 부여에서 18명이 들어와 … 돈 2,000냥을 10일 안에 마련하여 임천읍 내 이중군李中軍 집에 가져오라 했다고 하였다. … 보은군수 정인량은 … 이달(7월) 2일 수백 명이 사각면 고승리 천변에 모였었다고 했다. … 서천군수 김인수는 9일에 57명이 한산 쪽에서 들어와 총을 쏘며 관아를 점거하고 … 총 6자루와 화약 3근, 철환 100개 … 등을 빼앗아갔다고 했다. … 연산현감 이병제李秉濟는 6일 20여 명이 … 들어와 총 4자루와 돈 30냥, 민가의 말 3필을 탈취해 갔으며, 7일에도 100여 명이 들어와 100냥을 토색해 갔다고 했다.

『주한일본공사관기록』의 노무라(野村淸三)의 정탐보고에는 3일에 "황산(은진현)에 이르러 보니 동학당이 다시 일어났다며 도망칠 차비를 하고 있었다. 4일 … 함열, 웅포 동학군 3백여 명이 아침에 시장으로 들어와 부민富民의 전곡을 빈민에게 나누어주었다."고 하였다.

청풍 지역서도 기포

충청도 동부 지역인 충주와 청풍에서도 동학군이 일어났다. 청군이 후퇴하면서 이곳에서 노략질을 하였다. 그리고 일본군이 군용전선을 부설하면서 괴롭혔다. 많은 민인들은 동학으로 몰려들었다.

청풍 지역에는 성두한 대접주가 자리 잡고 있었다. 젊었을 때 한약재 수집

상(?)을 했던 단양접주 민사엽을 따라 정선, 영월, 평창, 제천 지역을 자주 오 갔다. 1865년에 민사엽이 병으로 환원하자 성두한은 젊은 나이에 연원 조직 을 승계받아 접주가 된 것으로 보인다.

판결선고서에 성두한은 청풍에 사는 농민이라고 하였다. 1872년경부터 해월신사도 이 지역을 자주 오갔다. 성두한이 대접주가 된 것은 1893년경으 로 보인다. 단양의 임재수와 순흥의 김창규의 도움을 받은 것으로 추측된다.

『주한일본공사관기록』은 성두한을 단양 사람이라 했다. 그러나 재판 기 록에는 청풍 사람으로 되어 있다. 『시천교종역사』에도 청풍에 포소를 설치 했다고 하였으며『갑오일기』에도 청풍에서 활동했다고 하였다. 아마도 민 사엽이 생존했을 때 한때 단양에 가서 살았던 것으로 보인다.

성두한이 관할하는 지역은 넓었다. 『대판조일신문』은 "단양에서 잡은 김 선달, 임의연과 경상도 순흥順興에서 생포한 김창규 등은 … 각기 1만인의 장 長이었다."고 하였다. 이곳은 성두한의 관내이다. 휘하에 많은 도인을 거느 리고 있었다. 『갑오일기』는 다음과 같이 기록했다.

7월에 청나라 장수 섭지초葉志超가 6천 명을 이끌고 충주 신당장新塘場으로 들 어왔다. … 소, 닭, 쌀, 무명과 호박, 마늘, 고추까지 약탈해갔다. … 본읍(淸風) 동서 민인들은 수백 명씩 무리지어 동학군이라 자칭하였다. … 성내에도 천 여 명이나 있었으며 … 접주 성두한은 일개 농사꾼이지만 존경을 받으니 이 또한 천운이다. … 산내산외山內山外에 6천 명이나 되었으며 … 신당에는 300 명이 모였다.

『정운경가동학고문서』에는 "이때 뽑아내지 못한 가라지(浪秀)의 여당은 최시 형, 강시원, 유시헌, 김시찬, 전시명, 전중삼, 성두한, 김선달 등이다."라고 하였다. 성두한이 동학의 중요 지도자라고 하였다.

경기 지역서도 봉기

동학군의 항일전은 어느덧 충청도를 거쳐 경기도 지역까지 올라왔다. 『주한
일본공사관기록』에는 8월 29일경(양9.26경)부터 "공주와 죽산 기타 각 군에서
동학도의 행패가 심해져서 무기를 탈취하려는 낌새가 보인다."고 하였다.

　『수원종리원연혁』에 "포덕25년(1884) 2월경 호남인(아산인) 안교선 씨의 전
도로 안승관, 김내현 씨가 선도하여 근근 발전했다."고 하였다. 경기도 동부
지역은 강원도에서 유입되었고 남서부 지역은 내포에서 유입되었다.

　1893년 3월에 보은 장내리에서 척왜양창의운동이 일어났을 때 경기 지역
에서 참가한 인원은 약 4천 명 정도였다. 수원, 용인, 광주, 양주, 여주, 안산,
송파, 안산, 이천, 죽산 등에서 주로 참가하였다. 『취어』에는 다음과 같이 기
록하였다.

> 4월 2일부터 3일까지 경기 수원접 840여 명, 용인접 200여 명, 양주접 200명,
> 여주접 270여 명, 안산접 150여 명, 송파접 100여 명, 이천접 400여 명, 안성접
> 300여 명, 죽산접 400여 명이 돌아갔다. 광주접 300여 명, 용인접 100명도 물
> 러갔다. 지평접과 양근접이 누락되었으므로 모두 4,000명 정도가 돌아간 것
> 으로 보인다.

입도자가 두드러지게 늘어난 시기는 1892년 공주 · 삼례 교조신원운동 이후
이다. 지도급 인사들의 입도 시기를 보아도 이종훈은 1893년에, 이천의 이용
구는 1890년에, 여주의 임순호는 1893년에, 홍병기는 1892년에 입도했다.

　일본 순사의 보고에 의하면 "지방 동학당은 또다시 발동하여 휘젓고 다닌

다. 두령 중 김형식과 김용희는 직산·평택·목천·천안 등지를 총괄하고 있다." 하였다. 김형식은 직산과 평택(진위군도 관할)을 관할하는 대접주였다.

경기 지역 동학도들은 9월 기포 후 안성, 이천, 죽산, 음죽 관아를 쳐들어가 무기를 빼앗았다. 그래서 정부는 경군을 제일 먼저 파견했으며 일본군 또한 제일 먼저 출동시켰다. 한편 경기도 동학군은 손병희 통령을 따라 전봉준 대장이 이끄는 호남 동학군과 합류하여 공주 공격에도 참여하였다.

반 동학 세력의 역공

나주목사 동학군 학살

6월 21일에 일본군이 왕궁을 점령하고 우리의 주권을 침탈하는 엄청난 일을 저질렀다. 그러나 이때 관원과 향반들, 그리고 유생들은 아무런 저항도 하지 못했다. 1년 후인 1895년에 민중전이 시해 당하자 유생들은 비로소 의병을 일으키는 움직임을 보였다. 그러나 동학군들은 달랐다. 나라의 주권을 사수하기 위해 도처에서 항일전에 나서기 시작하였다. 그런데 개화 정부나 관원들과 유생들은 항일전에 나선 동학군을 오히려 비도로 몰았다. 지방에서도 마찬가지였다. 그중 대표적인 인물로 나주목사 민종렬을 들 수 있다. 강진 병영에서 포군 2백 명을 지원받고 장정 1천여 명을 징발하여 병력을 늘려 동학군 초멸에 앞장섰다.

성첩을 보수하고 천보총과 대완포를 수리하는 등 만반의 준비를 갖추어 나갔다. 『금성정의록』에 의하면 "우진영 영장 이원우와 ⋯ 도통장 정태완, 부통장 김재환 ⋯ 도위장 손상문, 중군 김성진, 통찰 김창균 등이 앞장섰다."고 하였다.

민종렬은 드디어 동학도 지도자급 31명을 잡아다 처형하였다. 일본인 기록인 『동학당시찰일기』에는 "나주목사가 도인 31인을 살해했다."고 하였다. 접주 오권선과 전유창, 강대열, 전천옥, 김진선, 김진욱 등은 수천 명을 동원하여 반격하기로 하였다.

전봉준 대장은 반격을 잠시 유보시키고 김학진 감사를 찾아가 대책을 촉구하였다. 김학진은 '귀순(화약) 사실을 모르고 저지른 일'이라며 다시는 재발하지 않게끔 조치하겠다고 약속하였다. 그러나 민종렬은 감사의 명령도 듣지 않았다. 나주지역 동학군은 태인 주산卅山 접주 최경선에게 지원을 요청하였다. 최경선은 이형백과 장운학, 박건량, 김중회, 김병혁 등을 대동하고 나주로 달려갔다. 때는 6월 그믐경이었다. 『전봉준공초』에는 최경선을 "내가 보낸 것이 아니라 스스로 내려갔다."고 하였다. 최경선은 오래전부터 이지역 사람들과 인연이 있었다고 전한다.

동복, 능주, 화순, 남평 등지에서 천여 명을 모아 7월 1일경에 노안면 금안리에 이르렀다. 나주 접주 오권선도 천여 명을 동원하여 7월 2일에 합류하였다. 드디어 7월 5일(양8.5)에 2천여 명의 동학도들은 금성산을 넘어 나주성 공격에 나섰다.

나주성 공격은 실패

금성(錦城, 羅州城)은 높이가 3미터(9척)이고 둘레는 3,300미터이다. 북망문, 남고문, 동점문東漸門, 서성문西城門은 모두가 견고했다. 제대로 훈련받은 수백명 수성군은 월등한 무기를 갖추고 민종렬의 지휘 아래 일사불란하게 움직였다. 동학군은 7월 5일 저녁 어두워지자 산에서 물밀듯 내리 공격했다. 서성문 앞에 묻어 놓은 마름쇠에 찔려 많은 부상자가 생겼다. 성문을 부수려했으나 까딱도 하지 않았다. 얼마 후 민종렬은 발포 명령을 내렸다. 대포와 천보총구에서 일제히 불을 뿜어댔다. 은신할 곳이 없는 동학군은 물러서지 않을 수 없었다. 화승총과 죽창으로 무장한 동학군은 역부족이었다.

『난파유고』는 다음과 같이 기록하였다. "민공은 … 적들이 성문에 다가오자 호령했다. 대포와 천보조총까지 쏘아대자 … 적들은 손쓸 틈도 없이 일시에 무너져 달아났다."고 하였다. 나주성 공격은 실패하였다. 물러난 동학군은 나주성으로 통하는 모든 길목을 차단해 버렸다.

전봉준 대장은 봉쇄를 풀도록 하였다. 죄 없는 부중 인민들에게 고통을 주지 말자는 것이었다. 즉각 김학진 감사에게 민종렬과 영장 이원우를 파직시킬 것을 요구하였다. 김학진 감사는 조정에 계청하여 7월 19일자로 두 사람을 파직시켰다. 그리고 후임 목사로 박세병를 발령하였다.

사태는 일단 수습되는 듯했다. 그러나 나주읍민들이 들고 일어났다. 이원우 영장도 "적신賊臣들의 사주로 빚어진 일이니 가려면 민 목사 혼자 떠나라. 나는 가지 않는다."고 버티었다. 개화파 정부는 민종렬과 이원우를 유임시켰다. 사태가 이상하게 꼬이자 전봉준 대장은 민종렬을 직접 만나 담판 짓고자 나섰다. 관원 몇 사람과 수하 10여 인을 대동하고 8월 8일에 전주를 떠났다. 나주 북면에 들러 최경선과 오권선 대접주를 만나 논의한 다음 봉쇄를 풀고 동학군을 20, 30리 후방으로 물러나게 하였다. 그리고 8월 13일에 나주성에 들어갔다.

『동학사』는 전봉준 대장이 "천하대세며 홍계훈과 강화하던 말이며 각 군에 집강소를 설치하고 서로 국사를 의논하는 등 전후수말(首末)을 말했다."고 하였다. 전봉준 대장은 일본군을 몰아내는 것이 우리의 과제임을 역설하였다. 그러나 민종렬은 끝내 외면하였다.

안의·하동·운봉서도 학살

7월 15일경에 경상도 안의현에서도 남원 동학군을 학살하는 사건이 터졌다. 동학군은 경상도 지역으로 갈 생각이 없었다. 함양 정씨 부자가 호의를 베풀겠다 하여 찾아갔다. 함양군 지곡면 개평리의 정씨鄭氏 부민富民으로부터 많은 식량을 얻었다. 내친김에 이웃 안의현에 들러 보기로 했다.

안의현감 조원식은 동학군이 온다고 하자 많은 장정들을 숨겨 놓고 동학군을 맞아들였다. 푸짐하게 주식酒食을 대접받은 동학군들은 진탕 먹어댔다. 날이 어두워지자 취기가 돌았다. 이때 현감은 밖으로 슬며시 나가 한방의 총소리를 울렸다. 장정들이 총을 쏘고 몽둥이를 휘두르며 동학군에게 사정없이 달려들었다.

『영상일기』는 "7월 망간에 … 남원 적도 수백 명이 함양으로부터 안의현에 들어갔다. 현감 조원식은 몰래 민정을 모아 밤을 타서 기습하여 적도 3, 4백명을 죽였다."고 하였다. 『오하기문』에도 "적들은 칼에 잘려 3백 명이 죽었다."고 하였다. 실지로 희생된 인원은 수십 명에 지나지 않았다. 5월 하순경 하동에서도 동학군을 추방하는 사건이 벌어졌다. 하동접주 여장협은 전라도 광양 성부역에 사는 접주 박정주에게 포덕대 지원을 요청하였다. 1백명의 장정을 뽑아 보내자 7월 7일에 하동읍 광평에 영남의소를 설치하고 활동에 들어갔다. 새로 부임한 하동부사 이채연은 크게 놀라 화개면 민포대장 김진옥을 불렀다. 훈련원 주부와 오위장을 지낸 그는 화적떼를 막기 위해 몇 년 전부터 민포군을 조직하여 많은 업적을 쌓았다. 『오하기문』은 다음과 같이 기록하였다.

"민포장은 동학군을 모두 죽이자고 했다. 그러나 이채연 부사는 섬진강 건너로 쫓아내라고 했다. … 적들의 집은 모두 불질렀고 처자들도 광양으로 내쫓겼다."고 했다. 보복을 벼르던 동학군은 2개월 후인 9월 1일에 전라도 동학군 1만 여 명과 같이 하동을 점령하고 민보군을 소탕하였다.

7월 하순에는 운봉과 강진에서도 동학군을 공격하는 불상사가 일어났다. 운봉의 박봉양과 강진군 병영병사 서병무가 동학 도인을 학살하였다. 당시 동학군은 항일전을 위해 군수전軍需錢이 필요했고 이로 인해 보수층과 마찰을 빚게 되었다. 처음에는 고분고분 응하다가 끝내 반발한 것이다.

운봉의 박봉양(朴鳳陽, 朴文達)은 7월 26일에 족친과 동지 30명, 가동 수십 명을 모아 놓고 "동학을 탈퇴하여 반동학 운동에 앞장설 것이라."고 선언하였다. 『오하기문』에는 "박문달(봉양)이…재물을 계속 약탈 당하자 동학과 단절한다는 글을 보냈다."고 하였다.

박봉양은 한때 전봉준 대장이 직접 찾아와 권유하자 순종하는 듯했었다. 그러나 김개남 대접주와 반목하여 반 동학 세력으로 돌아서게 되었다. 후일 동학군의 공격을 받기도 하였으나 전봉준 대장의 공주 공격과 김개남 대접주의 청주 공격이 실패로 돌아가자 11월경 역공을 펴서 많은 남원 동학군들을 학살하였다.

전라도 강진 병영에서도 7월에 동학도 30여 명을 학살하는 불상사가 일어났다. 『일사』日史에는 "전곡을 빼앗아갔던 동학도들이 다시 나타나자 병영 소속 도인들이 그들을 결박하고 죽이니 모두 33인이다."고 하였다. 『오하기문』에는 다음과 같이 기록하였다.

"강진병사 서병무는 적당 30여 명을 사로잡아 참수하였다. 병정을 모아 지킬 때 강진 관노 중 적을 따르는 자들이 와서 이속들을 잡아다 주리를 틀었다. 그러나 보복이 두려워 … 말도 못하고 참아왔다. 그런데 토색질하는 잡배들은 참하라는 전봉준의 지령이 떨어지자 이를 구실 삼아 죽여 버렸다."고 했다.

경상 북서 지역 동학군 활동

성주 · 금산포의 활동

1894년 7월에 경상도 북서부 지역 동학군들도 항일전을 위한 준비에 나섰다. 『고성부총쇄록』固城府叢鎖錄에 "낙동강 우측에 있는 상주, 선산, 성주, 고령, 의성, 함안, 하동, 사천, 단성, 진주에는 이미 동학 도인이 가득 차 있다."고 하였다.

이 지역을 장악한 세력은 충경포와 관동포였다. 서쪽은 상주 · 선산 · 인동 · 칠곡 · 김산 · 지례 · 성주 지역으로 충경 대접주 임규호가 관할하였고, 북동지역인 예천 · 문경 · 용궁 · 의성 · 안동 지역은 주로 관동 대접주 이원팔이 관할하였다. 『세장연록』世藏年錄에 의하면 이 지역에는 4개 포가 있었음을 알 수 있다. "충경포에 들어가면 충경포라 하고 상공포에 들어가면 상공포라 한다. 선산포善山包에 들어가면 선산포라 하고 영동포에 들어가면 영동포라 한다." 하였다.

이중에 충경포는 광범한 지역에 걸쳐 연원 조직을 가지고 있었다. 보은을 비롯하여 유구, 청주, 진산, 금산, 고산, 김산, 성주, 선산까지 뻗쳐 있었다. 『청암 권병덕의 일생』에는 권병덕이 충경포 수접주로서 1896년 2월에 해월 선생의 명을 받고 신택우와 같이 진주 · 남해 지역까지 순회했다고 기록하였다. 멀리 진주와 남해까지 관할하였음을 알 수 있다.

『주한일본공사관기록』에 따르면 9월에 진주 지역에서 충경대도소 명의로 항일전을 위해 모이라고 영남우도 각읍 각촌 대소 사민들에게 고하는 방을 내건 일도 있었다. 이 지역 동학들도 8월부터 항일전을 위해 움직이고 있었다. 그러나 무기와 식량 확보가 문제였다. 가진 자들로부터 거두어 들이기 위해 20~30명씩 떼를 지어 다니며 협력을 호소하기도 하고 때로는 강제하기도 하였다. 처음에는 순순히 응하는 듯했으나 시간이 갈수록 보수층과 가진 자들은 동학군을 화적떼로 몰았다.

8월 중순부터 보수 세력들은 재산과 기득권을 지키기 위해 서로 손잡고 반 동학 세력을 형성하기 시작하였다. 지방 관리들을 앞세워 반격을 시도하였다. 이런 역사적 사실이 동학 측 기록에는 누락되었다. 최봉길이 남긴 『세장연록』과 반재원이 남긴 『갑오척사록』이 역사적 진실을 전해 주고 있다.

김천 읍에 동학 도소

경상 북서부 지역 도인 수는 대체로 2만 정도였다고 추측된다. 『취어』에는 1893년 보은 장내리에서 열린 척왜양창의운동 때 성주, 선산, 김산, 상주, 인동, 지례 등에서 약 3백 명이 참가했다고 하였다. 그리 많은 편이 아니었으나 동학혁명이 일어나자 몇 천 명으로 늘어났다.

김산 지역은 예천과 상주 다음가는 세력을 갖고 있었다. 편보언, 편백현, 남정훈 등 쟁쟁한 지도자들이 활동이 동학 조직을 늘렸다. 혁명 초기에는 별 다른 움직임이 없었으나 일본군이 왕궁을 점령하는 침략 행위를 하자 들고 일어나기 시작했다. 『세장연보』에는 김산 지역에서 활동한 접주를 다음과 같이 소개하였다.

> 김산군의 괴수는 竹田의 南廷薰과 眞木의 片輔彦 片白現이다. 竹汀의 康桂
> 然, 耆洞의 金定文, 江坪의 姜都事永, 鳳溪의 曹舜在, 孔子洞의 張先達箕遠,

新下의 裵君憲, 壯岩의 權學書는 接主였다.

민중들을 유인책으로 끌어들이기 하였고 때로는 식자들에게 강제하기도 했다. 그러나 당시 사람들은 이런 현상을 시운으로 받아들였다. 『세장연록』에는 "일시에 몰리니 … 아버지는 아들을, 형은 동생을 막을 수 없었다 … 우두머리들은 마을에서 전곡과 포금布衾을 빼앗고 머슴들은 상전을 구타했다."고 하였다.

그리고 가난한 이는 훼도해도 봐주었으며 이름 없는 이도 면박을 주는 정도였다. 그러나 부자나 이름 있는 이에게는 해를 입혔다고 했다. 봉계의 승지 조시영, 도사 정운채, 기동 도사 여영필, 감역 여위룡, 배헌 등 여러 가문은 손재도 입고 모욕도 당했다고 전한다.

8월 중순에 참나무골(김천군 어모면) 편보언은 김천 읍내에 도소를 설치하였다. "편보언은 도집강都執綱으로 김천시에 도소를 세웠으며 … 접사, 대정, 중정, 서기, 교수, 성찰 등을 정했다."고 하였다. 도소란 연원(包)이 업무를 보는 곳을 말한다.

대정, 중정, 교수는 육임직이고 서기는 포의 사무를 전담하는 접사接司 밑에서 지시에 따라 서류를 정리하는 서생과 같은 임시직이다. 성찰은 동학혁명 때 만들어진 직책으로 포내에서 일어나는 비위를 바로잡는 임무를 담당하고 있었다. 대체로 3~4명 씩 두었던 것으로 추측한다. 그리고 도집강은 몇개 포의 규율을 괄리하는 직책이다. 1894년에 생겨난 팔도 도집강과 팔도 도성찰이란 직책도 이와 같다. 포내뿐만 아니라 일정 지역 내에 있는 여러 포조직의 기강을 살피는 직책이다. 도都 자가 들어간 직책은 우두머리라는 뜻이 있다. 도집강의 경우 여러 포 조직의 집강 중에서 우두머리 집강이라는 뜻이다.

편보언이 김천시에 도소를 세운 것은 도집강의 자격으로 세운 것이 아니다. 편보언은 원래 보은의 임규호 대접주가 주관하는 충경포에 속해 있는 접주였다. 1894년 5월에 대접주 임규호가 선산군 두산리에서 병을 얻어 환원하였다. 1894년 6월 이후 충경포는 후임 대접주를 선임하지 않았다. 그러자 편보언은 엄청나게 늘어난 산하도인으로 독립적인 김산포를 조직하여 도소를 김천에 세운 셈이다.

이속들 동학도 학살

성주와 예천 보수층이 동학도를 학살하자 양측은 종내 공방전을 벌였다. 웬일인지 동학 측 기록에는 빠져 있다. 최봉길이 남긴 『세장연록』世藏年錄과 반재원이 남긴 『갑오척사록』甲午斥邪錄에는 전후관계가 자세히 기록되어 있다.

반 동학 보수 세력들은 성주에서 불상사를 일으켰다. 당시 성주접주는 문용원이었다. 그는 항일을 위해 기포하여 8월 23일부터 군수전을 거두기 위해 여러 곳을 다녔다. 27일에는 읍내에서 인민들을 괴롭혔던 향반들을 찾아가 협력을 호소했다. 처음부터 거절하자 강제 수단을 쓰지 않을 수 없었다.

"동학 배들은 처처에서 일어나 난리를 피우며 번져나갔다. 김산, 개령, 선산, 인동, 지례 읍에서 소란을 피웠다. 8월 23일에는 우리 고을(星州)까지 들어와 이리저리 다니며 침학하다가 27일에는 읍에서 풍파를 일으켰다."고 하였다. 읍속邑屬들은 동학군을 반격할 차비를 하였다. 28일 밤에 수교首校들이 주동하여 읍속들을 무장시켜 동대문 밖 문용원 접주 집으로 달려갔다. 이들은 접주 문용원과 서달덕의 집에다 불을 지르고 동학도 18명을 때려죽였다.

급보를 받은 대접주들은 상주, 영동, 김천, 선산, 지례 등 산하 동학도들에게 소집 통문을 띄웠다. 9월 2일 동학도 만 명은 성주 북쪽 15리 지점에 있는 대마장터(大馬市)로 모여들었다. 『토비대략』에는 "(상주접사) 여성도가 수천 명을 이끌고 갔다." 하였다. 멀리 상주에서도 내려왔던 것이다.

"장여진도 좌익장으로 참전하여 수석水石의 이태의 가산을 탈취했다."고 하였다. 『기문록』에는 "용산 장의중과 손천팔도 성주에 가서 불 지르고 노략질까지 해 왔다."고 하였다. 영동 지역에서도 내려왔다. 이들은 모두 충경포 소속 동학군들이었다.

불바다된 성주읍

동학군은 9월 4일경 읍으로 밀고 들어갔다. 살해당한 동학군 18명의 시신을 수습한 후 읍리와 가담자를 색출하기 시작했다. 그리고 관원들과 가담자의 집에다 불을 질렀다. 성주읍은 삽시간에 불바다가 되었다. 『세장연록』은 다음과 같이 기록하였다.

> 성주의 제리諸吏는 동학도 수십 인을 살해하였다. … 동학도들은 일제히 기포하여 사방에서 구름처럼 모여들었다. 만 명이 대마장터에 유진하였다. … 성주목사 오석영은 밤을 타서 도망쳐 버리자 이교들도 흩어져 버렸다. 비류들은 부중으로 모여들어 일시에 불을 질러 근 천호가 3일간이나 탔다.

경상 감영은 "동학도 기백 명이 성주로 들어온다 하여 이교와 민정들은 방수에 힘을 기울이었으나 그제 밤에 목사(吳錫永)가 … 겁을 먹고 달아났다. 이민吏民들도 뒤따라 흩어져 버렸다. 마침내 저들(동학군)이 달려와 점령하였다."고 하였다. 『일성록』은 민가 600여 호가 불타버렸다고 하였다.

의성 · 군위의 동학

의성과 군위 동학들도 일어섰다. 『창계실기』蒼溪實記에는 "8월 14일에 나는 읍에 들어가 교궁(校宮, 향교)에서 잤는데 동학군들이 의성 등지에 소굴을 만들고 사방으로 퍼져 표략질을 하고 있다는 말을 들었다."고 하였다.

박종근의 『청일전쟁과 조선』에는 일본군의 『중로병참감본부진중일기』에 근거하여 안계와 비안, 의성에서 동학군이 봉기하였고 풍산과 인동, 해평에서도 동학군이 봉기했다고 하였다. 어찌된 것인지 교중 기록에는 일체 언급이 없다.

『갑오군공록』에는 의성 유학 신명형과 이장회가 비도 소탕 유공자로 되어 있다. 의성에서 동학군이 항일전을 위해 기포한 것이 틀림이 없다. 안계는 비안군에 속했으며 의성군과 인접해 있다. 그리고 해평은 선산 관내이고 바로 아래쪽에는 인동이 있었다. 칠곡과 군위 쪽에서도 동학군이 일어나 활동하였다. 신원을 비롯하여 신녕과 효령에서도 기포하였다. 『창계실기』에는 다음과 같이 기록하고 있다.

> 8월 21일에 읍의 남쪽 30리에 있는 신원을 에워싸고 무리를 잡아 27급級을 초멸시켰다. 22일에는 동쪽으로 가서 신녕新寧에 있는 적을 공격하여 묶었다. 23일에는 서쪽으로 가서 효령孝令의 적을 격파하고 우두머리를 잡아 초멸시켰다."

고 했다. 일방적으로 자신들의 공적만 나열하여 앞장섰던 동학 지도자가 누구였으며 어떻게 활동했는지 언급이 없다.

21일에는 신원 동학군을, 22일에는 신녕 동학군을, 23일에는 효령 동학군을 차례로 공격했다. 팔공산 동쪽에 있는 이들 지역의 동학군들은 하루거리로 당한 셈이다. 이들 세 지역 동학도들은 제대로 무장을 갖추지 못해 억울하게 기습을 당했다.

동학군은 대원군과 무관

개화 정권의 대원군 조종

6월 21일 일본군이 왕궁을 점령한 이후 전국 동학군들이 항일 및 반개화파反開化派 항쟁을 위해 궐기하자 저들은 당황하였다. 9월 4일경에 대원군을 조종하여 "무기를 버리고 집으로 돌아가면 털끝만치라도 죄 주지 않을 것이다."라는 내용의 효유문을 반포하게 하였다.

동학군 측에서는 대원군을 나라를 망친 사람 중의 한 사람으로 여겨 왔는데 얼마 후 전봉준 대장을 비롯하여 여러 동학 지도자들은 대원군의 효유문을 알게 되었다. 내용을 보자 대원군도 역시 개화당과 일본군의 꼭두각시 노릇을 한다고 여겨졌다.

그동안 정부는 여러 번 날콤한 효유문을 발표하였다. 전봉준 대장은 "이전이나 지금이나 조정의 효유문은 하나도 지켜지지 않았다."고 지적하고 대원군의 효유문도 믿을 것이 못된다고 단정하였다. 일본군이 이 나라를 정령한 마당에 어떤 타협도 있을 수 없다는 것이다.

세간에는 동학군과 대원군에 관한 뜬소문이 많았다고 한다. 『천도교창건사』에서조차 근거 없이 전봉준 대장은 운현궁을 드나들었다고 했다. 당시 대원군은 유폐 생활 중이었으므로 정객들이 드나들 수 없었다. 『동학사』에도 이때 밀약이 있었던 것으로 치부하였다.

그리고 대원군이 보낸 밀사와 만나 9월 재기포가 이루어졌다는 교사설이

나돌고 있었다. 전봉준 대장은 시종일관 "대원군이 보낸 밀사와 만난 적이 없다."고 여러 차례 말하였다. 전봉준 대장은 3차 심문 때 일본 측이 밀사를 만나지 않았는가 추궁하자 "평소 지면이 없었는데 중대한 일을 어찌 의논했겠는가. 나는 행적이 수상한 사람과 만난 적이 없다."고 하였다. 현재도 일부 학자는 전봉준 대장은 대원군의 교사를 받고 9월 항일 기포를 했다고 몰고 가려 한다. 안타까운 일이다. 대원군의 효유문은 다음과 같다.

효유문

흥선대원군은 시의 적절히 효유한다. 우리 조선은 어질고 덕을 바탕으로 나라를 세웠으며 예절과 의리로 풍속을 이루게 되었다. 태평성세가 계속되어 500년 동안 백성들은 병식兵式을 모르고 오늘에 이르렀다. 어찌 된 일인지 근자에 이르러 기강이 해이해지고 풍속이 점점 쇠퇴해졌다. 방백 수령들의 탐학과 토호 강족들의 무단武斷과 간사하고 교활한 벼슬아치들의 침노와 삭탈 행위는 날이 가고 달이 갈수록 더해 가니 끝이 보이지 않는다.

조종祖宗이 품어 보호해야 할 백성들은 모두가 의지해 살 수 없게 되어 버렸다. 서울에 있는 대궐은 높고 멀어서 호소할 길이 없다. 그래서 동학에 탁명하여 무리를 지어 스스로 보호하며 하루살이라도 다행으로 여기게 되었다. 그리된 정상을 헤아려보면 아! 역시 살아갈 길이 막혔으니 또한 가련하구나.

나는 본래 세속을 떠나 조용히 살아온 지 20여 년이 되었다. 이미 늙고 병들어 세상 돌아가는 일을 듣지 못하였다. 요사이 나라에 어려운 일이 많이 생겨 노환을 무릅쓰고 대궐로 들어갔다. 도성 밖은 사방이 병란으로 겹쳐져 눈에 비치니 뒤돌아본즉 조종은 고립무원의 위기에 처하여 이름만 있고 실권이 없는 형세이다.

온 나라를 둘러보니 그중 나라를 위하는 자라고 믿음이 가는 곳은 오로지 삼남뿐이다. 이처럼 믿을 수 있는 삼남지방 태반이 잘못 물들게 되었다. 처음에는 원통함을 호소하고자 일어났다가 점점 기승을 부리어 도처에서 발동하여 소동을 피워 기강을 범하게 되었다. 결국 지방관은 정사를 펼 수 없게 되고 조정은 정령을 시행할 수 없게 되었으며 백성은 편히 살 수 없게 되었다.

너희들이 하는 일이 과연 의거인가, 패거悖擧인가를 살펴보아야 한다. 지금 칭하는 동학도는 모두가 난민이므로 마땅히 쳐서 섬멸시켜야 한다고 하지만 나는 너희들에게 차마 난민이란 죄목을 씌울 수가 없다. 너희들은 모두 우리 조정이 훌륭하게 길러낸 양민이다. 우리가 천성에 순응하여 삶을 보전해주지 못해 난에 이르게 하였으니 거기에다 어찌 차마 군대로써 서로 견주도록 하겠는가. 조정은 이미 삼도에 선유사를 보내 은덕으로 베풀고 있다. 너희들이 끝내 듣고도 돌아오지 않으면 이는 조정의 뜻을 어기는 것이다. 이리 되면 난민의 지목을 면할 수 없게 되어 나라에서 베푸는 용서의 은덕도 영구히 받을 수 없게 된다. 물놀이하다 모두 빠져 버릴까 걱정되니 생각하면 이 또한 슬프고 애처롭지 않겠는가. 이에 우리 성상의 뜻을 받들어 두루 알리고자 널리 포고한다. 너희들이 만일 언뜻 알아차려 무기를 버리고 집으로 돌아간다면 결코 털끝만치라도 죄 줄 이가 없다. 지금은 가을이라 이미 오곡이 익었으니 부모처자와 같이 배불리 먹고 즐기면서 오래도록 태평성세의 백성이 될 것이다. 그중 재주가 있고 총명한데도 가난에 빠진 이가 있으면 마땅히 정부가 재능에 따라 거두어 들일 것이다.

혹시라도 포고문으로 경계한 것을 따르지 않고 법을 어기면서 벌과 개미떼처럼 모여들어 진을 치고 바라기만 하며 해산치 않는다면 이는 스스로 큰 재앙을 부르는 것이니 나로서도 아쉽지만 도와줄 수가 없다. 내 나이 금년에 팔순에 이르렀으니 아무것도 바랄 것이 없다. 오로지 종사와 생령을 생각할 뿐이다.

하늘에는 밝은 해가 있어 절대로 상대를 속여 기약할 수가 없다. 믿어지지 않는다면 너희들 중 사리에 밝은 3~4인이 와서 대면하여 들으면 반드시 얼음 녹듯 풀려 두려운 것이 아니라는 것을 알게 될 것이다. 근일 조정이 행하는 개혁 정치를 너희들도 들어 알 것이다. 종전의 못된 폐단들은 백성에게 병해 病害가 되었다. 이것들을 일일이 바로 잡아 이웃끼리 화목하고 정의를 더하여 화평의 복을 돈독히 누리게 될 것이다.

모두가 우리 성상이 나라와 백성을 위하려는 고심의 결과이다. 너희들이 의당 우러러 마음과 뜻으로 따르는데 그르침이 없어야 할 것이다. 어찌 평온 한 길을 버리고 스스로 위험을 재촉한단 말인가. 오호라! 오늘이야말로 너희 들이 화와 복을 판가름하는 날이 될 것이며 생과 죽음을 가르는 날이 될 것이 다. 내 말은 여기서 그치련다. 각기 잘 새겨듣고 후회하는 일이 없도록 하라.

그런데, 이 효유문은 개화당의 강요에 못 이겨 반포한 것이고 진짜 속내를 전한 효유문은 따로 있었다는 것이다. 이상백은 정석모의 『갑오약력』를 그 증거로 들었다. "국태공의 명에 따라 전 승지인 이건영을 김개남에게 몰래 보내 기병해서 서울로 올라오게끔 타이르게 하였다. 이건영은 (밀지를) 가지고 나보다 하루 먼저 남원에 당도하였다. 김개남은 이를 보고 '이것이 국태 공의 참뜻이라.' 하여 내가 갖고 소위 효유문은 거들떠보지도 않았다(密遣 前 承旨李建英 以國太公之命 喩金開南 起兵赴京 李建英持此密喩 先余一日 已到南原 見金開南日 此是 國太公之眞意 所謂曉諭文者 追於外面者也云)."

대원군의 밀지설

전주에 사는 정석모는 대원군의 효유문을 김개남 대접주에게 전하기 위해 1894년 9월 8일에 남원에 갔다. 김개남 대접주는 효유문을 보자 화를 내며 그를 가두었다. 엄청난 고생 끝에 2개월 후 풀려났다. 그는 10년 후에 당시의 상황을 기록으로 남겼다. 그것이 『갑오약력』이며 여기에 위와 같은 대원군 밀지설이 실려 있다. 그러나 얼마나 믿을 수 있는 것인지는 의문이다.

동학군과 대원군을 연관시켜 보려는 추론 중 하나는 전봉준 대장이 나주목 공형과 홍계훈 양호초토사에게 보낸 원정서이다. 여기서 대원군을 국정에 내세워야 한다고 주장하였기 때문이다. 다음은 일본 측이 전봉준 대장을 심문하면서 송희옥을 통해 대원군 밀사와 만났다는 주장을 내세운 대목을 든다. 전봉준 대장은 원정서에서 "국태공을 받들어 나라를 살피게 하여 난신적자와 아첨하는 자를 모조리 파출하려는 이것이 우리의 본뜻이다."고 하였다. 이때 전봉준 대장은 폐정을 개혁하기 위해서는 반드시 민씨 일당을 몰아내야 한다고 주장하였다. 그래서 대안으로 대원군을 내세웠던 것이다.

1893년 3월에 보은서 열린 척왜양창의운동 때부터 동학에서는 민씨 일당을 몰아내고 폐정을 개혁해야 한다고 주장하였다. 혁명 후에도 민영준과 민영환과 고영근 일당을 몰아내야 한다고 계속 주장해 왔다. 민중전을 배후세력으로 하는 민씨 일당을 몰아내기란 쉬운 일이 아니다. 그래서 대원군을 내세웠던 것이다.

그러나 일본군이 왕궁을 침공한 후 사정은 크게 달라졌다. 민씨 일당은 친일 세력에 의해 쫓겨났고 대원군은 일본군에 의해 등장하게 되었다. 그런데 기대했던 대원군은 일본군과 개화파 앞에서 무기력하였다. 일본과 개화당의 꼭두각시로 비춰졌다. 이로부터 동학군은 대원군을 믿지 않았다.

1894년 9월 18일에 해월 선생이 항일 기포령이 내리자 전국의 동학군은 일제히 일어났다. 이에 앞서 여러 지역 동학군들은 8월 초부터 산발적으로 항일을 위해 기포하였다. 동학군의 힘을 하나로 모으기 위해 전국 지도자들을 9월 12일과 13일에 삼례에 모여 회의를 했다.

김희명은 이 모임을 '동학창의대회'라 하였다. 청주 대접주 손천민은 법정 진술에서 "전봉준과 김개남, 손화중 등이 … 나를 살해하려는 마음을 보여 … 보은으로 돌아왔다."고 하여 삼례회의에 참석했었음을 증언하고 있다. 이선근의 『민족의 섬광』을 비롯하여 김의환의 『혁명투사 전봉준』이나 니시오(西尾)의 『이용구소전』에서 삼례회의 후 항일전에 나섰다고 하였다. 이것은 대원군과는 아무런 관련이 없다.

전봉준 대장은 공초에서 "작년 10월에 재기한 것은 일본이 병력을 이끌고 대궐로 쳐들어갔기 때문이다. 우리 신민된 자로서 감히 일각인들 안심이 되지 않아 바로 거의했다."고 하였다. 그리고 일본이 항일 기포를 대원군의 사주로 몰아가려는 것은 동학군에 대한 모독이라 하였다. 즉 '이리 되면 의거의 존엄성을 모독하고 쓸데없는 의론만 일으키는 것'이라고 하였다. 동학군의 항일 기포를 일본 세력의 앞잡이로 등장한 대원군의 사주로 몰아 가려는 것은 나라 위해 목숨 바친 수십만 선열들에 대한 모독이 아닐 수 없다.

해월 선생, 항일 위한 기포령

일본군 속전속결전

성환전투와 풍도 앞바다 해전에서 승리한 일본은 8월 1일(양9.1)에 청일전쟁을 선포하고 뒤이어 평양에 집결한 청군을 공격했다. 기록마다 차이가 있어 평양에 집결한 청군의 수를 정확히 알 수는 없다. 1만3천 명 내지 1만5천 명이라고 한다. 모젤식 소총과 쿠르프 야포가 주된 무기였으며 일본군에 비해 손색이 없었다. 그러나 일본군은 평양을 공격하기로 했다. 조선에 와 있던 혼성여단 병력과 일본서 병력을 추가로 끌어들여 7월 14일(양8월 14일)에 제1군단을 만들었다. 그리고 제해권을 장악하기 위해 해군도 만반의 준비를 갖추게 하였다. 7월 5일에 드디어 혼성여단 병력을 출동시켰다. 동원된 일본군은 1만7천 명이었다고 한다.

제3사단 보병 18연대는 원산에 상륙시켜 평양으로 들어가게 하고 주력병력은 개성을 거쳐 두 갈래로 진격시켰다. 『조선주차군역사』에 의하면 다찌미 소장의 삭녕지대는 개성에서 황해도 수안과 강동을 거쳐 평양 동쪽으로 진출하고, 사또 대좌의 원산지대는 원산에서 양덕을 거쳐 평양의 동북쪽을 공격하게 하였으며 사단의 주력은 겸이포에서 대동강을 건너 평양의 서북쪽으로 진격하게 했다.

평양성 청군을 총지휘관은 섭지초였다. 성환전투에서 싸워 보지도 못하고 도망간 그는 일본군이 성천까지 진격했다는 보고를 받자 겁에 질려 평양성 방어에 주력하였다. 일본군은 9월 12일(양)에 남 · 북 · 서북 · 동북방을 포위하는 데 성공했다. 그러나 공격을 하기에는 병력이 부족했다. 식량과 탄약도 이틀 분뿐이었다. 후지무라(藤村道生)는 『일청전쟁』에서 다음과 같이 기록했다.

> 청국군의 방어진지를 겁낸 노즈(野津) 사단장은 뒤따라오는 제3사단이 오기전에 5사단만으로 공격하기로 하였다. 공격 병력은 3배가 필요하나 … 1.4배에 지나지 않는 17,000명이었다. … 2일 이상 격전을 벌이면 식량과 탄약마저 떨어져 물러날 수밖에 없었다. 그래서 일본군은 속전속결의 전술을 썼다.

8월 15일(양9.15) 새벽부터 총공격에 나섰다. 일본군은 가장 취약한 모란봉 쪽을 집중 공격했다. 청군은 잘 막아내는 듯했으나 일본군의 맹렬한 공격에 밀리기 시작하였다. 청군은 7시 반에 이르자 물러나기 시작했다. 8시경에는 모란대 외곽에 설치된 보루를 빼앗기고 현무문으로 후퇴하였다.

청군 퇴각하다 몰사

공격하던 일본군도 엄청난 전사자를 냈지만 마침내 현무문을 점령하고 말았다. 청장 섭지초는 오후 4시경에 이르자 대동문 등에 백기를 내걸었다. 평안감사를 통해 일본군에게 정전하자고 제의했다. 시간을 벌자는 심산이었다. 저녁이 되자 비가 억수같이 쏟아졌다. 섭지초는 절호의 기회라며 철수작전을 벌였다.

그러나 일본군은 이를 눈치 채고 북으로 가는 길목에 많은 병력을 매복시켰다. 8월 15일 밤 9시경에 청군은 칠성문과 정해문을 빠져나와 의주대로를 따라 북으로 달려갔다. 퍼붓는 빗속을 뚫고 질서 없이 몰려 달아났다. 이때 매복해 있던 일본군은 일제히 화력을 퍼부었다. 성서城西 기자릉 밑 2백~3백 미터 지역에는 청군의 시체와 군마가 산더미같이 쌓였다. 청군의 사망자는 2천 명에 이르렀고 포로도 5백여 명이나 되었다. 대포 35문, 총 950여 병, 차 156대, 군마 250여 필, 양식 4천6백 여 석을 빼앗겼고 탄환과 금·은 및 기타 군용물자는 헤아릴 수 없었다. 하루만 더 버텼다면 일본군은 식량과 탄약이 떨어져 스스로 물러났을 것이다. 작전에 미숙한 섭지초의 오판으로 청군은 궤멸되고 말았다.

해전에서도 마찬가지였다. 일본 함대는 마쯔시마(松島) 기함 외에 12척이 출동했다. 그리고 청국 함대는 정원定遠 기함 외에 14척이 출동했다. 일본 함대의 배수량은 4만 톤이고 청국 함대는 3만 5천톤이었다. 일본 함대는 16노트인데 반해 청국 함대는 14노트였다. 화력 면에서도 일본 함대는 소구경 속사포 67문이었고 청국 함대는 겨우 6문에 지나지 않았다.

압록강 하구 아래쪽 대고산 앞바다에서 8월 17일 정오경에 시작한 해전은 6시간 만에 승패가 가려졌다. 정여창이 이끄는 청국 함대가 어이없이 패했다. 청국 함대는 초용超勇, 치원致遠, 경원經遠 3척은 침몰하였고 양위揚威, 광갑廣甲은 대파되었다. 일본 측의 히에이(比叡)와 아까시로(赤城)도 큰 피해를 당했으나 침몰하지는 않았다.

삼국의 압박에 일본 굴복

일본 육군은 황해 해전의 승전보를 듣자 8월 17일(양9.16)에 여순항旅順港 공략 준비에 들어갔다. 9월 27일에는 압록강 도강작전을 벌였다. 청군은 4만 명이 방어했으나 3일도 버티지 못했다. 안동성과 구련성에 이어 10월 2일에는 봉황성을, 11월 17일에는 요남의 해위海威까지 빼앗기고 말았다.

한편 일본군 제2군은 9월 26일(양10.27)에 요동반도 화원구로 상륙하여 10

월 9일(양11.6)에는 금주金州를 점령하고 대련을 공격하기 시작했다. 뒤이어 10월 21일부터는 여순항을 공격하기 시작했다. 여순항 점령은 쉽지 않았다. 최신식 대포 1백여 문과 2만 명의 병력을 동원하였다. 어찌 된 일인지 10월 25일에 청국군은 또다시 물러났다. 일본군은 보급물자 공급이 여의치 않자 주민을 대량 학살하면서 필요한 물자를 마구 약탈하였다. 결국 청일 양국은 강화조약을 위한 협상에 들어갔다. 일본의 요구 조건은 전비 배상과 요동반도의 할양이었다. 이 조건을 관철시키기기 위해 일본군은 2사단과 6사단을 12월 25일(양1895.1.20)에 산동반도 영성만에 상륙시켰다. 1895년 1월 6일에는 위해위威海衛를 점령하였다.

1895년 3월 23일(양4.17)에 일본의 이토 히로부미와 무쯔(陸奧宗光), 청국의 이홍장과 이경방이 청일강화조약(下關條約)을 체결하였다.

① 조선국은 독립 자주국임을 승인한다. ② 봉천성 남부지방(遼東半島), 대만과 부속도서, 팽호열도를 할양한다. ③ 청국은 일본에게 백은白銀 2억 냥을 지불한다. ④ 구주 각국과 체결한 조약대로 청일통상항해조약 및 육로교통무역에 관한 조약을 체결한다. ⑤ 사시, 중경, 소주, 항주를 개시 개항한다. ⑥ 선창과 중경 간, 상해와 소주·항주 간의 기선 항로를 승인한다. ⑦ 개항장에서 각종 제조업 종사권을 승인하며 내국 운송세, 내지 부과세, 취립금取立金에 특전을 준다. ⑧ 비준 후 3개월 이내에 일본군은 철수하며 담보로 위해위를 점령한다.

유리한 강화조약은 일본 국민을 들뜨게 만들었다. 그러나 3월 29일에 이해 관계 당사국들이 일본에 제동을 걸었다. 동경 주재 러시아·독일·프랑스 등 3개국 공사는 일본 외무성을 찾아가 요동반도의 할양을 반대하였다. 러시아 측은 "요동반도를 일본이 차지하는 것은 청국 정부가 항상 위험에 빠질 뿐만 아니라 조선국의 독립을 유명무실하게 만들어 극동의 영구평화에 장애가 되므로 일본 정부는 요동반도의 영유를 포기하라."고 했다.

미국이 거중 조정에 나설 뜻을 보이자 10월 17일에 일본은 이를 받아들였다. 협상 과정에서 버틸 대로 버텨 오던 일본은 삼국간섭이 의외로 강하게 나오자 4월 6일(양4.30)에 요동반도를 포기하는 각서에 서명하였다. 청일전쟁은 이렇게 막을 내렸다.

삼례에서 동학 지도부 회의

청일전쟁의 추이와는 관계없이 동학군은 항일전을 위해 모두 일어났다. 시급한 과제는 여러 지역의 동학군 활동을 하나로 묶는 것이었다. 전봉준 대장을 비롯하여 전국의 지도자들을 9월 12일, 13일에 삼례에서 회의를 가졌다. 앞에서 언급했지만 김희명은 이 모임을 '동학창의대회'라 하였다.

몇 가지 기록을 보면 『이용구소전』(니시오)에서는 "10월 10·11일 양일(음 9.12~13)에 걸쳐 삼례에서 열린 '동학창의대회'의 결의에 따라 동학당이 재결기했다."고 하였다. 해월은 이 회의에 참석했던 손천민으로부터 보고를 받고 측근들과 협의한 다음 9월 18일(양10.17)에 항일전에 나서라는 기포령을 내렸다. 이 자리에는 황해도 지도자 15명이 자리를 같이하였다. 그 속에 19세의 백범 김구도 끼어 있었다. 『백범일지』에는 다음과 같이 기록하였다.

선생(海月神師)은 진노하는 낯빛을 띠고 순 경상도 사투리로 "호랑이가 물러 들어오면 가만히 앉아 죽을까. 참나무 몽둥이라도 들고 나서서 싸워야지." 하시니 선생의 이 말씀이 곧 동원령이었다. 각지에서 와 대령하고 있던 대접주들은 물 끓듯이 상기를 띠고 물러가기 시작하였다.

위에서 살펴본 바와 같이 해월 선생의 기포령은 삼례 지도자 회의에서 결정한 대로 기포령을 내렸던 것이다. 그런데 오지영은 자신이 주선하여 남·북접이 화합한 것처럼 내세우고 있다. 그는 초고본『동학사』에서 다음과 같이 기술하였다.

> 오지영은 충청도 보은 장내리 법소에 이르러 해월 선생을 보고 남북 사정에 대하여 전후수말前後首末을 고하였다. 선생은 … 대도소에 가서 말하라 하였다. … 수십 명이 열좌하였다. 오지영은 … 남북조화설을 제출하였다. … 마침내 그 말이 옳다 하야 일변 통문을 거두게 하고 일변 남벌기를 꺾어 버리고 보국안민 척왜척양의 기치 하에 진퇴를 같이하기로 결정을 짓고 일어서니라.

그리고『동학사』초고본에는 전라도 동학군이 충청도 남부 지역 동학군을 습격했다는 기록이 보인다. 소설 쓰듯 썼다. 양심에 가책을 받았는지 인쇄본 『동학사』에서는 이 대목을 슬그머니 빼 버렸다. 그 대신 "남접 총창머리에 북접 사람들은 죽을 지경에 들었었다."고 바꾸었다. 이것 역시 꾸며낸 말이다. 오지영은 전국 지도자들이 삼례에 모여 지금까지 분산 투쟁하던 것을 지양하고 하나로 뭉쳐 연계해 싸우기로 결의한 것을 몰랐던 모양이다.

전 동학군 항일전 준비

동학군의 전략

무기 성능이 월등한 일본군과 관군과의 항전에는 어려움이 한두 가지가 아니다. 최대의 효과을 기대하려면 몇 가지 사전 전략이 필요했다. 결과를 보면 ① 서울로 공격해 올라가는 포包 ② 연로에서 호응하는 포 ③ 각 지역에서 동시다발적으로 일어나 관군과 일본군을 분산시키는 포로 나누었다.

서울로 올라가는 주력군은 전봉준 대장 휘하의 호남우도 동학군과 손병희 휘하 경기·호서 지역 동학군, 그리고 남원 김개남 휘하 호남좌도 동학군이 맡기로 하였다. 이 세 주력 병력은 우선 공주와 청주를 목표로 삼았다. 공주는 충청도 수부이므로 호남우도 동학군과 기호 동학군이 연합하여 공격하기로 하였고 청주는 전라좌도 동학군이 공격하기로 하였다.

공주를 중심으로 한 지역에는 논산을 비롯하여 홍주(洪城), 목천 등 요충지가 있었으며 청주로 올라가는 지역에는 금산과 회덕, 문의 등의 요충지가 있었다. 이 지역 동학군들은 주력 병력이 올라가는 전후 시기에 일어나 호응하여 관군과 일본군을 분산시켜 발목을 잡도록 하는 전략을 세웠다. 목천 지역(세성산)은 목천 동학군과 천안·전의·연기 지역 동학군이 맡고, 홍주 지역은 서산과 태안 및 예산·덕산·홍성·아산 등 내포內浦 지역 동학군이 호응하도록 하였다. 그리고 청주 지역은 금산·회덕·지명·문의 지역 동학군이 호응하도록 하였다.

나주 민종렬 설득 실패

전봉준 대장은 항일전을 구상하던 8월 초에 나주 민종렬 목사를 설득해 보려고 하였다. 말썽을 일으키는 민종렬이 마음에 걸렸기 때문이다. 그는 반동학 세력의 주동자로 손화중 대접주와 최경선 접주 휘하의 많은 동학군을 나주 지역에 붙잡고 있었다. 고민하던 전봉준 대장은 나주로 내려가 민종렬 목사를 직접 만나 설득해 보기로 하였다.

김학진 감사의 서찰을 받아 비장과 관원 몇 사람, 그리고 수하 10여 인을 대동하고 8월 8일에 전주를 떠났다. 북면에 이르러 최경선과 오권선을 만나 전후 계획을 말하고 대담하게도 8월 13일에 나주성으로 들어갔다.

"지금 우리 왕궁은 일본군에게 점령되었고 고종은 포로 상태가 되었으니 종묘사직이 위태롭게 되었다. 더욱이 개화 정부는 일본의 앞잡이가 되었으니 이 나라의 장래는 어찌 될 것인가. 앉아서 보고만 있을 수 없어 동학군은 항일전에 나서려 하니 손잡고 힘을 모아 항일전을 펼치자."고 하였다. 한 치 앞을 내다보지 못하는 민종렬은 끝내 외면하였다.

> 8월 13일 거괴 전봉준이 도당 십여 인을 거느리고 손에는 한 치의 무기도 휴대하지 않은 채 본주 서성문에 와서 … 순영문의 문첩과 비장神將의 사통을 갖고 왔으니 문을 열라 하였다. … 민태수는 그가 단신으로 왔으니 감영의 지휘로 온 것이다. … 너희들은 의심치 말고 들어오게 하라 하였다. 봉준은 우리 동학군이 근년에 … 탐관오리의 학정을 감당키 어려워 … 병든 세상을 바로잡기 위해 일어섰다. … 특별히 이해해 주기 바란다고 했다. 민 공은 … 울타리를 치는 것은 도둑을 막기 위한 것이니 … 나라의 중요한 진성鎭城을 어찌 지키지 않겠는가 하였다. (『금성정의록』)

전봉준 대장은 통탄을 금치 못하고 발길을 돌렸다. 곧 올라와 항일전 준비에 들어갔다. 동학지도자회의가 열리는 9월 12일에는 수백 명의 병력을 이끌고 삼례로 진출했다. 『전봉준공초』에 "작년 10월(9월) 나는 전주서 기포하였고 … 삼례에는 9월 12일에 진출했다."고 하였다.

삼례에서 병력 증강

『전봉준판결문』에 '동년 9월에 태인을 발정하여 원평을 지나 삼례역을 이르러 그곳으로 기병하는 대도소로 삼고…'라고 하였다. 이때 모인 요인들은 '진안 동학접주 문계팔, 전영동, 이종태, 금구거 접주 조준구, 전주거 접주 최대봉, 송일두, 정읍거 손여옥, 부안거 김석윤, 김여중(洛喆), 최경선, 송희옥 등'이었다고 했다.

전봉준 대장은 9월 9일부터 무장을 갖추기 위해 활동에 들어간 것으로 보인다. 전라감사 보고에 고산현감은 10일자로 "동도 3백여 명이 군기고를 허물고 군기와 물품을 탈취해 전주 풍삭으로 갔다."고 하였다. 전라감사의 보고 내용은 다음과 같다.

> 고산현감 심의택은 … 9일 동도 300여 명이 금구 동학당이라며 총과 창을 들고 … 읍에 들어와 하루를 자고 다음날 정오에 군기고로 가서 담장 벽을 허물고 군기와 물품을 탈취해 전주 풍삭으로 갔다.
>
> 전주 판관은 이달 15일 야심 후에 동도 100여 명이 … 군기고를 부수고 … 쓰지 못할 총통 10개와 환도 20지루를 갖고 본주 세내(三川)로 갔다.
>
> 위봉 별장 김삼동의 보고에 이달 16일 야심한 후 동도 100여 명이 산성 안으로 난입하여 군기고에 있는 물건을 모두 탈취해 갔다.

『주한일본공사관기록』에는 9월 14일에 전봉준 대장이 삼례에서 동학군 8백여 명을 이끌고 전주 감영으로 들어와 무기고에서 화포 474자루 등 많은 무기를 거두어 갔다고 했다. 그 요지를 보면 다음과 같다.

> 전봉준 등은 이미 귀화했던 태도를 바꾸어 다시 기뇨起鬧한 연유를 보고 드렸거니와 이달(9월) 14일 신시에 전봉준은 삼례역에서 800여 명의 무리를 이끌고 … 전주성내로 달려왔다. … 군기고에 있던 총 251자루와 창 11자루 환도 42자루 철환 등 여러 가지 물건들을 남김없이 차지하였다. … 지난 7월에 … 남영 병정을 해엄할 때 놔두었던 화포 474자루와 탄환 9,773개, 탄자 41, 237개, 환도 300자루를 찾아내어 갖고 술시경에 물러나 삼례로 갔다.

같은 기록에 전주감영 내에는 '관군이 개선할 때 전주성에 남겨 두었던 무기'를 전봉준 휘하 동학군이 가져갔다고 하였다. 내용은 회룡포(回龍砲) 4백 정, 동 탄환 4만 개, 회선포 1문, 극로포(極老砲, 쿠르프) 1문, 개화포(開火砲舊式大砲) 1문 등이었다고 하였다.

10월 초에 전봉준 대장은 4천 명의 무장 병력을 확보하기에 이르렀다. 공초에서 "삼례에 모인 이는 얼마인가?" 묻자 "4천 명이다."라고 하였다. 원래 혁명 초기부터 전봉준 대장은 정예병력 4천 명을 거느리고 있었다. 전주화약 때 해산했던 4천 명이 다시 모인 것이다. 전봉준 대장은 10월 초에 논산으로 북상하였다. 여산과 강경포, 은진으로 나누어 북상하였다. 가는 도중에도 병력을 계속 보충하였다.

논산서도 병력 증강

『전봉준공초』에 "어디서 병력을 모았는가?" 묻자 "전주와 논산서 초집했다."

고 하였다. 그리고 "공주에 이르렀을 때 몇 명이나 되었는가?" 묻자 "만여 명이라" 하였다. 약 6천 명을 은진, 강경포, 논산에서 증원한 셈이다.

공주창의소 의장義將 이유상은 충청감사에 보낸 글에서 10월 12일에 논산포에서 전봉준 대장을 만났다고 하였다. 이것으로 미루어 10월 12일에 논산에 당도한 것이 분명하다. 충청감사에 보낸 글은 다음과 같다.

> 본월 12일 논산포에 유진하였습니다. 남쪽을 바라보니 흙먼지가 하늘을 뒤덮고 창과 포가 숲을 이루어서 망보는 병정을 보내 정탐하게 하였는데 남군南軍 16만 7,000명이 온다고 하였습니다. 전봉준 대장에게 면담을 요청하여 병력을 일으킨 이유를 물었습니다.

논산에 당도한 전봉준 대장을 무척 기분이 좋았다. 지방 동학군이 다수 참가하였을 뿐만 아니라 공주 유생의 거두인 이유상 의병장까지 항일전에 호응해 왔기 때문이다. 『동학사』는 다음과 같이 기록하였다.

> 이때 유도 수령 이유상은 동학당 토벌의 명의로써 수천 군을 일으키어 공주 건평시乾坪市에서 … 논산 방면으로 향하였다. … 내념內念에 동학당이 무엇이며 전봉준은 어떠한 사람인가 한번 상대해 보리라 하여 … 단신으로 논산 대본영에 들어가 전 대장을 만나보았다. … 나는 유도 수령으로서 동학당을 치고자 이곳까지 왔으나 … 이제 장군을 대하자 자연히 감동되었으니 … 원컨대 장군은 관용을 바란다고 하였다. … 양인이 손을 잡고 형제의 의를 맺었다.

이유상은 10월 15일자로 충청감사에게 한 통의 글을 보냈다. 항일의 뜻을 밝히고 박제순 감사를 책망하였다. "합하가 성지城址를 지키려는 것은 이치에

맞지 않는다. 묻건대 청군을 막자는 것인가, 일군을 막자는 것인가, 의병을
막자는 것인가? 청군을 막으려면 대의를 저버리게 되고 의병을 막게 되면 잘
못된 계책일 것이라."고 힐책하였다.

『오하기문』에는 김학진 감사가 동학군의 운량관이 되었다고 하였다. 이
기록은 잘못된 것으로 판단된다. 『일성록』에 의하면 김학진은 "동학군의 재
기를 막지 못했다."며 10월 16일경에 파면해 달라고 정부에 자청하였다. 정
부는 9월 22일자로 김학진을 파면하고 홍주목사 이승우를 새 감사로 임명하
였다. 이로 미루어 김학진 감사가 동학군 운량관이 되었다는 기록은 사실이
아니다.

한편 손병희 통령이 이끄는 기호동학군도 10월 15일경에 5천 명을 이끌고
논산에 당도하였다. 양호연합군은 양호창의소를 설치하고 공주성 공격을
위한 전략을 세웠다. 10월 20일부터 논산을 떠나 노성으로 진출하였고 23일
부터 이인에서 관군 및 일본군과 첫 전투를 벌였다.

이에 앞서 여러 지역 동학군들도 일제히 일어나 항전을 벌였다. 1만 명에
이르는 내포 동학군은 서산 여미벌에 모였다가 당진 승전곡에서 일본군 약
8십 명을 물리치는 전과를 올렸다. 그리고 신례원으로 진출하여 관군을 물
리쳤고 예산까지 점령하였다. 한편 세성산 지역 동학군들은 1천여 명의 일
어나 목천읍을 비롯하여 천안읍과 전의읍을 점령하고 무기를 탈취해 세성
산으로 들어가 진지를 구축하였다.

세성산 전투서 패배

공주 공격 때맞춰 기포

전봉준 대장과 손병희 통령이 이끄는 양호연합군 2만여 명은 10월 20일부터 논산을 떠나 노성으로 진출했다. 공주성 공방전은 10월 23일부터 3일간, 11월 8일부터 3일간씩 두 차례에 걸쳐 벌어졌다. 이에 앞서 공주성 공격에 때맞추어 내포 일대의 동학군과 목천 지역 동학군이 기포하였다.

내포 일대 동학군은 일본군과 관군을 괴롭히는 성과를 거두었으나 세성산 동학군들은 오래 버텨 주지 못했다. 만일 상당 기간 버텨 주었다면 공주를 공격하는 동학군 주력의 사기는 물론이요 민심의 동향도 유리하게 돌아갔을 것이다. 우선 세성산 동학군의 전투 경위부터 살펴보기로 하자.

동학군은 9월 그믐에 세성산으로 모여들었다. 천안, 전의, 목천 지역 동학군 1천 명 정도는 해월 선생의 항일 기포령에 따라 전의, 천안, 목천관아를 제각기 습격하여 무기를 탈취한 다음 세성산으로 달려갔다. 토성을 흙으로 돋우는 한편 식량을 비축하고 장인을 모아 총기도 제작하였다.

세성산은 북서쪽 백운산에서 뻗어 내린 능선에 있는 야산 봉우리에 지나지 않는다. 그러나 북쪽과 동쪽은 성벽처럼 가팔랐고 서쪽과 남쪽은 밋밋하지만 백제 때 쌓은 토성이 있었다. 산 아래에는 큰 마을이 있어 많은 인원이 숙식을 할 수 있었고 교통도 매우 편리했다.

동학군은 화원마을 뒤쪽 토성 입구에는 돌로 성곽을 만들어 놓았다. 총지휘자는 김복용이었고, 중군은 김영호요, 화포대장은 원전옥이었다. 김용희를 비롯하여 이희인, 김화성, 김성지 등 쟁쟁한 지도자들이 버티고 있었다.

목천은 동경대전 간행 배포한 곳

『천도교서』에 의하면 1882년 8월에 목천 유경순과 김은경이 해월 선생을 찾아와 입도했다고 하였다. 『시천교종역사』에는 "계미(1883년) 2월에 인간소印刊所를 목천군 구내리(區內里, 九溪里) 김은경 집에 설치하고『동경대전』을 판각하였다고 했다. 『순무선봉진등록』에는 다음과 같이 기록하였다.

> 24일에 천안 남죽거리에 사는 비류 김화성과 나채익, 홍치엽, 이선일등을 체포하였다. 김화성을 문초하자 계미년(1883년)에 보은 최시형으로부터 도를 받았으며 목천 복구정 대접주인 김용희, 김성지와 동심결의를 하고 … 동서에 각기 포소를 설치, 동학 포덕에 힘썼다. … 포중包中에서 6천 냥을 모아『동경대전』100권을 간행하였다. 30권은 최시형에게, 70권은 나와 김용희가 반분하였다. … 장인匠人을 불러다 장쟁과 화포를 주조하여 무리를 모아 기포하였다. 9월 그믐에 천안, 목천, 전의 3읍을 쳐서 군물軍物을 탈취, 세성산을 점거하였다.

목천에 동학군이 집결하자 청주병영은 당황하였다. 당시 청주 인근 여러 곳에서 동학군이 일어나 정신을 못 차리고 있었다. 이런 때에 전의 · 천안 · 목천 지역에서 관아를 습격, 총기를 탈취한 1천여 명이 세성산에 집결했다 하므로 진압할 대책이 서지 않았다.

충청감영에 지원을 호소했다. 그런데 호남 동학군이 은진을 점령하자 충청감영은 10월 16일에 다급히 이두황에게 도와달라고 간청했다. 이두황은 명에 따라 공주로 향했다. 부강점을 거쳐 18일에 연기군 봉암동에서 유진 중이었다.

21일에 세성산 전투

10월 20일 새벽이었다. 청주병영에서 급한 연락이 왔다. "목천 세성산을 비류들이 점거하고 있으니 급히 가서 초토하라."는 것이었다. 이두황은 공주로 가던 길을 돌려 20일 아침에 청주 송정리로 향했다. 21일 새벽에 떠나 아침 9시경 세성산에 당도하였다.

이두황은 우선 지형을 살폈다. 산세가 완만한데다 매우 허술한 토성에 동학군은 진을 치고 있었다. 공략에 자신을 가졌다. 7백 명의 병력을 넷으로 나누어 완만한 동남쪽 능선과 골짜기, 그리고 서쪽 능선과 골짜기에는 일부 병력을 매복시켰다. 한 무리는 소토산에 남겨 놓았다.

동학군의 전략은 산세가 완만한 동남쪽과 서쪽에 많은 병력을 배치하는 것이었다. 입구 쪽에 약점이 보였다. 좌우 양쪽 산자락에 올라가 토성 안을 사격하면 막아낼 방도가 없었다. 그래서 이중 삼중으로 입구쪽에 방어선을 쳤다. 동학군 거의가 이곳에 집중되어 있었다.

이두황의 전략은 간단했다. 싸우지 않고 동학군을 도망가게 만들려고 하였다. 도망치면 매복병으로 손쉽게 사살하자는 전략이었다. 드디어 이두황이 출동하였다. 소토산에 남겨 두었던 병력을 이끌고 공달원 성문 입구 쪽으로 다가 올라왔다.

『양호우선봉일기』에 의하면 동학군과 관군은 "반나절을 서로 버티다 관군이 충당衝撞하자 동학군은 서쪽으로 달아났다. 동남 골짜기에 있던 관군도 밀고 올라와 성지를 차지했으며 골짜기에 매복했던 관군은 도망치는 동학군을 십여 리나 쫓아가 사살하거나 붙잡았다."고 했다.

전투를 벌였다는 말은 없다. "관군이 충당하자 동학군은 서쪽으로 달아났다."고 했다. 노획된 이는 김복용을 비롯하여 11명(李福吉, 宋致成, 朴興吉, 金興福, 金英孫, 薛正業, 李英熙, 金炳玖. 高順用, 高成煥)이라 했다. 도망치다 매복병에 사살된 이는 7명이었다.

지도자들 모두 붙잡혀

대접주 김용희, 김성지, 김화성, 그리고 이희인 등도 전투에 참가했으나 도망쳐 버렸다. 화원마을 한명현(韓銘鉉, 1929년생)은 이웃에 살던 황상연(黃祥演, 1887년생)으로부터 "갑오년(8세)에 공달원서 관군과 동학군이 싸웠다. 시신이 산처럼 쌓인 것을 보았다."고 말했다.

만일 공방전을 벌였다면 총지휘자 김복용 등은 현장에서 전사했어야 한다. 그런데 지도자들은 거의가 현장에서 잡히거나 도망했다 나중에 잡혔다. 전투를 벌였다는 기록도 없거니와 체포된 지도자들의 전후 상황을 보면 이두황의 기만술에 넘어간 것으로 보인다.

『일본사관함등』에는 "목천의 김복용은 곧 공량(金公亮)이며 … 큰 괴수이다. … 김형식, 김공량, 안교선, 김금청, 손수문장, 오수영 등은 모두 병천에 산다. 이들을 체포하지 못했으니 어찌 평정했다 하겠는가."라며 의문을 던지고 있다.

지도자 대부분이 피신 중에 체포되어 처형당하였다. 24일에는 앞서 본 바와 같이 김화성 등이 체포되었다. 유명한 이희인과 한철영도 22일에 목천 동리東里에서 붙잡혀 소모관 정기봉에 의해 처형되었다. 이두황은 동학군 처결 결과를 다음과 같이 보고하였다.

26일에 세성산에서 처결한 동학도의 성명은 북접거괴 김복용, 적진중군 김영호, 화포대장 원전옥, 수종隨從 신정문申定文, 송석태宋石泰, 진한식陳漢植 이상 6인은 본진에서 염탐하여 잡았습니다. 박영식朴永式, 박계선朴季先, 임순용林巡用, 이언여李彦汝, 안덕인安德仁, 김정헌金正憲, 진암회陳巖回, 김경백金京伯, 김수여金水汝, 이진여李眞汝, 고춘일高春日, 임천일林千日, 김형옥金亨玉, 김순경金巡京 이상 14명은 찬암군에서 압송해 왔으며, 장돌용張乭用, 안천복安千卜 이상 2명은 소모관에 잡아 보냈는데 도합 22명입니다.

『선봉진서목』에는 "괴수 김용희, 김웅서, 김명준, 서성만은 직산읍 앞들(前坪)에서 10월 29일에 효수하였고 김수영, 유관엽, 신재호, 변정용 등 4명은 선봉진으로 압송하였다."고 했다.

이두황에 속아 무너져

『순무선봉진등록』에는 세성산에서 피신한 동학 지도자 5명을 "11월에 목천 수괴 최창규와 김병헌을 잡았으며 … 목천에서 도망친 적괴 이천여와 김춘일, 김용희를 잡았다."고 하였다. 그리고 이달(11월) 비밀 전령에서 비괴 김복용은 "명일에 병정이 압상했다."고 하였다.

이두황은 반나절을 상치하다 공갈 협박과 감언이설로 회유책을 쓴 것으로 보인다. 물론 확증할 자료는 없다. 동학군 지도자들이 현장에서 붙잡힌 것으로 속임수에 속아 넘어갔다고 보아야 한다. 아마도 이두황은 무리를 버리고 귀순하면 양민으로 받아주겠다고 꼬였을 것이다. 이에 응하자 바로 달려들어 김복용 등을 모두 체포했다. 이를 본 나머지 동학군들은 속았음을 알고 도주했다.

노획품을 보아도 짐작이 간다. 조총 141자루, 창 284자루, 화살(長箭) 3,300개, 편전片箭 2,000개, 청국탄환 26,500개, 철환 35만 6천개, 마름쇠 1,500개,

활촉箭鏃 2,000개, 그리고 백미 266석, 정조 367석, 콩 2석, 보리 8석, 소금 3석 등이다. 많은 노획물은 투항하지 않았으면 불가능하다.

『혁명투사 전봉준』에는 "동학농민군은 370명의 전사자와 770명의 중경상 및 포로 17명의 희생자를 냈다."고 하였다. 그리고 기꾸지(菊池謙讓)는 『동학 당의 난』에서 "일본군이 선두에서 공격 … 시체 370명, 포로 17명, 중경상자 는 400명이 넘었다."고 했다.

일본군이 참가했다는 기록은 어디에도 없다. 그리고 이두황의 보고에도 전투를 벌였다는 기록은 없다. "황상연이 8세 때에 공달원에서 관군과 동학 군이 싸웠으며, 시신이 산처럼 쌓인 것을 보았다."는 증언은 다시 검토해 보 아야 한다.

8세였던 그가 공달원 입구에서 "시신이 산처럼 쌓였다."고 한 것은 사실 일 것이다. 처음 사살한 이는 11명이었다. 이후 5~6일 간 관군이 체류하면서 여러 동학군을 잡아다 처형했다. 이 시신을 쌓아 놓았다면 어린이 눈에 산처 럼 쌓였다고 느껴졌을 것이다.

홍주성 공격 실패

신례원서 관군 격퇴

『창산후인조석헌역사』는 "즉거 면천군하야 유진 숙소하고 24일에 행진하야
덕산군 구만리평에서 유진하고 25일에 예산군 금평면 신례원 후평(뒷들)에
유진 유숙했다."고 하였다. 잠자리는 약 5리에 걸쳐 초막을 치고 해결했다고
한다.

  동학군은 이날 밤 대접주들이 모여 대책을 논의했다. 해월 선생이 있는 청
산으로 가서 합류하자는 의견과 이곳을 떠나면 남은 가족들이 학살당할 염
려가 있으니 갈 수 없다는 의견으로 나뉘었다. 『조석헌역사』는 다음과 같이
기록하였다.

> 도인 23인을 솔하고 심야 순회할 시에 … 하허何許 접중에서 예포 대접주가 명
> 일에 솔대진率大陣하고 법소에 입거하기로 작정하니 차진此陣 약 10일만 무한
> 경우에는 노약老弱은 일인 생활이 무할 테니 명일 조조에 … 부모처자를 생각
> 하는 도인은 노하路下로, 불고 부모처자하난 자는 부동하라 하자고 약속을 정
> 하는 것을 문지聞之 … 종야토록 전전 불매不寐하다.

26일 아침이 되자 사정은 달라졌다. 홍주 의병 1천여 명이 동학군을 선제공격
하여 왔다. 그들은 예산, 대흥, 홍주 세 고을에서 민정을 동원 천 명의 병력을

급조하여 이끌고 나타났다. 유회장 김덕경은 빙현에서 대포로 공격해 왔다.

엄청난 수의 동학군은 포위작전을 펴가면서 반나절을 역공했다. 유회군은 패주하였고 뒤따라오던 일본군도 철수하였다. 조석헌은 '26일에 … 유회장두 김덕경이 예산 관작골 빙현에서 사격하매 응성應聲 대전이승大戰而勝'했다고 하였다. 『주한일본공사관기록』은 다음과 같다.

> 어제 23일(음) 아침 신례원에 동학도가 모였다고 하여 홍주의 민병 약 1,000여 명이 … 먼저 떠난다고 알려 왔다. 곧 저녁밥을 먹고 역리驛里에 이르렀다. 이 때 민병이 패해 퇴각하고 있었다. 적병 2만은 고지에 … 5천 명은 중앙 밭에서 예산을 향해 행진하려 하였다.

『개벽』에는 관군 측 지휘관은 김병돈과 이창운, 주홍섭, 한기경 등이었으나 전사했다고 하였다. 확인하기는 어렵다. 동학군은 여세를 몰아 예산관아를 습격하고 덕산 쪽으로 이진했다. 27일에 동학군의 주력은 삽교천 일대에 유진하였다.

통한의 홍주성

10월 28일은 수운 선생 탄신 60주년 기념일이다. 기도식을 올리고 점심 후 2만의 동학군은 홍주성 외각에 당도하였다. 일본군 일부는 성 밖으로 나와 방어선을 쳤다. 첫 전투는 빙고치 언덕 밭에서 벌어졌다. 동학군의 맹렬한 공격에 밀린 일본군은 성안으로 들어가 버렸다.

동학군이 북문 앞으로 접근하자 일본군은 8백 미터 밖에서 사격을 가해 왔다. 한편 동학군은 동문 앞 6백 미터 밖에 있는 숲을 의지하여 서서히 접근하였다. 어두워지자 민가에 불을 질렀다. 연기가 나는 틈을 타서 남문 밖 1

백 미터까지 접근하였다. 여기서 피아간에 맹렬한 사격전이 벌어졌다.

동학군이 북쪽에 있는 향교에 들어갔다. 그런데 유생들이 막고 나섰다. 동학군은 격분한 나머지 이들(吳景根·崔敏志·方世應·方世奎·李準馥·徐宗得·崔學信)을 처단하였다.

동학군은 어둠 속에서 계속 총공격을 가하였다. 한 무리는 동문(朝陽門)을 공격하고 한 무리는 성을 넘기도 하였다. 조양문 앞 4십 미터까지 접근하여 대포로 공격했다. 구식 포탄을 맞은 성문은 부서지지 않았다. 이때 일본군의 역공으로 엄청난 희생자를 내고 물러나야 했다.

홍주성은 1491년에 축성하였다. 높이 4미터, 둘레 2킬로미터 정도로 그리 크지 않다. 성 밑으로 접근한 동학군들은 볏짚을 쌓아 올렸다. 잠시 후 동학군들은 볏짚을 밟고 성루를 기어오르려 하였다. 이때 관군이 기름을 붓고 불을 질렀다. 춘암 박인호 선생은 다음과 같이 증언하였다.

> 우리는 짚 한 묶음씩 가지고 성 밑으로 가서 그것을 쌓아 놓고 성을 넘기로 하였다. 어둔 밤 징을 울리며 성으로 달려 진격한 우리 동학군은 쌓아 놓은 짚단 위에 불이 당겨 타죽는 사람, 넘어가려다 안에서 쏜 총에 맞아 죽는 사람, 시간이 지날수록 홍주성을 쳐들어가기커녕 성내의 사기만 더 북돋우게 만들었다.

『조석헌역사』에서도 동학군은 "해·자시에 환퇴 산귀했다."고 하였다. 총공격에 나섰던 동학군은 밤 12시경에 공격을 멈추고 말았다. 『주한일본공사관기록』에는 동문에서 벌어진 동학군과의 공방전을 다음과 같이 기록하였다.

> 적의 한 부대가 동문 앞 약 600미터에 있는 숲 속으로 다가왔다. 민가에 불을 지르고 불길이 솟아오르자 100미터 가까이 다가와 맹격해 왔다. … 드디어

동문 앞 40미터 지점에 대포를 끌고와 마구 쏘아댔다. 우리 군은 최선을 다해 싸웠다. 오후 7시 30분 총소리가 거의 멈추었다. 우리 군과 홍주민병은 성벽에 의지해 밤을 새웠다.

29일(양11.26) 아침에 동학군은 식량 공급이 제대로 되지 않아 통솔이 불가능해졌다. 빙고치 언덕에 있는 병력만 남겨 두고 1천5백 미터 떨어진 매봉으로 물러나 대포만 쏘아댔다. 일본군과 관군은 유인작전으로 알고 한 발짝도 나오지 않았다. 이날 밤 동학군은 스스로 물러났다.

홍주성을 공격하다 희생된 동학군은 얼마였는지 확실한 숫자는 모른다. 『양호우선봉일기』에는 동문 밖 "백여 보 사이의 길가에 적의 시체가 산처럼 쌓였고 숲처럼 깔려 있었다."고 했다. 『주한일본공사관기록』에는 2백여 명이라 했으나 적어도 3백 명은 넘었을 것이다.

『주한일본공사관기록』에는 11월 1일에 물러난 동학군이 갈산 지역으로 가서 머물러 있다는 보고를 받았다. 45명의 병력을 급파했다. 그러나 아무도 없었다. 아침에 이미 해미성으로 이동해 갔다고 한다. 물러난 동학군 중 많은 인원은 덕산 역촌과 예산 역촌으로 갔다.

『양호선봉진일기』에는 "적도 4~5만이 예산 역촌과 덕산 역촌에 분둔해 있다가 본진(이두황군)이 쫓아온다는 말을 듣고 해미성으로 물러갔다."고 하였다. 며칠간 유진했던 동학군은 해미 쪽으로 가서 합류했다. 이곳에 많은 동학군이 모이게 된 것은 숙식을 해결할 수 있었기 때문이다.

동학군이 패했다는 소식이 전해지자 양반 세력들은 유회소 등을 세우고 동학군을 잡아들이는데 혈안이 되었다. 이들에게 잡혀 죽은 이가 얼마인지 헤아릴 수 없다. 저들은 나라의 주권을 지키기 위해 항일전에 나섰던 동학군을 반역으로 몰아 마구 학살하였다.

해미성 동학군도 연패

해미성으로 후퇴한 인원은 1천 명이 넘었다. 인근에 있는 귀밀성과 도루성에도 몇백 명씩 주둔해 있었다. 이두황은 동학군이 사기가 떨어진 틈을 타서 해미성을 기습공격하기로 했다. 우선 "내일(7일) 해미성을 공격하려 하니 병력을 보내달라."고 홍주성에 요청해 두었다.

가야동으로 이진한 그는 일락산을 넘어 7일 새벽에 기습할 계획이었다. 11월 6일 저녁에 병졸 6십 명을 이끌고 일낙산 정상 석문봉으로 올라갔다. 지형을 살펴보니 서쪽 4킬로미터 지점에 해미성이 보였다. 삼경이 지나자 전군을 산상으로 불러올렸다.

동이 트기를 기다렸던 이두황은 드디어 해미성을 향해 출동하라는 명령을 내렸다. 해미성 인근에 접근한 관군은 동학군이 아침을 준비하고 있음을 알았다. 이두황은 북쪽 능선과 향교 부근 요소요소에 병력을 배치하고 아침 먹는 시간을 기다렸다. 이윽고 동학군들은 식사하라고 불러댔다.

이때 이두황 관군은 북쪽 성벽을 타고 넘어가 내리 공격했다. 동학군은 우왕좌왕하다 간신히 대오를 갖추고 반격했다. 그러나 때는 늦었다. 북서쪽으로 탈출하자 이두황군은 수십 리를 뒤따랐다. 『양호우선봉진일기』에는 1백여 명을 붙잡았고 사살자도 4십여 명이라 하였다.

해미에서 후퇴한 동학군은 곧 당진, 면천, 서산, 태안으로 흩어졌다. 그중 1천여 명은 서산 매현에 가서 진을 쳤다. 이곳으로 모인 동학군은 대부분이 서산과 태안 출신들이었다. 이튿날인 11월 8일에 이두황은 참령관 원세록에게 1개 중대를 이끌고 가서 추격 공격하라 하였다.

서산 매현서 최후 전투

이튿날(9일) 참령관 원세록이 1개 중대를 인솔하고 서산 지방을 순초하다가 동학군의 큰 무리가 매현에 있는 것을 발견했다. 매현은 높은 산으로 둘러싸여 있었으며 안쪽도 둥글었다. 망원경으로 살펴보니 주변에는 깃발을 꽂고 적들은 가운데 모여 밥을 짓고 있었다.

어둑어둑해질 무렵에 눈치 채지 못하게 원세록이 이끄는 관군은 서산읍으로 들어가 잠시 쉬었다. 황혼이 감돌자 적들은 서로 밥을 먹으라며 불러댔다. 밥을 먹기 시작하자 불시에 나타나 함성을 지르며 총을 쏘아댔다.

동학군은 저녁을 먹다 기습을 당했다. 교전한 지 2시간 후 화약더미에 불까지 붙어 폭발하였다. 굉음 소리에 동학군도 놀랐고 관군들도 놀랐다. 동학군은 흩어지고 말았다. 서산 매현은 어디에 있을까? 참령관 원세록은 서산읍내에, 그리고 산기슭에 있다고 했다.

서산시 읍내동(邑內洞, 530~3)에 거주하는 심학기(沈鶴基, 1920년생) 씨는 "해방 직후 동리 어른들로부터 마사에서 동학군과 관군이 싸웠다."는 말을 들었다고 했다. 이 마사리는 바로 읍내동에 있다. 원세록이 매현이라 기록한 지형과 너무도 일치한다.

서산전투에서 흩어진 일부 동학군은 태안 백화산 밑으로 집결했다. 여기서 일본군과 관군을 맞아 저항해 보려 했으나 추위가 심해 흩어지고 말았다. 일본군은 "추위가 혹심하여 산중에 잠복할 수 없을 것이니 각 병참지 수비병은 … 민가를 뒤져서 모두 토벌하라."고 명령했다. 그리고 동학군을 잡으면 현장에서 타살하라는 지시도 내렸다. 11월 14일에 출동한 사이또(齊藤) 소위는 1개 소대를 이끌고 해미로 가서 잡은 동학군을 때려죽였다. 관원이 인도한 2명을 참살하고 48명은 총개머리로 때려 죽였다. 일본군의 학살 행위는 무자비했다.

호남·기호 동학군 논산서 합류

전봉준 대장 삼례 진출

9월 기포의 성패는 동학군 주력인 전봉준 대장 휘하 호남군과 손병희 통령 휘하 호서 동학군에 달려 있었다. 공주성 공격의 성공 여부는 민심의 동향을 바꿔 놓을 것이다. 양호 동학군 주력이 논산까지 진출 합류하는 과정을 살펴 보기로 한다.

8월 중순부터 항일전 준비에 들어간 전봉준 대장은 보수 양반층을 설득해 보려고 하였다. 그러나 의외로 일본군이 왕궁을 점령했음에도 불구하고 유 생들은 항일전에 나서려 하지 않았다. 오히려 항일전에 나선 동학군을 적대 시하고 있었다.

반 동학 세력의 선봉은 나주목사 민종렬이었다. 손화중 대접주와 최경선 접주 휘하 동학군들은 민종렬 때문에 발목이 잡혀 빠져나오지 못하고 있었 다. 전봉준 대장은 고민 끝에 민종렬을 직접 만나 담판을 지어 보려 하였다. 김학진 감사의 서찰과 비장 및 관원 몇 사람, 그리고 수하 10여 인을 대동하 고 8월 13일에 나주성으로 들어갔다. 왜병이 왕궁을 점령한 것은 이 나라를 강점하려는 행위이니 힘을 합쳐 왜적을 물리치자고 제안하였다. 그러나 민 종렬은 거절하였다. 전봉준 대장은 보수 세력의 편협한 생각을 통탄했으나 대책이 없었다. 나주 민종렬의 반 동학 행위는 혁명운동은 물론이요, 항일전 에도 막대한 지장을 초래하였다.

전봉준 대장은 동학 지도자 회의가 열리는 9월 12일에 수백 명의 병력을 이끌고 삼례로 진출했다. 『전봉준공초』에서 "삼례에는 9월 12일에 진출했다."고 하였다. 뒤이어 금구의 조진구, 전주의 송일두, 최대봉 등이 동학군을 이끌고 왔다. 처음엔 수백 명이었으나 나중엔 4천 명에 이르렀다.

9월 9일부터 몇몇 군현의 무기를 탈취하기 시작하였다. 9월 14일에 이르러서는 동학군 8백여 명을 동원하여 전주감영으로 들어가 총 251자루와 창 11자루, 그리고 경군이 놓고 간 화포 474자루, 탄환 9,773개, 탄자 41, 237개, 환도 300자루를 가지고 삼례로 돌아왔다.

『주한일본공사관기록』에는 회룡포 400정, 동 탄환 4만 개, 회선포 1문, 극로포(極老砲, 쿠르프) 1문, 개화포 1문을 가져갔다고 하였다. 제대로 무장한 4,000명 병력은 10월 초에 여산을 거쳐 강경포와 은진으로 나누어 논산에 이르렀다.

『전봉준공초』에 "어디서 병력을 모았는가?" 묻자 "전주와 논산서 초집했다."고 하였다. 그리고 "공주에 이르렀을 때 몇 명이나 되었는가?" 묻자 "만여 명"이라 하였다. 약 6천 명을 은진, 강경포, 논산에서 모은 셈이다.

공주창의소 의장 이유상은 충청감사에 보낸 글에서 10월 12일에 논산포에서 전봉준 대장을 만났다고 하였다. 이것으로 미루어 10월 12일에 논산에 당도한 것이 분명하다.

해월 선생은 10월 9일경 전봉준 대장에게 '손병희 통령이 이끄는 기호 동학군이 10월 15일경 논산에 당도하게 될 것'이라고 알렸다. 전봉준 대장은 이들과 합류하기 위해 10월 12일에 논산으로 진출한 것으로 보인다.

논산에 당도한 전봉준 대장은 무척 기분이 좋았다. 여러 지역 동학군이 다수 참가하였을 뿐만 아니라 공주 유생의 거두로 알려진 이유상 의병장이 항일전에 호응해 왔기 때문이다.

이유상은 10월 15일자로 충청감사에게 한 통의 글을 보내 항일의 뜻을 밝히고 박제순 감사를 책망하였다.

기호 동학군의 출동

수도권 지역에 동학 세력이 늘어나자 개화당 정부는 수도 방위 차원에서 군대를 동원하였다. 그래서 죽산부사에 장위영 영관 이두황을, 안산(安山, 安城) 군수에 경리청 영관 성하영을 차출하여 군대를 끌고 가게 했다. 장위영 영관 이두황은 9월 20일에, 경리청 영관 성하영은 이틀 늦은 9월 22일에 내려갔다. 『고성부총쇄록』에는 내려간 경병의 총수는 5백명씩이라고 하였으나 실지는 각기 7백여 명씩 이끌고 갔다.

한편 정부는 9월 21일에 양호도순무영을 설치하고 호위부장 신정희를 도순무사로 임명하였다. 그리고 9월 26일에는 장위영 정령 이규태를 순무선봉장으로 임명하고 출동하게 했다.

이즈음 동학군들은 죽산부와 안성군, 음죽현에 뒤이어 이천관아를 습격, 무기를 탈취하기에 이르렀다. 수원 지역 동학군들도 수천 명씩 모였다 흩어졌다 했다. 소사에서는 수만 명이 모여 있었다고 했으며 시흥과 강화도에도 움직임이 엿보였다.

그리고 음성 · 진천 지역 동학도들도 1,000여 명이 9월 20일경부터 광혜원에 모였다. 『백범일지』에 "수만 동학군이 행인들을 검사하였고 … 평소 동학당을 학대하던 양반들을 잡아다 길가에서 짚신을 삼게 하였다."고 했다.

진천공형의 보고에 "안성과 이천 동학도 수만 명이 9월 29일에 읍 주위를 서너 겹으로 에워싸고 동헌으로 들어와 현감과 공형, 그리고 관속들을 결박하고 군기고의 병기를 하나도 남김 없이 탈취해 갔다."고 하였다.

한편 일본군도 동학당 초멸에 나섰다. 군용전신선의 보호를 위해 부산과 서울 사이에 19개의 병참소가 설치되어 이미 동학 활동을 주시하고 있었다. 서울에 있던 수비대 일부 병력과 수원에 배치되었던 7십 명의 병력을 출동 시켰다.

관군과 일본군 출동

이두황과 성하영은 동학군이 의외로 강한 사실을 알고 선뜻 출진하지 못하고 있었다. 일본공사는 "죽산 동비들이 무상 출몰하는데 귀국 병정은 부내만 지키고 전진 초멸하려 하지 않는다."며 개화당 정부를 추궁했다.

『이천독립운동사』는 "이천 부악산에서 동학군과 전투를 벌였다. 일본군의 신식 무기에 밀려 충청도 쪽으로 몰려 내려갔다."고 하였다.

음성군 삼성면 대정리 황새말에 충의포(손병희) 도소가 있었다. 황산도소 휘하에는 강원도 홍천과 경기도 남동부 지역 및 충청도 북부 지역 도인들도 모여 있었다. 이들은 진천 관아를 습격한 다음 충주 외서촌 무극장터와 진천 구만리 장터 두 곳에 집결해 있었다.

순무영은 이두황과 성하영에게 10월 9일 충청도로 내려가 동학군을 섬멸하라고 명령하였다. 각각 7백여 명의 병력을 이끌고 출동하였다. 이들은 동학군과 대결할 자신이 없었다. 미적거리며 12일에야 청주 병영에 당도하였다.

한편 10월 4일경에 기호 동학군은 무극장터에서 신재련 동학군과 합류하여, 10월 5일 보은을 향해 떠났다. 가는 도중 괴산읍을 습격하여 무기와 군량미를 확보하기로 하였다. 북서쪽 길과 남쪽 길로 협공하기로 하였다.

괴산 관아 쉽게 점령

동학군이 몰려온다는 급보를 받은 일본군 충주 병참부는 10월 5일에 2개 분대(27명)를 괴산으로 급파하였다. 일본군은 6일 아침에 떠나 6킬로미터 지점인 애재마을(阿城里)까지 왔을 때 동학군과 만나 싸우게 되었다. 몇 시간 후 일본군은 5명의 사상자를 냈다. 하라타(原田) 소위도 부상을 당해 충주로 도망가고 말았다.

일본군과의 첫 전투에서 승리한 기호 동학군의 사기는 충천하였다. 물러가는 청군으로부터 몇십 자루의 신식 무기를 손에 넣은 것 같다. 손천민의 청의포도 괴산 공략에 합류하였다. 손천민은 해월 선생의 항일 기포령을 받고 수천 명 동학군을 모아 9월 24일에 청주성을 공격했다. 병영에서 북으로 5리 정도 떨어진 쌍다리(雙橋, 가는 다리) 장터에 모였다가 쳐들어 갔다. 창과 죽창으로 무장한 이들은 청주 진남영군과 상대하기에는 역부족이었다. 한나절이나 청주성을 공격했으나 수십 명의 희생자만 냈다. 힘이 달리자 물러서게 되었고 청주성 공격은 실패하고 말았다. 흩어졌던 이들은 10월 3일경에 다시 모였다. 충의포 휘하 동학군과 같이 괴산읍성을 공격하기 위해서였다. 안성 정경수와 이천 김규석은 북서쪽에서, 이종훈과 이용구 그리고 손천민은 남쪽에서 공격해 들어가기로 하였다.

괴산읍에서 무기와 식량을 보충한 기호 동학군은 7일 아침 보은 장내리에 도착하였다. 『균암임동호씨약력』에 의하면 "청주 청천시靑川市에서 숙박하고 익일(8일)에 행진하여 보은 대바위 동리에서 숙박하고 익일(9일)에 장안(帳內) 동리에 도착했다."고 하였다.

1백여 호 정도의 민가가 있었다. 동학 본부격인 대도소도 있었다. 대도소 건물은 1894년 6월경에 새로 지었다. "3월에 팔도 도인이 협력하야 장안에 장 8간, 광 6간으로 대도소를 지었다. 3개월여에 준공하였다. 의암성사(=손병희)가 주무하셨다."고 한다.

손병희 대접주는 여러 지도자들과 같이 장내리 대도소에서 기다리고 있었다. 잠자리가 턱없이 부족하여 4백여 채의 초막 움집을 만들었다. 하루를 쉬고 10월 11일에는 청산으로 내려갔다.

청산서 논산으로 출발

해월 선생은 11일 오후에 청산에서 호서 동학군 수천 명을 맞았다. 옥천접주 박석규와 황간접주 조재벽과 유병주, 오성서, 이복록, 유현주 등도 수만 동학군을 이끌고 와 있었다.

　12일에 해월 선생은 각 포 두령을 불러 모았다. 그리고 손병희를 통령으로 임명하고 곧 "전봉준이 있는 논산으로 가서 합류하라."고 명령하였다. 선봉에는 정경수, 후진에는 김규석, 좌익에는 이종훈, 우익에는 이용구를 세우고, 중군은 손병희가 맡았다. 선봉으로 임명된 정경수는 군인 출신이 아니었을까 싶다.

　10월 14일에 경기 · 호서 동학군은 두 갈래로 나뉘어 떠났다. 옥천, 황간, 영동 지역 동학군들은 회덕과 지명을 거쳐 공주군 한다리로 진출하였다. 그리고 손병희 통령은 휘하 약 5천 명을 이끌고 옥천 심천면을 거쳐 논산으로 갔다. 손병희 통령은 10월 15일 오후에 도착하였다. 나머지는 17일까지 뒤따라 왔다. 전봉준 대장과 손병희 통령은 서로 얼싸안고 형님, 동생이라 불렀다. 호남 동학군과 기호 동학군은 논산에서 드디어 합류한 것이다. 전봉준 대장과 손병희 통령은 곧 양호창의소를 설치하였다.

호남·기호 동학군 공주 공격

일본군 공주에 급파

논산에 주둔했던 양호 동학군은 10월 21일부터 움직이기 시작했다. 일단 노성까지 진출했다가 10월 22일에는 경천으로 올라갔다. 전봉준 대장 휘하에는 1만 명이, 손병희 통령 휘하에는 5천 명이 있었으며, 그 밖에 인근 지역에서 모인 동학군 약 10,000명이 줄을 이었다.

공주를 둘러싼 산세는 험준하고 마치 성채와 같았다. 북서쪽은 금강이 흘러 막혀 있었다. 공주로 통하는 길은 동쪽의 능티(熊峙)와 남쪽의 오실과 우금티, 서쪽은 견준산과 주봉 사이로 넘어가는 길이 있다.

공주에는 감영군과 일본군 1백 명이 버티고 있을 뿐이었다. 충청감사 박재순의 다급한 요청으로 이규태는 성하영 관군 4백6십 명을 10월 20일경에 공주로 급파하였다. 동학군이 이인으로 향했다는 첩보에 따라 충청감영은 관군과 일본군을 출동시켰다.

10월 23일, 구완희는 감영군 4분대를, 성하영은 경리청병 1소대를 이끌고 일본군 소위 스즈키(鈴木彰)와 같이 세 방향에서 밀고 내려갔다. 동학군은 서전을 벌인 다음 재빨리 이인역 뒷산 취병산으로 올라가 방어진을 쳤다.

관군과 일본군도 뒤따라 공격해 올라왔다. 동학군 중에는 약 4십 명 정도가 회선포(回旋砲, Snider)를 갖고 있었다 한다. 『공산초비기』에는 "날이 저물자 엄청나게 동학군이 밀려와 관군과 일본군은 공주로 철수해 버렸다."고 기록되어 있다. 유회장 이유상은 동학군과 같이 선봉에 섰다고 한다.

양호 동학군 능티서 격전

호남·기호 동학군은 전봉준 대장의 지휘로 24일 아침 공주 동쪽 효포까지 단숨에 밀고 올라갔다. 효포에는 홍운섭과 구상조가 2백8십 명을 이끌고 지키고 있었다. 우영장 이기동과 경리청대관 백낙완은 2백8십 명의 병력으로 공주 안쪽 금강나루와 산성을 지키고 있었다.

동학군이 효포에 이르자 관군과 감영군은 공주로 넘어가는 길목인 능티 일대와 봉화대 일대로 물러났다. 충청감사 박재순은 봉화대에서 지휘하였다. 동학군은 자치봉(?)을 차지하였다. 관군이 결사적으로 반격하자 동학군은 이 자리를 내주고 말았다. 산세가 험한데다 이날 저녁 비까지 내렸다. 날이 저물자 공주 동쪽 산상 일대에는 동학군들이 불을 피우고 밤을 새웠다. 관군 측은 "사람이 산을 이루고 바다를 이루었으니 그 수는 항하사와 비할 수 있다."고 하였다.

이날(24일) 저녁 늦게 양호선봉장 이규태가 이끄는 관군과 모리오가 이끄는 일본군 1백여 명이 공주에 당도하였다. 일본군 스즈끼는 이들과 교대하여 올라가 버렸다. 동학군은 25일 아침부터 총공격에 나섰다. 전봉준 대장은 가마를 타고 지휘에 나섰다.

관군과 일본군 3십 명은 필사적으로 능티를 사수하기 위해 안간힘을 다했다. 봉수재의 선봉장 이규태도 동학군의 공격을 받고 위기에 처했다. 구원군이 달려와 간신히 위기를 면했다. 이때 좀더 맹렬하게 공격을 가했더라면 능티와 봉수재를 돌파할 수 있었을 것이다.

한편 24일에 동학군이 효포를 점령하자 안성군수 홍운섭은 금강 북동쪽 한다리 동학군 수천 명이 마음에 걸렸다. "옥천포 동학군 수천 명이 공주 동쪽 30리 떨어진 대교에 모여 관군을 배후 협공할 준비를 하고 있었다. 만일 이들이 협공해 오면 관군은 난처하게 되어 있었다.

홍운섭은 먼저 한다리 동학군을 기습 격파하기로 하고 한밤중에 한다리로 갔다. 25일 아침 조반을 먹기 위해 마음 놓고 모여 있는 천여 명 동학군을 기습하였다. 제대로 저항해 보지도 못하고 동학군은 패산하고 말았다. 홍운섭은 25일 오전에 공주로 돌아왔다.

관군이나 동학군은 3일간 밤낮 산상에서 능티를 둘러싸고 공방전을 벌였다. 추위에 떨며 제대로 먹지도 못하고 잠도 자지 못해 지칠 대로 지쳐 버렸다. 『순무사정보첩』에 "25일 … 날은 어두워지고 병사들이 피곤하여 싸우기가 어려웠다. 오경(五更, 26일 날 샐 무렵)에 지쳐 버린 동학군이 남쪽 30리 지점에 있는 경천점으로 물러났다."고 하였다.

양호 동학군의 2차 공격

2차 공격은 10여 일 후인 11월 8일부터 시작되었다. 2차 공격에는 약 3만 명이 동원되었다. 관군과 감영군도 늘어나 1천5백 명에 이르렀다. 그중 관군은 통위영병 2개 소대, 경리청병 4개 소대 도합 8백1십 명을 거느리고 있었다. 일본군도 1백4십 명으로 늘어났다.

『공산초비기』에는 "적병이 노성과 경천으로 다가오자 11월 3일(양 11.29)에 선봉진과 일본군은 병력을 3분하여 널티(阪峙, 板峙)와 이인과 영하(營下)에 배치하였다."고 했다. 판티에는 구상조(具相祖)를, 이인에는 성하영을 보냈다.

11월 8일에 판티를 지키던 경리청 참관 구상조로는 "오후에 … 동학도 몇만 명이 혹은 경천점에서 바로 올라오고, 혹은 노성 뒤쪽 봉을 넘어 포위하며 올라왔다. 포성이 진동하고 깃발이 어지럽고 고함을 지르며 일제히 진격하고 있다."고 했다.

이인을 지키던 성하영도 "동학도 몇만 명이 논산에서 곧바로 고개를 넘어 밀고 올라와 오실 산길을 따라 에워쌌다. 막아내기 어려워 지형이 유리한 효포와 능티 고봉으로 옮겨와 살피고 있다."고 하였다.

『남정록』에는 "11월 7일 … 저녁 때에 동학군이 … 취병산을 둘러쌌다. … 어두워지기를 기다렸다가 밤중에 안개가 자욱이 깔려 … 지척을 분간할 수 없게 되자 겨우 빠져 나와 공주로 달려왔다."고 하였다. 그는 "손화중이 상래上來했다."고 하였다. 손병희 통령을 손화중으로 잘못 안 모양이다.

2차 공주 공격은 호남 동학군과 기호 동학군이 동서로 지역을 나누어 공격했다. 효포 쪽은 전봉준 대장이, 우금티 쪽은 손병희 통령이 맡았다. 『균암장임동호씨약력』에는 "공주로 행진하는데 전(全琫準)은 … 공주산성으로 입하고 본진(畿湖) 여러분은 이인에서 … 서西로 공주를 공격하여 들어갔다."고 하였다.

1차 공격 때는 연합하여 이인과 효포 지역을 집중 공격했으나 2차 공격은 저들을 분산시키기 위해 동서로 전선을 넓힌 것이다. 예상대로 관군과 일본군은 분산되었다. 그러나 공주의 산세는 공주 안쪽은 완만한데 비해 동학군이 공격해 올라가는 쪽은 매우 가팔랐다. 마치 자연 토성과 같았다.

길목마다 혈전 거듭

『순무선봉진등록』에는 "9일 날이 밝자 적의 진세를 살피니 … 보이는 봉우리마다 온갖 깃발을 꽂아 놓았다. 동쪽 판티 후봉에서 서쪽 봉황산 후록까지 30~40리에 연달아 산상에 진을 쳤다. 마치 사람으로 병풍을 두른 듯이 기세가 대단했다."고 하였다.

3만 명에 이르는 동학군은 공주로 통하는 봉우리마다 수백 명씩 진을 치고 있었다. 그러나 무기는 고작 사정거리 5십 미터의 화승총뿐이었다. 이 정도로 신식 무기를 갖춘 일본군을 당해 낼 재주가 없었다. 일본군은 접근전을 피했다. 2백~4백 미터 밖에서 조준사격을 가했다.

11월 9일 12시경부터 피아간의 전투는 치열해졌다. 『주한일본공사관기록』에는 "오전 10시 우금티에서 약 10리 떨어진 이인 가도에 적도 1만여 명이 나타나 서쪽 방향에서 다가왔다."고 하였다. 그리고 "삼화산의 적(약 1만명)은 오실 뒷산을 향하여 전진하여 왔다."고 했다.

『갑오관보』에는 동학군의 공격 모습을 "산등에 늘어서서 일시에 방포하고 산 안쪽으로 몸을 숨겨 버렸다. 적이 봉우리를 넘으려 하면 관군은 다시 산등에 올라 총을 발사하기를 40~50차례나 하니 시체가 산에 가득히 쌓였다."고 하였다.

수세에 몰렸던 일본군과 관군은 10일 2시경에 역공으로 나왔다. 경리병 5십 명을 전진시켜 140~150미터 떨어져 있는 동학군의 좌측을 공격하였다. 월등한 화력에 밀린 동학군은 산상으로 후퇴하였다. 이때 일본군이 가세하여 집중 공격을 퍼부었다. 소비 탄약이 2천 발이나 되었다고 한다.

기호 동학군 우금티 공격

이때 손병희 통령 휘하 기호 동학군은 우금티 서쪽과 주봉 일대에서 공격해 들어갔다. 『천도교서』에 의하면 이종훈, 홍병기, 이용구, 임학선, 이승우, 최영구 등이 측근에서 활동하였다고 했다.

『시천교종역사』에는 "드디어 봉황산(두리봉—필자 주)을 향해 진격하자 경병과 일병이 산을 따라 사격하여 왔다. 교도들은 죽음을 무릅쓰고 전진하여 양군은 10여 차례나 교전을 벌였다. 이용구는 정강이에 총상을 입었으며 일본군이 압박해 오자 무너지고 말았다."고 했다. 그러나 동쪽의 능티와 향봉 쪽 동학군들은 여전히 공격의 고삐를 늦추지 않았다.

〈동학농민전쟁 우금티기념사업회〉는 현지 답사를 통해 많은 구전 자료들을 모았다. 『공주와 동학농민혁명』에 의하면 공방전이 벌어졌던 곳은 25개처가 넘는다고 한다. 격전지를 추려 보면 동쪽의 널티, 성재, 효포, 능티 일대, 봉황대 일대, 능암산 일대와 가마꼴 등이다. 서쪽으로는 막꼴, 오실, 남월, 주미산, 외터, 절골, 방죽골, 은골, 승주골, 사갓재, 우금티 일대, 견준산 일대, 새재 일대, 두리봉 일대, 옥녀봉 일대, 일낙산 일대, 도장대, 군량골 등이다. 『주한일본공사관기록』은 최후의 전투 상황을 다음 요지와 같이 기록하였다.

주한일본공사관기록

12월 4일(음11.8) 오후 4시에 판티를 맡고 있던 경리영병은 적(東學軍)의 공격을 받자 공주로 퇴각했다. 당시 공주에는 관군 810명과 일본군 1개 소대와 2개 분대가 빠진 중대병력이 있었다. 통위영병 250명은 월성산 요지를, 경리영병 280명은 향봉 부근을 막았다. 경리영병 280명은 이인에서 우금치로 퇴각하였고 일군 2중대가 우금티를 지켰다. 오후 5시 20분 스즈끼 특무조장은 … 우금티와 이인가도를 … 대위 모리오는 2분대가 빠진 제3소대를 이끌고 향봉 부근을 지키게 하였다.

향봉산에서 약 1,400미터 떨어진 산 위 일대에 적도 2만 명이 모여 있었으며 동남쪽을 포위하면서 연달아 총과 포를 쏘아댔다. 다음날 아침까지 서로 대치하였다. 5일(음 11.9) 오전 10시경 이인가도와 우금티 일대의 적도 1만 여 명이 우익 서쪽으로 급진해 왔다. 우금티를 빼앗기면 공주를 지킬 방도가 없다. 삼화산三花山의 적 1만여 명도 오실 뒷산을 향해 전진해 왔다. 이곳 역시 공주의 요지이다. 나카노(中野) 군조에게 1개 분대와 한국군 1개 분대를 이끌고 오실 뒷산을 지키게 했다. 오전 10시 40분경 적은 우금티 전방 5백 미터 떨어진 산 위까지 왔다.

1개 분대를 견준산 산허리에, 1개 분대를 우금티 산허리와 이인가도 오른쪽에 배치하였다. 그리고 경리영병 280명은 봉황산에, 나머지 2개 분대는 우금티에 배치하였다. 또한 제3소대를 우금티에 증파하였고 경리영병은 가까운 적을 사격하게 하였다. 그러나 적은 교묘히 지형을 이용, 약 2백여 명이 우금티 꼭대기에서 약 150미터의 산허리로 진격해 왔다. 선두 5~6명은 몇 미터 앞 사각 지점까지 육박했으며 앞산의 적도 전진해 왔다. 수 시간에 걸쳐 격전을 벌였다.

오후 1시 40분 경리영병 50명을 우금티 전방 산허리로 진격시켜 140~150미터의 전방의 적 왼쪽을 사격케 하였다. 적은 약 5백미터의 산꼭대기로 퇴각하였다. … 경리영병이 급사격을 가하자 적이 동요하는 빛을 보였다. 이때 1개 소대와 1개 분대를 적진에 돌입케 하였다. 적이 퇴각하자 경리영병에게 맡기고 중대는 이인가도로 나가 적의 퇴로를 공격하였다. … 그러나 동남쪽의 적도 여전히 퇴각하지 않으므로 한국군에게 우금티, 오실, 향봉, 월성산 등의 경계를 맡기고 나머지 대원을 공주로 철수시키니 오후 8시였다.

능티와 우금티 턱밑까지 공격해 들어갔으나 관군과 일본군의 원거리 사격에 밀려 물러나야 했다. 최후의 전투일은 11월 11일이다. 후일 우금티 너머에 동학혁명군위령탑이 세워져 있다. 고개를 넘지 못한 동학군의 통한을 달래기 위해 고개 너머에 세우게 됐다고 한다.

삼암 표영삼 연보

1926.1.30(음1925.12.17) 평안북도 구성군 오봉면 봉덕동(리)에서 부 표원묵(表元黙)
과 모 김안화(金安嬅) 사이에서 출생. 집안은 3대째 천도교 신앙(조부 表春學 이
후, 외조부 金元燮도 독신교인). 본명 표응삼(表應三, 또는 應隣), 훗날 천도교중앙총부
의 선배(朴應三) 동덕이 계시므로 영삼(映三)으로 개명(改名). 도호 삼암(三菴).
1930. 5, 6세경부터 구성교구 봉덕동전교실에 출석. 조부로부터 천자문 수
학. 오봉면 국민(초등)학교 입학
1939.2. 구성 읍내 구성국민학교 전학, 졸업. 일본어, 산술, 이과과목 수학
1938. 천도교 입교(자필 기록, 일부 기록에는 1940.4.5)
1940. 부친이 한때 이발소 경영. 이사를 자주 다녔으며, 금광을 하청 운영한 부
친 심부름
1945.3.(21세) 고무공장 화학실에 근무. 징집 신체검사 받고 대기 중에 해방
1946. 야뢰 이돈화의 저작(수운심법강의, 신인철학)과 천도교서 등을 읽으며 천도교
이론 공부. 구성교구와 청우당 황해도당 및 금천군 재령군 봉산군당의 문
화부와 선전부에서 활동
1950.1. 황주종리원 순회교사 봉직
1950.10. 평양에서 프린트업에 종사
1950.12.-1953.8. 월남. 경산에서 제2국민병 훈련을 1개월간 받고 거제도난민수
용소와 노무대를 거쳐 부안군 줄포면사무소 직원으로 근무, 부산에서 피
난 생활
1953.3.-1955. 천도교청년회 문화부장, 총무부장, 중앙위원 등 역임
1955-1967. 세계통신사, 군경월보사, 보사부새살림사, 노동조합기관지 편집원으
로 근무
1960.6.1.-1961.04.05. 천도교중앙총부 교화관장
1960. 이후 약 10년 간 노동현장에 투신(체신노조, YH노조 설립 지도)
1967.12. 천도교종의원
1968.6. 천도교서울교구 교화부장
1977. 신인간사 주간. 이해 11월부터 '성지순례' 꼭지명으로 천도교 성지 사적지

조사 보고서를 연재하기 시작(1983년까지) 그 밖에 '교사연구' '교리연구' '지방교구사' '북한지역교구사' 등을 지속적으로 연재. 이후 환원하실 때까지 걸쳐 주제별, 인물별 사적지 조사, 탐방 안내를 위하여 교인, 교역자 등을 대동하고 답사하여 성지순례 문화 활성화에 이바지함. 서울교구 여성회 월례강좌 등 강연 활동 수백 회 실시

1978. 〈천도교월보〉 초대 주간. 일반적인 기사 외에 '성지소개' '인물 소개' 등의 기획기사 수백 편 게재

1980.5. 천도교중앙총부 교화관장 및 교서편찬위원

1983.4. 신인간 주간 및 상주선도사

1983.5. 천도교월보 주간 및 교서교사편찬위원, 전주동학혁명백주년기념관 관장 등 역임. 이 기간 동안 『신인간』 및 〈천도교월보〉 등에 수백 편의 글을 썼으며, 특히 동학 천도교의 성지, 사적지, 유적지 발굴에 공헌. 평상시에 소춘 김기전을 존경한다는 점을 여러 차례 밝히며 소춘 선생을 본받아 부인에게도 경어를 사용하며, 결혼한 지 10여 년 후부터는 손수 식사 준비하는 등의 동학적인 생활 규범 실천. 전국 각지의 사적지 표지석 설치 주도, 주선, 자문. 천도교단 내에서 수많은 설교, 교양강좌 등에 임하면서 특히 교사(教史) 부문에 대한 관심과 연구의 지평을 확장해 나가는 한편, 교리 체계화, 동학(천도교)의 규범 체계화에도 큰 연구 성과를 남김

1991. 임권택 감독의 영화 〈개벽〉 시나리오 작업과 촬영 등에 자문 담당

1994. 동학혁명 1백주년에 즈음하여 동학혁명에서의 동학교단(천도교)의 역할에 대한 설득력 있는 글들과 논문을 통해 일반학자들과의 학술적 교류의 지평을 넓힘

2000. 2000년대 이후로는 활동 방향을 더욱 대외적인 방향으로 확장하여 동학농민혁명기념재단의 사적지 조사 및 동학농민혁명참여자(후손) 실사(實査) 등을 지도 및 자문하거나 각 지역별 동학 프로그램(방송 등) 안내, '모심과 살림 연구소'의 연속 강연과 동학 성지·사적지 순례 등을 이끌어 나감

2008.2.13. 향년 84세로 환원(유족으로 부인과 아들 1명)

(「천도교서울교구教譜」, 〈천도교월보〉(331호, 2008.2.20.), 「천도교중앙총부교역자명부」, 「동(同)이력서」, 」표영삼 선생의 생애와 동학 유적지 조사」(성주현), 『동학천도교인명사전』(이동초 편) 등을 참조함.)

찾아보기

[용어 · 인명]

[ㄱ]

삼암 표영삼 저작선01

표영삼의 동학 이야기

등록 1994.7.1 제1-1071
1쇄 발행 2014년 11월 10일
2쇄 발행 2018년 01월 31일
3쇄 발행 2021년 05월 31일

지은이 표영삼
감 수 신영우
펴낸이 박길수
편집인 소경희
편 집 조영준
디자인 이주향
펴낸곳 도서출판 모시는사람들
         03147 서울시 종로구 삼일대로 457(경운동 88번지) 수운회관 1207호
전 화 02-735-7173, 02-737-7173 / 팩스 02-730-7173
홈페이지 http://www.mosinsaram.com/

인 쇄 (주)성광인쇄(031-942-4814)
배 본 문화유통북스(031-937-6100)

이 도서의 국립중앙도서관 출판시도서목록(CIP)은 e-CIP 홈페이지 (http://www.nl.go.kr/ecip)
에서 이용하실 수 있습니다.(CIP2014027192)